Prof. Dr. Uwe Thaysen /
Dr. Suzanne S. Schüttemeyer (Hrsg.)

Bedarf das Recht der parlamentarischen Untersuchungsausschüsse einer Reform?

Beiträge und Materialien zur Seminartagung der
Deutschen Vereinigung für Parlamentsfragen e.V. und des
Niedersächsischen Landtags
Hannover, 20. und 21. November 1987

 Nomos Verlagsgesellschaft
Baden-Baden

CIP-Titelaufnahme der Deutschen Bibliothek

Bedarf das Recht der parlamentarischen Untersuchungsausschüsse einer Reform?: Beitr. u. Materialien zur Seminartagung d. Dt. Vereinigung für Parlaments-fragen e.V. u.d. Niedersächs. Landtags, Hannover, 20. u. 21. November 1987 / Uwe Thaysen; Suzanne S. Schüttemeyer (Hrsg.). – 1. Aufl. – Baden-Baden: Nomos Verl.-Ges., 1988
  ISBN 3-7890-1626-8
NE: Thaysen, Uwe [Hrsg.]; Deutsche Vereinigung für Parlamentsfragen

1. Auflage 1988

Inhaltsverzeichnis

Vorwort

Absicht, Aufbau und Aktualität dieses Buches sind im einleitenden Kapitel sowie in der Begrüßung des Vorsitzenden der DEUTSCHEN VEREINIGUNG FÜR PARLAMENTSFRAGEN dargelegt. Dem müssen die Herausgeber hier nichts hinzufügen. Unbedingt aber möchten wir denjenigen danken, die uns geholfen haben, dieses Buch so vergleichsweise schnell, rechtzeitig wenigstens vor dem Deutschen Juristentag 1988, verfügbar zu machen. Dem organisatorischen Geschick des Geschäftsführers der Vereinigung für Parlamentsfragen, Herrn MinRat *Gunter Gabrysch,* verdanken wir manche Erleichterung bei der Vorbereitung der nachfolgend protokollierten Tagung. Auf seine Hilfen konnten wir auch bei der weiteren Fertigstellung des Buches bauen. Dies ist uns ein willkommener Anlaß herauszustreichen, wie sehr das Gelingen der DVParl-Vorhaben von Herrn *Gabryschs* Einsatz im Vorfelde abhängt. Sein Einsatz ist um so größer, je weniger wir hernach davon wahrnehmen. Und wir spüren davon zumeist nichts. Herrn Parlamentsrat Dr. *Gerd Kastendieck* danken wir für die umsichtige organisatorische Betreuung der stenografischen Vorlage des Tagungsberichtes. Dem Nomos Verlag, dort besonders Herrn *Peter Fehrenbach,* wissen wir uns wegen einer in jeder Hinsicht erfreulichen Zusammenarbeit verpflichtet. Unser herzlichster Dank gilt – einmal mehr – unserem »Koordinator vom Dienst«, Herrn *Dirk Nölle,* Lüneburg. Zusammen mit Frau *Antje Vorbeck* hat er es wieder verstanden, sowohl die üblichen zahlreichen kleinen Lektoratsschwierigkeiten auszuräumen, als auch dafür zu sorgen, daß größere Herstellungsprobleme gar nicht erst entstanden.

S. S. S.
U. Th.

I. Die Wahrheiten der parlamentarischen Untersuchungsausschüsse

Uwe Thaysen

»Falsch ist es, vom Seienden zu sagen, es sei nicht, und vom Nicht-seienden, es sei. Wahr ist es, vom Seienden zu sagen, es sei, und vom Nichtseienden, es sei nicht. Also wird jeder, der sagt, etwas sei, oder sagt, etwas sei nicht, entweder wahr oder falsch reden.«

(Aristoteles, Metaphysik Γ 7)

»Denn das Wahre enthält eine Bejahung gemäß einem Vorhanden-sein oder eine Verneinung gemäß einem Getrenntsein, das Falsche aber enthält das, was dieser Scheidung widerspricht. Das Falsche und das Wahre sind ja nicht in den Sachen selbst – als ob etwa das Gute wahr und das Schlechte ohne weiteres falsch wäre –, sondern in der Überlegung.«

(Metaphysik Σ 4)

»Untersuchungsausschuß . . . nirgendwo ist die Aussicht geringer, der Wahrheit oder jedenfalls den konkreten Sachverhalten auch nur einigermaßen nahe zu kommen.«
(Kommentar einer deutschen Tageszeitung im Sommer 1988, zur Zeit des 27. parlamentarischen Untersuchungsausschusses in der 42jährigen Geschichte des Parlamentarismus der Bundesrepublik Deutschland)

Die Deutsche Vereinigung für Parlamentsfragen (DVParl) zog bei ihrer Planung der nachfolgend protokollierten Tagung vom November 1987 die Tatsache ins Kalkül, daß der Deutsche Juristentag 1988 – es wird der 57. sein – das Thema »Untersuchungsausschüsse« auf seine Tagesordnung gesetzt hat: Vielleicht ließ sich mit der Tagung der DVParl Vorarbeit für den 57. Juristentag leisten? Vor 24 Jahren schon stellte sich der Juristentag – es war der 45. – die Frage: »Empfiehlt es sich, Funktion, Struktur und Verfahren der parlamentarischen Untersuchungsausschüsse grundlegend zu ändern?« Karl Josef Partsch befand im ersten Satz seines zu dieser Frage damals vorgelegten Gutachtens, Antworten würden »in erster Linie« von den Ergebnissen einer Analyse der Verfassungswirklichkeit abhängen. (Er selbst hob das Wort »Verfassungswirklichkeit« im Schriftbild hervor.) Damals schon ergab sich eine Situation, die Analogien zur Gegenwart aufwies: Die Fallzahl der Untersuchungsausschüsse auf Bundesebene erschien ihm zu gering, um »allgemeinere Feststellungen«[1] zu erlauben. Deshalb hatte er seine Ermittlungen auf sämtliche Länder der Bundesrepublik Deutschland ausgedehnt.

So waren auch wir, die Herausgeber, zusammen mit der Deutschen Vereinigung für Parlamentsfragen, bei unseren Vorbereitungen verfahren. Am Ende der Tagung mußten wir dann feststellen, daß wir die umfangreichen Befunde für die Ebene der Bundesländer empirisch strenger systematisiert beisammenhatten als für die Ebene des Bundes. Auch dafür haben wir selbst die Verantwortung zu tragen. War es uns doch darauf angekommen, gerade die Verfassungswirklichkeit durch solche Referenten und Diskutanten abbilden zu lassen, die einschlägige Erfahrungen in beziehungsweise mit Untersuchungsausschüssen gesammelt haben. Tatsächlich können wir mit diesem Tagungsprotokoll Texte vorlegen, die auf vielen tausend Stunden authentischen Erlebens von Untersuchungsausschüssen fußen. Mehr noch: Es konnten exponierte Matadore aller in den Arenen parlamentarischer Untersuchungsausschüsse zu erfüllenden Funktionen als Referenten und Diskutanten gewonnen werden. Darin sehen wir die besondere empirische Fundierung der nachfolgenden Aussagen.

Die Vielzahl der parlamentarischen Untersuchungsverfahren auf Landesebene war von Anfang an gar nicht anders als durch strenge Systematisierung zu bewältigen. Für die Bundesebene wissen wir im Tagungstext dieselbe Strenge zwar in bezug auf die juristische Argumentation am Werke, nicht aber in bezug auf die Empirie. Die Empirie der Bundesebene wird stärker exemplarisch, häufiger vom Einzelfall *ad maiorem* argumentierend und eher illustrativ dargeboten. Darin liegt der Vorzug einer Präzision, die sich, umgekehrt, in abstrahierender Systematisierung nur gar zu leicht wieder verflüchtigt.

Nun bedarf es aber gerade dann der Systematisierung, wenn wir uns – wieder einmal – vor der Frage finden, ob das Recht der Untersuchungsausschüsse einer Reform bedarf.

Karl Josef Partsch konnte 1964 auf 14 Untersuchungsausschüsse des Deutschen Bundestages zurückblicken. Heute, fast ein viertel Jahrhun-

---

1 *Karl Josef Partsch,* Empfiehlt es sich, Funktion, Struktur und Verfahren der parlamentarischen Untersuchungsausschüsse grundlegend zu ändern? Gutachten für den 45. Deutschen Juristentag, in: Verhandlungen des 45. Deutschen Juristentages, Bd. I (Gutachten), München/Berlin 1964, S. 6.

dert später, verfügen wir auf Bundesebene über eine nahezu doppelt so große Fallzahl von 27 Untersuchungsausschüssen. Deshalb sind Systematisierungsversuche nicht nur in bezug auf die anstehende Frage nach dem Reformbedarf geboten. Sie sind auch zulässig – so sehr sie natürlich auf der Basis weiterer Fälle zu neuen, anderen Ergebnissen führen mögen. Ein solcher Versuch sei hier für die Bundesebene in einer Skizze riskiert, verbunden mit der in den weiteren Beiträgen wiederkehrenden Frage, welches denn nun die Wahrheiten der Untersuchungsausschüsse des Bundestages sind. Diese Frage nämlich zielt letztlich auch auf die Wahrheit über die Untersuchungsausschüsse. Sind die Bonner Untersuchungsausschüsse »wirksam« oder doch nur »Hornberger Schießen«? Und für den Fall, daß ihre Wirksamkeit bejaht werden kann: Worauf beruht diese? Auf Wahrheitsfindung bezüglich der Tatsachen oder auf der Vermittlung parteilicher »Wahrheiten«? In diesem Sinne: auf Tatsachenermittlung oder Parteienvermittlung? Bringen die Untersuchungsausschüsse »gerichtsähnliche Urteile« oder »Parteienstreit« hervor? Vielleicht beides? Wenn ja: in welcher Mischung? Welche der Wahrheiten wollen wir? Wie erreichen wir sie?

Untersuchungsausschüsse im parlamentarischen Regierungssystem

Das Wirken parlamentarischer Untersuchungsausschüsse ist in der »europäischen und nordamerikanischen Verfassungsgeschichte ein zuverlässiges Kriterium für die Bestimmung der Gewichte von Exekutive und Parlament«[2]. Für Deutschland gilt: »In den Diskussionen und der faktischen Realisierung des parlamentarischen Untersuchungsrechts spiegeln sich Macht und Elend der deutschen Parlamente wider.«[3]
Westliche Demokratien gehen von der im Grundsatz gegenüber allen Regierungs- und Verwaltungshandlungen geltenden Möglichkeit detaillierter öffentlicher Überprüfung aus. Entsprechend wird einerseits stete Bereitschaft, andererseits stete Befürchtung – auf Seiten der potentiell Prüfenden bzw. der potentiell zu Überprüfenden – genauso vorausgesetzt

---

2 *Uwe Kessler*, Untersuchungsausschüsse, in: *Kurt Sontheimer, Hans H. Röhring*, Handbuch des politischen Systems der Bundesrepublik Deutschland, München 1977, S. 594.
3 *Winfried Steffani*, Parlamentarische Untersuchungsausschüsse, in: *ders.*, Parlamentarische und präsidentielle Demokratie. Strukturelle Aspekte westlicher Demokratien, Opladen 1979, S. 187.

wie die stete Erwartung der Wählerschaft, daß diese Möglichkeit von den dazu Befugten bei Bedarf genutzt wird.

Es liegt eine dem parlamentarischen – im typologischen Gegensatz zum präsidentiellen – Regierungssystem eigene Logik darin, ein auf *konsequent öffentliche Kontrolle* gerichtetes Untersuchungsrecht auch als intensives Minderheitenrecht auszugestalten: Weil der Mehrheit nach den politischen Regeln des parlamentarischen Systems nicht daran gelegen sein kann, von »ihrer« Regierung unabhängige eigenständige Erhebungen (Enquêten) oder gar gegen diese Regierung gerichtete Untersuchungen und Tatsachenermittlungen zu betreiben, geschweige denn »ihre« Regierung (in des Wortes mehrfacher Bedeutung) bloßzustellen, muß – wenn öffentliche Regierungskontrolle gewollt ist – die Minderheit die Mehrheit unter bestimmten Voraussetzungen dazu zwingen können, wenigstens aber die Initialzündung zu solcher Kontrolle auslösen können. Im präsidentiellen System der USA dagegen ist – zumal unter den Bedingungen des (parteipolitisch) zwischen Kongreß und Präsident »divided government« – massives Kontrollinteresse durchaus auch der Mehrheit einer oder gar beider Kammern des Kongresses gegenüber der Exekutive vorauszusetzen. Davon zwar zu differenzieren, damit aber immer noch engstens verbunden, ist das stete Interesse der Mehrheit auch parlamentarischer Systeme an ihrem alles entscheidenden Recht, diese Untersuchungen notfalls – bei Bedarf – einsetzen zu können: Kluge Führungen parlamentarischer Mehrheitsfraktionen erinnern »ihre« Regierungen immer wieder an dieses Recht der Mehrheit, mit der Absicht, möglichst nicht in die Verlegenheit zu geraten, dieses Recht je anwenden zu müssen[4]. Für die Mehrheiten parlamentarischer Parlamente sind die Rechte parlamentarischer Untersuchungsausschüsse – parlamentarische Kontrollrechte überhaupt – mehrdeutiger als für die Minderheit; bei der Mehrheit liegt die Macht, bei der Opposition nur der Einfluß.

Tatsächlich hat schon der 8. Untersuchungsausschuß des 1. Deutschen Bundestages, obgleich es sich um eine Kontrolluntersuchung handelte, mehrheitlich einen die Regierung belastenden Bericht vorgelegt.

Die »Logik des parlamentarischen Regierungssystems« kommt vornehm-

---

4   Vgl. in diesem Sinne schon *Max Weber,* Parlament und Regierung im neugeordneten Deutschland, in: *ders.,* Gesammelte Politische Schriften, 2. erweiterte Aufl., mit einem Geleitwort von *Theodor Heuss,* neu hrsg. von *Johannes Winkelmann,* Tübingen 1958, S. 294ff. *Weber* sah im Enqueterecht »eine Rute, deren Vorhandensein die Verwaltungschefs zwingt, in einer Art Rede zu stehen, die seine Anwendung unnötig macht« (S. 341).

lich bei Kontrolluntersuchungen zum Zuge. Sie erstreckt sich nicht notwendigerweise auf Untersuchungen in Kollegialangelegenheiten der Parlamentarier und auch nicht zwangsläufig auf Untersuchungen in privaten Bereichen. Sie ist besonders gut ablesbar vor dem kontrastierenden Hintergrund der Geschichte britischer »Select Committees« und deren halbherziger Konkurrenz zu den »Departmental Committees« beziehungsweise »Royal Commissions« der Regierung einerseits und im Vergleich andererseits zu den ehrgeizigen Untersuchungsaktivitäten US-amerikanischer Kongreßausschüsse. Allerdings bringt das nur in der Bundesrepublik Deutschland besonders stark ausgebaute Minderheitenrecht eine Fülle von Problemen mit sich: Stets nämlich bleibt das demokratische Gebot zu beachten, daß das Minderheitenrecht unter dem Vorbehalt der letztlich ausschlaggebenden Mehrheitsregel verbleibt. Denn auch Untersuchungsausschüsse sind Parlamentsausschüsse. Besetzt mit *politisch* verantwortlichen Parlamentariern, nicht mit Richtern, sind Untersuchungsausschüsse nicht – auch nicht durch ihre spezifischen Funktionen – als »Sondergerichte« konzipiert.

Anders als in Großbritannien, dem Regierungssystem ohne geschriebene Verfassung, anders auch als in Frankreich oder in den USA ist das Recht, einen Untersuchungsausschuß einzusetzen, hierzulande sogar in der Verfassung (Art. 44 GG) garantiert. Art. 45a GG gibt auch dem Verteidigungsausschuß die Rechte eines Untersuchungsausschusses. Die tabellarische Zusammenfassung der auf Bundesebene bislang eingesetzten Untersuchungsausschüsse zeigt, daß bis zum ersten Jahr der elften Wahlperiode (Stand: März 1988) 27 Untersuchungsausschüsse eingesetzt wurden und daß sich der Verteidigungsausschuß in demselben Zeitraum neunmal als Untersuchungsausschuß konstituierte. In Tabelle 1 ist das jeweilige Thema des Untersuchungsausschusses mit einem Stichwort charakterisiert, welches die Auffindung der weiterführenden Literatur[5] erleichtern soll.

5 Vgl. die Charakterisierung des jeweiligen Verfahrens bei *Rüdiger Kipke,* Die Untersuchungsausschüsse des Deutschen Bundestages. Praxis und Reform der parlamentarischen Enquete, Berlin 1985, S. 117 ff.; ferner die Dokumentation der bisherigen Untersuchungsausschüsse bei *Peter Schindler,* Datenhandbuch zur Geschichte des Deutschen Bundestages, Bd. I (1949-1982), 3. Aufl., Baden-Baden 1984, S. 617-640, Bd. II (1980-1984), Baden-Baden 1986, S. 594-600.

Tabelle 1: *Parlamentarische Untersuchungsausschüsse des deutschen Bundestages 1949–1988**

Nr.	Untersuchungsgegenstand	Einsetzungsantrag (BT-Drucksache)	Schlußbericht (BT-Drucksache)
1	Einfuhren in das Vereinigte Wirtschaftsgebiet und in das Gebiet der Bundesrepublik	I/381	I/1596
2	Verhältnisse auf dem Gebiet des Kraftstoffvertriebs	I/541	I/4675
3	Im Raum Bonn vergebene Aufträge	I/523	I/2275
4	Zeche »Dahlbusch«	I/980	keine Schlußsitzung des Ausschusses
5	Hauptstadtfrage	I/1397	I/2274
6	Dokumentendiebstahl im Bundeskanzleramt	I/2655	ohne förmlichen Abschluß
7	Mißstände in der Bundesverwaltung: Fall Platow	I/2657	ohne förmlichen Abschluß
8	Personalpolitische Mißstände im auswärtigen Dienst	I/2680	I/3465
9	Unzulängliche Einstellung von Schwerbeschädigten bei Bundesdienststellen	I/3645	I/4609
10	»Fall John«	II/768	II/3728
11	Bereinigung des Reichs- und Bundesrechts	II/908	II/1404
12	Vorgänge in der Einfuhr- und Vorratsstelle für Fette	II/2032	II/3596
13	»FIBAG«	IV/247	IV/512 Rücküberweisung IV/639

Nr.	Untersuchungsgegenstand	Einsetzungsantrag (BT-Drucksache)	Schlußbericht (BT-Drucksache)
14	»Telefon-Abhöraffäre«	IV/1544	IV/2170
15	Vertragsschluß und Abwicklung des Projekts Schützenpanzer HS 30	V/1468	V/4527
16	Nachrichtendienste	V/3442	V/4208
17	»Pan-International«	VI/2624	VI/3830
18	Beeinflussung der Abstimmungen über das konstruktive Mißtrauensvotum und über die Ostverträge: Fall Steiner/Wienand	7/780	7/1803
19	Spion Günter Guillaume	7/2193	7/3246
20	Abhörung eines Telefonates mit Franz Josef Strauß	8/1470	8/3835
21	Fall Rauschenbach	9/853	nicht bis zum Ende der WP abgeschlossen
22	Flick-Spenden-Affäre	10/34	10/5079
23	Spion Tiedge	10/3906 (neu)	10/6584
24	Wohnungsbaugesellschaft »Neue Heimat«	10/5575	10/6779
25	HDW: »U-Boot-Affäre«	10/6709	kein Schlußbericht, da Verfahren nicht vor Ende der 10.WP abgeschlossen
26	HDW: »U-Boot-Affäre«	11/50	
27	»Transnuklear«	11/1680 und 11/1683 (neu)	

* Siehe zu den hier aufgeführten Ausschüssen genauer die in Anmerkung 5 genannte Dokumentation von *Peter Schindler*. Ferner den Anhang Nr. 5 dieses Buches.

Zur Typisierung der Untersuchungsausschüsse des Deutschen Bundestages

Parlamentarische Untersuchung, in der deutschen Verfassungsgeschichte oft auch Enquête genannt und eingedeutscht als »Enquete« geläufig, kann verschiedenen Parlamentsfunktionen dienen. Abgeleitet von den Parlamentsfunktionen differenziert Winfried Steffani für Untersuchungsausschüsse vier unterschiedliche Funktionen[6]:
- *Kontrolluntersuchung*
  zur Überprüfung von Regierungs- und Verwaltungstätigkeiten,
- *Gesetzgebungsuntersuchung*
  zur Ermittlung von Informationen für die Gesetzgebung,
- *Untersuchung in Kollegialangelegenheiten*
  zur Wahrung des Parlamentsansehens,
- *politisch-propagandistische Untersuchung*
  zur Durchleuchtung von problematisch bis skandalös gewerteten Zusammenhängen mit dem Ziel, die Befunde der Untersuchung öffentlich gegen den politischen Gegner ins Feld zu führen.

Die ersten drei Funktionen sind sachpolitisch, die vierte ist kommunikativ auf die Öffentlichkeitsfunktion des Parlamentes ausgerichtet. Für den Preußischen Landtag der Weimarer Republik, auf den sich seine Untersuchung bezog, stellte Steffani als Hauptfunktion öffentlich wirksame Verwaltungskontrolle fest[7]. In der Praxis werden diese Funktionen während eines ganzen Untersuchungsverfahrens in der Regel keineswegs einzeln, also jeweils präzise voneinander getrennt wahrgenommen. Auch darauf hatte Steffani bereits aufgrund der genannten Untersuchung besonders aufmerksam gemacht[8].

Schon im Verfahren des 1. Untersuchungsausschusses, später in dem des 17. Untersuchungsausschusses, traten zu der vorwiegenden Funktion einer beabsichtigten Kontrolluntersuchung Elemente einer Kollegialenquete hinzu. Daraus ist erkennbar, daß die Absicht, mit welcher ein Untersuchungsverfahren in Gang gesetzt wird, nicht immer mit der tatsächlichen Wirkung des späteren Verfahrens in Einklang bleibt. Mit dem

---

6 A.a.O., S. 203.
7 *Winfried Steffani,* Die Untersuchungsausschüsse des Preußischen Landtages zur Zeit der Weimarer Republik. Ein Beitrag zur Entwicklung, Funktion und politischen Bedeutung parlamentarischer Untersuchungsausschüsse, Düsseldorf 1960, S. 315.
8 Ebd., S. 16.

2. Untersuchungsausschuß wollte die SPD für sich politisch-propagandistische Eigenwerbung machen, was »sich kaum realisieren ließ«[9], und schließlich mündete diese beabsichtigte Kontrollenquete teilweise gar in eine Gesetzgebungsenquete. Dergleichen ist zumal dann nicht auszuschließen, wenn sich – beispielsweise in den Verfahren der Untersuchungsausschüsse Nr. 2, 4, 6/7, 10, 18 und Nr. 20 – der Untersuchungsauftrag durch Zusatz- und Änderungsanträge der gegnerischen Fraktion(en), zumal der Mehrheitsfraktion(en), wandelt. Die ursprünglich angestrebte Propaganda-Absicht der Ausschüsse Nr. 6 und 7 versiegte im Verlauf des Verfahrens. Es ist ferner geschehen, daß der im Einsetzungsantrag genannte Untersuchungsauftrag gar nicht in Angriff genommen – so im Untersuchungsausschuß Nr. 2 – oder nur teilweise verfolgt wurde.

Bei Analyse der konkreten Einzelfälle erweist sich die Abgrenzung des Typus' »politisch-propagandistischer« Untersuchungsausschüsse gegenüber den anderen Typen als besonders schwierig[10]: Von Anfang an ist fast ausnahmslos irgendein propagandistischer Effekt nachweisbar, dessen ursprüngliche Absicht aber nicht – zumindest nicht offen – als primäres Ziel deklariert wurde, der also nur im Wege von Motiv-Vermutungen auszumachen ist. Gleichwohl ist gerade die Stichhaltigkeit dieser Vermutung politisch – um nicht sogar zu sagen: politologisch – evident. Wenn dieses Motiv aber so ubiquitär ist, verliert es – siehe auch die entsprechende Spalte unserer Tabelle 2 – dann nicht seine *analytische* Differenzierungskraft? Nach Maßgabe des empirisch analytischen Positivismus wäre es kurzschlüssig, diese Frage zu bejahen. Vielmehr betont dieser Befund (allenthalben »politisch-propagandistisch« durchgeführter Verfahren) nachhaltig ein Merkmal – phänomenologisch gesprochen: das »Wesen« oder das »Lebenselexier«? – parlamentarischer Untersuchungsausschüsse, das es im folgenden entsprechend sorgsam zu berücksichtigen gilt.

Will man die Charakteristika des westdeutschen Verfahrens von Untersuchungsausschüssen herausarbeiten, so tut man nach unseren bisherigen Überlegungen gut daran, sich an deren ursprünglich bekundeter *Absicht,* nicht an deren *Ablauf* und auch nicht an deren *Wirkung* nach der Berichtsabgabe zu orientieren. Denn: Erstens wandelt sich, wie dargestellt,

---

9 *Rüdiger Kipke,* a.a.O., S. 121.
10 Vgl. dazu ebenfalls bereits *Steffani,* Die Untersuchungsausschüsse des Preußischen Landtages zur Zeit der Weimarer Republik, a.a.O., S. 113.

die tatsächliche Wirkung der Verfahren; zweitens ist die Wirkung deshalb zuweilen schwer zu registrieren, weil nicht immer auszumachen ist, ob später vollzogene politische Maßnahmen einen unmittelbaren kausalen Zusammenhang allein mit dem Untersuchungsverfahren hatten; drittens wird sich, gerade im Regelfall der von der Opposition initiierten Kontrolluntersuchung, die Regierung bemühen, gegebenenfalls einen faktischen Kausalkonnex zwischen der Untersuchungsinitiative und den daraus von der Mehrheit tatsächlich gezogenen Konsequenzen zu kaschieren; und viertens ist nicht auszuschließen, daß eine Regierung zusammen mit »ihrer« Mehrheit versuchen könnte, die zu untersuchenden Vorgänge, sofern diese sich denn als Skandale herausstellen, durch »eigenes positives Tun« noch während des Verfahrens zu »heilen« und insoweit die Opposition – aufgrund von deren ursprünglicher Veranlassung – schließlich sogar zu »überrunden«.

Die Verfahren parlamentarischer Untersuchungsausschüsse bieten also viele Handlungsoptionen. Die Instrumente regierungseigener Untersuchungen – in »Kommissionen« und »Beiräten« der verschiedensten Art – sowie das Institut parlamentarischer »Enquete-Kommissionen« sollen hier nicht dargestellt werden. Sie sind aber mitzubedenken, insofern diese die Anzahl der Mehrheitsoptionen – unter anderem zur Vermeidung von Untersuchungsausschüssen – erhöhen.

Die Regelmäßigkeiten des Einsatzes von Untersuchungsausschüssen kommen am besten zum Ausdruck, wenn man zunächst die Ausnahmefälle isoliert: Im Deutschen Bundestag hat es bislang nur zwei »reine« Kollegialenqueten (Untersuchungsausschuß Nr. 5 und Nr. 18) gegeben; nur zwei der Untersuchungsausschüsse (Nr. 11 und Nr. 16) sind von Anfang an primär zum Zweck von Gesetzgebungsenqueten eingesetzt worden; Untersuchungsausschuß Nr. 24, 25 und Nr. 27 wurden *auch* zum Zwecke der Gesetzgebungsenquete konzipiert; nur fünf (Nr. 6, 11, 16, 24 und Nr. 27, bedingt: Nr. 5) wurden von solchen Parteien beantragt, die der Regierung angehörten. Dabei hat die damalige Regierungspartei, die SPD, im Falle des Untersuchungsausschusses Nr. 16 eine Gesetzgebungsenquete beantragt, welche zugleich rückwärts – auf die Vorgängerregierung (aus CDU/CSU und FDP) – zielende Kontrolle beabsichtigte.

Als Regelmäßigkeiten bleiben für die Einsetzung und das Verfahren von Untersuchungsausschüssen in der Bundesrepublik festzuhalten:

Tabelle 2: *Untersuchungsausschüsse (UA) im Deutschen Bundestag 1949-1988*

Regierungskoalition(en)	lfd. Nr. des UA	Antragsteller Regierungsfraktion(en)	Oppositionsfraktion(en)	Gesetzgebungsenquete	Kontrollenquete	Kollegialenquete	Propagandaenquete
1. WP (1949–53) CDU/CSU, FDP, DP	1		BP		+		+
	2		SPD		+		+
	3		SPD		+		+
	4		KPD		+		+
	5	BP, CDU/CSU, FDP, DP	SPD, BP, WAV, Zentrum			+	+
	6	CDU/CSU					+
	7		SPD		+		+
	8		SPD		+		+
	9		SPD		+		+
2. WP (1953–57) CDU/CSU, FDP, DP, GB/BHE	10		SPD		+		+
	11	CDU/CSU		+			
	12		SPD		+		+
3. WP (1957–61) CDU/CSU, DP							
4. WP (1961–65) CDU/CSU, FDP	13		SPD		+		+
	14		SPD		+		+
5. WP (1965–1969) CDU/CSU, FDP (ab 1966: CDU/CSU, SPD)	15		FDP		+		+
	16	SPD	(SPD)	+	(+)		+
6. WP (1969–72) SPD, FDP	17		CDU/CSU		+		+
7. WP (1972–76) SPD, FDP	18		CDU/CSU			+	+
	19		CDU/CSU		+		+
8. WP (1976–80) SPD, FDP	20		CDU/CSU		+		+
9. WP (1980–83) SPD, FDP (ab 1983: CDU/CSU, FDP)	21		CDU/CSU		+		+
10. WP (1983–87) CDU/CSU, FDP	22		SPD		+		+
	23		SPD		+		+
	24	CDU/CSU, FDP		+	+		+
	25		SPD		+		+
11. WP (1987–91) CDU/CSU, FDP	26		SPD		+		+
	27	CDU/CSU, FDP	SPD	+	+		+

(1) Zu Beginn der Bundestagsgeschichte (1949 – 1953) wurde das Instrument der Untersuchungsausschüsse noch vergleichsweise häufig eingesetzt. Die dabei gewonnenen Erfahrungen – vor allem die Erfahrung der im Vergleich zur Weimarer Zeit geringeren Chancen der Minderheit gegenüber der Mehrheit – führten in den darauffolgenden Wahlperioden zur Zurückhaltung beim Einsatz dieser aufwendigen (Minderheiten-)Waffe.

(2) Seit 1953 sind etwa zwei Untersuchungsausschüsse pro Wahlperiode konstituiert worden.

(3) Nahezu alle Untersuchungsausschüsse werden mit dem kommunikativen Ziel politisch-propagandistischer Konfrontation von Regierungs- und Oppositionslager eingesetzt. Als Ausnahmen können der Untersuchungsausschuß Nr. 5 und Nr. 11 in Betracht gezogen werden. Das Untersuchungsthema Nr. 9, »Einstellung von Schwerbehinderten«, verbot ein gar zu heftiges Propagandatrommeln. Beim Ausschußverfahren Nr. 16 entfiel die propagandistische Absicht, mindestens war sie auf ein Minimum eingeschränkt, weil dieser Ausschuß (über Fälle von Spionageverdacht) entgegen der grundsätzlichen Regelung für den Normalfall unter Ausschluß der Öffentlichkeit tagte. Insofern kann man in der Tat »nur bedingt von einer Enquete im Sinne des Art. 44 GG« sprechen[11].

(4) Selbst die wenigen von Regierungsparteien in Gang gesetzten Enquete-Verfahren machen von der Regel politisch-propagandistischer Konfrontation keine Ausnahme. Sie können sogar – wie im Falle des Ausschusses Nr. 24 (»Neue Heimat«) – politische Angriffe der Mehrheit auf die Minderheit darstellen.

(5) Die weit überwiegende Zahl der Untersuchungsausschüsse – nämlich 22 (beziehungsweise 23) der analysierten 27 Untersuchungsausschüsse – wurde mit dem sachpolitischen Ziel von Kontrollenqueten eingesetzt.

(6) Nahezu alle diese Kontrollenqueten wurden von Oppositionsparteien beantragt. (Die bedingte Zurechenbarkeit der Untersuchungsausschüsse Nr. 5 und Nr. 16 wurde bereits erwähnt; daß der Untersuchungsausschuß Nr. 24 auch als Kontrollenquete konzipiert war, haben wir ebenfalls bereits erwähnt; Untersuchungsausschuß Nr. 27 wurde von den Regierungsfraktionen mitbeantragt.)

(7) Die idealtypische Unterscheidung zwischen Kontrolluntersuchung und politisch-propagandistischen Untersuchungen kommt in der heutigen

---

11 *Rüdiger Kipke,* a.a.O., S. 148.

Realität nahezu ausschließlich in der Weise zum Tragen, daß alle Kontrolluntersuchungen mit Ausnahme des abweichenden Falles Nr. 16 zugleich als »politisch-propagandistisch« zu kennzeichnen sind.

(8) Inhaltlich konzentrieren sich die Verfahren der Absicht nach auf Mißstands- und Skandaluntersuchungen im Bereich von Regierung und Verwaltung, kaum (im Wege der Kollegialenquete wie im Falle des Untersuchungsausschusses Nr. 18, »Steiner/Wienand«) im Bereich des Parlamentes selbst. Sie dienen weniger »justizförmiger Tatsachenermittlung« mit anschließendem »gerichtsähnlichem Urteil« als der politischen Auseinandersetzung zwischen Regierungs- und Oppositionslager. Ernst Fraenkel hat in seinem Debattenbeitrag auf dem 45. Deutschen Juristentag[12] vorgetragen, daß Mehrheit und Minderheit im Untersuchungsausschuß ihre *Plädoyers* (man möchte hinzufügen: im Sinne des angelsächsischen Rechts) zu dem untersuchten Sachverhalt vortragen. Entsprechend wurden Untersuchungsausschüsse zutreffend als »Kampfesforen« der politischen Parteien beschrieben. Deshalb auch werden dort »Proporz-Wahrheiten« gefördert – was nicht heißen muß, daß diese nicht der Wahrheit insoweit näher kommen, als in ihnen unterschiedliche Urteilsmaßstäbe offener zum Ausdruck gelangen als in gerichtsähnlichen Urteilen über den einen zur Untersuchung anstehenden Fall. Diese langfristig wirksamen Maßstäbe sind politisch mindestens potentiell bedeutsamer als die Tatsachenbefunde zum jeweils untersuchten Fall selbst.

(9) Häufiger Gegenstand von Untersuchungen waren geheimhaltungsbedürftige beziehungsweise geheim gehaltene Zusammenhänge des Verfassungsschutzes und auch der militärischen Abschirmung (Ausschuß Nr. 6/7, Nr. 10, 14, 16, 19, 20 und Nr. 23; bedingt: Nr. 25 und Nr. 26). Mit den besonderen Rechten von Untersuchungsausschüssen hoffte die Minderheit, Mißständen oder (aus der Sicht der Opposition besser noch:) Skandalen auf die Spur kommen und öffentlich machen zu können.

(10) »Politische Korruption« – der Mißbrauch einer Regierungsposition oder eines sonstigen staatlichen Amtes, auch eines Parlamentsmandates, zur persönlichen Bereicherung, eher aber zur Begünstigung anderer – war Gegenstand einer weiteren Fallgruppe von Untersuchungsverfahren (Ausschuß Nr. 1, 5, 13, 17, 18 und Nr. 22).

(11) Bei näherem Hinsehen sind innerhalb dieser Gruppe zum Schluß der Verfahren immerhin fünf Fälle erkennbar, bei denen das Verhalten von Parlamentariern in den Mittelpunkt der kritischen Untersuchung

---

12 Vgl. *Ernst Fraenkel,* 45. Deutscher Juristentag, Verhandlungen, S. E 102.

rückte (Ausschuß Nr. 1, 5, 17, 18 und Nr. 22). Untersuchungsausschüsse sind also auch als Instrumente der institutionellen Selbstreinigung des Bundestages einsetzbar. Nicht selten enden die Ausschußverfahren auch dann mit erheblichen persönlichen Belastungen einzelner Politiker (Ausschuß Nr. 1, 13, 17, 18 und Nr. 22), wenn dieses zuvor gar nicht beabsichtigt war, zumindest aber als Intention nicht explizit bekundet war. In der 10. Legislaturperiode hat ein Untersuchungsausschuß (Nr. 22, »Flick-Spenden-Affäre«) als »Nebenwirkung« bezogen auf den Zeugen Dr. Rainer Barzel gar zum Rücktritt des Bundestagspräsidenten Barzel geführt. Untersuchungsausschüsse können also – zu »Recht« oder zu »Unrecht« – über politische Karrieren entscheiden. Den Sturz eines Bundesministers oder gar eines Bundeskanzlers haben sie noch nicht unmittelbar bewirken können, wenngleich dies mindestens im Falle des Antrages zum Ausschuß Nr. 13 beabsichtigt war und im Gefolge des »Guillaume-Ausschusses« mit dem Rücktritt des Bundeskanzlers Willy Brandt auch offiziell so begründet wurde. (Tatsächlich aber war der Fall des Spions Guillaume im Bundeskanzleramt mehr Anlaß als Ursache für den Rücktritt Willy Brandts – ausgenommen möglicherweise die mit diesem Fall in Verbindung gebrachte künftige Erpreßbarkeit des Kanzlers.) Es gibt schließlich verzögerte, mittelbare Sanktionen, die den Zusammenhang mit den Belastungen des Sanktionierten aus vorangegangenen Untersuchungsverfahren – mehr oder weniger bewußt – verschleiern. (12) Untersuchungsausschüsse entscheiden nicht nur die Karrieren Dritter. Im Verlaufe ihrer Verfahren befördern sie zuweilen die Karrieren ihrer Mitglieder, vornehmlich die der Ausschußvorsitzenden (Beispiel Untersuchungsausschuß Nr. 19). Nicht selten werden auch partei-interne Profilierungswettkämpfe ausgetragen. Es gibt Gewinner, also auch Verlierer – und der Wähler sieht, warum. Der Wähler erhält somit wichtige personalpolitische Wahrheiten, die weit über den Tag hinaus gelten. Max Weber wußte, warum er das parlamentarische Enqueterecht mit Führungsauslese in unmittelbaren Zusammenhang brachte: Es ». . . ist insbesondere auch die unentbehrliche Voraussetzung dafür, daß das Parlament *Auslesestätte* für politische *Führer* wird.« (Hervorhebungen bei Weber[13] selbst). Ergänzend sei eingefügt, daß die Absicht des Ministersturzes mehrfach und einmal mit Erfolg (1977/78 gegen Verteidigungsminister Georg Leber in der Spionageaffäre Lutze/Wiegel; gleichzeitig war das Untersuchungsverfahren des Untersuchungsausschusses Nr. 20 angelau-

---

13 *Max Weber*, a.a.O., S. 342.

fen) vom Verteidigungsausschuß in dessen Funktion als Untersuchungs-auschuß verfolgt wurde. Zuletzt wurde ein solcher Versuch über den Verteidigungsausschuß gestartet im Falle des »Wörner-Kießling«-Skandals (General Kießling wurde rehabilitiert; Verteidigungsminster Manfred Wörner war bereit zurückzutreten).

(13) Auffällig ist die für die jüngste Zeit feststellbare Häufung parlamentarischer Untersuchungen in »privaten Bereichen« (Ausschuß Nr. 22, 24, 25, 26 und Nr. 27). Hier scheint sich ein neuer Trend anzubahnen. Zwar haben diese »privaten« Bereiche, soweit sie Untersuchungsgegenstand werden, gemeinsame Schnittmengen mit staatlichen Bereichen. Mit den Überschneidungen wird unter Hinweis auf das »öffentliche Interesse« nicht zuletzt die Legitimität, ja Legalität der Einsetzung eines parlamentarischen Untersuchungsausschusses in diesen privaten Bereichen argumentiert. Die Zunahme von Untersuchungen gerade auf diesem Gebiet begründet in doppelter Weise das wachsende Bewußtsein von der Regelungsbedürftigkeit des Untersuchungsrechts. Die in diesen Verfahren gegen Private (»Zeugen«, »Betroffene«) erforderlichen Sanktionen, Zwangsmittel etc. müssen einerseits nötigenfalls eingeklagt, zum Teil erst geschaffen werden. Andererseits bedarf es eines Schutzes dieser Privaten, wie er bislang jedenfalls durch das geltende Recht der Untersuchungsausschüsse noch nicht gewährleistet ist. Ein Brief des Bundestagsabgeordneten Gerhard Orgaß an den Präsidenten der Hamburgischen Bürgerschaft verdeutlicht das Problem auf dramatische Weise. Dieses Dokument – noch immer ohne angemessene offizielle Reaktion – beschließt den Bericht des Untersuchungsausschusses Nr. 24, »Neue Heimat«, des Deutschen Bundestages.

(14) Die Wirkungen der Untersuchungsausschüsse sind – wie alle von Minderheiten initiierten parlamentarischen Kontrollmaßnahmen – aus zum Teil bereits dargelegten Gründen schwierig zu messen. Entgegen der regelmäßigen, gleichwohl zumindest wenig bedachten journalistischen »Vorverurteilung« laufender Untersuchungsverfahren [14] als ergebnislose

---

14 Ein Beispiel wurde den bei *Aristoteles* entlehnten Mottos über diesen Beitrag bereits zur Seite gestellt. Dabei handelt es sich um einen Kommentar zum Verfahren des parlamentarischen Untersuchungsausschusses Nr. 25/26 auf Bundesebene (»U-Boot-Ausschuß«): *Horst Stein,* »Was wußte Kohl wann?«, in: »Die Welt« vom 25. 06. 1988, S. 2. Der Kommentar ist ein Beleg für die hier referierte pauschale Abqualifizierung des durch Untersuchungsausschüsse ermöglichten Informationsangebotes – aus welchem die Medien gleichwohl reichlich Honig saugen. Er ist auch insofern ein Lehrstück, als er – seiner apodiktischen Geringschätzung der Untersuchungsausschüsse zum Trotz – das Gegenteil seiner Behauptung schon selbst anzeigt: Einerseits wird darin zwar gesagt,

»Hornberger Schießen« zeigten sie indessen durchaus nachweisbare Wirkungen:
- mindestens vorbeugend in der Erziehung zu institutionengerechtem Verhalten aller derjenigen, die, im Umfeld der laufenden Untersuchung tätig, dieses Verfahren beobachten konnten (Ausschuß Nr. 1, 3, 6, 15, 17, 18, 19, 22 und Nr. 24);
- aber auch im Bereich personeller Sanktionen (Ausschuß Nr. 1, 13, 14, 17, 18, 19, eingeschränkt Nr. 8, 19, 20 und Nr. 24);
- im organisatorischen Bereich (Ausschuß Nr. 5, 9, 10, 14, 16, 17, 19, 20 und Nr. 24);
- und sogar im Bereich gesetzgeberischer Konsequenzen (unmittelbar: Ausschuß Nr. 2, 7, 11 und Nr. 16; die mittelbaren gesetzgeberischen Konsequenzen sind schwierig mit Sicherheit zu identifizieren, es gibt sie gleichwohl).

Diese Wirkungen wären nicht zu erzielen gewesen, wenn den Bonner Untersuchungsausschüssen nicht in ihrer Mehrzahl oder nicht zumindest teilweise gelungen wäre, was deren Initiatoren und Protagonisten sich vorgenommen hatten: Aufgrund ermittelter, mindestens politisch kompromittierender, nicht selten sogar juristisch inkriminierender Tatsachen und mit Hilfe dieser Tatsachenermittlungen eine politische Auseinandersetzung zu führen. Die Untersuchungsausschüsse erbringen insofern zweifache Wahrheit. Zum einen bringen sie doch – dies im Gegensatz zu ihrer landläufigen Wahrnehmung – Tatsachen ans Licht. Zum anderen kristallisieren sich in ihnen – dies im Einklang mit ihrer öffentlichen Perzeption – die Wahrheiten der streitenden Parteien heraus: Gegenüber den noch zu ermittelnden beziehungsweise schon ermittelten Tatsachen kristallisieren sich die Wortführer der Parteien heraus und offenbaren die Parteien ihre von diesen Wortführern maßgeblich geprägten Verhaltens- und Urteilsmaßstäbe.

»nirgendwo ist die Aussicht geringer, der Wahrheit oder jedenfalls den konkreten Sachverhalten auch nur einigermaßen nahe zu kommen« als in parlamentarischen Untersuchungsausschüssen; andererseits ist in demselben Kommentar zwei Sätze zuvor von »Erklärungsnöten« die Rede, die »nirgendwo . . . leichter als in einem Untersuchungsausschuß«, so *Horst Stein,* »herauszustellen« seien.

Tatsachenermittlung oder Parteienvermittlung?

Untersuchungsausschüsse sind besser als ihr Ruf. Ihre öffentliche Beurteilung hingegen steckt voller Paradoxien. Es entbehrt nicht der Ironie, daß sich der »Bürger draußen im Lande« nicht primär (wenn überhaupt) gegen die Tatsachenermittlungen als dagegen wendet, daß die Parteien die ermittelten Tatsachen sogleich gemäß ihren Wahrheiten »zerreden«, »zerstreiten«, zu ihren Gunsten interpretieren und nutzen. Das ist es, was viele noch immer »parteienprüde« Bürger offensichtlich irritiert. Sie spotten dabei in erster Linie ihrer selbst, ohne zu wissen wie. Denn: nicht nachdrücklich genug kann gesagt werden, daß die »Wahrheiten der Parteien« für sie objektiv in aller Regel bedeutsamer sind als gegebenenfalls ermittelte Tatsachen: Die Personen und Urteilsmaßstäbe der Parteien, deren ideologischer Überbau sind die Ausgangsbasis vieler noch bevorstehender, den Bürger betreffender politischer Entscheidungen der Parteien. Die ermittelten Tatsachen sind dagegen eher singulär. Politisch gesehen ist die Ergiebigkeit der ermittelten Tatsachen sogar umso größer, je weniger sie juristisch eindeutig zu klären sind, je mehr sie also der »Parteienwahrheiten« zu ihrer Interpretation bedürfen.

Exkurs: Hier ist bewußt von Wahrheit die Rede, welche nicht durch irgendwelche Attribute (etwa: sogenannte) oder durch Anführungen relativiert ist. Wir könnten es bei diesem scheinbar naiven Zugriff belassen, denn wir gehen davon aus, daß dieser sowohl den institutionalisierten Intentionen von Untersuchungsausschußverfahren als auch den Erwartungen des Beobachters an Untersuchungsausschußverfahren entspricht. Damit wäre dem common sense Genüge getan. Der allerdings verdient angesichts der durch Untersuchungsausschußverfahren – wie durch Parlamente überhaupt – zu produzierenden Öffentlichkeit zusätzliche Würdigung. Nach allem, was hier vorgetragen wurde, sollte deutlich geworden sein, daß wir das aristotelische Wahrheitsverständnis zugrunde gelegt haben. Es ist »bescheiden« – im Vergleich etwa zu Hegels »objektiviertem Geist«, Marxens »Existenzbestimmung« oder Husserls »idealer Wesenheit«. Im Einklang mit der Philosophie des Parlamentarismus, im Einklang mit der Philosophie pluralistischer Demokratien überhaupt, bezieht es den Pluralismus der Werte und damit den Pluralismus der Wertungen (aristotelisch: den Pluralismus der »Überlegungen«) als eine Tatsache ein; anders wäre es nicht denkbar, die Wahrheit unterschiedlich zu verfehlen. Mögen diese Wertungen auch nicht immer der Wahrheit entsprechen, so sind sie selbst doch Tatsachen, mitunter außerordentlich bedeutsame Tatsachen, und sie bleiben der Wahrheit im aristotelischen Sinne insofern verpflichtet, als auch die Wertungen gekoppelt bleiben an die gegenüber den Tatsachen vollzogene Unterscheidung zwischen falsch und wahr. In unseren Tagen des Paktes zwischen Demoskopie, Politik und Public Relations gibt es Grund genug, nicht auch noch der Entkoppelung von Tatsachenwahrheit und Parteienwahrheit das Wort zu reden. Medienmeister und politische Progagandisten lehren uns alltäglich, daß nicht »wahr oder falsch« zählt, sondern vielmehr die Frage, »Was kommt an?« und »Wie machen wir aus unserer Sicht der Dinge self-fulfilling prophecies?« Pressesprecher (wie Larry Speakes) legen ihren Chefs – den Herren der Welt? – Sätze in den Mund, die nie gesprochen wurden, aus denen noch Politik werden soll. Und wenn Falschredner dieser Provenienz bei glatter Lüge (wie Nixons Pressesprecher Ron Ziegler im Watergate-Untersuchungsverfahren) ertappt werden, dann wird allenfalls eingeräumt, daß falsche Aussagen »nicht länger praktikabel« (Ziegler: »inoperative«) seien, also nicht länger geglaubt würden. »Wahr oder falsch?« ist nicht das Problem dieser Sorte Medienmeister und Politikpropagandisten. Wer heute Informationen mundgerecht zum politischen Konsum »verkaufen« will, wird ständig versuchen, diese sich selbst vorzubehalten und in seinem Interesse einzusetzen. »Wahr oder falsch« zu ermitteln, ist aber Aufgabe der Untersuchungsausschüsse. Für die Zukunft sind sie als Instrumente gegen diesen offensichtlich unaufhaltsamen Trend der Mediatisierung von Wahrheiten im Dienste der Politik unentbehrlicher noch als zuvor. Deshalb unser scheinbar naives Festhalten an einem Wahrheitsbegriff ohne Anführungen, deshalb auch unsere Argumentation gegen eine Entkoppelung der Tatsachen- von der Parteienwahrheit. Untersuchungsausschüsse sind die schärfste parlamentarische Waffe gegen die permanente Irrationalität der Politik (im Sinne Max Webers), gegen die moderne Manie der Monopolisierung und Manipulierung von Informationen – woher sich u.a. deren relativ häufiger Einsatz im Bereich der Informations- und Geheimdienste erklärt. Die Wissenschaft zumal wird mehr denn je darauf bestehen müssen, der Öffentlichkeit diese Waffe intakt zu halten.

Öffentlichkeit ist für die Untersuchungsausschüsse so essentiell wie für das Parlamentsplenum. Darin unterscheiden sie sich von den anderen (nicht öffentlich tagenden) Parlamentsausschüssen. Öffentlichkeit erhellt die Szene zur möglichen Einsicht. Sie bietet also auch bezüglich der Subjektivität der handelnden Protagonisten wie der Parteien die Chance, Wahrheiten, gegebenenfalls sogar historisch bedeutsame Wahrheiten, zu

28

(be-)greifen. Es kann erkannt werden, wer lügt, »verdunkelt« oder die Wahrheit sagt, und wenn das Verfahren seinen Zweck erfüllt, wird auch deutlich, warum: Man sieht oder kann doch mindestens schließen, wer was (mit wem) vorhat. Angesichts der landläufigen Geringschätzung dieser Wertungen (etwa als »Parteienstreit«) halten wir mit Nachdruck an dem anspruchsvollen Attestat fest, daß die Untersuchungsausschüsse in reichem Umfange bedeutsame Wahrheiten hervorbringen. Und auch daran halten wir fest, daß die Parteienwahrheiten mindestens so wichtig, wenn nicht wichtiger als die ermittelten Tatsachen sind.

Für denjenigen, der sich dieser Sicht der Untersuchungsausschüsse anschließen kann, wird die Alternative »Institutionen der sachpolitischen Tatsachenermittlung« kontra »kommunikative Foren des politischen Kampfes« hinfällig. Beides waren die Untersuchungsausschüsse, beides waren sie zugleich, und beides sollten sie bleiben.

Daß beides zuweilen allerdings äußerst schwierig miteinander zu vereinbaren ist, offenbaren nicht nur die nachfolgenden Analysen und Ergebnisberichte. Die Komplexität der Verknüpfung beider Ansprüche kommt auch zum Ausdruck in der Vielzahl der Urteile und Beschlüsse deutscher Gerichte zum Recht der parlamentarischen Untersuchungsausschüsse. Die Verrechtlichung des parlamentarischen Untersuchungswesens ist unübersehbar. Aus diesem Grunde war uns an der Dokumentation der Urteile und Beschlüsse (Anhang 6) sowie an deren Analyse (Teil V dieses Buches) gelegen. Dieter Engels verdanken wir diese überaus wertvollen Ergänzungen des Tagungstextes.

Im Verlaufe der nachfolgend zunächst zu protokollierenden Tagung wurden – nicht unwidersprochen zwar, aber insgesamt überwiegend – Argumente für den aktuellen Regelungsbedarf im Recht der parlamentarischen Untersuchungsausschüsse vorgetragen. Knapp ein viertel Jahr nach der Tagung schloß einer der wirksamsten Untersuchungsausschüsse in der Geschichte der Bundesrepublik seine Beratungen ab: der »*Parlamentarische Untersuchungsausschuß zur Aufklärung von eventuell rechtswidrigen Handlungen und Unterlassungen des Ministerpräsidenten Dr. Barschel, der Mitglieder, Mitarbeiter und Helfer der Landesregierung gegen zum 11. Landtag kandidierende Parteien und ihre Repräsentanten des Schleswig-Holsteinischen Landtages*«. Gewiß, dieser Ausschuß arbeitete in mancher Hinsicht unter exzeptionellen Bedingungen, die den Konsens förderten. Aber auch dieser Untersuchungsausschuß eines Landtages trennt in seinem Bericht (11/66 vom 05.02.88) die einhelligen »Feststellungen« von den »politischen Wertungen« der vier im Ausschuß vertretenen Parteien. Die Arbeit dieses Auschusses hat zu Recht große Beachtung gefunden: Das Parlament zu Kiel und darin der Untersuchungsausschuß erwies sich unter allen Verfassungsorganen des Bundeslandes als (mit einer Lieblingswendung des Alten Fritzen gesprochen) »rocher de bronze«, als die in diesem Zusammenhang am besten funktionierende Gewalt. Dieser Ausschuß war – nicht nur mit Blick auf die kommende Landtagswahl – in einem Parlament ohne Regierungsmehrheit zeitweilig die zentrale Autorität des schleswig-holsteinischen Regierungssystems insgesamt. So wurde er auch überwiegend in der Öffentlichkeit angesehen. Der Bericht dieses Untersuchungsausschusses hat nachhaltige politische Wirkung gezeigt, die erklärtermaßen noch weiterreichen soll: Der Ausschuß hat »institutionelle Reformen zur Begrenzung und Kontrolle politischer Macht« empfohlen, darunter auch rechtliche Regelungen für zukünftige parlamentarische Untersuchungsausschüsse. Daß gerade dieser Untersuchungsausschuß, der seine Wirksamkeit auch schon unter den gegebenen rechtlichen Bedingungen entfalten konnte, für die Zukunft »feste Regeln für Untersuchungsverfahren« empfiehlt, verleiht den vom Ausschuß benannten Einzelpunkten der Regelungsbedürftigkeit besonderes Gewicht.

Wenn die von uns oben so nachdrücklich betonte Funktion der Untersuchungsausschüsse als Foren des politischen Kampfes – als Arenen der Austragung von Parteienwahrheiten im Sinne der Offenbarung ihrer Maßstäbe und Personen – erhalten bleiben soll, dann haben wir uns bei allem erkennbaren Regelungsbedarf vor »Verrechtlichungen« zu bewahren, die diese Funktion in ihrer Wirkung beschneiden könnten. Dann haben wir vielmehr auf Stärkung dieser eminent politischen Funktion bei *gleichzeitiger* Gewährleistung einer ergiebigen Tatsachenermittlung hinzuwirken. Selbstverständlich darf dies nicht zu Lasten Dritter, »Betroffener« oder »Zeugen«, gehen. Für diese scheint besonders dringlich zusätzliche rechtliche Regelung geboten. Auch bei der rechtlichen »Absicherung« Dritter ist indessen darauf zu achten, daß uns die Wahrheiten der Untersuchungsausschüsse – im Plural! – am Ende nicht abhanden kommen.

II. Protokoll der Tagung

1. Begrüßung zur Eröffnung der Tagung

Konrad Porzner, Vorsitzender der Deutschen Vereinigung für Parlamentsfragen

Meine verehrten Damen und Herren! Ich eröffne die Tagung der Deutschen Vereinigung für Parlamentsfragen und heiße Sie alle sehr herzlich willkommen. Namentlich begrüße ich den Präsidenten des Niedersächsischen Landtags, Herrn Dr. Blanke, und bedanke mich bei ihm für die Möglichkeit, hier im Landtag tagen zu können.
Das Interesse an unserem Thema ist groß. Die Vereinigung hat vor einem halben Jahr gut vorausgedacht, indem sie sich vorgenommen hat, das Recht der Untersuchungsausschüsse zu diskutieren. Im Bundestag besteht in den Fraktionen die Absicht, einen Gesetzentwurf zu erarbeiten. Wir hatten am Ende der letzten Legislaturperiode einen interfraktionellen Gruppenantrag. Es geht jetzt darum, daß wir im Laufe dieser Legislaturperiode, und zwar nicht zu spät, eine gesetzliche Grundlage für die Tätigkeit der Untersuchungsausschüsse schaffen. Diese Tagung kann und wird mithelfen, Probleme zu erörtern und vielleicht sogar manches zu klären.

Dr. Edzard Blanke, Präsident des Niedersächsischen Landtags

Meine Damen und Herren! Es ist mir eine besondere Freude, Sie, die Mitglieder der Deutschen Vereinigung für Parlamentsfragen, und Sie, die Sie Gäste dieser Veranstaltung sind, in den Räumen des Niedersächsischen Landtags begrüßen zu können.
Da wir in Niedersachsen vielleicht etwas mehr Erfahrungen – fast sage ich: leidvolle Erfahrungen – mit den Problemen haben, vor denen Untersuchungsausschüsse stehen, will ich im Rahmen meiner Begrüßungsworte gleich darauf eingehen. Nicht nur in Niedersachsen schien es lange Zeit

so, als wenn der Untersuchungsausschuß als parlamentarisches Handlungsinstrument in den Hintergrund trete. Seit einiger Zeit können wir jedoch geradezu von einer Renaissance der Untersuchungsausschüsse sprechen. Es nehmen aber auch die Widerstände zu, die Untersuchungsausschüsse bei ihrer Arbeit zu überwinden haben. Es scheint auch mir nun an der Zeit, Zwischenbilanz zu ziehen und zu diskutieren, was im Recht der Untersuchungsausschüsse Bestand haben sollte und was der Fortentwicklung oder der grundlegenden Reform bedarf. Wir haben uns darüber auch im Kreis der Parlamentspräsidenten schon häufiger unterhalten.

Diese Tagung gibt – so hoffe ich – jenseits der Rechts- und Verfahrenstechnik Gelegenheit, der Frage nachzugehen, weshalb es in den letzten Jahren zu einer solch starken Zunahme parlamentarischer Untersuchungsverfahren gekommen ist und warum andere Instrumente parlamentarischen Handelns und Fragens offenbar nicht ausgereicht haben. Wenn ich von dem mir vertrauten Beispiel Niedersachsens ausgehe, liegt für mich die Vermutung nicht allzu fern, daß dies mit der Verhärtung des allgemeinen politischen Klimas zu tun hat. Der Ablauf ist ja oft so, daß die Opposition zunächst andere parlamentarische Wege wählt, um die politische Auseinandersetzung zu suchen und die Öffentlichkeit für ihr Anliegen zu interessieren. Erst die als unbefriedigend empfundene Antwort führt dann dazu, daß Untersuchungsausschüsse beantragt und schließlich eingesetzt werden.

Ich frage mich, warum sowohl im Parlament selbst als auch zwischen den Untersuchungsausschüssen und den betroffenen Bürgern immer mehr und härter gestritten wird. Oft treten der Gegenstand und das eigentliche Anliegen der Untersuchung darüber in den Hintergrund. Immer mehr geht es statt dessen um Verfahrensfragen. Dabei hat man bisweilen den Eindruck, daß Verfahrensrecht nur vorgeschoben wird, wo im Grunde dem sachlichen Aufklärungsinteresse entgegengewirkt werden soll. Ein Beispiel: Vor zwei Jahren hatte ein Versicherungsangestellter vor dem sogenannten »Claude«-Untersuchungsausschuß des Niedersächsischen Landtags auszusagen. Er erschien zunächst nicht, und es wurden Ordnungsmittel gegen ihn festgesetzt. Diese wurden aufgehoben, als er sich damit entschuldigte, er habe nach Spanien fahren müssen, um langfristig anberaumte Termine im Zusammenhang mit einem Grunderwerb wahrnehmen zu können. Nun liest man in der Zeitung, dieser Zeuge habe vor Gericht bekannt, seine Firma habe ihm damals einen dreiwöchigen Spanienurlaub auf Spesen gewährt, um damit das Verfahren des Ausschusses hinauszuzögern.

32

Wie sind solche Erscheinungen zu erklären? Sicherlich haben es Untersuchungsausschüsse wie der »Claude«-Ausschuß oder der Ausschuß um das »Celler Loch« – um zwei niedersächsische Beispiele zu nennen – schon deshalb schwer, weil sie ihre Erhebungen bis weit in den Geheimschutzbereich öffentlicher und privater Institutionen vorantreiben müssen. Aber es ist schon mehr als eine bloße Frage des Klimas, wenn Untersuchungsausschüssen in solcher Weise begegnet wird. In dieses Bild paßt auch die zunehmende Zahl von Prozessen im Zusammenhang mit Untersuchungsausschüssen. Der erwähnte »Claude«-Ausschuß hat es allein auf vier Gerichtsverfahren, auch höchstgerichtliche Verfahren, gebracht, die zum Teil heute noch nicht zum Abschluß gekommen sind. Weitere Verfahren sind aus Anlaß seiner Untersuchungen von anderen betrieben worden. Da gab es etwa den Versuch, auf gerichtlichem Wege die Herausgabe von Disziplinarakten an den Untersuchungsausschuß zu verhindern; Verfahren wegen Falschaussage vor dem Untersuchungsausschuß wurden eingeleitet.

Die parlamentarischen Untersuchungsausschüsse haben ganz offensichtlich Autorität eingebüßt. Wer ihnen diese Autorität zurückgewinnen will, wird einige grundsätzliche Fragen stellen müssen, auf die wir vielleicht hier gemeinsam Antworten finden. Eine Kernfrage ist sicherlich: Soll die Komponente politischer Auseinandersetzung, die in den 70er Jahren das Verfahren der Untersuchungsausschüsse stets geprägt hat, erhalten bleiben? Oder ist es besser, durch Verfahren und Auswahl der Mitglieder einen Zwang zur möglichst weitgehenden Objektivierung des Verfahrens und der Verfahrensergebnisse herbeizuführen? Diese unterschiedlichen Konzepte legen auch im einzelnen ganz andere Gestaltungen nahe: Wer in Untersuchungsausschüssen das Element der politischen Auseinandersetzung zurückdrängen will, wird sich etwa Gedanken über eine Beteiligung parlamentsfremder Personen am Verfahren machen, wie sie in vergleichbaren Institutionen Großbritanniens üblich ist. Er wird also zum Beispiel einen Berufsrichter zum Vorsitzenden machen wollen. Auf der Basis des geltenden Verfassungsrechts sind solche Modelle freilich nicht zu verwirklichen.

Wer den bisherigen Charakter von Untersuchungsausschüssen nicht antasten will, wird fragen, ob und gegebenenfalls welche Korrekturen am bisherigen Recht angezeigt sind.

Neben vielen streitigen Details, die sicherlich in diesem Kreise noch behandelt werden, ist mir vor allem eine Grundsatzfrage wichtig: Kann man für das Verfahren von Untersuchungsausschüssen Rechtssicherheit und damit Rechtsfrieden zurückgewinnen, indem man die immer noch vorhandenen Streitpunkte durch eindeutige Spezialgesetze ausräumt? Schon mancher wird sich gefragt haben, ob Zweigert, der Vertreter des Reichsjustizministeriums in den Beratungen des Verfassungsausschusses zur Weimarer Reichsverfassung, wohl geahnt hat, welchen Stoff für endlose Diskussionen sein scheinbar so einfacher und vom Ausschuß sofort übernommener Vorschlag auslösen würde, in Artikel 34 der Reichsverfassung die entsprechende Anwendung der Bestimmungen der Strafprozeßordnung auf die Beweisaufnahme vorzusehen. Auch in diesem Kreis wird hierüber sicherlich noch viel gesagt werden.

Gestatten Sie mir aber zwei Bemerkungen. Zum einen: Man sollte sich davor hüten, unvollkommene oder oft auch mangelhafte Rechtsanwendung mit einer Unvollkommenheit der Verfahrensordnung selbst zu verwechseln. Die Mitglieder von Untersuchungsausschüssen sind häufig in der Kunst der Zeugenvernehmung und Aktenauswertung ungeübt. Sie werden deshalb auch unter juristischer Beratung oft nicht so professionell vorgehen wie ein Richter oder ein Rechtsanwalt. Sie werden bei der Fülle der im Laufe einer Untersuchung auftauchenden Rechtsfragen immer wieder Fehler machen. Davor bewahrt sie aber auch eine wie auch immer gestaltete neue, besondere Verfahrensordnung für Untersuchungsausschüsse nicht.

Zum anderen: Wem es im wesentlichen um die Ausräumung von Rechtsunsicherheiten geht, die in der Verweisung auf die Regeln des Strafverfahrens ihre Ursache haben, dem bietet sich wohl nicht nur die völlige Neukodifikation als Lösung an. Es könnte schon genügen, sich – auch mit Hilfe der Gerichte – verstärkt den streitigen Detailfragen des geltenden Rechts zuzuwenden und sich im Sinne einer Auslegung darauf zu einigen, wie die jeweilige Regel des Strafverfahrens sinngemäß auf das Verfahren der parlamentarischen Untersuchungsausschüsse zu übertragen ist. Auch die Grenze zwischen dem durch Parlamentsrecht bestimmten Teil der Ausschußtätigkeit und der vom Strafverfahrensrecht geordneten Beweiserhebung könnte schon auf diese Weise schärfer gezogen werden.

Ob am Ende eines solchen Klärungsprozesses Gesetze stehen müssen oder ob nicht schon Gerichtsentscheidungen befriedende Wirkung haben können, scheint mir einer Erwägung wert. Betrachtet man die Prozeßflut der letzten Jahre von ihrer positiven Seite, so kann man jedenfalls sagen, daß die Gerichte längst den erforderlichen Klärungsprozeß eingeleitet haben und ihre Inanspruchnahme bereits eine Menge brauchbarer Ergebnisse erbracht hat. Es muß kein schlechter Weg sein, in kleinen Schritten und eng mit der Praxis verknüpft zu Verbesserungen zu kommen.

Wer an eine grundsätzliche Neukonzeption denkt, mag eines bedenken: Die scheinbar so pauschale Verweisung auf die Regeln über den Strafprozeß macht eine der am besten durchgebildeten Verfahrensordnungen unserer Rechtsordnung zur Grundlage auch des Beweisverfahrens von Untersuchungsausschüssen. Diese Verfahrensordnung, deren Rechtsstaatlichkeit von niemandem in Zweifel gezogen werden kann, hat sich bei den Gerichten täglich tausendfach bewährt. Es gibt eine Fülle von Literatur zu nahezu jeder Situation des Strafprozesses. Davon profitieren auch die Untersuchungsausschüsse. Will man an die Stelle der Regeln über den Strafprozeß eine eigene Verfahrensordnung für Untersuchungsausschüsse setzen, muß man sicher sein, daß die neue Ordnung besser, sachgerechter und fairer sein wird als die alte, und man muß sicher sein, daß sie nicht Lücken aufweist, die dann nur mühsam geschlossen werden können. Denn der unmittelbare Rückgriff auf die bewährten Auslegungshilfen und die lange Rechtsprechungstradition zum Strafverfahrensrecht wird dann nicht mehr möglich sein.

Wir werden über all dies in den nächsten Stunden noch ausgiebig sprechen können. Vieles wird auch danach noch offenbleiben müssen. Ich bin aber doch guten Mutes, daß wir alle am Ende dieser Veranstaltung neue Anregungen erhalten und Klärungen herbeigeführt haben werden, die uns in unserer Arbeit voranbringen. In diesem Sinne wünsche ich der Tagung einen guten Verlauf.

2. Das Recht der parlamentarischen Untersuchungsausschüsse. Eine Zwischenbilanz

Vortrag: *Meinhard Schröder**

Eine Zwischenbilanz zum Recht der parlamentarischen Untersuchungsausschüsse muß in der zur Verfügung stehenden Zeit notwendig fragmentarisch sein. Ich kann nur wenige neuralgische Punkte vorführen, die mir diskussionswürdig erscheinen. Dazu gehören die Reichweite der Untersuchungskompetenz im privaten, insbesondere im privatwirtschaftlichen Bereich, die Beweismittel und der Minderheitenschutz. Über sie möchte ich im folgenden sprechen, wobei ich den Zugriff auf Akten im öffentlichen und privaten Gewahrsam weitgehend ausklammere, weil er einem gesonderten Referat vorbehalten ist.

Untersuchungskompetenz im privat(wirtschaftlich)en Bereich

Zu den rechtsstaatlichen Schranken des Untersuchungsrechts gehört, daß die Untersuchung im öffentlichen Interesse liegen muß. Was dies im einzelnen bedeutet, ist bis Mitte der 80er Jahre mangels einer Ausschußpraxis kaum diskutiert worden. Man ließ es bei der eher vorsorglichen Feststellung bewenden, daß die Einsetzung eines Untersuchungsausschusses, der sich mit einem Thema ausschließlich privaten Interesses befassen soll, nicht statthaft, dagegen selbstverständlich zulässig sei, soweit private Interessen mit einem legitimen öffentlichen Interesse an der Untersuchung zusammentreffen[1]. Private Vorgänge wurden nämlich über Jahrzehnte höchstens mittelbar, d. h. im Rahmen einer gegen die Regie-

---

* Bei dem nachfolgenden Text handelt es sich um Vorüberlegungen, die ich im Gutachten für den 57. Deutschen Juristentag unter dem Titel »Empfiehlt sich eine gesetzliche Neuregelung der Rechte und Pflichten parlamentarischer Untersuchungsausschüsse?« in wesentlich erweiterter Form entwickelt habe. Das Gutachten wird im C.H.Beck-Verlag, München, erscheinen. – Die Vortragsform ist beibehalten worden. Die Nachweise beschränken sich auf das Notwendigste.

1 Vgl. *R. Scholz*, Parlamentarischer Untersuchungsausschuß und Steuergeheimnis, in: AöR 105 (1980), S. 565 ff. (594 f.).

rung gerichteten Untersuchung behandelt. Dementsprechend traten etwaige schutzwürdige Interessen nicht als Grenze des Untersuchungsgegenstands, sondern konkreter Beweismittel in Erscheinung. Daraus erklärt sich, daß der 1986 durch den Bundestag eingesetzte Untersuchungsausschuß »Neue Heimat«, der sich unmittelbar mit Verhaltensweisen des gemeinnützigen Privatunternehmens Neue Heimat befaßt hat, sogleich in Auftrag und Zielsetzung als exzeptionell empfunden[2] und seine Zulässigkeit bestritten wurde[3].

Nach der im geltenden Recht angelegten sogenannten Korollartheorie[4] kann sich die Untersuchungsbefugnis nur im Rahmen der Parlamentskompetenz bewegen. Soweit die Untersuchungsausschußgesetze und -entwürfe die Untersuchung allgemein vom Bestehen eines öffentlichen Interesses an der Sachaufklärung und ihrer Eignung für die Beratung und Beschlußfassung des Parlaments abhängig machen[5], nehmen sie eine Deckungsgleichheit zwischen Untersuchungsrecht und Parlamentszuständigkeit in Anspruch. Dabei gehen sie in Übereinstimmung mit der umfassenden Rolle, die dem Parlament in der Demokratie des Grundgesetzes zukommt, von einem weiten Zuständigkeitsbereich aus. Auch *in Rechtsprechung und Schrifttum gehört die Deckungsgleichheit mit der Parlamentszuständigkeit zu den Axiomen des Untersuchungsrechts.* Die Frage ist nur, ob diese Deckungsgleichheit ausnahmslos besteht. Ihr hat gerade im Hinblick auf die Untersuchung privater Vorgänge die besondere Aufmerksamkeit zu gelten; denn hier stehen weniger die äußeren, durch die Parlamentszuständigkeit markierten Grenzen zur Debatte, als Beschränkungen des Untersuchungsrechts, die dessen Einsatz wegen der

---

2 BT-Ausschußbericht »Neue Heimat« (SPD-Votum), TZ. 455.
3 Dazu vor allem *H. Meyer*, Rechtsgutachten zur Frage der Rechtsstellung der Beteiligungsgesellschaft für Gemeinwirtschaft AG und ihrer Organe bei der Inanspruchnahme im Rahmen der Beweiserhebung durch den aufgrund des gemeinsamen Antrages der CDU/CSU und FDP vom 4.6.1986 (BT-Drucks. 10/5875) eingesetzten dritten Untersuchungsausschuß des Deutschen Bundestages »Neue Heimat«, 1986, S. 57 ff.; *ders.*, Rechtsgutachten zur Frage, ob eine beabsichtigte Empfehlung des Deutschen Bundestages an die Bundesregierung zulässiger Anlaß für die Einsetzung eines Untersuchungsausschusses im Sinne des Art. 44 GG und für die Ausübung strafprozessualen Zwangs gegenüber Privaten sein kann, 1986, S. 166 ff.
4 Grundlegend: *E. Zweig*, Die parlamentarische Enquête nach deutschem und österreichischem Recht, in: ZfP 6 (1913), S. 265 ff. (267).
5 IPA-Entwurf, BT-Drucks. V/4209 und Gesetzentwurf 10. WP, BT-Drucks. 10/6587, jeweils § 1 (1) und (2); Untersuchungsausschußgesetze von BaWü (§ 1 (1), (2)), Bayern (Art. 2 (1)), Bremen (§ 1); NRW (§§ 1 und 3 (1)), Saarl. Gesetz Nr. 970 (§ 38), Art. 15 (1) Verf. Schl.Holst.

mit ihm verbundenen besonderen Wirkungen an bestimmte Voraussetzungen knüpfen.

Erstreckt man die Untersuchungsbefugnis auf private Vorgänge, werden diese an die Öffentlichkeit gezogen und Zwangsrechten mit Eingriffscharakter ausgesetzt. Um dieser Folge willen bedarf die parlamentarische Erforschung solcher Vorgänge eines hinreichenden Anlasses. Die Behauptung, jedermann sei es zuzumuten, ein gesetzlich geregeltes Verfahren wie die Sachverhaltsermittlung in entsprechender Anwendung der Strafprozeßordnung über sich ergehen zu lassen, zumal wenn diese mit Sicherungen zum Schutz der Individualsphäre ausgestattet sei[6], genügt nicht. Jede rechtsstaatlich einwandfreie Einleitung eines Verfahrens hat ihren besonderen und geregelten Anlaß, der nicht durch Abwehrmöglichkeiten bei einzelnen Untersuchungshandlungen kompensiert werden kann. So ist im Strafverfahren das Untersuchungsthema durch das materielle Strafrecht und die Notwendigkeit des Anfangsverdachts beliebiger Manipulation entzogen. Sinngemäß muß dies auch für das parlamentarische Untersuchungsverfahren gelten, damit eine willkürliche diskriminierende Instrumentalisierung zu Lasten der privat(wirtschaftlich)en Sphäre möglichst vermieden wird. Von dieser Prämisse aus ist der Frage nachzugehen, ob und wie die *Forderung nach einem hinreichenden Anlaß für Untersuchungen im privaten Bereich* und in den einschlägigen Vorschriften zum Ausdruck kommt.

Das öffentliche Interesse an der Aufklärung eines Sachverhalts erlegt dem Untersuchungsbegehren eine besondere Rechtfertigungslast auf[7]. Ernstgenommen und bei sehr sorgfältiger Prüfung scheint es prädestiniert zu sein, beliebigen Untersuchungen im privaten Bereich vorzubeugen und damit die Funktion einer rechtsstaatlichen Freiheitssicherung, ähnlich der des Grundrechtsschutzes und des Verhältnismäßigkeitsgrundsatzes zu übernehmen. Aber gerade diese Erwartung erfüllt sich nur in bescheidenem Maße. Das öffentliche Interesse ist normativ weder vor- noch ausdefiniert. Seine Konkretisierung mit Hilfe der verbreiteten Unterscheidung

---

6   So Hess.StGH, ESVGH 22, 136 (140). I.E. zustimmend (Einsetzung in der Regel keine Rechtsverletzung): *W. Härth,* Kommentar zum Gesetz über die Untersuchungsausschüsse des Abgeordnetenhauses von Berlin, 2. Aufl., 1985, § 2 Erl. 1 d; s.a. *H.-P. Schneider,* Parlamente, Wahlen und Parteien in der Rechtsprechung der Landesverfassungsgerichte, in: Landesverfassungsgerichtsbarkeit Bd. III (1983), S. 91 ff. (106).

7   Zum folgenden vor allem *E.-W. Böckenförde,* Parlamentarische Untersuchungsausschüsse und Kommunale Selbstverwaltung, in: AöR 103 (1978), S. 4 ff. (13), und *J. Linck,* Untersuchungsausschüsse und Privatsphäre, in: NJW 1987, S. 11 ff. (13).

zwischen prima facie, scheinbaren und echten, reinen oder ausschließlichen Privatangelegenheiten ist wenig hilfreich. Die dabei verwendeten Kriterien sind in sich unbestimmt, auch wenn sie – so jüngst – mit staats- oder gesellschaftsbezogenen Elementen wie der Gemeinnützigkeit eines Unternehmens angereichert werden[8]. Sie geben bestenfalls im Einzelfall unstreitige Auskunft über Zugriffsmöglichkeiten auf die Privatsphäre, von der daher auch offenbleibt, wann sie prinzipiell untersucht werden darf und wann nicht. Immerhin verdeutlichen sie, daß die Privatsphäre außerhalb der dem Staat generell verschlossenen Zonen nicht untersuchungsfrei ist.

Im übrigen ist in Rechnung zu stellen, daß das öffentliche Interesse in enger Beziehung zu politischen Interessen steht, die vor allem die Einsetzungsminderheit, aber auch die Einsetzungsmehrheit an einem Untersuchungsthema haben. Daraus läßt sich ableiten, seine Definition müsse überhaupt dem Parlament überlassen bleiben[9]. Die Untersuchung privater Vorgänge unterliegt dann zur Gänze dem politischen Ermessen. Aber selbst wenn man richtigerweise nicht so weit gehen will – immerhin ist das öffentliche Interesse ein normatives Kriterium –, läßt es sich von politischen Erwägungen in keinem Fall freihalten. Wie jedes politische Ermessen kann es nur in engen Grenzen der Willkürfreiheit überprüft werden, wobei die Beurteilung der Einsetzungsminderheit oder -mehrheit in der Regel indizielle Bedeutung haben wird[10]. Die Untersuchung privater Vorgänge liegt bereits außerhalb der kritischen Zone der Willkür, wenn dem Untersuchungsauftrag ein hinreichender Anlaß und nicht nur die schlichte Behauptung zugrunde liegt, daß durch näher bezeichnetes Verhalten ein Mißstand oder Skandal zutage getreten sei, der nach Aufklärung und Konsequenzen im staatlichen Bereich verlange. Eine kompetenzbegrenzende Funktion im Hinblick auf die Untersuchung privatwirtschaftlicher Vorgänge wird das öffentliche Interesse danach nur selten haben.

Stärkere Konturen kann es nach Lage des Einzelfalls gewinnen, wenn es dazu dienen soll, den Zugriff auf private Sachverhalte unter dem Gesichtspunkt ihrer *Aufklärungsbedürftigkeit* zu bremsen. Ansatzpunkt ist hier, daß ein öffentliches Interesse an der Untersuchung nicht besteht, wenn

---

8 Darauf stellen das BVerfG (FAZ Nr. 287 v. 11.12.1987, S. 5), zuvor schon LGe Frankfurt und Bonn, NJW 1987, 790 (791) und 787 (788), ab.

9 So etwa *H.-P. Schneider*, AK-GG, Art 44, Rn. 11.

10 So *Böckenförde*, a.a.O., S. 16; *Linck*, a.a.O., S. 14; i.E. auch BayVerfGHE 30, 48 (64 f.).

die zu ermittelnden Tatsachen bereits bekannt sind oder ihre Aufklärung alsbald zu erwarten ist[11]. Für Untersuchungen des privaten Bereichs hat dieser Aspekt des öffentlichen Interesses auch und gerade eine individualrechtschützende Dimension. Er verlangt im Sinne des Übermaßverbots nach einer plausiblen Begründung dafür, daß der Sachverhalt nur durch Einsatz des öffentlichkeitswirksamen und mit Zwangsmitteln verbundenen Untersuchungsrechts ermittelt werden kann[12]. Die Begründungslast für den Einsatz des Untersuchungsrechts zielt vor allem auf die Informations- und Überwachungskapazität der Exekutive, die zur Aufklärung von Rechtsverstößen im privaten Breich berufen und gerüstet ist. Dem Parlament steht schon aus Gründen der Gewaltenteilung keine allgemeine Gesetzesaufsicht über das private Verhalten zu. Ohne Einschaltung der Exekutive darf es darum nur dann auf die Privatsphäre zugreifen, wenn die gewünschte Information und Aufklärung nicht schon mit Hilfe der Exekutive erreichbar ist. So reicht es nicht aus, darauf zu verweisen, daß das Parlament über die Ausgabe öffentlicher Gelder in Form von Zuschüssen an Privatpersonen oder Unternehmen wachen dürfe.

Mit dem *Erfordernis, daß die Untersuchung geeignet sein muß, die Beratung, Beschlußfassung oder Entscheidung des Parlaments im Rahmen seiner Zuständigkeiten vorzubereiten*, grenzen die Untersuchungsausschußgesetze und -entwürfe die Untersuchungsbefugnis durch das Untersuchungsziel ein. Die einschlägigen Vorschriften sind allerdings nicht eindeutig[13]. In traditionsgemäßer Auslegung muß die Untersuchung vorbereitenden Charakter im Hinblick auf Gesetzgebungsakte oder solche zur Kontrolle der staatlichen Aktion haben. Die Begriffe »Beratung«, »Beschlußfassung« und »Entscheidung« können sich aber auch auf den weiten Bereich ungeschriebener politischer Zuständigkeiten des Parlaments beziehen, die aus dessen Stellung als politisches Repräsentationsorgan des Volkswillens und seiner Teilhabe an der politischen Leitungsfähigkeit bzw. Führungsfunktion folgen. Damit wären auch diese in das Untersuchungsrecht einbezogen.

Für die Untersuchung privater Vorgänge haben die skizzierten Interpretationsmöglichkeiten erhebliche Bedeutung. Nach der zuerst genannten

---

11 Vgl. BayVerfGH, NVwZ 1986, 822 (824); E 30, 48 (64).
12 Ansatzweise erfaßt bei *Kölble,* Parlamentarisches Untersuchungsrecht und Bundesstaatsprinzip, in: DVBl. 1964, 701; *Böckenförde,* a.a.O., S. 35; *K. Schleich,* Das parlamentarische Untersuchungsrecht des Bundestages, 1985, S. 32; Hess.StGH, ESVGH 22, 136 (139).
13 Vgl. *Böckenförde,* a.a.O., S. 8 Fn. 10; *Linck,* a.a.O., S. 11 ff.

Auslegung dürfen private Vorgänge im wesentlichen nur zur Vorbereitung von Gesetzgebungs- und Kontrollenquêten untersucht werden. Im zweiten Fall könnten sie auch Gegenstand solcher Untersuchungen sein, die das Parlament aufgrund ungeschriebener Kompetenzen als politisches Führungsorgan in Gang setzt. Die praktische Relevanz dieser Alternative hat sich jüngst am Untersuchungsausschuß »Neue Heimat« entzündet, weil dieser bekanntlich auch unverbindliche Empfehlungen für die Bundesregierung zur Minderung der Folgen des Skandals erarbeiten sollte. Hier gilt es erneut zu bedenken, daß Untersuchungen im privat(wirtschaftlich)en Bereich eines hinreichenden Anlasses bedürfen. Wären sie auch zulässig, wenn aus ihren Ergebnissen keine Konsequenzen für Gesetzgebung und Verwaltung gezogen werden sollten, könnte das schwere Geschütz einer öffentlichkeitswirksamen Untersuchung mit Zwangsmitteln für mehr oder weniger beliebige politische Willensbekundungen des Parlaments eingesetzt werden. Die Proportionalität zwischen Eingriffswirkung und Untersuchungsziel wäre nicht mehr gewahrt.

Ein besonderes Problem stellt die *Selektion des zur Untersuchung bestimmten privaten Verhaltens* dar. Rechts- und verfassungssystematisch handelt es sich um eine Frage, die mit dem Erfordernis, daß die Untersuchung zur Vorbereitung eines Gesetzes bzw. Kontrollakts geeignet sein muß, in Verbindung gebracht werden sollte. Geht es doch darum, sicherzustellen, daß der untersuchte private Bereich so ausgewählt und eingegrenzt ist, daß die aus ihm bezogenen Informationen dem Parlament hinreichende Sachkunde verschaffen. Darauf kommt es vor allem an, wenn die Anwendungspraxis eines Gesetzes mit dem Ziel einer eventuellen Novellierung untersucht wird. Gesetze haben in der Regel eine Vielzahl privater Adressaten, deren Verhalten gleichermaßen bedeutsam für den anvisierten Gesetzesakt ist und deshalb eine beliebige Selektion nicht zuläßt, wenn verläßliche Beratungs- und Entscheidungsgrundlagen geschaffen werden sollen. Auch Sonder- oder Vorzugsrechte, die ein Gesetz verleiht – im Falle der »Neuen Heimat« etwa die Gemeinnützigkeit und die damit verbundenen Steuerprivilegien –, sind im allgemeinen keine einzigartigen, die Selektion rechtfertigenden Eigenschaften eines Privatrechtssubjekts. Andererseits muß akzeptiert werden, daß eine den gesamten Anwendungsbereich eines Gesetzes abdeckende Untersuchung weder möglich noch notwendig ist. Jedenfalls dann, wenn dem untersuchten Bereich aufgrund seines Zuschnitts, seiner Größe und Struktur nach der plausiblen Einschätzung des Parlaments exemplarische Bedeutung für etwaige Mißstände im geltenden Recht zukommt, ist die Inanspruchnahme nicht zu beanstanden. Im Falle der »Neuen Heimat« etwa konnte auf die bundesweite Betätigung der Unternehmensgruppe, den Verdacht zahlreicher Verstöße gegen das Wohnungsgemeinnützigkeitsrecht und die daraus folgenden erheblichen Schäden für die Mieter, Arbeitnehmer und öffentlichen Hände verwiesen werden[14].

Bei der Vorbereitung eines parlamentarischen Kontrollakts kann die Selektionsfrage gleichfalls bedeutsam werden, nämlich dann, wenn ein Mißstand oder Skandal, der Anlaß für die Untersuchung war, durch das Verhalten mehrerer Privatpersonen oder Unternehmen verursacht sein soll. Auch hier fällt einerseits die verfügbare Untersuchungskapazität, andererseits das Erfordernis ins Gewicht, daß die Auswahl hinreichend repräsentativ sein muß, um als Beschlußgrundlage dienen zu können.

Beliebigen Untersuchungen im privaten Bereich läßt sich nach alledem vorbeugen, wenn das Untersuchungsrecht nicht für sämtliche Parlamentszuständigkeiten eröffnet sowie besondere Anforderungen an die Begründungslast für den Einsatz des Untersuchungsrechts und der Selektion des untersuchten Verhaltens gestellt werden. Zusätzlichen Schutz bieten die aus Zeitgründen hier nicht näher erläuterten Begrenzungen des Untersuchungsgegenstands aus bundesstaatlicher Sicht, weil und soweit sie durch Aufteilung der Untersuchungsthemen zwischen Bund und Ländern mittelbar auch die Inanspruchnahme der privaten Sphäre erschweren. Es ist daher kein Zufall, daß bundesstaatliche Kompetenzfragen u. a. in die Auseinandersetzung um die Zulässigkeit des Untersuchungsauftrags des Bundestagsuntersuchungsausschusses »Neue Heimat« einbezogen wurden.

Allzu große Erwartungen sollten mit den genannten Grenzziehungen jedoch nicht verbunden werden. Wie bei anderen rechtsstaatlichen Verfahren fällt der Schutz *vor* Untersuchungen geringer aus als derjenige, der *einzelnen* Untersuchungshandlungen gilt. Damit möchte ich mich im folgenden befassen.

Strafprozessuale Befugnisse der Untersuchungsausschüsse

Das Ausgreifen des Untersuchungsrechts auf private Vorgänge hat der Diskussion um die strafprozessualen Befugnisse der Untersuchungsausschüsse eine neue Dimension gegeben. Solange im wesentlichen nur Un-

14 So i.E. das BVerfG, wie Fn. 8.

42

tersuchungen zur Regierungskontrolle stattfanden, in denen sich das Bedürfnis nach Aussagen von Amtsträgern und Aktenvorlage bemerkbar machte, die allein Staatsgeheimnisse gefährden konnten, blieben Umfang und Eingriffstiefe der Ausschußbefugnisse überschaubar und begrenzt. Daß diese Befugnisse prinzipiell weiter reichen, war eine vorwiegend theoretische Erkenntnis. Spätestens mit der Parteispendenaffäre hat sich dieses Bild gewandelt. Die tatsächlich in Anspruch genommenen Befugnisse haben sich vornehmlich zu Lasten der Privatrechtssubjekte erweitert. Die Anwendung von Zwangsmitteln gegen Zeugen, Durchsuchungen und Beschlagnahmen im privatwirtschaftlichen Bereich kennzeichnen diese Entwicklung paradigmatisch. Als Folge der zum Teil erheblichen Eingriffe stellen sich Fragen der prinzipiellen Angemessenheit der strafprozessualen Befugnisse und des Grundrechtsschutzes. Die altbekannten Schwierigkeiten einer sinngemäßen Handhabung der Strafprozeßordnung sind dabei nur noch ein Teilaspekt des allgemeineren Problems, inwieweit der Pauschalverweis auf den Strafprozeß rechtsstaatlich weiterhin tragbar ist.

Mit der Ablösung der Verweisung liegt zugleich wieder die Frage auf dem Tisch, an welchem Verfahrensmodell sich das parlamentarische Untersuchungsverfahren auszurichten hat. Zwar ist die Tendenz zur Ablösung der Pauschalverweisung in den Bundesentwürfen und in den Landesgesetzen über Untersuchungsausschüsse seit längerem unverkennbar; aber die dort vorgesehenen Befugnisse sind im Kern die der Strafprozeßordnung geblieben. Es ist bislang kaum geklärt, ob es dabei angesichts neuerer Erfahrungen sein Bewenden haben kann, sowie ob und welche Alternativen zur Verfügung stehen. Der Landtagspräsident hat vorhin bereits eindringlich auf dieses Problem hingewiesen.

Die *Unzulänglichkeiten einer sinngemäßen Anwendung der Vorschriften über den Strafprozeß* stehen immerhin fest. Die sinngemäße Anwendung strafprozessualer Beweisnormen führt zu einer rechtlich wie praktisch schwer handhabbaren »Verfahrenshoheit« der Untersuchungsausschüsse, weil die Bestimmung dessen, was sinngemäß ist, dem Ausschuß überlassen ist. Die vom Bundestag seit dem Untersuchungsausschuß »Pan International« jeweils mit der Einsetzung eines Untersuchungsausschusses beschlossene Anwendung der sogenannten IPA-Regeln[15] auf das Untersuchungsverfahren ändert hieran prinzipiell nichts. Als Inhalt eines Gesetzentwurfs stehen diese Regeln ausdrücklich unter einem doppelten Vor-

15 BT-Drucks. V/4209.

behalt: Sie dürfen geltendem Recht nicht widersprechen, und ihre Anwendung im Einzelfall muß nach übereinstimmender Meinung im Ausschuß unbedenklich sein. Wegen dieser Vorbehalte können die IPA-Regeln die Bildung sinngemäßer, d. h. für das Untersuchungsverfahren adäquater Beweisnormen nur sehr begrenzt erleichtern. Streit darüber läßt sich vor allem deshalb nicht ausschließen, weil der Ausschuß als politisches Gremium mit konkreten, zwischen Mehrheit und Minderheit typischerweise umstrittenen Interessen am Untersuchungsgegenstand über die prinzipielle wie im Einzelfall angemessene Gestalt des zum Einsatz gebrachten Beweismittels befinden muß. Mit dieser Aufgabe ist der Ausschuß überfordert. Zusätzlich besteht die Gefahr einer bedenklichen rechtsstaatlichen Instrumentalisierung der Beweismittel aus politisch-taktischen Erwägungen heraus, die der Ausübung rechtsstaatlicher Gewalt, wie sie den Untersuchungsausschüssen anvertraut ist, nicht bekommt und das parlamentarische Untersuchungsrecht überdies in Mißkredit bringt. Die Kontroverse im Bundestag in der Aktuellen Stunde am 22. Oktober 1986[16] über die Verhaftung des Zeugen Lappas belegt dies anschaulich.

Die sinngemäße Anwendung des Strafprozeßrechts kann *Lücken, die aus der Wesensverschiedenheit des parlamentarischen Untersuchungsverfahrens entstehen,* nicht in verfassungsrechtlich einwandfreier Weise schließen. Das läßt sich an zwei für das Beweisverfahren zentralen Punkten demonstrieren: Das Strafprozeßrecht kennt keine Minderheit, die einen Beweisantrag stellen und prozessual durchsetzen könnte[17]. Im parlamentarischen Untersuchungsverfahren gehören solche Anträge hingegen zu den wichtigsten Anliegen, mit denen die Einsetzungsminderheit den von ihr gewollten Auftrag durchsetzen kann. Die Anwendung von Geschäftsordnungs- oder IPA-Regeln überbrückt diese Lücke nicht. Selbst wenn parlamentsinternes Recht Minderheiten ein Beweisantragsrecht einräumt, scheitert dessen Durchsetzung im Konfliktfall, weil die nach Strafprozeßrecht notwendige Beschwerdeberechtigung der Minderheit nicht durch autonomes Parlamentsrecht vermittelt werden kann. Der Minderheitenschutz im Untersuchungsverfahren bleibt so als Folge gesetzgeberischer Untätigkeit weitgehend auf der Strecke.

---

16 Vgl. den Bericht in: Das Parlament Nr. 44/1986, S. 6.
17 Allgemein hierzu: *J. Jekewitz,* Neuere Erfahrungen mit dem Recht parlamentarischer Untersuchungsausschüsse, 1986, S. 20 ff.; ferner OLG Köln, Beschlüsse v. 13.9.1985, in: ZParl 17. Jg. (1986), S. 381 f. m. Anm. *M. Schröder,* ebd., S. 383 ff., und *Jekewitz,* in: NStZ 1986, S. 88 ff.

Entsprechendes gilt unter rechtsstaatlichen Vorzeichen für die Mitwirkungs- und Verfahrensrechte der Personen, gegen die sich eine Untersuchung richtet oder die im Verlauf der Untersuchung zu Betroffenen werden. So hatte die Neue Heimat schon vor der Beweiserhebung gegenüber dem entsprechenden Untersuchungsausschuß beantragt, ihr die Rechte eines Betroffenen im Sinne des § 18 der IPA-Regeln einzuräumen[18]. Da dem Antrag nicht in vollem Umfang stattgegeben wurde, verfolgte die Neue Heimat ihn im einstweiligen Rechtsschutz vor den Verwaltungsgerichten weiter. Auch sie scheiterte am geltenden Recht. Die Gerichte werteten die IPA-Regeln als bloßes Binnenrecht, das Ansprüche Dritter nicht begründen könne. Die sinngemäße Anwendung der Strafprozeßordnung reiche dazu gleichfalls nicht aus.

In prinzipieller Hinsicht geht es um das *verfassungskonforme Verhalten des Gesetzgebers*, dem nach den Erfahrungen mit Untersuchungsausschüssen – zumindest im letzten Jahrzehnt – bekannt sein muß, daß die Aufrechterhaltung der sinngemäßen Anwendung des Strafprozeßrechts den in Artikel 44 Abs. 1 des Grundgesetzes verankerten Minderheitenschutz weitgehend entwertet und die Rechtsstaatlichkeit im Untersuchungsverfahren nicht ausreichend zur Geltung bringen kann. Unter solchen Umständen darf, zumal im Zeichen der Wesentlichkeitstheorie, gefragt werden, ob sich die vielfach angemahnte Reform des Rechts der Untersuchungsausschüsse nicht inzwischen zu einer verfassungsrechtlichen Pflicht verdichtet hat. Auch wenn die Bundesverfassung hierzu keinen ausdrücklichen Auftrag in dem Sinne erteilt, daß das Nähere durch Gesetz bestimmt werden muß, ist doch die Umsetzung des verfassungsrechtlich gewollten Rechtszustandes in der Praxis nur mit erheblichen Konflikten zu Lasten demokratischer und rechtsstaatlicher Komponenten des Untersuchungsverfahrens möglich. Ein Gesetzgeber, der dies weiterhin zuläßt, mißachtet seine Verantwortung, die wesentlichen Entscheidungen in grundlegend normativen Bereichen selbst zu treffen. Zu ihnen gehört auch das mit der Anwendung öffentlicher Gewalt verbundene Untersuchungsverfahren.

Zu den umstrittensten Fragen im Untersuchungsverfahren gehört die *Rechtsstellung der Auskunftspersonen*. Allen Einzelstreitpunkten vorgelagert ist der nach wie vor bestehende Dissens darüber, ob zwischen Zeugen und Betroffenen unterschieden werden kann und muß sowie ob

---

18 Vgl. Schlußbericht des BT-Untersuchungsausschusses »Neue Heimat«, Drucks. 10/6779 TZ 17 und OVG Münster, DVBl. 1987, S. 98 f.

den letzteren Rechte eingeräumt werden sollten, die denen eines Beschuldigten im Strafverfahren zumindest ähnlich sind. Das Strafverfahren richtet sich grundsätzlich gegen eine bestimmte Person, den Beschuldigten. Es unterliegt deshalb rechtsstaatlichen Garantien, die sicherstellen sollen, daß der von Sanktionen bedrohte Beschuldigte ausreichende Verteidigungsmöglichkeiten hat und nicht zum bloßen Objekt des Verfahrens wird. Bei sinngemäßer Übertragung dieses Modells auf das parlamentarische Untersuchungsverfahren steht man vor der Frage, inwieweit es hier überhaupt personenbezogene Untersuchungen vergleichbarer Art gibt. Relativ leicht fällt die entsprechende Feststellung, soweit die Untersuchung der Vorbereitung der in der Verfassung vorgesehenen besonderen Anklageverfahren dient. Anlaß und Richtung dieser freilich seltenen Enquêten sind typusmäßig dem Strafverfahren am ehesten verwandt. Auch Untersuchungen, die der Be- oder Entlastung eines Abgeordneten oder eines Regierungsmitgliedes dienen, lassen sich noch als personenbezogen und mit potentiellem Sanktionscharakter auffassen, weil und soweit es dabei um die Bewertung eines persönlichen Verhaltens geht, das, ähnlich wie im Strafverfahren, mit einer Reinwaschung oder Schuldfeststellung enden kann. Bei allen anderen Untersuchungen – also im Regelfall – ist der personenbezogene Charakter problematisch, aber von wachsender Aktualität, seit in Untersuchungsausschüssen immer öfter privates Verhalten behandelt wird.

Der Schwierigkeit, die personenbezogenen parlamentarischen Untersuchungen zu definieren, könnte man aus dem Weg gehen, wenn man auf die sinngemäße Übertragung der Beschuldigtenstellung im Untersuchungsverfahren gänzlich verzichten und etwaige Schutzbedürfnisse betroffener Personen durch Zeugnisverweigerungsrechte auffangen könnte. Da jedoch die Rechte des Zeugen mit denen des Beschuldigten nicht identisch sind, kommt diese Lösung nur in Betracht, wenn legitimen Schutzbedürfnissen durch Aussageverweigerungsrechte – nach Art des Zeugen – hinreichend Rechnung getragen werden kann[19]. Entsprechendes gilt für eine Kompensation besonderer Schutzrechte für Betroffene durch das verfassungsrechtlich gebotene Minimum des rechtlichen Gehörs bei Grundrechtsverletzungen im Untersuchungsverfahren[20].

19 Vgl. bereits *K.J. Partsch*, Gutachten für den 45. DJT (1964), S. 209.
20 Hierzu *W. Gollwitzer*, Der Betroffene im Verfahren der Untersuchungsausschüsse des Bayerischen Landtages, in: BayVBl. 1982, S. 422 f., *Schleich*, a.a.O., S. 50 ff.; OVG Münster, DVBl. 1987, S. 98 (99 f.); ferner *U. Müller-Boysen*, Die Rechtsstellung des Betroffenen vor dem parlamentarischen Untersuchungsausschuß, 1980, S. 54 ff.

In der jüngeren Ausschußpraxis ist der Betroffenenschutz vor allem in zwei Konstellationen praktisch geworden: Einerseits im Hinblick auf parallele Ermittlungs- und Strafverfahren im Zusammenhang mit dem Untersuchungsthema[21], andererseits in bezug auf Unternehmen, die sich infolge einer Untersuchung ins rechtliche oder gesellschaftliche Zwielicht gerückt sahen und deshalb auf die Beweiserhebung durch Verfahrensbeteiligung Einfluß nehmen wollten[22]. Räumt man Auskunftspersonen in derartigen Fällen eine Stellung ein, die der des Beschuldigten entspricht, gerät man mit der Verfahrensherrschaft des Untersuchungsausschusses in Konflikt. Insbesondere das Recht, bei Zeugenvernehmungen anwesend zu sein, dem Zeugen Fragen zu stellen und Beweisanträge einzubringen, kann die Untersuchung verzögern und erschweren. In Anbetracht der häufig recht kurzen Zeit, die für Untersuchungen wegen des Ablaufs der Wahlperiode zur Verfügung steht – man denke an den Untersuchungsausschuß »Neue Heimat« und den U-Boot-Ausschuß –, sollten diese Konsequenzen nicht leichtgenommen werden. Sie schränken außerdem die Befugnis des Ausschusses ein, die ihm erforderlich erscheinenden Beweise zu erheben.

Die vordringlichsten *Probleme der Zeugenstellung* lassen sich unter vier Gesichtspunkten ordnen: Erstens haben sich Zeugen, die sich außerhalb des Bundeslandes aufhielten, geweigert, auf ordnungsgemäße Ladungen des entsprechenden Landtagsuntersuchungsausschusses zu erscheinen und auszusagen. Zweitens sind der Umfang berechtigter Zeugnisverweigerungen und damit drittens die Zwangsmittel des Untersuchungsausschusses zur Durchsetzung der Zeugnispflicht strittig geworden. Die genannten Konflikte haben schließlich viertens Rechtsschutzfragen aufgeworfen.

Die Untersuchungsausschüsse des Bundestages können Zeugen aus dem ganzen Bundesgebiet laden und vernehmen. Für Landtagsuntersuchungsausschüsse ist das bislang nicht abschließend geklärt[23]. Gleichwohl ist dies

---

21 Darstellung des Problems im Schlußbericht des Flick-Ausschusses, BT-Drucks. 10/5079 TZ 11 und des rheinland-pfälzischen Parteispendenausschusses, LT-Drucks. 10/2914 Abschn. III, S. 7 ff.
22 Konfliktbeschreibung im Schlußbericht des Untersuchungsausschusses »Neue Heimat«, BT-Drucks. 10/6779 TZ 17 und des bayerischen Untersuchungsausschusses »Neuperlach«, LT-Drucks. 10/3015, S. 4.
23 Hierzu OVG Lüneburg, DVBl. 1986, 476 ff.; *Schröder,* Urteilsanmerkung, a.a.O., S. 379 f.; *M. Thürmer,* Zeugniszwang durch einen Landesuntersuchungsausschuß gegenüber einem außerhalb der Landesgrenzen in einem anderen Bundesland lebenden Zeugen, in: DÖV 1987, S. 99 ff.

von erheblichem, auch bundesstaatlichem Interesse, weil etwaige *territoriale* Beschränkungen der Zeugnispflicht die Möglichkeit der Landtagsuntersuchungsausschüsse, Sachaufklärung durch Zeugeneinvernahme zu betreiben, an einem empfindlichen Punkt treffen. Ganz sicher lassen sich solche Beschränkungen nicht dadurch überwinden, daß man – wie jüngst in der Pfeiffer-Barschel-Affäre erwogen worden ist – auf Bundesebene einen parlamentarischen Untersuchungsausschuß einsetzt.

Die Gründe, aus denen ein Zeuge seine Aussage vor dem Untersuchungsausschuß verweigern darf, müssen gesetzlich anerkannt sein. Soweit nicht Schutzbestimmungen für Betroffene eingreifen, haben Zeugen kein allgemeines *Zeugnisverweigerungsrecht*. Die Verweigerungsgründe bemessen sich derzeit infolge der Rezeption des Strafprozeßrechts, die in den Landesgesetzen und in den neueren Bundesentwürfen in der Sache fortgeführt wird, im wesentlichen nach §§ 52 f. der Strafprozeßordnung. Seitdem parlamentarische Untersuchungen in immer stärkerem Maße auf die private Sphäre zugreifen, bestehen Zweifel, ob diese Schutzvorkehrungen noch ausreichen. Eine offene Flanke bietet vor allem der Schutz privater Geheimnisse, der nach Strafprozeßrecht – im Gegensatz etwa zu § 384 Nr. 3 der Zivilprozeßordnung – nur unter den nicht erweiterungsfähigen Voraussetzungen der §§ 53 und 53 a der Strafprozeßordnung zur Aussageverweigerung berechtigt und im übrigen durch Ausschluß der Öffentlichkeit im Sinne des § 172 des Gerichtsverfassungsgesetzes hergestellt werden kann.

Maßnahmen des Zeugniszwangs sind auch im parlamentarischen Untersuchungsverfahren unentbehrlich[24]. Fehlen sie, so wird das verfassungsrechtlich verbürgte Recht der Untersuchungsausschüsse, die erforderlichen Beweise zu erheben, empfindlich geschwächt, weil die für notwendig befundenen Zeugenvernehmungen nicht durchsetzbar sind. Überdies zeigt der Vergleich der Prozeßordnungen, daß von einer spezifischen Affinität einzelner Zwangsbefugnisse zum Strafverfahren, die einer Anwendung im Untersuchungsverfahren entgegenstehen könnte, nicht die Rede sein kann. Unbeschadet dessen bleibt die Frage, ob die Anwendung bestimmter Zwangsmittel gerade in Untersuchungsverfahren rechtsstaatliche Probleme nach sich ziehen müßte, die eine Übernahme nicht ratsam erscheinen lassen. Unter diesem Gesichtspunkt sind die Zwangsvorführung und die Beugehaft von besonderem Interesse, weil sie nicht automatische Folge des Zeugenungehorsams sind, sondern – jedenfalls im Straf-

---

24 Vgl. Nds.STGH, DVBl. 1986, 238; *Schleich*, a.a.O., S. 24 m.w. Nachw.

verfahren – nach Ermessen beschlossen werden, das die Gerichte auf der Grundlage einer etablierten Rechtsprechung handhaben, die Untersuchungsausschüsse jedoch teilweise erst konturieren müssen.

Es gehört zu den Begleiterscheinungen der Untersuchungsverfahren mit privatem Bezug, daß Beweisbeschlüsse nicht mehr ohne weiteres hingenommen, sondern von den Betroffenen einer gerichtlichen Kontrolle unterzogen werden. Insbesondere vielfältige Konflikte im Bundestagsuntersuchungsausschuß »Neue Heimat« haben den Blick für dabei entstehende prozeßbedingte *Komplikationen der Rechtskontrolle*[25] geschärft. Die bedeutsamsten Gravamina sind folgende:

Erstens die Spaltung des Rechtsweges. Für Untersuchungshandlungen, die der Untersuchungsausschuß selbst vornimmt, sind die Verwaltungsgerichte zuständig. Für solche Untersuchungshandlungen, die in Anwendung der Strafprozeßordnung vom Ermittlungsrichter verfügt werden, sind es die ordentlichen Gerichte. Im Falle eines Streites um die Herausgabe von Steuerakten an den Untersuchungsausschuß kommt es darauf an, ob die Herausgabe durch Finanzbehörden – dann Finanzrechtsweg – oder durch Justizbehörden – dann Verwaltungsrechtsweg – geschieht. Die Folge von alledem ist, daß die Beweiserhebung ein und desselben Untersuchungsausschusses von verschiedenen Gerichtsbarkeiten beurteilt wird. Allein darin liegt schon eine Merkwürdigkeit. Hinzu kommt die Gefahr divergierender Entscheidungen. So ist es denkbar, daß die Verwaltungsgerichte die Rechtmäßigkeit der Vorlage von Akten in Privatgewahrsam anders beurteilen als der die Beschlagnahme anordnende Ermittlungsrichter.

Mißlich ist zweitens die Bestimmung der örtlichen Zuständigkeit des einzuschaltenden Ermittlungsrichters. Sie richtet sich nach dem Bezirk, in dem die Untersuchungshandlung vorzunehmen ist, so jedenfalls § 162 der Strafprozeßordnung. Das ist in der Regel weder der für den Parlamentssitz örtlich zuständige Richter, noch ist bei verschiedenen Untersuchungshandlungen ein einziges Gericht andernorts zuständig. Zersplitterungen und Divergenzen in der Rechtskontrolle sind daher auch unter dem Gesichtspunkt der örtlichen Zuständigkeit zu besorgen.

Drittens wird eine sogenannte Asymmetrie des Rechtsschutzes als belastend empfunden. Im Gegensatz zu Privatpersonen, die vor den Fachgerichten unterliegen und ihr Rechtsschutzanliegen mit der Verfassungsbeschwerde weiterverfolgen können, ist dem Untersuchungsausschuß im

25 Dazu Schlußbericht, wie Fn. 18, TZ 42, 45, 372.

umgekehrten Fall der Weg zum Verfassungsgericht verschlossen. Für Untersuchungsverfahren im Bund kommt hinzu, daß der Rechtsweg gegen Beweisbeschlüsse in aller Regel bei Landesgerichten endet, die damit letztinstanzlich über bundesrechtliche Fragen entscheiden.

Erhebliche Schwierigkeiten bereitet viertens die Bestimmung der Rechtsnatur und der Wirkungen von Untersuchungshandlungen sowie dementsprechend der angemessenen Verfahrensart im Zusammenspiel von Verwaltungsgerichtsbarkeit und ordentlicher Gerichtsbarkeit. Dabei geht es z. B. um die für die Sachentscheidungsvoraussetzungen erhebliche Frage, ob etwa Zeugenladungen, Ordnungsstrafen, die Herausgabe von Akten oder der Beschlagnahmeantrag als Verwaltungsakte oder schlichte Amtshandlungen des Untersuchungsausschusses zu qualifizieren sind. Unabhängig davon neigen die Verwaltungsgerichte dazu, letztlich einen wirksamen Rechtsschutz zu versagen, indem sie Antragsteller im Hinblick auf die sinngemäße Anwendung der Strafprozeßordnung auf die Rechtskontrolle durch die ordentliche Gerichtsbarkeit verweisen[26].

Minderheitenschutz

Ich komme zum letzten Teil meiner Ausführungen, zum Minderheitenschutz. Hier geht es um den Schutz der Minderheit bei der Einsetzung und Zusammensetzung von Untersuchungsausschüssen, im Untersuchungsverfahren selbst und neuerdings um den Rechtsschutz. Das ist kein Zufall. Einerseits handelt es sich dabei um Modalitäten, bei denen der Minderheitenschutz trotz entsprechender Gewährleistung in der Praxis gefährdet erscheint – so hinsichtlich der Behandlung von Einsetzungsanträgen der Minderheit durch die Parlamentsmehrheit –; andererseits geht es vor allem darum, den Minderheitenschutz im Untersuchungsverfahren zur Geltung zu bringen, wo dies – wie etwa im Bund – noch nicht in rechtsverbindlicher Weise geschehen ist. Beides hat notwendigerweise Auswirkungen auf den Rechtsschutz. Er muß häufiger in Anspruch genommen werden. Dabei stoßen die Gerichte auf Grenzen, die sie wegen der derzeitigen Rechtslage nur schwer überwinden können.

An Vorschlägen, dem insgesamt unbefriedigenden Zustand abzuhelfen, fehlt es nicht. Die einen plädieren, mit im einzelnen unterschiedlichen Ergebnissen, für eine Umgestaltung des Untersuchungsrechts in Rich-

---

26 Vgl. etwa BayVGH, BayVBl. 1981, 209 (211); OVG Münster, NVwZ 1987, 608 (609).

tung auf ein reines Oppositionsrecht. Andere fordern vor allem eine min-
derheitsschützende Ausgestaltung der Verfahrens- oder Sachentschei-
dungsrechte im Untersuchungsausschuß selbst mit wiederum voneinander abweichenden Resultaten. Einer der wesentlichen Gründe für die
Vielfalt der Vorschläge dürfte sein, daß es an einem Konsens über Inhalt
und Gewichtung der Maßstäbe fehlt, die den Minderheitenschutz prägen.
Zu diesen Maßstäben möchte ich einige Überlegungen vortragen.
Als unproblematischer *Maßstab des Minderheitenschutzes*, der sich eines
allgemeinen Konsenses erfreut, gilt die *Effektivität*. Sie tritt als oberstes
Ziel durchgängig in allen Reformvorschlägen mehr oder weniger pronon-
ciert auf, zum Teil allerdings in einer bedenklichen Verengung auf den
Schutz der Opposition. Typisch für diese Verengung ist die einschlägige
Aussage der Verfassungsenquêtekommission, die sich in der Sache auch
heute noch in manchen Stellungnahmen wiederfindet. Sie stellt auf das
»gegenüber den Anfängen des Parlamentarismus gewandelte Parlamentsverständnis« ab und zieht daraus die Folgerung, daß »die Opposition
auch durch institutionelle Hilfen in den Stand gesetzt werden müsse, aus
ihrer Minderheitsposition heraus die Kontrollaufgaben wahrzunehmen,
zu deren Ausübung das Gesamtparlament politisch wenn auch nicht weniger geeignet, so doch infolge der politischen Zusammengehörigkeit von
Regierung und Parlamentsmehrheit weniger geneigt sein dürfte«[27].
So bedeutsam dieser Ansatz für den Ausbau des Minderheitenschutzes
ist, so wenig deckt er dessen Gesamtspektrum ab. Zunächst ist die Opposition nicht notwendigerweise ein monolithischer Block, der einheitliche
Minderheitsinteressen vertritt. Spätestens seit dem Einzug der GRÜNEN
in die Parlamente ist mit divergierenden Interessen innerhalb der Opposition zu rechnen. Eine wirksame Ausgestaltung des Minderheitenschutzes
ist ebenso zu berücksichtigen wie der Umstand, daß dieser nicht bloß
Oppositionsschutz sein darf. Die Annahme, daß im Untersuchungsverfahren nur die Opposition schutzbedürftig sei, übersieht, daß sich auch
innerhalb der Ausschußmehrheit Minderheiten bilden können, die an der
Klärung bestimmter Fragen ein von der Mehrheit eben nicht getragenes
Aufklärungsinteresse haben[28].

---

27 Beratungen und Empfehlungen Kap. 4.1.1. = Zur Sache 3/1976, S. 123.
28 Vgl. Sondervotum *B. Hirsch*, in: Beratungen, wie vor, S. 153; *H. Plagemann*, Mehr
   parlamentarische Kontrolle durch Untersuchungsausschüsse, in: ZParl 8. Jg. (1977), S.
   242 ff. (247); *Jekewitz*, Parlamentarische Untersuchungsausschüsse und Minderheitenschutz, in: RuP 1987, S. 23 ff. (29).

Die Forderung nach der Erstreckung des Minderheitenschutzes in das Untersuchungsverfahren trifft zweifellos ein Kernproblem jeder am Effektivitätsziel ausgerichteten Verbesserung des Minderheitenschutzes. Solange sich dieser darauf beschränkt, daß qualifizierte Mehrheiten die Einsetzung eines Untersuchungsausschusses erzwingen können, es ihnen aber nicht ermöglicht, den Ablauf des Untersuchungsverfahrens oder einzelne Untersuchungshandlungen zu beeinflussen, ist der Minderheitenschutz halbherzig, letztlich unwirksam. Nach neuerer Erfahrung ist die Erstreckung des Minderheitenschutzes in das Untersuchungsverfahren selbst zumindest in einer Richtung ergänzungsbedürftig. Zu einem wirksamen Minderheitenschutz gehören nicht nur Rechte, mit denen das Verfahren oder Sachentscheidungen beeinflußt werden können, sondern auch die prozessualen Möglichkeiten zu ihrer Durchsetzung. Auch wohldurchdachte gesetzliche Regelungen können nicht sämtliche Streitfragen zwischen Mehrheit und Minderheit ausschließen. Zudem geraten Minderheiten nun einmal leicht mit der parlamentarischen Mehrheit in Konflikt und sind dann auf Rechtsschutz angewiesen. Weil dieser auch zu den Fachgerichten geht, muß das einschlägige Prozeßrecht die Geltendmachung von Minderheitenrechten durch geeignete Verfahrens- und Sachentscheidungsvoraussetzungen sicherstellen. Die diesbezüglichen Schwierigkeiten einer sinngemäßen Anwendung des Strafprozeßrechts illustrieren diese Forderung anschaulich.

Über die Einzelheiten eines wirksamen Minderheitenschutzes kann es innerhalb des skizzierten Rahmens unterschiedliche Auffassungen geben. Der Reformgesetzgeber verfügt insoweit über eine politische Gestaltungsfreiheit. Die Verfassung engt sie durch Vorgaben, die zu vorausbestimmbaren Ergebnissen führen müßten, mangels spezifischer Aussagen nur punktuell ein. Sie schließt Extrempositionen aus, die unter dem Vorzeichen der Effektivität bezogen werden könnten. Keinesfalls darf sie generell in dem Sinne interpretiert werden, daß nur der jeweils schwächste, gerade noch ausreichende Minderheitenschutz vorgesehen werden dürfte. Zu den richtunggebenden Maßstäben einer Reform des Minderheitenschutzes gehört sachnotwendig, daß der Gesetzgeber einen angemessenen *Ausgleich zwischen Minderheits- und Mehrheitsinteressen* herstellt, wie sie sich spezifisch und typisch im Untersuchungsverfahren zeigen. Die Tragweite dieser Aufgabe läßt sich an den folgenden Grundsatzproblemen demonstrieren: Der Minderheitenschutz ist nach seiner derzeitigen Anlage in der Verfassung im wesentlichen eine zusätzliche Sicherung im Rahmen des Mehrheitsprinzips. Er bewahrt nicht vor Sachentscheidungen der Mehrheit[29]. Dem muß der Gesetzgeber auch bei der Reform des Untersuchungsrechts Rechnung tragen. Die Notwendigkeit, einen Ausgleich zwischen Minderheits- und Mehrheitsinteressen zu schaffen, darf keine system- und verfassungswidrige Veränderung der Mehrheitsverhältnisse bewirken. Eine Stärkung der Minderheiten durch überproportionale oder paritätische Berücksichtigung bei der Verteilung von Sitz und Stimme im Ausschuß[30] ist nach geltendem Verfassungsrecht nicht möglich, ebensowenig die Umgestaltung des Untersuchungsrechts zum reinen Oppositionsrecht, bei dem allein der oppositionellen Minderheit die Beantragung und Durchführung zukommt[31]. Solche Überlegungen sollte sich der Gesetzgeber auch in Verbindung mit einer Verfassungsänderung nicht zu eigen machen. Abgesehen von der Schwierigkeit, die verfassungsändernde Mehrheit dafür zu gewinnen, überzeichnet die Forderung, der Einsetzungsminderheit die Mehrheit im Ausschuß einzuräumen oder die Opposition zum alleinigen Träger des Untersuchungsrechts zu machen, den parlamentarischen Systemwandel. Weder gibt es nur eine Opposition, noch ist es immer die Opposition, die an Untersuchungen interessiert ist. Schon deshalb wäre der angemessene Ausgleich zwischen Minderheits- und Mehrheitsinteressen nicht erreicht, vielmehr wäre die Mehrheit von vornherein als ungeeignet für parlamentarische Untersuchungen diskriminiert. Hinzu kommt, daß dadurch das Untersuchungsrecht von der Verantwortung des Gesamtparlaments abgekoppelt würde, dessen Entscheidungen der Ausschuß gerade vorbereiten soll.

Bei der Einräumung von Verfahrens- oder Sachentscheidungsbefugnissen ist Vorsorge dagegen zu treffen, daß Anträge einer Minderheit gegen geltendes Recht verstoßen oder den Rahmen des Untersuchungsauftrages sprengen. Für beides bietet eine noch so minderheitsfreundliche Ausgestaltung des Untersuchungsrechts keine Legitimation. Beides sind Grenzen, für deren Einhaltung der Mehrheit im Plenum und Ausschuß die Verantwortung und damit die Entscheidungszuständigkeit nicht abgesprochen werden kann, weil Gesamtinteressen des Parlaments berührt sind, über die eine Minderheit nicht allein befinden kann[32].

---

29 Vgl. BVerfGE 70, 324 (363); *H. Ehmke,* Referat auf dem 45. DJT zum Thema Untersuchungsausschüsse. Verhandlungen Bd. II, E 45 und These 4, S. 49.
30 Nachweise für diese Forderungen bei *R. Kipke,* Die Untersuchungsausschüsse des Deutschen Bundestages. Praxis und Reform der parlamentarischen Enquête, 1985, S. 206 f.
31 Vgl. *H.-P. Schneider,* Die Minderheit müßte das Sagen haben, in: Der Spiegel 43/1985, S. 38 ff. und *I.v.Münch,* ebd., S. 48.
32 Dazu BayVerfGH E 30, S. 48 (58 ff.).

Anträge einer Minderheit zum Verfahrensablauf oder zur Beweiserhebung können die Erledigung des Untersuchungsauftrages verzögern. Aber auch Entscheidungsverfahren der Mehrheit im Plenum und Ausschuß über die Zulässigkeit eines Minderheitsbegehrens schieben dessen Realisierung unter Umständen unangemessen hinaus. Dem damit angesprochenen Verzögerungsrisiko kommt wegen des öffentlichen Interesses an der Untersuchung, das nach zügiger Aufklärung verlangt, aber auch der Tatsache besonderes Gewicht zu, daß für die Erledigung des Untersuchungsauftrages maximal die Legislaturperiode, in der Regel aber nur ein geringerer Zeitraum zur Verfügung steht. So stellt sich die Frage, ob und wie der Gesetzgeber bei der Ausgestaltung des Minderheitenrechts auch auf das Verzögerungsrisiko Bedacht nehmen sollte. Hinsichtlich des Obs kann es angesichts der knappen Ressource Zeit kaum Zweifel geben. Schwieriger ist es, die Leitbilder festzulegen. Der Minderheitenschutz sollte jedenfalls so ausgestaltet sein, daß die absehbaren und zeitraubenden Konflikte mit der Mehrheit vermieden werden, die womöglich erst durch Inanspruchnahme des Rechtsschutzes geklärt werden.

Ein weiteres Leitbild wird bei der Festsetzung des Antragsquorums im Untersuchungsverfahren bedeutsam. Je nachdem, wie man die Höhe des Quorums bestimmt, legt man das Gewicht fest, das einer von der Mehrheit abweichenden Auffassung zukommen muß, um erfolgreich zu sein. Damit bietet sich die Möglichkeit, bei der Ausgestaltung des Quorums eine Abwägung zwischen dem Gewicht der abweichenden Auffassung und dem damit unter Umständen verbundenen Verzögerungsrisiko vorzunehmen. Je geringer das Quorum ist, um so bedeutsamer müssen die Gründe sein, die das damit verbundene Verzögerungsrisiko rechtfertigen. Sinngemäß gilt das gleiche für Abstimmungsquoren, mit denen Minderheitsanträge durch die Mehrheit zurückgewiesen werden können.

Ein letzter Punkt: Den Schutz parlamentarischer Minderheiten begleitet seit jeher die Sorge, er könne zur Obstruktion mißbraucht werden[33]. So verwundert es nicht, daß auch die Minderheitenrechte im Untersuchungsverfahren unter diesem Vorzeichen gesehen werden. Man warnt vor ihrem destruktiven Einsatz durch die Opposition und verlangt die Beachtung des Obstruktions- bzw. Mißbrauchsverbots, das Verfassungsrang

---

33 Vgl. *Linck*, Ausbau der Minderheitenposition im Recht der Untersuchungsausschüsse, in: ZParl 3. Jg. (1972), S. 470 ff. (472); *P. Scholz*, a.a.O., S. 599; *J. Vetter*, Verfassungsrechtliche Grenzen der Beweiserhebung parlamentarischer Untersuchungsausschüsse, in: DÖV 1987, S. 426 ff. (427 f., 434 f.).

besitze. Angesichts solcher Stellungnahmen könnte sich der Gesetzgeber veranlaßt sehen, bei der Ausgestaltung des Minderheitenschutzes auch Vorsorge gegen Obstruktionen zu treffen. Meines Erachtens wäre dies nicht ratsam; denn wie sollte es geschehen? Der Vorschlag, bei der Festlegung von Antragsquoren darauf zu achten, daß ihr Zuschnitt eine konstruktive Alternative zur Mehrheit erwarten läßt[34], führt nicht nur zu hohen Quoren, die unter anderem Blickwinkel unangemessen sein können: Er unterstellt auch realitätsfern, daß Minderheitenrechte generell als Mittel der Obstruktion im Untersuchungsverfahren eingesetzt werden, und zweifelt dadurch ohne Not die Legitimität der Interessen derjenigen an, die eine von der Mehrheit divergierende Auffassung über den Verfahrensablauf oder die notwendigen Beweismittel haben. So bliebe eigentlich nur eine generalklauselartige Festlegung des Mißbrauchsverbots. Sie aber hätte nur klarstellende Funktion, weil das Mißbrauchsverbot ohnehin Bestandteil der Rechtsordnung ist, und sie wäre wenig hilfreich; denn Verletzungen des Mißbrauchsverbots durch Obstruktionsabsichten und -verfahrensweisen entziehen sich einer generalisierenden Vorausschau.

Podium

Manfred Langner

Vor dem Hintergrund eines gemeinsam empfundenen Mißbehagens sind Herr Präsident Dr. Blanke und Herr Professor Schröder zu unterschiedlichen Thesen gekommen. Während Herr Dr. Blanke behutsam vor einem Gesetz gewarnt hat, hat Professor Schröder fast einen Zwang zur Normierung gesehen. Ich möchte deshalb besonders zu dem Problem »Gesetz – Ja oder Nein?« und zu einigen Einzelfragen Stellung nehmen.
Die segensreiche Erfindung der demokratisch-rechtsstaatlichen Kontrolle durch Untersuchungsausschüsse steht, seitdem es solche Ausschüsse gibt, in der Gefahr, als Mittel der parlamentarischen Auseinandersetzung und des Parteienmachtkampfes mißbraucht zu werden. Im Zeitalter des sogenannten investigativen Journalismus, der Allgegenwart der Medien, der Zusammenarbeit einzelner Politiker mit einzelnen Journalisten, aber

---

34 *Linck,* wie vor.

auch der gesteigerten Fähigkeit zur Meinungsmache ist diese Gefahr besonders groß. Wie ich in der Zeitung gelesen habe, bedient man sich unterdessen (seitens der SPD in Kiel) der Beratung durch einen ausgewiesenen und hochrangigen Nachrichtendienstspezialisten. Wenn das ein Anzeichen für die neue Dimension der Untersuchung in der Zukunft sein sollte, dann steht uns da sicherlich noch einiges bevor.

Zu oft werden um der Medienwirksamkeit und der Profilierungsmöglichkeiten willen Untersuchungsausschüsse beantragt, wo es eigentlich nicht viel Neues oder nichts mehr zu untersuchen gibt. Ein Verlust des Ansehens der parlamentarischen Untersuchungsausschüsse ist dann fast zwangsläufig. Enthüllung und Nervenkitzel werden von der Bevölkerung durchaus interessiert konsumiert. Dies ist Teil einer heute üblichen Unterhaltungsmentalität. Ich bin überzeugt, wenn man eine Befragung durchführte, würde die Mehrheit auf die Frage: »Gibt es Ergebnisse des Untersuchungsausschusses?« mit Nein antworten und sagen: »Das geht aus wie das Hornberger Schießen.« Dieses verallgemeinernde Urteil ist natürlich falsch. Man darf sich aber nicht darüber wundern; denn im Zusammenhang mit parlamentarischen Untersuchungsausschüssen gibt es viel Mißstand; nicht nur den Übelstand, den es zu untersuchen gilt und der nach Aufklärung schreit, sondern auch den instrumentalisierten Mißbrauch der Verfassungsinstitution. Wenn man Rechtstatsachenforschung betreibt, kann man dabei zwei Prototypen von Mißbrauch durch Untersucher sehr deutlich erkennen: Der eine ist der Maurer, der verdunkeln will. Der andere ist der Demagoge, dem die Untersuchung nur zum Vorwand dient; für ihn steht der Skandal, der zu vermarkten ist, bereits fest.

Durch ein Untersuchungsausschußgesetz wird man natürlich nicht allen Mißbrauch aus der Welt wegregeln können. Ich meine aber – das hat auch der einleitende Vortrag sehr deutlich gemacht –, daß heute zu viele Fragen offen sind und daß es zu viele Lücken gibt. Auf dieser Klaviatur regelungsbedürftiger Lücken sollten meiner Auffassung nach Maurer und Demagogen in Zukunft nicht mehr so leicht spielen dürfen, wie es ihnen zum Teil heute noch gelingt. Der Entwurf aus der 10. Wahlperiode – Drucksache 10/6587 – ist meiner Meinung nach eine erste Grundlage, auf der man zu weitergehenden Verfahrensverbesserungen kommen sollte.

Zur Einleitung möchte ich auf einige wenige Einzelheiten des Entwurfs eingehen.

In § 3 Abs. 1 des Entwurfs wird der Gegenstand der Untersuchung, der Einsetzungsbeschluß, behandelt. Man versucht das durch die Formulierung »Der Gegenstand muß hinreichend bestimmt sein« in den Griff zu bekommen. Wie ist die heutige Praxis? Die Anträge werden von den Fraktionsexperten so abgefaßt, daß alle künftigen Zufallsfunde noch vermarktet werden können. Es werden also Blanketten und Begriffe mit diffusen Inhalten gewählt, so z. B. »Einflußnahme« oder, um einen neueren Fall zu nennen: »Aufklärung von eventuell rechtswidrigen Handlungen und Unterlassungen eines Ministerpräsidenten etc. gegen kandidierende Parteien und Repräsentanten«. Das rechtsstaatliche Erfordernis der Meßbarkeit und Begrenztheit öffentlicher Gewalt – das wegen der Eingriffsmöglichkeiten der Ausschüsse gegenüber Dritten meiner Ansicht nach zwingend zu beachten ist – wird oftmals verletzt. Hier muß nach meinem Dafürhalten eine noch präzisere Formulierung als in dem bisherigen § 3 Abs. 1 des Entwurfs gefunden werden.

§ 4 des Entwurfs betrifft die Zusammensetzung. Die Zahl der Ausschußmitglieder sollte nach meiner Auffassung festgeschrieben werden. Sieben Mitglieder sind nach meinem Dafürhalten ausreichend, eventuell acht, wenn das Amt des Vorsitzenden so ausgestaltet wird, wie es § 5 des Entwurfs vorsieht. Im Kollegium berät es sich besser. Durch Beschränkung kann die Qualität gesteigert werden. Das Fragerecht und die Fragezeiten einzelner Mitglieder sind besser zu regeln. Der kleinere Ausschuß könnte an Ansehen gewinnen. Davon bin ich überzeugt.

§ 5 des Entwurfs betrifft den Vorsitzenden. Es ist im Ansatz richtig, das Amt des Vorsitzenden zu stärken. Hier gibt es ja die typischen Konfliktlinien: einerseits die Minderheitsrechte – wir haben gerade sehr Nachdenkenswertes darüber gehört –, die den Untersuchungsgegenstand, die zulässigen Beweise und Beweisermittlungen bestimmen, und andererseits die Verfahrensmehrheitsrechte. Zwei andere Konfliktlinien: einerseits das Aufklärungserfordernis mit starker Eingriffskompetenz auch gegenüber Privaten und Dritten; andererseits die Grundrechte der Privaten und, was viel zuwenig in den Blick kommt, oftmals der unbeteiligten Dritten. Es wird in einem nicht unerheblichen Umfang beschlagnahmt, beigezogen und dann indiskretioniert, so daß unbeteiligte Dritte, die mit der Untersuchung überhaupt nichts zu tun haben, mit hineingezogen werden. Eine weitere Schnittlinie stellt das Bewahren eines Mindestmaßes von Unbefangenheit als Ausgleich für die scharfen Eingriffsbefugnisse einerseits und das tagtägliche Medieninteresse mit der Verführung voreiliger Zwischenbewertungen andererseits dar. Im Schnittpunkt dieser Konfliktlinien des Ausschusses steht der Vorsitzende. Ich halte es für notwendig, ihn neben der Minderheit und der Mehrheit mit starken Befugnissen zu versehen, die zu autoritativen Entscheidungen und damit zum Interessenausgleich führen können. Um die Untersuchung im Rahmen des Gegenstands des Parlamentsauftrags, des Einsetzungsbeschlusses, zu halten, um die Grundrechte von Zeugen oder unbeteiligten Dritten, die ja in beigezogenen Akten Erwähnung finden können, vor unzulässigen Eingriffen, vor Kampfhähnen zu bewahren, muß die Stellung des Vorsitzenden auch gegenüber der Verfahrensmehrheit gestärkt werden. Praktikable, demokratisch zulässige Vorschläge hierzu wären einen Batzen Goldes wert.

§ 13 Abs. 3 des Entwurfs betrifft die wörtliche Protokollierung. Ich möchte davor warnen, die Beweisaufnahme zukünftig immer noch wörtlich zu protokollieren. Ich habe große Zweifel, ob das wirklich richtig ist. Das lädt dazu ein, die Befragungen in die Länge zu ziehen, den Zeugen das Wort im Munde herumzudrehen, um schließlich zu politisch motivierten Strafanzeigen wegen angeblicher Falschaussagen zu gelangen.

Nun zu § 15 des Entwurfs. Auch nach dem einleitenden Referat müßten wir in eine sehr gründliche Diskussion darüber eintreten, ob wir die Stellung des Betroffenen überhaupt noch einmal normieren sollen oder ob das Institut des Betroffenen gar abzuschaffen ist. Ich neige zu letzterem. Natürlich sind den Zeugen die Schutzrechte, die die Strafprozeßordnung gibt, insbesondere die Aussageverweigerungsrechte, zu gewähren. Wenn der Zeuge durch ein Strafverfahren als Beschuldigter, Angeschuldigter oder Angeklagter betroffen ist, so ist ihm insoweit ein Schweigerecht einzuräumen. Auf diesem Gebiet hat der »Flick«-Untersuchungsausschuß weitgehend Neuland betreten und das Verfahren in diese Richtung weiterentwickelt. Im Einzelfall wird zu entscheiden sein, ob einem Zeugen, der durch die Untersuchung persönlich betroffen ist – was immer »Betroffenheit« heißt –, Antragsrechte zu gewähren sind. Einen Rechtsanwalt kann er nach der Rechtsprechung des Verfassungsgerichts ohnedies mitbringen. Warum soll man ihm im Einzelfall nicht auch einmal ein Fragerecht an einen anderen Zeugen einräumen? Aber dafür braucht man nicht das Rechtsinstitut eines Betroffenen. Viele Ausschüsse haben bisher davor zurückgescheut, jemandem von Anfang an den Makel der Betroffenheit auf die Stirn zu drücken. Umgekehrt, wenn man es nicht gemacht hat, ist die Diskussion aufgekommen: Warum hat denn der Zeuge ein Schweigerecht? Ich halte also nicht sehr viel davon.

§ 29 des Entwurfs betrifft die Gerichte. Im einleitenden Vortrag sind viele Schwierigkeiten – z. B. das Beschwerderecht oder Nichtbeschwerderecht der unterlegenen Minderheit zu einem weiteren ordentlichen Gericht – bereits angesprochen worden. Je länger ich über die Frage der Rechtswege nachdenke, desto mehr komme ich zu der Auffassung, daß für den Untersuchungsausschuß das Bundesverfassungsgericht in Karlsruhe zuständig sein sollte, in erster und einziger Instanz. Das bedeutet natürlich, daß viele Dinge – etwa die Festsetzung eines Zwangsgeldes gegen einen Zeugen – zunächst vom Ausschuß selbst vorgenommen werden können. Der Zeuge kann sich dann in Karlsruhe darüber beschweren. Schwierig ist die Frage der Beugehaft. Darüber würde wohl das Bundesverfassungsgericht zu entscheiden haben. Ich meine, daß für die Lösung der allermeisten Fragen im Zusammenhang mit einer solchen Institution des Bundesparlaments, die sehr viel behördenähnliche Macht und Eingriffsbefugnisse mit erheblicher Auswirkung für Private hat, das Bundesverfassungsgericht die richtige Stelle ist.

Ich spare in meiner Einleitung die Frage der Behandlung beizuziehender Akten und der Geheimschutzprobleme aus, weil der Kollege Hüsch morgen sicherlich intensiv darauf eingehen wird. Hier liegen natürlich bedeutsame und noch nicht gänzlich gelöste Grundrechtsprobleme.

Ich möchte mit der folgenden Frage schließen: Wie soll es in dem Bemühen um ein Gesetz weitergehen? Meine grundsätzlich liberale Haltung bringt auch dem Standpunkt von Herrn Präsidenten Dr. Blanke, daß nämlich kein Gesetz geschaffen werden sollte, sondern daß Rechtsprechung und Parlamentsübung genügten, Verständnis entgegen. Aber wir leben nun einmal in einer anderen Rechtstradition als die Engländer, wo man mit Convention and Rules das eine oder andere sicherlich besser in den Griff bekommen könnte. Ich möchte nicht ganz so weit gehen und sagen, daß es angesichts der Tatsache, daß der Zwang zur Gesetzgebung in dieser 11. Wahlperiode nun so groß geworden ist, nur eine richtige Lösung gibt, nämlich ein Gesetz. Ein schlechtes Gesetz wäre keine richtige Lösung. Wenn es ein Gesetz geben soll, dann muß es Hand und Fuß haben und die derzeitige Rechtslage wesentlich verbessern und sicherer machen. Ich meine aber, daß man sehenden Auges nicht noch länger ohne gesetzgeberische Konsequenzen darüber hinweggehen kann, daß die notwendig große Eingriffsmacht der Untersuchungsausschüsse – sie ist erforderlich, um aufzuklären – einer ebenso großen Mißbrauchsgefahr ausgesetzt ist. Bei einem solch schwierigen Gesetz müssen Parlament und Wissenschaft zusammenarbeiten. Eigentlich wäre eine Enquête-Kommission das richtige Mittel. Enquête-Kommissionen sind in dieser 11. Wahlperiode aber schon Inflation. Wir können uns gar keine neue mehr leisten. Die Wissenschaftlichen Dienste des Deutschen Bundestages und auch die Fraktionen können das nicht mehr bewältigen.

Ich möchte mir erlauben, einen ganz unkonventionellen Vorschlag zu machen. Wir haben hier Experten, die von Geschäftsordnungen sehr viel mehr verstehen als ich. Ich weiß, daß das nicht ganz einfach ist. Ich wage es aber trotzdem, einen Vorschlag zu unterbreiten. Vielleicht sollten sich auf der einen Seite aus dem Ausschuß für Geschäftsordnungsfragen einige stellvertretende Mitglieder für eine gewisse Zeit zurückziehen und auf der anderen Seite einige Abgeordnete, die Erfahrungen mit Untersuchungen haben, vorübergehend zu diesem Ausschuß hinzustoßen. Oder man bildet einen gemeinsamen Unterausschuß aus Mitgliedern des Geschäftsordnungs- und Rechtsausschusses. Vielleicht sollte man sich dann den alten Entwurf vornehmen oder – wenn man Probleme darin sieht, daß sich Ausschüsse mit nichts beschäftigen sollen, was ihnen nicht überwiesen worden ist – noch einmal einen Entwurf einbringen. Diesen Entwurf sollte man dann auch mit der Wissenschaft gründlich beraten. Nennen Sie es – wenn Sie so wollen – »Hearings auf Unterausschußebene«. Wie man das Kind tauft, wäre mir ziemlich einerlei. Es geht mir nur darum, daß Praxis und Wissenschaft zwecks Suche nach guten Formulierungen zusammengebracht werden. Ein Mehrparteienkonsens für dieses Werk wäre begrüßenswert; ich halte ihn aber nicht für zwingend. Die Mehrheit von heute, die ja morgen die Minderheit sein kann, wird schon nicht so kurzsichtig sein, der Minderheit nicht dasjenige einzuräumen, was der Minderheit ist. Aber das Ansehen der Ausschüsse zu heben, sollte das gemeinsame Anliegen sein. Das sollte auch durch ein Gesetz über Untersuchungsausschüsse in dieser 11. Wahlperiode bewirkt werden.

Peter Struck

Mein erster Satz zu dem letzten Satz des Kollegen Langner lautet: Ich stimme ihm voll zu. Auch wir sind der Meinung, daß wir noch in dieser Legislaturperiode ein Gesetz über Untersuchungsausschüsse brauchen. Wir halten den Entwurf, den der Kollege Schulte und andere in der letzten Legislaturperiode eingebracht haben, für eine sehr geeignete Beratungsgrundlage.
Ich halte nichts davon, eine neue Enquête-Kommission einzusetzen. Ich glaube, daß schon sehr viele Vorarbeiten geleistet worden sind, die uns in die Lage versetzen, in den zuständigen Ausschüssen – z. B. auch im Rechtsausschuß des Deutschen Bundestages – zügig an die Arbeit zu gehen.

Ich möchte nun einige Anmerkungen zu der Frage machen, weshalb ich es aufgrund meiner in zwei Untersuchungsausschüssen des Deutschen Bundestages gemachten Erfahrungen für notwendig erachte, eine Neuregelung in einem Gesetz über Untersuchungsausschüsse zu schaffen. Zunächst zur Stellung des Vorsitzenden eines Untersuchungsausschusses: Ich bin zur Zeit stellvertretender Vorsitzender im Ersten Untersuchungsausschuß der neuen Wahlperiode und kann, sicher auch in Übereinstimmung mit dem Kollegen Eylmann, sagen, daß die Rolle des Vorsitzenden meiner Auffassung nach in Zukunft anders gestaltet werden muß, als dies bisher der Fall ist.

Zunächst einmal ergeben sich erhebliche Schwierigkeiten aufgrund der Tatsache, daß der Vorsitzende selbst in die Partei- und Fraktionsdisziplin der jeweiligen Mehrheit oder Minderheit des Untersuchungsausschusses eingebunden ist. Er ist voll eingebunden in das, was seine Arbeitsgruppe für richtig hält, und zwar sowohl hinsichtlich des Verfahrens als auch des Inhalts der Arbeit im Untersuchungsausschuß. Damit läuft er auch Gefahr, von der jeweils anderen politischen Gruppe immer der Parteilichkeit verdächtigt zu werden; zum Teil auch zu Recht. Spätestens bei den Abstimmungen verliert er die ihm gebotene Neutralität. Deshalb ist die Forderung des Gesetzentwurfs, daß der Vorsitzende nicht stimmberechtigt sein soll, sehr zu begrüßen.

Nach meiner Auffassung schließt sich daran aber noch die weitere Frage an, ob man – wenn man schon so weit geht, einem Mitglied des Bundestages das Stimmrecht zu verwehren – nicht auch die Frage prüfen sollte, ob das Amt des Vorsitzenden überhaupt von einem Mitglied des Deutschen Bundestages oder des Parlaments ausgeübt werden soll. Wir sollten ernsthaft erörtern, ob nicht ein Vorsitzender gefunden werden kann, der dem Parlament nicht angehört. Auf diese Weise würde der Verdacht der Parteilichkeit absolut ausgeräumt werden. Ich denke zum Beispiel an die neutrale Rolle, die Arbeitsrichter oder andere in den Einigungskommissionen, die es etwa im öffentlichen Dienst gibt, spielen. Ich halte das zumindest für eine überlegenswerte Anregung. Für mich ist es aber wichtig, daß der Vorsitzende bei der Leitung einer Veranstaltung völlig frei sein muß. Er darf nicht in die Beschlüsse seiner eigenen Fraktion eingebunden sein; anderenfalls sähe er sich ständig dem Vorwurf der jeweils anderen Gruppierung ausgesetzt, sich parteilich zu verhalten. Wir haben diese Diskussion gerade im Untersuchungsausschuß dieser Legislaturperiode häufiger geführt.

Ein weiterer wichtiger Punkt in dem Entwurf der letzten Legislaturperiode ist das Instrument der vorbereitenden Untersuchung. Ich habe das im Flick-Untersuchungsausschuß deutlich gemerkt. Herr Kollege Langner ist darauf nicht eingegangen. Deshalb möchte ich das jetzt kurz tun. Wir hatten im Flick-Untersuchungsausschuß eine Fülle von Aktenmaterial zu bewältigen. In der Praxis sah das wie folgt aus: Die jeweiligen Fraktionen verfügten über hervorragende Mitarbeiter, die den Ausschußmitgliedern das Material aufbereiten sollten. Diese Mitarbeiter waren aber in dem Augenblick überfordert, in dem die Menge des zu bewältigenden Materials zu groß wurde. So war es in diesem Untersuchungsausschuß. Ich glaube, es gab keinen Untersuchungsausschuß, dem so viele Akten vorlagen. Es hätte die Arbeit des Untersuchungsausschusses, also des Gremiums, in dem die Abgeordneten zu beraten haben, wesentlich erleichtert, wenn von Mitarbeitern der verschiedenen Fraktionen und auch des Deutschen Bundestages eine Voruntersuchung hätte durchgeführt werden können, in deren Rahmen diese das Material für alle Mitglieder des Untersuchungsausschusses in gleicher Weise hätten aufbereiten können. Dieses Instrument der Verfahrensbewältigung, das in dem Gesetzentwurf genannt worden ist, begrüße ich aufgrund meiner Erfahrungen im Flick-Untersuchungsausschuß sehr.

Die Notwendigkeit für ein Gesetz ergibt sich meines Erachtens auch aus dem Umgang mit Minderheiten. Ich bin in einem Untersuchungsausschuß zweimal als Vertreter einer Minderheitsfraktion tätig gewesen. Aufgrund meiner Erfahrungen muß ich sagen, daß es einen schon verbittert, wenn man der Mehrheit wehrlos ausgesetzt ist, wenn es zum Beispiel um die Entscheidung über die Frage geht, wer wann als Zeuge zu laden ist. Das ist eine Mehrheitsentscheidung, die im Untersuchungsausschuß getroffen wird, weil es sich dabei um eine Verfahrensentscheidung handelt. Natürlich wird irgendwann einmal der Punkt kommen, an dem man sagt: Die Mehrheit unterdrückt die Minderheit. Es taucht die Frage des Artikels 44 und dergleichen mehr auf. Das nachher aber auf gerichtlichem Wege auszutragen, ist außerordentlich schwierig, wie Herr Professor Schröder schon sehr einleuchtend dargestellt hat. Das heißt, in einem neuen Gesetz – insoweit stimme ich Herrn Professor Schröder voll zu – muß der Minderheitenschutz auch auf den Ablauf des Verfahrens im Untersuchungsausschuß ausgedehnt werden. Anders ist der Minderheitenschutz meiner Meinung nach unwirksam.

Ich glaube, daß das, was im Entwurf, den Herr Kollege Schulte mit erarbeitet hat, zum Quorum gesagt worden ist, ausreicht. Dort ist vom

Zwei-Drittel-Quorum gesprochen worden. Ich halte das nach meinen bisherigen Erfahrungen für ausreichend.

Im Gesetzentwurf gibt es einen § 23 Abs. 2, von dem ich glaube, daß er sehr blauäugig formuliert worden ist und in der Praxis nicht dem standhalten wird, was sich in den Untersuchungsausschüssen tatsächlich abspielt. Es heißt dort: Vor Abschluß der Beratungen über ein Beweisthema sind öffentliche Beweiswürdigungen unzulässig. Das ist nun wirklich nur die reine Lehre; die Erfahrung zeigt etwas völlig anderes. Sie zeigt, daß die Abgeordneten sogar in den Pausen von Untersuchungsausschußsitzungen auf die Journalisten zugehen – Abgeordnete sind ja sehr darauf bedacht, in der Öffentlichkeit zu erscheinen – und diesen ihre Kommentare zu Aussagen irgendwelcher Zeugen oder Personen, die im Ausschuß gesprochen haben, abgeben. Umgekehrt fragen natürlich auch die Journalisten danach. Es wäre also völlig naiv anzunehmen, daß ein Untersuchungsausschuß seine Arbeit beginnt und Zeugenbefragungen, Vernehmungen und Beweisaufnahmen durchführt und der Vorsitzende nach Ende der Sitzung eine Pressekonferenz abhält. Das heißt, es wäre ideal, wenn man das könnte, damit das Verfahren möglichst objektiv ist, aber es ist praktisch nicht durchführbar, wie jeder Parlamentarier weiß. Deshalb sollte man so etwas in ein Gesetz gar nicht hineinschreiben, da es der Verfassungswirklichkeit nicht standhält.

Ich bedanke mich sehr dafür, daß heute diese Veranstaltung durchgeführt wird. Ich glaube, nach Abschluß am morgigen Tage wird für die Beratungen eine Menge Material zur Verfügung stehen, so daß wir auf eine Enquête-Kommission tatsächlich werden verzichten können. Wenn wir den hier gesammelten Sachverstand an die zuständigen Bundestagsausschüsse weitergeben, wird meiner Überzeugung nach auch ein vernünftiges Gesetz erarbeitet werden können.

Gerald Häfner

Ich möchte einleitend sagen, daß auch ich dafür eintrete, das Recht parlamentarischer Untersuchungsausschüsse endlich gesetzlich zu regeln. Ich halte die Tatsache, daß ein solches Gesetz bis heute nicht existiert, doch für ein Skandalon. In der Geschichte des Bundestages konnte man verfolgen, daß Forderungen nach ausreichender gesetzlicher Regelung, die auch ausreichende Minderheitenrechte festschreibt, immer wieder von der jeweiligen Minderheit gestellt wurden. Da aber Minderheit und Mehrheit wechseln, ergaben sich hier sehr interessante Konstellationen. Mit diesem Wechsel und dem relativen Desinteresse der Mehrheitsfraktionen hängt es sicherlich zusammen, daß es nie zu einer endgültigen Verabschiedung gekommen ist. In einem zu verabschiedenden Gesetz sollten vor allem die Rechte der Minderheiten eine stärkere Berücksichtigung finden. Dies scheint mir die zentrale Forderung, die ich im folgenden noch etwas verdeutlichen will.

Zunächst möchte ich folgende allgemeine Bemerkung machen: Ich denke, daß das Recht auf Einrichtung von Untersuchungsausschüssen – die im übrigen ein originärer Beitrag der Deutschen zum Organisationsrecht der parlamentarischen Demokratie sind – ein außerordentlich wichtiges Recht in der Demokratie ist. Ich sage das gerade hier im Plenarsaal eines Landtages auch deshalb, weil ja die Gewaltenteilung als eines der wesentlichen und bedingenden Grundelemente der Demokratie in der Praxis kaum funktioniert. In der Praxis sind Legislative und Exekutive nicht – wie in der Theorie – wirklich voneinander zu trennen. Vor allem aber verstehen sich die Parlamente in ihrer Mehrheit gar nicht ernsthaft als Kontrollorgan der Regierung. Statt dessen führt die Tatsache, daß die Mehrheit des jeweiligen Parlaments mit der Regierung in einem Boot sitzt, und daß ihre Mitglieder dasselbe Parteibuch haben wie die Regierung, in der Wirklichkeit dazu, daß sich das Parlament immer mehr als eine Art nachgeschaltetes Notariat dessen versteht, was aus der Regierung kommt, was von ihr gewollt ist und was ohnehin gemacht wird. Dies führt dann zu den bekannten Phänomenen der Selbstbedienung, der latenten Rechtsbeugung und des Machtmißbrauches bis hin zur versuchten Selbstamnestierung. Wenn aber in den Mehrheitsfraktionen und damit im Parlament selbst so wenige Sicherungen eingebaut sind und diese Sicherungen – wie die Vergangenheit gezeigt hat – nur allzu selten funktionieren, sind Untersuchungsausschüsse zur Aufdeckung und Aufklärung von Sachverhalten und zur »Selbstreinigung des Parlaments« – und zwar in einer die Rechte der Minderheiten stärkenden und unterstützenden Form – absolut notwendig. Ich denke und hoffe sehr, es gibt in dieser Frage hier einen parteiübergreifenden Konsens.

Lassen Sie mich an dieser Stelle eine Bemerkung zu einer aktuellen und immer neu wiederkehrenden Diskussion machen: Vertrauensverluste erleidet das Parlament, erleiden auch politische Parteien und »die Politik« als solche nicht durch diejenigen, die die Skandale aufdecken und veröffentlichen. Vertrauensverluste erleiden Parlament, Politiker und Politik durch ihre oft maßlos arrogante Selbstgerechtigkeit, durch die zahllosen Affären der fortgesetzten Steuerhinterziehung, des Rechtsmißbrauchs usw. einerseits und durch die unsäglichen Vertuschungsversuche, die erschreckende Unfähigkeit, Fehler einzugestehen und wirkliche Konsequenzen zu ziehen sowie die von den Bürgern eingeforderte Moral selbst zu praktizieren auf der anderen Seite. Information, Transparenz und vor allem kritische Diskussion nützen der Demokratie. Vertuschung, Selbstgerechtigkeit, Machtverliebtheit und Corpsgeist der Politiker schaden ihr. Herr Langner hat vorhin darauf hingewiesen, daß eine gewaltige Mißbrauchsgefahr gerade mit dem Voranschreiten eines – wie er es nannte – investigativen Journalismus gegeben sei. Ich möchte vorweg feststellen: Wir haben viel zu wenig investigativen Journalismus. Es gibt andere Länder – ich denke zum Beispiel an die USA –, in denen ein sehr viel entschiedenerer, mutigerer, aufdeckenderer Journalismus gepflegt wird, als das bei uns der Fall ist. Die Berichterstattung hier ist in oft peinlichem Maße geradezu eine Hofberichterstattung. Wir brauchen mehr investigativen Journalismus. Wenn Herr Langner dann darauf anspielt, daß hier sogar den Nachrichtendiensten nahestehende Leute mit hineingezogen würden, so kann ich nur sagen: Genau dies, sehr verehrter Herr Kollege, geschieht – und es geschieht im Verantwortungsbereich bestimmter Parteien, gerade auch Ihrer Partei. Das sind allerdings schwerwiegende Anschläge auf die Demokratie. Ich würde mich freuen, wenn man noch die innere Kraft besäße, erschrecken, sich entrüsten zu können und hier – und zwar parteiübergreifend – eine rückhaltlose Aufklärung zu fordern, und wenn man nicht umgekehrt diejenigen, die Licht in das Dunkel bringen wollen, als Demagogen beschimpfen würde.

Nachdem sich ein sehr bekannter und – jedenfalls dem Amt nach – führender bundesdeutscher Politiker vor einem Untersuchungsausschuß – und ich nehme hier einmal spaßeshalber und aufgrund einer alten rechtlichen Tradition wahrscheinlichkeitswidrig nur das Allerpositivste an – in einer wesentlichen Frage sehr schwerwiegend versprochen hat – sein Generalsekretär sprach von einem »Blackout« –, und sich so Widersprüche zwischen seinen Aussagen ergaben, fordern Sie jetzt, es sei doch zu überlegen, ob es nicht besser sei, die Beweisaufnahme am besten gar nicht mehr wörtlich zu protokollieren, weil dieses nur das Tor für Strafanzeigen öffnen würde. An dieser Stelle beginnt für mich – übrigens gerade auch als Rechtspolitiker – die Grenze des Zumutbaren. Ich halte es offen gestanden für notwendig, daß gerade solche entscheidenden Dinge wörtlich protokolliert werden, und ich halte es für eine platte Banalität und schlicht rechtsstaatlich, daß sie einer entsprechenden strafrechtlichen Würdigung zugänglich gemacht werden können, wenn der Verdacht einer Falschaussage vorliegt.

Damit habe ich übrigens zugleich auch schon einiges zu Ihrem praktischen Vorschlag gesagt. Wir wissen, wie sehr es oft gerade bei der Feststellung der Wahrheit, bei Aussagen, auf den Wortlaut, auf feine Nuancen ankommt. Wir wissen ja alle auch genau, aus welcher traumatischen Erfahrung heraus Sie vorhin Ihren Vorschlag eingebracht haben, auf die wörtliche Protokollierung in Untersuchungsausschüssen künftig zu verzichten. Aber gerade deshalb:

Auch hier ist die geeignete Adresse für Kritik meines Erachtens wieder nicht die Person, die Strafanzeige erstattet, sondern diejenige Person, die in nur geringem Abstand in derart entscheidenden Fragen einander völlig widersprechende Aussagen macht.

Ich wiederhole: Wenn man sich dem Gedanken anschließt, daß solche Vorgänge, wie sie im Flick-Ausschuß oder in der Barschel-Pfeiffer-Affäre oder auch im Zusammenhang mit dem Celler Loch, dem Verfassungsschutz, der U-Boot-Affäre und und und . . . aufgetreten sind, daß derartige Vorfälle Anschläge auf die Demokratie darstellen, sollte man – und zwar alle gemeinsam – dafür eintreten, daß diese Dinge schonungslos und rückhaltlos aufgedeckt werden; denn die Dinge und nicht deren Aufdeckung schaden der Demokratie.

Die konkrete Einstellung zu dieser Frage und damit auch die Frage, ob Konsens hinsichtlich der Bedeutung von Aufklärung für die Demokratie besteht, wird sich massiv bei der Ausgestaltung des Rechts der Untersuchungsausschüsse auswirken. Denn jene, die diese Anschauung teilen, egal ob Mehrheit oder Minderheit, werden dafür eintreten, den (potentiell wechselnden) Minderheiten im Parlament bei der Aufdeckung und Untersuchung evtl. fragwürdiger Machenschaften der Mehrheiten möglichst umfassende und wirkungsvolle Rechte zuzugestehen – um der Verteidigung der Demokratie willen. Und damit sind wir bei den konkreten Problemen: Beim Studium des Grundgesetzes und der konkreten Praxiserfahrungen fällt auf, daß immer wieder ein Konflikt auftaucht, der sich daraus ergibt, daß zwar auf der einen Seite ein Untersuchungsausschuß mit einem Quorum von 25 % auch von einer Parlamentsminderheit eingesetzt werden kann, auf der anderen Seite aber die konkrete Praxis des Verfahrens im Ausschuß keine konsequente Durchführung dieses Minderheitenrechtes mehr enthält. Dies führt zu gewaltigen Friktionen und Einschränkungen der Leistungsfähigkeit und damit auch des Ergebnisses in der konkreten Praxis der Arbeit von Untersuchungsausschüssen. Es beginnt schon mit der Frage, wie der Untersuchungsauftrag formuliert werden soll. In der Praxis ist diese Frage oft entscheidend. Sie stellt die Weichen für das gesamte Verfahren. Als etwa die GRÜNEN im Bundestag einen Untersuchungsausschuß zur Parteispendenaffäre beantragt hatten, kam zwar auch ein Untersuchungsausschuß zustande, aber mit einer deutlich eingeschränkten Aufgabenstellung. Ähnliches läßt sich immer wieder auf allen Ebenen, beispielsweise auch in den Ländern, zeigen. Im Bayerischen Landtag wurde sogar einmal ein von der SPD-Minderheit unter Erfüllung des Quorums beantragter Untersuchungsausschuß nicht genehmigt. Die Sache kam vor den Verfassungsgerichtshof und wurde dort – gegen ein in meinen Augen sehr plausibles Minderheitenvotum – gebilligt. Das aber wird man im Detail untersuchen müssen. Ich möchte hier gewiß keine Gerichte schelten.

Übrigens schlage ich bei den Beratungen über eine entsprechende gesetzliche Regelung des Rechts der Untersuchungsausschüsse vor, einmal ernsthaft und gründlich darüber nachzudenken, ob nicht schon ab Fraktionsstärke die Möglichkeit gegeben sein muß, Untersuchungsausschüsse einzusetzen. Gerade die Parteispendenaffäre zeigt ja, daß durchaus Fälle denkbar sind, in die nicht nur die Fraktionen der Regierungsparteien, sondern darüber hinaus auch noch weitere Fraktionen aus der Parlamentsminderheit verstrickt sind. Leider entspricht es in diesen Fällen nur der menschlichen Erfahrung, daß die Betroffenen ein deutliches Interesse haben, eine öffentliche Aufdeckung möglicher Unregelmäßigkeiten bzw. Rechtsbrüche zu verhindern. In solchen Fällen muß auch eine einzige Fraktion in der Lage sein, gegen die anderen, möglicherweise sämtlich verstrickten Fraktionen einen notwendigen Untersuchungsausschuß durchzusetzen. Die Notwendigkeit der hier aufgestellten Forderung läßt sich ja aktuell wieder in Hessen beobachten, wo die derzeitige Regierung ebenso wie die vorherige die Einsetzung eines Untersuchungsausschusses zu den Vorfällen um Nukem, Alkem, Transnuklear usw. (gesetzeswidrige Betriebsgenehmigungen, Betrieb und Duldung nicht genehmigter atomarer Einrichtungen, Bestechungen, Gesetzesverstöße u.v.a.m.) nach Kräften und – leider – erfolgreich verhindert.

Sind die Hürden der Einsetzung genommen und beginnt der Untersuchungsausschuß zu arbeiten, so zeigt sich, daß gerade in der konkreten Arbeit Regelungen, die das Recht der Minderheit(en) in ausreichender Bestimmtheit sichern, fehlen. Geht man von der häufigen Grundkonstellation aus, daß es in der Regel die Parlamentsminderheit oder eine Minderheit im Parlament ist, die auf die Aufklärung von Vorgängen zielt, die im Verantwortungsbereich der Regierung liegen, so müßte sich diese typische Konstellation meines Erachtens auch in den Regelungen der Ausschußarbeit selbst in viel größerem Maße als heute niederschlagen. Nur ein Beispiel: Im Flick-Untersuchungsausschuß erfolgte – wie das üblich ist – die Befragung von Zeugen gemäß einer vorher festgelegten Reihenfolge. Die GRÜNEN kamen dort mit ihren Fragen immer erst an sechster Stelle zum Zuge. Denn es galt folgenden Poporz zu beachten: Zuerst durfte der Vorsitzende fragen, d. h. im Falle dieses Ausschusses (und in vielen anderen Ausschüssen) die CDU. Als zweites dann der stellvertretende Vorsitzende: ein Vertreter der SPD. Als drittes kam wieder die CDU an die Reihe, denn nun durften die Fraktionen fragen, gestaffelt nach quantitativen Gesichtspunkten. So ging die vierte Frage-runde wieder an die SPD, erst die fünfte an die FDP und die sechste schließlich an die GRÜNEN. In bestimmten, gerade auch in bestimmten sehr wichtigen Situationen fehlte dann bei dem Vertreter der GRÜNEN die Zeit für substantielle Fragen. Bei der Einvernahme des Zeugen Dr. Kohl z. B. machte dieser lange und breite Ausführungen zur Geschichte der Bundesrepublik. Als der Vertreter der GRÜNEN nach einigen Vor-fragen zur Sache kommen wollte, wurde die Zeugeneinvernahme dann abrupt beendet. Viele Sitzungen des Flick-Ausschusses, ja die ganze Ar-beit des Ausschusses selbst ist beendet worden, ohne daß wesentliche Zeugeneinvernahmen überhaupt abgeschlossen werden konnten. Sie kön-nen dies alles den Protokollen entnehmen. Es ist schockierend. So war es bei der Ladung von Herrn Strauß oder auch der von Herrn Biedenkopf: Beide Male wurde die Zeugeneinvernahme ausdrücklich nur unterbro-chen. Beide Male wurde erklärt, sie würde zu einem späteren Zeitpunkt noch fortgesetzt werden, ohne daß diese Fortsetzung tatsächlich noch erfolgte. Die Arbeit des Ausschusses wurde durch Mehrheitsbeschluß einfach abgeschlossen, ohne daß die Zeugenvernahmen abgeschlossen waren. Die Minderheit wurde einfach überstimmt.

Zudem muß man sich klar sein, daß das reale Aufklärungsbedürfnis von Mehrheit und Minderheit in Untersuchungsausschüssen in der Praxis sehr unterschiedlich ist. Das deutlichste Aufklärungsinteresse hat bei der klassischen Konstellation einer gegen die Regierung oder Parlaments-mehrheit gerichteten Untersuchung in der Regel die (beantragende und oft auch einsetzende) Minderheit. In solchen Fällen werden die Fragen der Mehrheit sehr viel weniger bohrend und weniger erhellend sein. Schon deshalb müßte der Minderheit mehr Aktivität auch bei den Fragen sowie

68

bei der Festsetzung von Tagesordnungen, Terminplänen für Zeugenladungen u.v.a.m. zugestanden werden.

Detlef Kleinert

Gerade das von allen Vorrednern zu Recht betonte Streben nach einer möglichst einverständlichen Lösung läßt mich davon absehen, mich mit ihnen im einzelnen auseinanderzusetzen, obwohl einige ihrer Äußerungen in einem kleineren Kreise sicherlich einer näheren Diskussion bedürften. Ich glaube nicht, daß gewisse Fehlentwicklungen im Parlamentarismus – so es sie denn in der behaupteten Form geben sollte; einige gibt es sicherlich – und eine weit größere Verstimmung in der Öffentlichkeit und in der veröffentlichten Meinung zu dem Schluß führen können – so etwa könnte man das verstehen –, daß wir das Parlament in seinen wesentlichen und besonders öffentlichkeitswirksamen Funktionen in die Untersuchungsausschüsse verlagern. Das kann doch nicht gemeint sein. Ich habe das jedenfalls so angedeutet gefunden. Deshalb habe ich auch vorgeschlagen, dieses Thema bei Gelegenheit zu vertiefen.
Ich habe eine ganz interessante Statistik aus dem Bericht des ersten Untersuchungsausschusses von 1986 vorliegen. Danach lag der Anteil der einzelnen Gruppen an der Vernehmung bei der größeren Mehrheitsgruppe einschließlich dem Vorsitzenden bei 150,5 Stunden, bei der größeren Minderheitsgruppe einschließlich des stellvertretenden Vorsitzenden bei 89 Stunden, bei der kleineren Mehrheitsgruppe bei 8,5 Stunden und bei der kleineren Minderheitsgruppe bei 73 Stunden. Nach »ständigem Wortabschneiden« sieht mir das nicht unbedingt aus. Das habe ich angeführt, um ein paar Fakten auf den Tisch zu legen.
Fakten scheinen mir auch das Stichwort für die Beurteilung der Pressearbeit investigativer Art zu sein; denn gerade in den eben angesprochenen Vereinigten Staaten spielen die Fakten doch eine größere Rolle – und wehe dem, der von den Fakten zu weit abrückt –, während bei uns einiges mehr an Lyrik mit hineinfließt. Das ist aber nicht unser Thema.
Jeder hat seine Erfahrungen mit Untersuchungsausschüssen gemacht. Meine Erfahrungen mit dem ersten Untersuchungsausschuß der 7. Legislaturperiode, dem sogenannten Steiner-Ausschuß, waren folgende: Nachdem wir – während sich andere an den Stränden wohlverdient erholten – den ganzen Sommer lang und auch den Herbst über in Bonn zugebracht hatten, ist der Ausschuß eines Tages einmütig zu dem Ergebnis gekom-

men, daß es angesichts des mangelhaften Untersuchungsverfahrens und seiner Regelung nicht zumutbar sei, die Untersuchungen fortzusetzen, sondern daß die Untersuchungen eingestellt werden sollten. Wir alle sollten uns darüber hinaus dazu verpflichten, nach Beendigung der Untersuchung an der Schaffung eines Untersuchungsverfahrensrechts mitzuwirken. Das war im Jahre 1973. Es kann sein, daß der Schlußbericht Anfang 1974 vorgelegt worden ist. Wir schreiben jetzt das Jahr 1987. Nun ist es für uns alle höchste Zeit, in der Sache weiter voranzukommen. Deshalb haben wir den Entwurf von unserem Freund Manfred Schulte sehr begrüßt. Wir waren sehr für eine schnelle Behandlung. Auf welchem Wege man – da es in der letzten Legislaturperiode leider nicht zu einer Verabschiedung gekommen ist – nun weiterkommen kann, muß sich zeigen. Sicherlich kann heute und morgen ein wesentlicher weiterer Beitrag dazu geleistet werden.

Es ist allerdings sehr interessant zu sehen, was seit der Vorlage des IPA-Entwurfs alles an Material zusammengekommen ist. Es hat hierzu im Rahmen der Verfassungsenquête Vorschläge gegeben. Es wird niemanden wundern, daß ich auf das Minderheitsvotum im Bereich Untersuchungsausschuß in der Verfassungsenquête hinweise. Das stammt von meinen Freunden Engelhard und Hirsch. Herr Hirsch hat das abgegeben, weil er der Nachfolger von Herrn Engelhard war. Sie haben das gemeinsam getragen, wie ausdrücklich vermerkt worden ist. Ich habe auch da vieles gefunden, was jetzt zu meiner Freude – auch zu meinem Kummer, weil man es vorher nicht umgesetzt hat – wieder aufgetaucht ist. Daß ein ganz wesentlicher Punkt der Untersuchungsgegenstand und seine genaue Beschreibung – auch das Verbot der Ausweitung ohne ein erneutes Votum des Auftraggebers, nämlich des Plenums des Parlaments – sein muß, scheint mir insbesondere mit Rücksicht auf den hier bereits mehrfach angesprochenen Schutz Dritter, die sonst uferlos hineingezogen werden können, unbedingt erforderlich zu sein. Daß alles, was außerhalb eines so klar umrissenen Untersuchungsgegenstandes liegt – man kann ihn sowieso nicht klar umreißen, bevor man nicht eine nähere Aufklärung betrieben hat –, doch wieder in den Bereich der allgemeinen parlamentarischen und politischen öffentlichen Diskussion gehört, erscheint mir nach dem eingangs Gesagten ganz normal.

Auch die Frage betreffend Untersuchungsführer ist schon behandelt worden. In der Enquête heißt es dazu: Es wäre doch bedenklich, in Angelegenheiten, die zumeist das Parlament selbst sehr betreffen und auch einen gewissen Einblick in seine inneren Abläufe und Verpflichtungen erfordern, Außenstehende hereinzuholen, die dann einige Dinge vielleicht doch sehr aus der Sicht des Außenstehenden betrachten würden und zumindest große Anfangsschwierigkeiten hätten. – Herr Hirsch hat damals gemeinsam mit Herrn Engelhard den charmanten Vorschlag gemacht, den Untersuchungsführer, also den Vorsitzenden des Untersuchungsausschusses, durch Los zu ermitteln, damit nicht eine Fraktion auch diesen Punkt bereits beim Antrag mit ins Auge fassen könne. Der Charme dieses Vorschlages ist sehr groß. Seit dem alten Athen erfreut sich das Los bei Wahlen, bei denen man sonst nicht mehr weiß, wie man auf eine andere Art zurechtkommen soll, größter Beliebtheit. Herr Dichgans hat auch immer wieder vorgeschlagen, alle möglichen Ämter – ich glaube, auch die Abgeordnetenmandate – auf diese Weise zu besetzen. Diese Vorschläge haben einer näheren Prüfung schließlich aber nicht standhalten können. Ich glaube, eine Unterhaltung wird zu Ergebnissen führen können. Genug Vorschläge liegen auf dem Tisch, und sogar die Argumente dazu sind in gedruckter Form zu bekommen. Daß der Vorsitzende kein Stimmrecht haben sollte, scheint mir heute schon eine mehrheitsfähige Meinung zu sein. Dies würde es ihm auch erleichtern, das weitere Geschäft, das dringend notwendig ist – dies wurde schon gesagt –, zu betreiben, nämlich – um nur eine kleine Differenzierung hineinzubringen – die begleitenden Ermittlungen. Das Schlimmste ist, daß die Untersuchungsausschüsse – von seltenen und lobenswerten Ausnahmen abgesehen – Leute als Zeugen laden, ohne eine einigermaßen klare Vorstellung – wie z. B. bei Gericht aus staatsanwaltschaftlichen Ermittlungsakten – darüber zu haben, ob diese Leute etwas zur Sache sagen können oder nicht. Der Betroffene wird dann in das Licht der Öffentlichkeit praktiziert mit der Behauptung, er wisse etwas und der und der hätte gehört, daß er etwas wisse. Die Mehrheit beschließt dann aufgrund der einleuchtenden Darlegungen die Vorladung. Dann steht der Mann da. Es stellt sich nach peinlichen Befragungen, bei denen vielleicht noch Dinge herausgekommen sind, die mit dem Untersuchungsgegenstand nichts zu tun haben, heraus, daß er wirklich nichts weiß. Dann fragt sich der Mann, warum und wieso er vorgeladen wurde. Dies unter anderem scheint mir neben der Arbeitserleichterung und der Straffung des Verfahrens ganz wesentlicher Zweck eines einzurichtenden vorbereitenden und begleitenden Ermittlungsverfahrens zu sein, zu dem hier schon Vorschläge im einzelnen geäußert worden sind. Damit im Zusammenhang steht dann wieder die Frage: Betroffener oder Zeuge? Auch dazu ist in dem Minderheitenvotum der Enquête etwas gesagt worden, nämlich, daß es keinen Unterschied in diesem Verfahren geben kann. Die Aufgaben sind andere als die des Strafprozesses. Es wird zum Schluß kein Urteil, geschweige denn eine Verurteilung ausgesprochen, sondern es wird am Schluß versucht, Hergänge und Beteiligungen von Personen an den Vorgängen festzustellen, woran sich andere Schritte dann erst knüpfen müssen. Daraus folgt: Es muß die Aussageverweigerungsrechte geben, die jedermann hat, wenn er sich selbst belasten würde. Das muß er selbst entscheiden. Es kann aber nicht den Unterschied zwischen Betroffenen und Zeugen geben. Es sollte dann umgekehrt auch keine Eidespflicht geben, sondern es sollte auf eine natürlich bestehende Wahrheitspflicht hingewiesen werden, etwa durch die Schaffung eines eigenen Delikts bei Verletzung dieser besonderen Wahrheitspflicht, aber in einer deutlichen Abgrenzung zu strafprozessualen Regelungen.

Im übrigen habe ich vollen Respekt vor der von Herrn Kollegen Blanke vorgetragenen Meinung, daß man überall dort, wo man ein in sich geschlossenes und seit langem praktiziertes Gesetzeswerk wie die StPO vor sich hat, daneben tunlichst nicht neue, auch nur leicht differenzierte Bestimmungen setzen sollte, weil diese Bestimmung automatisch die gleiche Menge an Kommentierungen erzeugen würden, wie sie bei der nur etwas anderen, bereits bestehenden Bestimmung vorliegen, und weil sich dazwischen ein zusätzliches Feld für wissenschaftliche und – im weitesten Sinne – advokatorische Betätigung auftun würde. Das hindert nicht, die Dinge, die von der StPO nicht geregelt werden können – das meiste, was ich bisher kurz angesprochen habe, gehört nach meiner Auffassung dazu –, bei nächster Gelegenheit – das wünschen wir – in einem Gesetz zu regeln. Zum Schutz Privater und Dritter habe ich bereits einiges gesagt.

Anhand des schon vorliegenden Materials und anhand dessen, was dazukommen wird, kann man zu Beginn der Legislaturperiode in Beratungen unter Hinzuziehung sowohl des wissenschaftlichen als auch des praktischen Sachverstandes eintreten und zu einem Ergebnis kommen, das die Institution der Untersuchungsausschüsse in einer Reihe von Fällen aus dem Zwielicht herausnimmt, obwohl das nie ganz gelingen wird. Derjenige nämlich, dem das Ergebnis nicht in seine vorgefaßte Meinung paßt, wird häufig von dem hohen Gerechtigkeitsgefühl beseelt sein, daß er unter Verzicht auf seine eigene öffentliche Wirkung das Ergebnis zur Kenntnis nimmt und dann womöglich auch noch belobigt. Es wäre schön, wenn es dann so kommen würde, aber wir wollen uns eine gesunde Skepsis behalten.

Aussprache

Manfred Schulte

Zu meiner Freude kann ich feststellen, daß es wohl ein breiter Konsens sein wird, der die Auffassung stützt, daß wir in der elften Legislaturperiode ein Gesetz über Untersuchungsausschüsse brauchen. Was wird bisher gemacht? Der IPA-Entwurf wird zum Beschluß und quasi zum Gesetz erhoben. Der Entwurf hat sicherlich große Vorzüge, und er hat das Eis seinerzeit gebrochen, aber er reicht bei weitem nicht mehr aus. Da wir dies immer wieder feststellen müssen, ist die Zeit gekommen. Allen vier Fraktionen im Bundestag möchte ich sagen: Es geht im ersten Stadium nicht darum, einen fertigen Entwurf, der in dieser Form Gesetz wird, vorzulegen, sondern es geht darum, einen Entwurf vorzulegen, an dem man diskutieren kann; aber das muß geschehen. Ob das der Entwurf der letzten Legislaturperiode ist oder nicht, wäre mir persönlich gleichgültig, aber ich halte es für wichtig, daß ein Entwurf vorgelegt wird, bei dem man sich an den Einzelheiten reiben kann und auf dessen Grundlage man zu vernünftigen Kompromissen kommt. Zu diesen Kompromissen muß man kommen. Ich weiß nicht mehr genau, wer von Ihnen gesagt hat: Na gut, wenn es nicht anders geht, dann kann auch mit Mehrheit ein solches Gesetz verabschiedet werden. Eine Mehrheit wird es sein, weil sicherlich immer einige nicht mitmachen werden. Aber ein möglichst breiter Konsens ist zu erstreben; das ist unbedingt erforderlich. Es wurde auch schon gesagt – dies muß dabei berücksichtigt werden –: Jede Partei wird einmal Mehrheit, einmal Minderheit sein.
Ich möchte einen Punkt besonders herausnehmen, der mir sehr zweifelhaft zu sein scheint und sicherlich noch heftig in den Streit geraten wird. Es wird immer von »Minderheiten« geredet. Manchmal frage ich mich: Was sind eigentlich »Minderheiten«? Jeder, der das Wort »Minderheit« ausspricht, ist fest davon überzeugt zu wissen, was »Minderheit« ist. Das Wort ist offensichtlich ein feststehender Begriff. Ontologisch, juristisch weiß jeder, was eine »Minderheit« ist. Nein, es weiß niemand. »Minderheit« kann nur eine zahlenmäßig begrenzte Gruppe sein. Diese Gruppe – die selbstverständlich geringer ist als die Mehrheit – kann durch jedes Mitglied des Gremiums hergestellt werden. Alles andere wäre verfassungsrechtlich im äußersten Maße zweifelhaft. Ich warne dringend davor zu versuchen, auf diese Weise die Opposition zu institutionalisieren. Wol-

len wir den einzelnen Abgeordneten, die den Fraktionen angehören, die die Regierung stellen, wirklich die Möglichkeit nehmen, selbst Minderheit zu sein und unter Umständen ganz unbequeme Anträge zu stellen? Wir leben doch in Tagen, in denen man unter Umständen nur nach Norden zu schauen braucht, um so etwas nicht wollen zu können. Ganz abgesehen davon muß doch jeder Angst davor haben, daß eine solche Regelung verfassungsrechtlich gar nicht haltbar ist.

Wenn man feststellt, daß eine Minderheit nur eine zahlenmäßige Größe sein kann, die man sehr wohl mit Rechten bestücken kann, dann muß man wissen, daß es natürlich mehrere in dieser Größe konkurrierende Minderheiten bei den Rechten geben kann, die wir ihnen verschaffen möchten. Bei einem 21er-Gremium kann sich eine Minderheit, die man vielleicht auf sieben beziffert, mehrfach in verschiedenen Zusammensetzungen ergeben. Wenn wir gar von einem Einzelnen als antragsberechtigter Minderheit reden, können Sie sich selbst ausrechnen, wie viele Minderheit sein können. Wenn ich dieses Thema präzisiere, dann stellt sich die Frage: Welche Minderheit kommt z. B. bei einem Antrag zum Zuge, eine bestimmte Reihenfolge in der Zeugenvernehmung einzuhalten? Ich sage das, weil die Sache nicht im Wort »Minderheit« steckenbleiben soll, sondern weil ich mir die Mühe gemacht habe, das Thema mit dem Ausschuß und mit Freunden zu Ende zu denken. Wenn man so etwas zu Ende denkt, kommt man zu ganz abstrusen Erkenntnissen und Ergebnissen, die man tunlichst zu Beginn nicht umgehen sollte. Es wäre denkbar, diejenigen zu bevorrechtigen, die einen Untersuchungsausschuß beantragt haben. Wie oft aber haben wir es schon erlebt, daß mehrere Fraktionen einen Untersuchungsausschuß gleichzeitig beantragt haben? Also würde auch dieses Kriterium zur Bevorrechtigung von Minderheiten nicht mehr ausreichen. Diese Frage – vielleicht gibt es eine Lösung; ich wäre glücklich, sie zu hören – zu durchdenken, damit man nicht in eine Sackgasse hineinläuft, die eines Tages auch im Gesetzgebungsprozeß große Frustrationen hervorrufen würde, halte ich für sehr verdienstvoll.

Heinz Günther Hüsch

Ich möchte das Problem der Abgrenzung von Mehrheit und Minderheit aufgrund der Erfahrungen aus dem Untersuchungsausschuß »Neue Heimat« mit einer weiteren Facette bereichern. Der Untersuchungsausschuß

74

war zwar durch eine allseitige Parlamentsmehrheit eingesetzt worden, aber in dem Ausschuß verfolgte die Rolle der Minderheit, wie sie im klassischen Untersuchungsrecht definiert ist, in Wirklichkeit die parlamentarische Mehrheit. Die Mehrheit – CDU/CSU und FDP – wollte die Enquête und die Aufklärung letztendlich gegen das politische Interesse der parlamentarischen Minderheit. Daraus ergab sich die Frage: Kann eine Mehrheit auch Minderheit sein? Sie müssen, glaube ich, diese Frage verneinen. Konnte die Minderheit, die den Ausschuß zwar formal im Plenarsaal unterstützt hatte, aber ihn in Wirklichkeit gar nicht wollte, selbst als Minderheit dem eigentlichen Untersuchungspetitum – dem politischen Petitum, nicht dem rechtlichen – durch Ausnutzung von Minderheitenrechten dadurch entgegenwirken, daß sie Mehrheitsbeschlüsse, die eigentlich anstelle von Minderheitenbeschlüssen standen, unterminierte? Es gab die interessante Variante, daß die SPD unter Ausnutzung des Minderheitenrechtes einen präsenten Zeugen stellen wollte. Man hatte sich auf einen Sitzungskalender verständigt, in dessen Reihenfolge vernommen werden sollte. Dann entdeckte die SPD unter Bezug auf die Strafprozeßordnung und auf die Verteidigerrechte die Möglichkeit des Stellens eines präsenten Zeugen mit der Absicht, unter vermeintlicher Nutzung des Minderheitenrechtes die durch den Vorsitzenden und Mehrheitsbeschluß abgedeckte Zeittafel zu unterlaufen. Ich führe dies an, um darauf hinzuweisen, daß sich die Begriffe »Minderheit« und »Mehrheit« nicht eignen, auch nicht die Begriffe »Antragsteller« und »Nichtantragsteller«, denn die Vorgänge vollziehen sich unter politischem Druck nach völlig anderen Kriterien.

Eine Lösung muß auch beinhalten, daß eine verlangende Mehrheit rechtlich nicht geringer gestellt werden darf als die ansonsten geschützte Minderheit. Herr Schulte, ich stimme Ihnen zu, in dieser Frage habe ich noch keine Antwort. Wenn man sich entscheidet, etwas zu regeln, dann muß auch diese Frage geregelt werden. Spätestens seit dem Untersuchungsausschuß »Neue Heimat« wird man damit rechnen dürfen, daß nicht nur parlamentarische Minderheiten, sondern auch parlamentarische Mehrheiten eine Untersuchung fordern. Erst recht dann, wenn eine Wende stattgefunden hat, besteht ein durchaus gerechtfertigtes Interesse, auch mit dem Mittel des Untersuchungsausschusses das Versagen der vorausgegangenen Mehrheit und der vorausgegangenen Regierung einer kritischen Überprüfung zu unterziehen. Würde man das nicht tun, würden abgelöste Regierungen in den angenehmen Schutz kommen, von einem Untersuchungsausschuß nicht mehr kritisch überprüft werden zu können, wenngleich es dasselbe staatliche Verhalten war, das bei einer an der Macht befindlichen Regierung vorliegt.

Mein Petitum läuft darauf hinaus, die Formulierung »Mehrheit« und »Minderheit« oder »Antragsteller« und »Nichtantragsteller« auszukleiden. Die Erfahrungen aus dem Untersuchungsausschuß »Neue Heimat« sollten berücksichtigt werden, daß auch einmal eine Mehrheit eine Untersuchung gegen eine Minderheit durchführen möchte.

Vorsitzender Konrad Porzner

Klar ist, daß in parlamentarischen Verfahren die Mehrheit nie durch die Minderheit ausgeschaltet werden kann. Das ist meiner Ansicht nach verfassungsrechtlich unmöglich. Nicht nur bei einem Untersuchungsausschuß, sondern auch sonst sind Minderheitenrechte auch Rechte der Mehrheit. Sie haben nur zum Inhalt, daß eine Minderheit gegenüber einer Mehrheit etwas erreichen kann, aber es sind immer auch Rechte der Mehrheit. Ich bitte diejenigen, die viel Praxis haben, auf die Frage einzugehen, wie im Verfahren, wenn es in der Ausschußarbeit um den Zeitplan geht, die beantragende Minderheit, die mit ihrem Quorum einen Untersuchungsausschuß beantragt hat, bei der Einteilung der Tagesordnung berücksichtigt werden kann.

Joachim Linck

Ich möchte mich zu einem speziellen Punkt äußern, den Herr Professor Schröder aufgeworfen hat, und zwar die Ausführungen über die Zulässigkeit von Untersuchungen im privaten Bereich. Herr Professor Schröder, Sie haben sich außerordentlich schwergetan, dort Grenzen zu ziehen. Ich halte es für zutreffend, daß der Ansatz, daß Untersuchungsausschüsse die Grundlagen für Beschlüsse im Rahmen der parlamentarischen Zuständigkeit aufzuklären oder zu schaffen haben, gewisse Begrenzungen schafft. Sie haben aber auch recht: Im Ergebnis werden diese Grenzen – je nachdem, von welcher Seite man es sieht – sehr eng oder sehr weit sein. Es wird keine echte Grenzziehung möglich sein. Das gleiche gilt für die Aussage, daß die Untersuchungen geeignet sein müssen; auch damit wird man nicht weiterkommen. Man wird auch kaum mit der Begrenzung auf

das öffentliche Interesse weiterkommen. Sie waren damit ziemlich am Ende Ihrer Grenzziehungen und sind dann auf einen Gedanken eingegangen, den ich kritisieren muß, sofern ich ihn richtig verstanden habe. Sie haben geäußert, daß primär, wenn im privaten Bereich untersucht wird – ich glaube, darauf haben Sie sich beschränkt –, die Regierung gefragt werden muß und daß sich dies aus dem Verhältnismäßigkeitsprinzip ergibt. Ich bin der Meinung, daß das Verhältnismäßigkeitsprinzip – das ist mehr eine dogmatische Frage – zur Kompetenzbegrenzung wohl überhaupt nicht geeignet ist. Dogmatisch ist hier wohl ein anderer Ansatz richtig, man müßte nämlich sagen: Kompetenz ja, im weiten Rahmen, aber demgegenüber Gegenrechte, verfassungsrechtliche Gegenpositionen des Privaten. Wenn man diese Positionen – es gibt eine ganze Reihe davon: Persönlichkeitsrechte, ausgeübter Gewerbebetrieb usw. – dem verfassungsrechtlichen Aufklärungsanspruch entgegenstellt, dann ergibt sich ein Ansatz für die Aussage: Hier greift das Verhältnismäßigkeitsprinzip, hier darf also nicht im privaten Bereich untersucht werden, wenn es nicht zwingend notwendig ist, wenn z. B. die Fakten auf dem Tisch liegen. Die Fakten liegen aber nicht auf dem Tisch, wenn die Regierung gefragt wird. Das, Herr Professor Schröder, ist bei den letzten Untersuchungsausschüssen deutlich geworden. Bei den Untersuchungsausschüssen über Parteispenden wäre es doch geradezu ein Witz gewesen, die Regierung zu fragen, wer unter welchen Umständen wo gespendet hat. Es ergäbe sich doch keine vernünftige Aussage der Regierung. Ich habe also große Bedenken, nach dem Verhältnismäßigkeitsprinzip den Grundsatz aufzustellen, daß primär an die Regierung herangetreten werden soll.
Ich will jetzt noch auf einige Punkte eingehen, die in der Podiumsdiskussion zum Ausdruck kamen. Der Präsident des Landtags hat gesagt, daß das Untersuchungsverfahren aufgrund der Unerfahrenheit der Mitglieder des Ausschusses mit gewissen Mängeln behaftet sei. Diese Auffassung teile ich nicht. Es liegt keine Unerfahrenheit vor, sondern aufgrund der jeweiligen Interessensituation fehlt einfach der Wille zur objektiven Rechtsauslegung.
Ich stimme dem Herrn Abgeordneten Dr. Langner zu, daß eine Konzentration der Gerichtsverfahren möglichst bei einem Verfassungsgericht, für die Länder bei einem entsprechenden Landesverfassungsgericht, vorliegen muß. Ich habe außerordentlich große Sympathie für Ihren Vorschlag, Herr Dr. Struck, einen neutralen Vorsitzenden vorzusehen. Ich bin mir zwar bewußt, daß auch dieser Vorsitzende durch Mehrheit bestellt würde, aber die Hemmschwelle, unsachliche oder unkeusche An-

träge an den Vorsitzenden heranzutragen, würde ganz wesentlich erhöht werden.

Im Zusammenhang mit dem Beweiserzwingungsrecht und den Grenzen ist zu sagen, daß es überhaupt keinen Streit darüber geben dürfte, daß es für die Minderheit ein Beweiserzwingungsrecht geben muß. Es sollte jedoch klar sein, daß es auch dort Grenzen geben muß. Sicherlich gibt es allgemeine Grenzen – Obstruktion und was da allgemeine Prinzipien mehr sind –, diese Grenzen sind jedoch kaum greifbar. Vielleicht könnte man sagen: Bei Anträgen – wir wissen, daß manche Anträge nur aufgrund des Showeffektes gestellt werden – müssen Anhaltspunkte für die Beweisbehauptung vorhanden sein. Vielleicht könnte dies eine gewisse Grenze sein.

Eberhard Schütt-Wetschky

Herr Schröder hatte in seinem dritten Teil über den Minderheitenschutz darauf hingewiesen, daß eine Fülle von Vorschlägen vorliegt, über die kein Konsens besteht, was vor allem daran liegt, daß es keine Einigkeit über den Maßstab gibt, an dem sich das Untersuchungverfahren orientieren soll. Mir scheint es ein ganz wichtiger Hinweis zu sein, daß man zunächst Klarheit über den Maßstab – also über das, was man eigentlich erreichen will – haben müßte. Wenn ich unter dieser Perspektive den Vortrag und die Diskussionsbeiträge vom Podium Revue passieren lasse, dann finde ich nur zwei Bemerkungen zum Maßstab. Die eine Bemerkung war die von Herrn Langner, daß das Ansehen der Untersuchungsausschüsse gehoben werden müsse. Die andere Bemerkung hat Herr Blanke am Anfang gemacht, nämlich unter dem Stichwort »Objektivierung des Untersuchungsverfahrens und der Ergebnisse«. Weil ich den Gesichtspunkt der Objektivierung für sehr wichtig halte, möchte ich an einen Vorschlag erinnern, der vor etlichen Jahren gemacht wurde. In den 60er oder 70er Jahren regte Friedrich Schäfer an, zum Zwecke der Objektivierung – ich nenne jetzt einfach eine Zahl – drei oder fünf Richter zu Untersuchungsausschüssen hinzuzuwählen. Der neutrale Vorsitzende ist sicherlich ein Schritt, aber doch nur ein sehr kleiner Schritt im Interesse einer Objektivierung des Verfahrens. Meine Frage an die Praktiker, aber auch an Herrn Schröder als jemanden, der sich mit der Literatur auseinandergesetzt hat, wäre: Was spricht eigentlich gegen den damaligen Vorschlag von Herrn Schäfer? Ist er nach wie vor aktuell? Gibt es wirklich so überzeugende Gründe gegen diesen Vorschlag, daß es nicht mehr lohnt, darüber zu diskutieren?

Meinhard Schröder

Ich glaube, die Parlamentarier sind sicherlich berufener als ich, zu dieser Frage etwas zu sagen. Ich persönlich halte von dem Vorschlag nicht sehr viel. Eine Mischung der Zusammensetzung des Ausschusses aus Parlamentsfremden und Abgeordneten schafft meines Erachtens kein gutes Klima. Wenn man sagt, die Richter würden sozusagen die Neutralität und die Rechtsstaatlichkeit wahren, dann sieht man das Thema nur unter einer Perspektive. Aber die Richter müssen doch auch mit den anderen Ausschußmitgliedern kooperieren, sie müssen trotz ihrer richterlichen Stellung in das politische Kräftefeld und Umfeld des Ausschusses mit eingebunden werden. Deshalb würden sich nach meiner Meinung erhebliche Schwierigkeiten ergeben. Ich glaube, das ist auch ein Grund dafür, daß dieser Vorschlag, soweit ich es beurteilen kann, jedenfalls in der letzten Zeit nicht mehr ernsthaft diskutiert worden ist.

Hans Meyer

Man kann an eine Kodifizierung des Rechts der parlamentarischen Untersuchungsausschüsse nicht herangehen, bevor man sich nicht klargemacht hat, welche Funktionen parlamentarische Untersuchungsausschüsse haben. Diese Ausschüsse sind politische Kampfmittel; sie sind keine Gerichte. Mit dieser Zielsetzung werden sie eingesetzt, und das Verfahren wird unter dieser Zielsetzung durchgeführt. Mit Verlaub: Drei Richter in diesem Gremium – ich würde die armen Richter *und* die Parlamentarier bedauern.
Untersuchungsausschüsse sind – um es etwas höflicher zu sagen – politische Kontrollinstrumente; dies stimmt auch historisch gesehen. Wir verdanken die parlamentarischen Untersuchungsausschüsse Max Weber. Er hat scharf gesehen, daß einer starken Regierung eine machtlose Opposition gegenübersteht, wenn die Opposition nicht wenigstens einige Handlungsinstrumente hat, mit denen sie etwas bewirken kann, obwohl sie in der Minderheit ist. Deshalb, Herr Schröder, gebe ich Ihnen nicht recht. »Minderheit« ist ein politischer Begriff. Was Sie meinen, ist das Recht

des einzelnen Abgeordneten, Anträge zu stellen, und die Frage, inwieweit die Mehrheit dem folgen muß. Herr Hüsch, Ihr Problem ist überhaupt kein Problem. Als Mehrheit brauchen Sie nicht Minderheit zu spielen. Sie sind in der angenehmen Lage, die Mehrheit und damit die Verfahrensherrschaft zu haben. Das haben Sie in Ihrem Ausschuß auch praktiziert.

Manfred Schulte

Der Hinweis, daß »Minderheit« ein politischer Begriff ist, sagt aber für die Prozedur dieser Ausschüsse überhaupt nichts aus.

Hans Meyer

Ich komme darauf noch zurück. Der normale Untersuchungsausschuß wird von der politischen Minderheit – ob sie gespalten ist oder nicht, spielt keine Rolle – gegen die Mehrheit erzwungen. Der normale Untersuchungsausschuß soll Regierungshandeln untersuchen. Die normale Konstellation ist: Opposition contra Regierungsmehrheit. Eines der großen Probleme besteht darin, das, was die Verfassung als Minderheitenrecht ausweist, im Verfahren in irgendeiner fairen Weise – natürlich nicht in der, daß die Minderheit alles bestimmt – durchzusetzen. Dafür brauchen wir das Gesetz.
Ob der ganze Bundestag einem Ausschuß zugestimmt hat oder nicht, spielt keine Rolle. In der ersten Sitzung erfährt man sofort, wo die politische Mehrheit und wo die politische Minderheit sitzt.
Bekanntlich kann sich bei besonders prekären Angelegenheiten auch die Mehrheit dem Untersuchungsausschuß nicht verschließen. Sie stimmt für die Einsetzung, nicht nur um möglicherweise das Thema mitzubestimmen, sondern auch um zu erklären: Ich scheue die Offenbarung nicht. Der Untersuchungsausschuß bleibt aber von der politischen Idee her weiterhin ein Minderheitenausschuß. Das erkennen Sie sofort – um ein aktuelles Thema zu nehmen – an dem Streit, ob der Ausschuß vor einer Wahl noch einmal tagen soll oder nicht.
Das hat meines Erachtens Konsequenzen für die Frage, was dann gilt, wenn dissentierende Mitglieder der Mehrheitsfraktion vorhanden sind, die etwas gegen ihre eigene Mehrheit durchsetzen wollen. Es handelt sich

dabei nicht um das Minderheitenrecht, das aus Art. 44 GG zu entwickeln ist, sondern um das allgemeine Problem des Parlaments, inwieweit einzelnen Abgeordneten Einzelrechte gegen die Mehrheit zustehen. Im übrigen werden die Untersuchungsausschüsse so eingesetzt, daß die Fraktionen jederzeit in der Lage sind, jemanden, der dissentiert, zurückzurufen. Das ist ein erstaunliches Phänomen, wenn man bedenkt, daß Untersuchungsausschüsse praktisch richterähnliche Funktion haben. Der »Richter« kann ausgewechselt werden, aber nicht wegen der Besorgnis der Befangenheit auf Wunsch des Betroffenen, sondern von dem, der ihn bestellt hat und sagt: Der Richter funktioniert nicht in meinem Sinne.

Es stellt sich die Frage, die Herr Schröder zwar angesprochen, meines Erachtens aber nicht befriedigend gelöst hat, nämlich die Frage: Was kann vernünftigerweise Gegenstand einer parlamentarischen Untersuchung sein? Herr Schröder hat mit den beiden in Literatur und Gerichtsentscheidungen vorkommenden Begriffen »öffentliches Interesse« und »Korollartheorie« zur Rechtfertigung für den Einsatz eines Untersuchungsausschusses gearbeitet. Geht man der Frage nach, wer diese Begriffe zuerst eingeführt hat, dann stellt man fest: Sie dienten ursprünglich der Beschränkung – nicht zur Rechtfertigung – einer parlamentarischen Untersuchung.

Das öffentliche Interesse mußte bestehen, damit überhaupt ein Untersuchungsausschuß erlaubt war; aber es konnte nicht deshalb, weil ein öffentliches Interesse bestand, ein Untersuchungsausschuß eingesetzt werden. Anderenfalls könnten wir – was ja wohl absurd wäre – parlamentarische Untersuchungen anstellen, beispielsweise über den Streit der Fundis und der Realos bei den GRÜNEN. Dieser parteiinterne Streit ist doch wohl von öffentlichem Interesse. Auch für die Beziehungen der Deutschen Bank zu Südafrika könnte das Argument des öffentlichen Interesses gelten. Dürfte der Bundestag wirklich die privaten Beziehungen der Deutschen Bank zu Südafrika untersuchen? Ich hielte es für unzulässig.

Es ist aber erstaunlich, wie weit die Sitten mittlerweile verkommen sind. In dem Untersuchungsausschuß in Schleswig-Holstein sind die Herren des Springer-Konzerns, die ich – das gebe ich gerne zu – nicht besonders mag, auch gefragt worden, warum sie Herrn Pfeiffer angestellt haben. Das geht einen parlamentarischen Untersuchungsausschuß nichts an. Das einzige, was den parlamentarischen Untersuchungsausschuß angeht, ist, ob die »Welt« oder der Springer-Konzern Herrn Pfeiffer in seiner amtlichen Eigenschaft mitbezahlt hat. Dies ist eine Frage, die tatsächlich die

Regierung und das Regierungspersonal betrifft und also der Untersuchung unterliegt. Ich verstehe auch nicht, daß sich die Bundesgeschäftsführer der CDU und der SPD vor den Kieler parlamentarischen Untersuchungsausschuß zitieren lassen. Sie haben zum Untersuchungsthema offensichtlich nichts beizutragen.

Die scharfen Rechte, die der Untersuchungsausschuß hat – das geht bis zur Beugehaft und bis zur Beschlagnahme von Akten –, müssen dadurch erträglich gemacht werden, daß man die Untersuchungsgegenstände einschränkt, und dem dient die Notwendigkeit eines öffentlichen Interesses. Die Korollartheorie ist von Egon Zweig ebenfalls als eine Beschränkungstheorie aufgefaßt worden, und das noch unter der Monarchie. Theorien pflegen nachgebetet zu werden, ohne daß jemand nachliest, was z. B. in welchem Kontext 1913 gesagt oder geschrieben worden ist. Die Korollartheorie bedeutete: Der Reichstag (oder der Bundestag) darf nicht etwas untersuchen, bei dem er nicht selbst die Kompetenz hat zu entscheiden.

Ein Problem ist, ob ein Untersuchungsausschuß zur Ermittlung von Grundlagen für die Gesetzgebung eingerichtet werden kann. Als Beispiel ist wiederum der Untersuchungsausschuß über die Neue Heimat zu nennen. Die ganze Literatur spricht seit Egon Zweig davon – niemand macht sich freilich die Mühe der Begründung –, daß die Untersuchungsausschüsse an erster Stelle der Ermittlung der Grundlagen für die Gesetzgebung dienen. Geht man der Sache nach, wird der Grund klar: Im Jahre 1913 bestand ein eminentes Interesse des Parlaments, in Konkurrenz zur monarchischen Exekutive, die die Herrschaft über die Fakten hatte, ein eigenes Fakteneruierungsrecht zu bekommen. Nachdem das parlamentarische Regierungssystem eingeführt worden ist, ist die Notwendigkeit entfallen, denn die Regierungsmehrheit hatte über die Regierung natürlich das notwendige Faktenwissen für die Gesetzgebung. Es gibt denn auch, soweit ich weiß, keine einzige seriöse Gesetzesenquête in all den Jahren, in denen es parlamentarische Untersuchungsausschüsse in Deutschland gibt. Kein Mensch ist bisher auf die Idee gekommen, Zwangsrechte auszuüben, um Gesetze zu machen. Ich möchte die Parlamentarier an ihrer Ehre packen: Halten Sie es wirklich für richtig, Bürger unter Zwangsandrohung zu veranlassen, etwas zu sagen, um Gesetze zu machen? Normalerweise bekommen Sie alle Fakten, die Sie haben wollen, auch freiwillig. Bisher hat die Gesetzgebung ohne Zwangsrechte normal funktioniert. Zudem ist für diese Zwecke in der Geschäftsordnung des Bundestages die Enquête-Kommission geschaffen worden; eines Untersuchungsausschusses bedarf es nicht.

Erst recht sollte es keine Untersuchungsausschüsse für das natürliche Recht des Bundestages geben, der Regierung Empfehlungen zu geben. Der Bundestag kann der Regierung unbeschränkt Empfehlungen geben. Ob sich die Regierung daran hält oder nicht, ist eine andere Frage. Daß aber für eine Empfehlung ein Untersuchungsrecht mit Zwangsrechten gegenüber Bürgern besteht, ist doch wohl eine ziemlich perverse Idee. Wir haben in keinem einzigen Verhältnis zwischen Staat und Bürgern eine solch ungeregelte, nicht durch Gesetze fixierte und beliebig zu schaffende Verpflichtung, unter Zwangsandrohung auszusagen. Im Immissionsschutzrecht, im Kreditwesengesetz usw. steht genau, unter welchen Bedingungen etwas offenbart werden muß. Bei der parlamentarischen Untersuchung muß man offenbaren, nur weil beschlossen worden ist, einen solchen Ausschuß einzusetzen – dies ist meines Erachtens in höchstem Maße rechtsstaatswidrig.

Herr Langner, das Gesetz wird meines Erachtens nicht gut genug, wenn wir es in dieser Legislaturperiode ausarbeiten. Aber das Gesetz muß à la longue gemacht werden, und es muß – da gebe ich Herrn Schröder völlig recht – aus verfassungsrechtlichen Gründen gemacht werden.

Heiner Herbst

Ich bin Mitglied in diesem Landtag. Ich war Mitglied im sogenannten Claude-Untersuchungsausschuß, und ich bin zur Zeit Vorsitzender des Untersuchungsausschusses, der die sogenannte Celler Bombe untersuchen soll.

Ich möchte zwei Stichworte aufnehmen, die in der Debatte eine Rolle spielen. Ich meine zum einen das Bemühen, eventuell zu einem objektiveren Verfahren zu kommen. Das Ziel, zu einem objektiveren Verfahren zu kommen, sollte auch nach meinen Erfahrungen angestrebt werden. Ich halte es allerdings in diesem Zusammenhang – auch aus dem Selbstbewußtsein eines Parlaments heraus – nicht für angemessen, sich dazu dann im wesentlichen der Dienste außerparlamentarischer Kräfte zu bedienen. Ich bin schon der Auffassung, daß die Parlamente diese Arbeit mit ihren Mitgliedern leisten müssen, auch wenn es manche Fehlentwicklungen gegeben haben mag, auch wenn manches in Bahnen gelaufen ist, die dem eigentlichen Ziel nicht gedient haben, zu einem sachlichen und objektiven Ergebnis zu kommen. Die Erfahrungen mit den Mitgliedern des Parlaments sind nicht so schlecht – auch im Vorsitz dieser Untersuchungsausschüsse –, daß wir unter erheblichem Druck ständen, Richterinnen oder Richter für den Vorsitz vorzusehen oder gar ein Dreierkollegium zu bilden, wie es früher vorgeschlagen wurde und wie es heute wieder angeklungen ist. Ich halte das aus meiner Erfahrung heraus für keine Lösung.

Natürlich hat auch der Vorsitzende eines Fachausschusses in einem Parlament ganz besondere Aufgaben. Er kann nicht ohne Rücksicht darauf agieren, daß er eine koordinierende Funktion im Fachausschuß hat. Er kann nicht ohne Rücksicht darauf agieren, daß die aufgetragene Arbeit bewältigt wird. Das erlegt ihm eine gewisse Zurückhaltung auf. Das weiß ich, und das muß ich als Vorsitzender des Ausschusses für Rechts- und Verfassungsfragen in diesem Hause praktizieren. Ich meine aber, damit wird mir meine politische Farbe nicht abgekauft, sondern das ist eine Aufgabe, die ich erfüllen kann, obwohl ich der bleibe, der ich politisch bin.

Herr Porzner, Sie haben die Frage angeschnitten, ob man nicht zum Zwecke der Objektivierung ein Vorverfahren vorschalten und dafür jemanden vorsehen sollte, der nicht Mitglied des Parlaments ist. Dazu muß ich sagen: Dieser Gedanke ist für mich zunächst einmal von einer gewissen Faszination. Für die Vorbereitung würde ich aber nicht an Frauen oder Männer von außerhalb des Hauses denken, sondern z. B. daran, sich der Hilfe eines Dienstes zu bedienen, wie wir ihn in diesem Hause haben, nämlich den Gesetzgebungs- und Beratungsdienst. Dort gibt es sehr qualifizierte Frauen und Männer, die auch in der Begleitung eines Untersuchungsausschusses sehr gut mitarbeiten. Ich habe diesen Gedanken einer vorbereitenden Institution aber noch nicht zu Ende geführt, ich wollte nur kurz darauf eingehen.

Den Gedanken, Personen von außerhalb des Parlaments zur Objektivierung des Verfahrens hinzuzuziehen, sollten wir nicht weiterverfolgen. Man sollte durchaus ernsthaft die Frage erwägen, ob nicht der Vorsitzende eines Untersuchungsausschusses, der Mitglied des Parlaments ist, im Ausschuß ohne Stimmrecht agiert, damit er im Ablauf des Verfahrens unabhängiger ist, als er es bisher ist. Diesem Gedanken, den ich für richtig halte, würde ich meine Zustimmung geben.

Ferner sind die Minderheit und der Minderheitenschutz angesprochen worden. Herr Kollege Hüsch, obwohl gleicher politischer Farbe muß ich

Ihnen widersprechen. Das Recht der Untersuchungsausschüsse ist Parlamentsrecht. Das Parlamentsrecht wird wie das Verfassungsrecht nach den parlamentarischen Verfassungen des Bundes und der Länder vom Mehrheitsrecht beherrscht. Auch für das Recht der Untersuchungsausschüsse gilt der Grundsatz der Mehrheitsentscheidung, wenn nicht Minderheiten mit besonderen Rechten und mit einem besonderen Schutz ausgestattet sind. Wenn Minderheiten nicht besonders geschützt wären, gälte der allgemeine Grundsatz des Mehrheitsprinzips, und es würde nur das entschieden, was die Mehrheit will. Das ist und soll nach meiner Überzeugung gerade beim Recht der Untersuchungsausschüsse nicht so sein. Der Untersuchungsausschuß soll ein politisches Kontrollinstrument der Minderheit bleiben. Von daher ist die Minderheit im Recht der Untersuchungsausschüsse besonders zu beschreiben; dies wird auch bereits getan. In Niedersachsen besteht in dieser Frage keine große Problematik. Der Begriff »zahlenmäßige Minderheit« kann eine Minderheit bedeuten, die die Opposition insgesamt oder eine Oppositionsfraktion umfaßt. Der Begriff kann aber auch eine Minderheit bedeuten, die quer durch die Fraktionen hindurchgeht, was nach meiner Erfahrung gerade bei Verfahrensfragen in der Arbeit von Untersuchungsausschüssen nicht selten vorkommt. Ich sehe in der Frage der Minderheiten keinen besonderen Neuregelungsbedarf, wenn ich das Verständnis von Minderheiten berücksichtige, wie es in unseren Gesetzen, in unserer Verfassung und in unserer Geschäftsordnung ausgedrückt ist. Wir können damit vernünftig arbeiten, und wir haben insoweit keine Schwierigkeiten gehabt. Streit entsteht auch bei uns, wenn es um die Frage geht, was eine Minderheit allein entscheiden kann.

Das Stichwort »Zeittafel« ist gefallen. Natürlich stellt sich die Frage, ob die Zeittafel allein von der Mehrheit entschieden werden kann oder ob die Minderheit einen Schutzanspruch hat. Ich vermag diese Frage aus unserer Sicht im Augenblick nicht zu beantworten. Wir haben uns in der Arbeit in unseren Untersuchungsausschüssen immer um Einigung bemüht. Das wird anderswo auch so gewesen sein. Was die Zeittafel angeht, sind wir meist zu einer Einigung gelangt. Wir haben aber auch streitige Erfahrungen etwa dabei machen müssen, wie ein Beweisantrag durchgesetzt wird, ob ein Ordnungsgeld festgesetzt werden soll und ob dies eine Minderheit unter Umständen gegen das Votum der Mehrheit durchsetzen kann. Ich bin der Auffassung, die Minderheit muß bei Beweisanträgen, die sie nach unserem Recht stellen kann, auch die Möglichkeit haben, sie mit den nötigen Zwangsmitteln durchzusetzen. Sonst bleibt dieses Instrument unter Umständen stumpf. Bei der Durchsetzung des Minderheitenrechts ist die Minderheit natürlich an das Gesetz gebunden.

Manfred Langner

Ich möchte zu zwei Themenkreisen, die in der Diskussion angesprochen worden sind, Stellung nehmen, zum einen zum Problem Minderheit und Mehrheit und zum anderen zu der Frage der vorbereitenden Untersuchungen. Das Problem Minderheit – Mehrheit wird in der Theorie und in der Wissenschaft schärfer gesehen, als es in der Praxis vorkommt. Ein Blick in das (Grund-)Gesetz erleichtert auch hier die Rechtsfindung. Die Minderheit ist das Viertel. Wenn die Untersuchungsausschüsse mit einer ungeraden Zahl von Mitgliedern bestückt sind, kommt die Minderheit höchstens dreimal vor. Dann kann es nur noch um folgendes Problem gehen: In welcher Reihenfolge werden z. B. drei Anträge behandelt, die alle als angenommen zu gelten haben, weil sie von einer qualifizierten Minderheit unterstützt werden? Für diese Frage gibt es die Verfahrensmehrheit. Die Verfahrensmehrheit wird in aller Regel nicht mißbräuchlich auszunutzen sein. Die Verfahrensmehrheit ist, wenn sie ein sturer Obmann durchpauken will, ein stumpfes Schwert. Der Vorwurf der Verdunkelungsabsicht, von der Minderheit in der Öffentlichkeit erhoben, ist eine so wirksame Waffe, daß zunächst im Obleutegremium und dann im Ausschuß für fast alle Fragen eine relativ einvernehmliche Lösung gefunden wird. Wenn eine solche Lösung nicht gefunden werden kann, kommen ab und zu Mehrheitsentscheidungen vor. Wer als Minderheit gutes Material in Händen hält, ist besser dran als jeder andere. Wir sollten, glaube ich, nicht zu viele Probleme sehen, wo nachher keine sind. Es kann schon vorkommen, daß die Mehrheit durchsetzt, daß vor einer gewissen Landtagswahl der eine oder andere Zeuge noch nicht vernommen wird. Diese Dinge gibt es, aber so gravierend ist das nachher, auf das Ganze gesehen, auch nicht.

Über die vorbereitende Untersuchung müssen wir uns viele Gedanken machen. Ich habe dazu nichts ausgeführt, weil ich annehme, daß dieser Punkt bei Ihnen, Herr Hüsch, morgen z. B. bei dem Thema der Aktenbeiziehung eine große Rolle spielen wird. Die praktischen Probleme, die man mit einer vorbereitenden Untersuchung in den Griff bekommen kann, sehe ich hauptsächlich bei der Aktenbeiziehung. Die Akten werden von der Staatsanwaltschaft beschlagnahmt und verbleiben bis zum Ende des Verfahrens dort. Die Akten werden von der Staatsanwaltschaft nicht daraufhin gesichtet, was im Sinne des Untersuchungsauftrags relevant und was nicht relevant ist. Es muß somit ein Auswahlverfahren durch den Ausschuß Platz greifen. Diese Frage stand auch bei dem Thema Neue Heimat und Lappas an. Das Bundesverfassungsgericht hat den Ermittlungsrichter als einen Hilfsrichter des Verfassungsgerichtes eingerichtet, der im Zusammenwirken mit dem Vorsitzenden des Untersuchungsausschusses eine Vorauswahl treffen soll. Ob das die praktikable Lösung ist, wird sich noch zeigen. Wir erwarten mit Spannung, was das Gericht in seiner Hauptsachenentscheidung verkünden wird. Der Ausschuß wird angesichts der großen Aktenberge, die auf ihn zuströmen, zu überlegen haben, wie das, was er beizieht und was nachher vielleicht gar nicht relevant ist und nur unbeteiligte Dritte hineinzieht, auf das notwendige Maß beschränkt werden kann. Ich glaube, hier sind vorbereitende Gremien gefordert, die aber nach der Verfassungs- und Gesetzeslage nur Untergremien des Ausschusses sein können. Wir brauchen keine Richter. Herr Kollege, da stimme ich Ihnen zu. Wir Abgeordneten sollten Manns genug sein, dies alles selbst in die Hand zu nehmen. Obwohl der Untersuchungsausschuß, wie richtig gesagt wurde, ein Kampfinstrument ist, müssen wir uns angewöhnen, mehr mit dem Florett und weniger mit dem schweren Säbel zu kämpfen. Dann wird das Ansehen der Ausschüsse gehoben. Das alles können wir selber leisten. Ein Unterausschuß – zwei, drei Kollegen – sollte das Material vorsichten und nur das, was wirklich relevant ist, dem Ausschuß insgesamt zur Vervielfältigung überweisen. Wenn sich dann ein einzelnes Mitglied des Ausschusses damit nicht zufriedengeben will, dann kann es in der Geheimschutzkammer die Unterlagen noch einmal durchsehen und sagen, ob es noch weiteres Material hinzugezogen haben will. Wir müssen die Flut von Materialien irgendwie kanalisieren. Ich glaube, hier besteht eine ganz wesentliche Aufgabe für eine vorbereitende Untersuchung, die der Ausschuß selber zu leisten hat.

Manfred Schulte

Habe ich Sie jetzt richtig verstanden, daß in Ihren Augen eine Minderheit eine Größenordnung von mehr als 25 %, aber von weniger als 50 % ist? Sie haben doch von dem Viertel gesprochen. Am Beispiel: Herr Langner, Sie bekommen als Vorsitzender eines Untersuchungsausschusses zwei

Anträge. Beide stammen von einer Minderheit, die nicht 50 % der Mitglieder des Ausschusses umfaßt. Beide vorliegenden Anträge sind kontrovers. Jetzt haben Sie doch zu entscheiden, welcher der Minderheiten Sie den Vorzug geben, weil Sie doch nur in einem Fall der Minderheitenregelung folgen können.

Manfred Langner

Nach der Algebra ist die Mehrheit mehr als 50 %. Die Minderheit, wie sie für uns rechtlich relevant ist, bestimmt die Verfassung in Artikel 44; das ist das Viertel. So gesehen kann es drei Minderheiten geben. Wenn mir jetzt drei Beweisanträge mit Beweisthemen und zu benennenden Zeugen vorliegen, dann muß ich alle drei beschließen, wenn für alle drei ein Viertel als Quorum vorliegt. Das einzige Problem besteht dann darin, in welcher Reihenfolge die Zeugen gehört werden.

Das ist in der Praxis kein Problem. 90 % der Anträge sind ohnehin deckungsgleich. Insoweit beschließe ich das zwar dreimal hintereinander, vereinheitliche es nachher aber zu einem auszuführenden Beschluß. Bei dem Rest, der kontrovers ist, muß ich entscheiden, was zuerst und was zuletzt kommt.

Ich versuche, dieses Thema im Obleutegremium einvernehmlich zu regeln. Wenn mir das nicht gelingt, dann muß ich ab und zu mit Mehrheit entscheiden lassen. Um die Minderheit nicht zu sehr zu ärgern, wird das nächste Mal vom Mehrheitsrecht kein Gebrauch gemacht. Das alles stößt in der Praxis nicht so sehr aufeinander, wie man jetzt vielleicht den Eindruck haben kann, wenn es theoretisch erörtert wird.

Ludger Anselm Versteyl

Ich möchte noch einmal auf die Frage der Einsetzung eingehen. Dankenswerterweise hat Herr Meyer darauf hingewiesen, daß hier eine klare Interessenpolarität besteht. Ganz überspitzt gesehen muß man sich klarmachen, daß die Einsetzung eines Untersuchungsausschusses im Grunde genommen etwas Masochistisches an sich hat. Während normalerweise jeder Betroffene im Strafverfahren verhindern kann, daß er selbst Dinge bringt, die ihn belasten können, verlangt hier – was von der monarchischen Verfassung her seinerzeit auch verständlich war – das Einsetzungsrecht, daß die Mehrheit etwas tun muß, von dem sie im Grunde genommen möchte, daß es gar nicht passiert. Ich gehe von dem normalen Untersuchungsthema aus, das sich zumindest inhaltlich gegen die Regierung wendet. Diese Interessenlage muß klar sein. Herr Langner, man mag sich im konkreten Fall nachher nicht so hart reiben, aber von der Systematik her ist es doch so. Deswegen ist es auch von der Systematik her meiner Ansicht nach falsch, Richter, also Externe, einzusetzen. Als Anwalt wundere ich mich übrigens immer darüber, wie hoch das Ansehen der Kollegen Richter ist.

Man muß sich auch fragen, wer die Richter auswählt. Wir haben gerade in dieser Woche gesehen, wie schwer es ist, Richter auszuwählen. Es stellt sich doch die Frage: Ist dies ein Minderheitenrecht? Wie groß muß die Minderheit sein, um gegebenenfalls einen der drei Richter wählen zu können? Damit würde doch nur etwas verlagert werden. Die Legislative, die jetzt gewissermaßen Judikative spielen will, sollte sich nicht der Frauen und Männer der Judikative bedienen, sondern die Legislative sollte es selbst machen. Vom Selbstverständnis des Parlaments her wäre es ein Fehler, auf eine andere Institution innerhalb des gewaltengeteilten Staates zurückzugreifen.

Herr Kleinert, ich habe noch eine Frage an Sie, die naiv sein mag. Sie haben vorhin gesagt, daß Sie 1974 beschlossen hätten, ein Gesetz zu verabschieden. Ich habe verfolgt, wie oft im Laufe der etwa sechs letzten Jahrzehnte – ich nehme die Zeit von 1933 bis 1945 aus – der Beschluß gefaßt wurde, daß ein Gesetz verabschiedet werden müsse, und zwar nicht nur von den Theoretikern, sondern auch von denen, die damit umzugehen haben. Einer Ihrer Vorgänger, Herr Vorsitzender, der Herr Lenz, hat bei der Berichterstattung über einen Untersuchungsausschuß im Bundestag gesagt, nunmehr sei es besser, überhaupt keinen Untersuchungsausschuß mehr einzusetzen, es sei denn, man verabschiedete vorher ein Gesetz. Diese Erkenntnis ist mindestens so alt wie die Bundesrepublik. Sie, Herr Kleinert, waren damals in der glücklichen Lage, der Regierungskoalition anzugehören. Sie gehören auch heute der Regierungskoalition an. Sie haben mit wechselnden Partnern die Möglichkeit gehabt, das allseits für richtig Erachtete auch durchzusetzen. Wilhelm Busch sagte schon: Es gibt nichts Gutes, außer man tut es. Jetzt stelle ich die Frage als jemand, der das Parlament beobachtet: Wann endlich kommt dieses Gesetz? Warum hat es mit den verschiedenen Koalitionspartnern bisher nicht geklappt?

Detlef Kleinert

Ihnen ist vorhin bei mir ein gewisser ironischer Unterton entgangen. Wir haben nicht in erster Linie beschlossen, ab sofort ein Gesetz über das Verfahren der Untersuchungsausschüsse zu erarbeiten, sondern wir haben zunächst einmal beschlossen, mit dem Steiner-Verfahren Schluß zu machen, weil es unzulänglich geregelt ist. Dieser Beschluß stand eindeutig im Vordergrund und war auch der einzige, der einigermaßen in unsere Kompetenz fiel, nämlich soweit wir unsere Oberen dafür erwärmen konnten. Das Interesse an dem Thema zeigt sich auch daran, wie viele frühere Mitglieder und Vorsitzende insbesondere von Untersuchungsausschüssen anwesend sind. Die haben immer ein besonderes Interesse daran gehabt, die Sache weiter zu treiben. Ich habe vorhin davon abgesehen, die Geschichte des Entwurfs Schulte und andere aus der letzten Wahlperiode aufzublättern, um nicht gleich das Klima für die praktische Erledigung in dieser Legislaturperiode zu belasten.

Heinz Günther Hüsch

Ich möchte einige Anmerkungen zunächst zu der Frage der Minderheiten machen. Die Sachgestaltung scheint mir aus der neuen Situation des »Neue Heimat«-Untersuchungsausschusses, also des Mehrheitsbegehrens, nicht präsent genug zu sein. Ich will das Thema jetzt nicht vertiefen, weil es vielleicht etwas zu weit geht. Ich möchte vielmehr ein paar Abgrenzungen deutlich machen.
Zum einen geht es um den Ruf nach Objektivierung. Dieser Ruf stammt in erster Linie von den Advokaten – ich bin auch einer –, die einen Klienten vertreten. Herr Professor Meyer vertrat einen Klienten, der ein Interesse daran hatte, daß eine bestimmte Untersuchung nicht stattfand. Man sollte die Sache nicht überziehen. Die Politik entzieht sich in weiten Bereichen einer so strengen Objektivierung, aber sie hat ein besonderes Element, was z. B. im Justizverfahren absolut unterentwickelt ist, nämlich die öffentliche Kontrolle. Kein Vorsitzender oder kein Ausschuß kann irgend etwas unternehmen, das sich nicht vor den Augen der Presse vollzieht. Die Kontrollinstanzen, etwa der Meinungsbildung über die Presse, und die Instanzen des Parlaments sind so dicht, daß man eigentlich nicht davon sprechen kann, daß ein Untersuchungsverfahren in der Regel nicht objektiv wäre. Deshalb ist auch die Forderung, es anders zu

regeln, nach meiner Auffassung nicht von der Praxis gedeckt. Ich glaube nicht, daß man im »Flick-Untersuchungsverfahren« etwa Herrn Langner oder anderen in früheren Verfahren nachsagen könnte, sie hätten nicht für Objektivität des Verfahrens im parlamentarischen Sinne Sorge getragen. Wir befinden uns nicht in einem Justizverfahren. Letztendlich ist es eine Ausschußoperation mit den Gesetzen des Ausschusses. Die Gruppendynamik oder die politische Dynamik eines Ausschusses ist etwas völlig anderes als die distinguierte Atmosphäre eines Oberlandesgerichtes, wo die Herren Richter in Robe mit den feinsten Methoden miteinander umgehen, also eine Wortwahl, wie wir sie aus dem Parlament kennen, keineswegs stattfinden kann. Ich bitte, sich vor Überziehungen zu schützen. Als Parlamentarier will ich dafür kämpfen. Glauben Sie denn, etwa die Aufklärung der Affäre »Neue Heimat« oder die Aufdeckung der Spendensache in ihrer Umfänglichkeit wäre jemals in einem Verfahren gelungen, das z. B. dem reinen Justizverfahren nachempfunden worden wäre? Die Gelangweiltheit an manchen Richtertischen ist doch für einen dynamischen Prozeß der Aufklärung ungeeignet.

Ich möchte einige Bemerkungen an Herrn Professor Meyer richten. Wir haben die große Freude gehabt, vor dem Bundesverfassungsgericht zu streiten. Er vertrat die Seite der BGAG mit der abenteuerlichen Behauptung, der »Neue Heimat«-Untersuchungsausschuß habe eigentlich gar nicht eingesetzt werden dürfen. Meine Damen und Herren, Sie haben ihm relativ weitgehend Beifall gespendet. Ich nehme an, Sie wissen nicht, was Herr Meyer in Wirklichkeit gemeint hat. Professor Meyer war damals und ist heute der Auffassung, daß die Gesetzgebungsenquête, die sich im »Neue Heimat«-Ausschuß niederschlägt, nicht zulässig sei. Er hat aber übersehen, daß es sich bei diesem Untersuchungsauftrag um ein kombiniertes Unternehmen handelt: Gesetzgebungsenquête, Mißstandsenquête, Kontrollenquête. Das ist eine hervorragende Mischung. Sie eröffnet ungeheure Möglichkeiten. Sie hat aber auch die gewaltige Stärke, daß sie die Blockadepolitik der Betroffenen ungemein beschränkt. In einer Anzahl von umfänglichen Rechtsgutachten ist die Meinung vertreten worden, daß z. B. eine Gesetzgebungsenquête nicht geführt werden könne, um Rechtstatsachen zu entwickeln. Das hat Herr Meyer auch etwas untermauert, und Sie, meine Damen und Herren, haben dazu bedauerlicherweise Beifall gespendet. Wie soll ein gesetzgeberischer Vorgang aufgeklärt werden, wenn das entsprechende Wissen bei der Regierung nicht vorhanden ist? Ich will ein Beispiel nennen: Ein Atomreaktor explodiert. Die Regierung verfügt nicht über das reale Wissen über die tatsächlichen

Hintergründe. Der Bundestag steht vor der Aufgabe – falls er es dann noch könnte –, das Atomgesetz vor dem Hintergrund des Wissens zu novellieren. Ich habe absichtlich abstrahiert und vielleicht auch überzogen. Aber in der Sache »Neue Heimat« hatten sich mit einem Geldaufwand von 17 Milliarden DM Vorgänge entwickelt, die von der alten Bundesregierung absichtlich nicht aufgedeckt worden waren und die von der neuen Bundesregierung nach meiner Auffassung unter Verletzung der Rechtskontrolle nach Artikel 84 fahrlässig nicht aufgeklärt worden waren. Wie kann man dann unterstellen, daß das Wissen bei der Regierung in ausreichendem Maße abfragbar sei? Herr Professor Meyer, wie wollen Sie das mit den Minderheitenrechten in Einklang bringen? Es ist doch die Regel, daß eine parlamentarische Minderheit der jeweiligen Regierung kein Vertrauen entgegenbringt. Ich sage Ihnen: Als Parlamentarier traue ich keiner Regierung, in der ich nicht selbst sitze.

Solange das der Fall ist, muß man in dem politischen Prozeß – nicht in dem Rechtsprozeß – daran denken, daß ein Untersuchungsergebnis nur dann tragfähig wird, wenn die Minderheit – wenn sie es auch nicht einräumt, sich dann wenigstens innerlich selbst zugesteht – wenigstens sagen kann: Der Aufklärungsprozeß war geboten und in Ordnung. Deshalb können Sie es nicht auf die Behauptung aufbauen: Die Regierung weiß ohnehin alle Fakten. Warum fragt die Mehrheit das nicht ab? Dann erübrigt sich die Gesetzgebungsenquête. Sie müssen es vielmehr auch vor dem Hintergrund sehen: Die Minderheit weiß es nicht, und selbst dann, wenn die Regierung all ihr Wissen vortragen würde, hätte die Minderheit nicht das Vertrauen.

Im Spendenbereich betraf es Regierung und Regierungsmitglieder. An den Bewilligungsabläufen im Zusammenhang mit dem 1,8 Milliarden DM schweren Steuervorgang »Flick« waren Regierungsmitglieder und der Regierung unterstellte Beamte beteiligt. Die Regierung hatte dann gewechselt. Es bestand bei den GRÜNEN – wie ich finde – zu Recht ein Aufklärungsbedürfnis. Es gab nur die Verkantung, daß die Koalitionsfrage, die Herr Kleinert in Person so tatkräftig darstellen kann, einen völlig klassischen Ablauf der Untersuchung etwas erschwert hat.

Wo ist eigentlich die Objektivität des Verfahrens wirklich ernsthaft verletzt worden: In den Untersuchungsabläufen des Ausschusses oder am Rande des Ausschusses? Es wird den Kollegen der GRÜNEN nicht freuen, was ich jetzt sage. Ich habe die Vernehmungsmethode des Kollegen Schily im »Flick«-Untersuchungsausschuß – dort war ich Obmann der CDU/CSU – beobachtet. Ich fand das, was Schily betrieben hat, exzessiv. Die Fragemethodik war in meinen Augen überzogen. Aber es gab kaum eine Möglichkeit, das zu verhindern. Das konnte der Vorsitzende unter Zuhilfenahme des Mehrheitsrechts nicht tun. Es gibt nämlich ein aus dem Einsetzungsminderheitenrecht abgeleitetes Folgerecht der Befragungsmöglichkeit. Selbst wenn es formal ein Recht gegeben hätte, Schily schärfer zu stoppen, als es gemacht wurde, hätte es doch sofort die Republik in Aufruhr gebracht und umgekehrt den politischen Prozeß so nachdrücklich beeinflußt, daß man ihn mit juristischen Argumenten gar nicht mehr hätte steuern können.

Was wirklich an Abweichungen von der Objektivität vorlag, war doch eigentlich nicht der parlamentarische Untersuchungsvorgang – das war der sauberste, den es gab –, sondern es waren die Staatsanwälte, die sich in unsäglicher Weise in die Pressekonferenz hineinbegeben haben. Mit sieben Leuten haben sie den Bundespressesaal mißbraucht und dort de facto eine Vorverurteilung erklärt. Oder es sind – der Kollege Struck hat geschildert, wie es wirklich ist – in einer Pause während einer Vernehmung Abgeordnete nach draußen gegangen. Wenn man nur ein ganz natürliches, aber dringendes Bedürfnis erledigen muß, wird man auf dem Weg zur Toilette von Presseleuten mit der Bitte verfolgt, etwas zu sagen. Oder es gab kommentierende Pressemeldungen. Aus diesem Eindruck heraus entsteht der Vorwurf der mangelnden Objektivität. Das ist aber keine Frage des Gesetzes, sondern des Verhaltens. Ich befinde mich in angenehmer Nichtübereinstimmung mit dem sehr geschätzten Vorsitzenden des »Flick«-Untersuchungsausschusses. Ich halte die vorhandenen gesetzlichen Grundlagen für ausreichend. Noch einmal: Es ist mehr eine Frage des Verhaltens. Es gibt Artikel 44 des Grundgesetzes und die Verweisung auf die sinngemäße Anwendung der Strafprozeßordnung. Ich teile die Auffassung von Herrn Blanke. Ich meine, daß es kein perfekteres Gesetz als die Strafprozeßordnung gibt, die sich millionenfach bewährt hat. Etwas anderes auszuarbeiten wird ungeheuer schwierig sein. Was allenfalls regelungsbedürftig ist, sind ein paar Fragen der Geschäftsordnung, der Abgrenzung, der Einsetzung, aber nicht der Kern der Untersuchungsvorgänge.

Was hier besprochen wird, wird die Diskussion möglicherweise auch wissenschaftlich animieren. Ich warne davor, durch einen schnellen Ruf nach Justifizierung des Verfahrens in Wirklichkeit die Möglichkeit der Untersuchung zu beschränken. Wenn ich entscheiden muß, Herr Professor Meyer, wo ich stehe, dann sage ich: Ich stehe im Parlament, in der Körperschaft, die manchmal gegen die öffentliche Meinung, mindestens gegen eine Mehrheitsmeinung, manchmal auch gegen die juristische Meinung – sicherlich geben viele Professoren, die von Beteiligten dazugeholt werden, ihre Rechtsstandpunkte wissenschaftlich untermauert ab – einen Untersuchungsausschuß einsetzt. Ich entscheide mich für die parlamentarische, wenn auch gelegentlich kritisierte Methode. Ich meine, man sollte alles unterlassen, das die Möglichkeit dieser Methode einschränkt. Ich sehe die große Gefahr, daß dann, wenn ein neues Gesetz verabschiedet wird, dies auch zur Einschränkung der Methode führt.

3. Die Praxis der parlamentarischen Untersuchungsausschüsse unter besonderer Berücksichtigung der Landesebene

Vortrag: *Jürgen Plöhn*

Wer parlamentarische Untersuchungsausschüsse nicht aus der kühlen Distanz des an der Rechtmäßigkeit ihres Handelns interessierten Juristen betrachtet, sondern sich auf die Analyse der Untersuchungsobjekte und der politischen Auseinandersetzungen über diese einläßt, ist wohl auch heute noch in Gefahr, als Voyeur oder Zeitverschwender angesehen zu werden. Als Voyeur, weil ungezählte Publikationen bestätigen, daß parlamentarische Untersuchungsausschüsse primär der Skandal- und Mißstandsuntersuchung dienen. Zwar trägt der gegenwärtige Kieler Untersuchungsausschuß keine Verantwortung für die obszöne Veröffentlichung jenes »Badewannen«-Photos, doch sind das Vorhandensein einer »Affäre«, das oberflächliche Publikumsinteresse an Enthüllungen und der Blick auf die Schattenseiten der Machtausübung typische Assoziationen des Begriffes der »Skandalenquête«. Als Zeitverschwender, weil sich das Ondit hartnäckig hält, daß parlamentarische Untersuchungen ja doch nur ausgingen wie das »Hornberger Schießen«[1].

Ich stelle daher zunächst fest, daß ausweislich der Übersichtstafel (siehe Anhang Nr. 5) die Neigung der Landtage, parlamentarische Untersuchungsausschüsse einzusetzen, offenbar ungebrochen ist. Die Skepsis mancher Beobachter hat die Landesparlamente nicht gehindert, in den vierzig Jahren von 1947 bis einschließlich 1986 insgesamt 210 Untersuchungsausschüsse rechtlich wirksam einzusetzen. Das bedeutet – bei den zugrunde gelegten, für einen Vergleich erforderlichen rein formalen Kriterien[2] – durchschnittlich etwa alle zwei Jahre einen erfolgreichen Einsetzungsantrag pro Landtag.

---

1   *Volker Benke*: 25 Jahre Hornberger Schießen, in: Die Entscheidung, 21. Jg. 1973, Nr. 8, S. 20 f.; *Ludger Anselm Versteyl*: Art. 44 (Untersuchungsausschüsse), in: *Ingo von Münch* (Hrsg.): Grundgesetz-Kommentar, 2. Bd., 2. Aufl., München 1983, Rdnr. 40; *Rüdiger Kipke*: Die Untersuchungsausschüsse des Deutschen Bundestages, Berlin 1985, S. 179; siehe auch das Vorwort des Herausgebers in *Wulf Damkowski* (Hrsg.): Der parlamentarische Untersuchungsausschuß, Frankfurt/New York 1987, S. 17.
2   Die Übersicht beruht auf den Angaben der Landtagsverwaltungen, der Dokumentation Parlamentsspiegel und eigenen Erhebungen. Für die Darstellung der Untersuchungen in einem einzelnen Bundesland können auch andere Zählweisen sinnvoll sein, siehe z. B. *Günter Pumm*: Untersuchungsausschüsse – Parlamentarische Untersuchungs- und Son-

Im folgenden gilt es, diese pauschalen Angaben nach Ländern und Zeiten zu differenzieren sowie inhaltlich näher aufzuschlüsseln. Dabei werde ich insbesondere auf die meinem Dissertationsprojekt zugrunde gelegten Länder Bayern, Berlin, Hamburg, Nordrhein-Westfalen und Schleswig-Holstein eingehen[3].

Periodisierung

Zur groben zeitlichen Orientierung unterscheide ich bezüglich der *quantitativen* Untersuchungstätigkeit drei Phasen deutscher Nachkriegsgeschichte, die sich allerdings nicht trennscharf darstellen lassen:
Erstens eine Frühphase intensiver, bisweilen hektisch anmutender Untersuchungen zwischen der Konstituierung der Landesparlamente[4] und der Zeit etwa zwei Jahre nach Gründung der Bundesrepublik,
zweitens eine ausgedehnte Periode vom Anfang der fünfziger bis gegen Ende der sechziger Jahre mit einer sehr moderaten Haltung gegenüber parlamentarischen Untersuchungen und
drittens eine jüngere Phase deutlich auflebender Untersuchungspraxis mit einem Beginn im Gefolge der Studentenunruhen etwa gegen Ende der sechziger Jahre.

a) Phase der Ungewißheiten

Die erste Phase bietet bezüglich der rechtlichen Grundlagen parlamentarischer Untersuchungen ein unübersichtliches Bild starker Unterschiede zwischen den Ländern. Hieraus resultieren Probleme hinsichtlich der Vergleichbarkeit der Enquêten. So führte insbesondere der verfassungslose Zustand in Nordrhein-Westfalen und Schleswig-Holstein zu einigen

---

derausschüsse seit 1946, in: *Manfred Asendorf/Franklin Kopitzsch/Winfried Steffani/Walter Tormin* (Hrsg.): Geschichte der Hamburgischen Bürgerschaft, Berlin 1984, S. 195 ff.
3 Der Vortrag geht hervor aus der Arbeit an einer von *Werner Billing* betreuten Dissertation. Wesentliche Anregungen hierzu verdanke ich *Uwe Thaysen* und meinem akademischen Lehrer, *Winfried Steffani*. Die von der *Deutschen Vereinigung für Parlamentsfragen* gebotene Gelegenheit, einige Thesen und Materialien dem »Prüfstand der Praxis« auszusetzen, bedeutet daher für mich die Chance zu einer Optimierung der Dissertation.
4 Die Periode der ernannten Volksvertretungen ist nicht in allen Ländern einzubeziehen.

Eigentümlichkeiten in der Untersuchungspraxis[5]. Da Hamburgs Vorläufige Verfassung keine Untersuchungsausschüsse vorsah, kam es bis zum Juni 1952 in der Hansestadt verschiedentlich zu Unklarheiten über Gehalt und Zulässigkeit gestellter Untersuchungsanträge[6]. In Berlin galt schließlich bis 1950 eine ausdrücklich kommunale Verfassung, deren Ordnung parlamentarische Untersuchungsausschüsse nicht vorgesehen hat[7].

Bedenkt man weiterhin, daß in Baden und Bremen nach Verfassungsrecht, in Nordrhein-Westfalen, Schleswig-Holstein und Hamburg nach der parlamentarischen Praxis bzw. der angewendeten Ordnung Mehrheitsbeschlüsse zu einer Einsetzung erforderlich waren[8], so ist die hohe Anzahl erfolgreicher Anträge in dieser Zeit erstaunlich. Karl-Josef Partsch hat dies mit dem Wunsch nach Vergangenheitsbewältigung, den Mängeln der improvisierten Verwaltung, dem Tatendrang der Parteien und den vorhandenen extremen Parteien zu erklären versucht[9]. Unter den fünf näher betrachteten Ländern ist jedoch nur in Nordrhein-Westfalen die Untersuchungstätigkeit nennenswert von einer systemoppositionellen

5 Beide Länder behalfen sich einige Zeit mit den Geschäftsordnungen der Landtage. In Schleswig-Holstein wurden zudem die Grundsätze des von der britischen Besatzungsmacht nicht genehmigten Entwurfs einer vorläufigen Landesverfassung als »gentlemen's agreement« angewendet. Handbuch politischer Institutionen und Organisationen 1945 – 1949, bearb. von *Heinrich Potthoff* in Zusammenarbeit mit *Rüdiger Wenzel*, Düsseldorf 1983, S. 120, 122, 126; *Werner Groß*: Die Landessatzung für Schleswig-Holstein, in: Deutsche Verwaltung 3. Jg. (1950), S. 130.

6 Siehe z. B. die Ausführungen von Präsident *Adolph Schönfelder* zum Antrag von *Jacobi, Luckow* und Genossen auf Einsetzung eines Untersuchungsausschusses zur Untersuchung der Personalpolitik des Senats (Sten. Ber. 7/1950 vom 29.3.1950, S. 275) und zum Antrag der Abg. *Engelhard* und Genossen auf Einsetzung eines Untersuchungsausschusses in der Angelegenheit Operettenhaus (Sten. Ber. 17/1950 vom 6.9.1950, S. 676). Dementsprechend bestehen Probleme bezüglich der Klassifikation von Ausschüssen als parlamentarische Untersuchungsausschüsse. Der vorliegende Beitrag geht insoweit von der Zusammenstellung der Bürgerschaftskanzlei aus (Untersuchungsausschüsse der Hamburgischen Bürgerschaft seit 1946 (Ms.)).

7 Gleichwohl hat bereits die Berliner Stadtverordnetenversammlung einige Probleme mit Hilfe von Ausschüssen untersucht, siehe z. B. Sten. Ber. 1/7 vom 19.12.1946: Einsetzung eines »Spezialuntersuchungsausschusses über die Angelegenheit *Städtisches Werk Tegel GmbH* und *Borsig Maschinenbau GmbH*«.

8 Art. 75 Abs. 1 Satz 1 bad. Verf.; Art. 105 Abs. 6 Satz 1 brem. Verf.; § 25 Abs. a) LT-GO NRW, später § 27 Abs. 1 Satz 1 LT-GO NRW vom 6.4.1948; Art. 11 Abs. 4 der nicht genehmigten schl.-hol. Verf. In Hamburg wurde die Existenz bürgerschaftlicher Ausschüsse in Art. 9 und 10 der Vorläufigen Verfassung vorausgesetzt.

9 *Karl Josef Partsch*: Empfiehlt es sich, Funktion, Struktur und Verfahren der parlamentarischen Untersuchungsausschüsse grundlegend zu ändern?, Gutachten für den 45. Deutschen Juristentag, München/Berlin 1964, S. 2.

Partei, nämlich der KPD, initiiert worden. Hingegen hat sich insbesondere in Bayern ausgewirkt, daß Einsetzungsbegehren auch von ständigen Ausschüssen und vom Ältestenrat vorgebracht worden sind[10]. Auch der bayerische Finanzminister, der hamburgische Senat und der nordrheinwestfälische Landtagspräsident haben Untersuchungen veranlaßt[11].

Bezüglich der Antragsinhalte kann Partschs Ansicht zum Teil bestätigt werden, da typischerweise Ausschüsse zu konkreten Verwaltungsmißständen, Versorgungsproblemen und Korruptionserscheinungen eingesetzt worden sind. Beispiele hierfür sind in Bayern die Untersuchung von Wirtschaftsministerium und Wirtschaftsämtern, der Gesundheitsabteilung des Innenministeriums, des Verkehrswesens (Einsetzungen: 1947), der Landpolizei und der Verwaltung des Ernährungsministeriums mit seinem organisatorischen Anhang (1948).

Auch die Hamburger Untersuchungen der Kohlenkrise des Winters 1946/47 und verschiedener Notstandslager sind hier zu nennen, ebenso die nordrhein-westfälischen Ausschüsse zu den »Zementschiebungen« in Beckum, dem Ernährungsamt Unna, der behördlichen Einflußnahme auf das Strafverfahren gegen Dr. Watz (alle 1947) und gleichfalls die schleswig-holsteinischen Untersuchungen des Zugangs zur Kieler Universität durch den Volksbildungsausschuß[12] sowie des Verhaltens von Kreisbaurat Brase (1947).

Dagegen ist die Vergangenheitsbewältigung nur bei den Hamburger Untersuchungen nationalsozialistischer Korruptionsfälle als primäres Anliegen erkennbar[13]. Darüber hinaus hat die politische Vergangenheit von Amts- und Mandatsträgern in mehreren Verfahren eine Rolle gespielt,

---

10 Insgesamt fünf Fälle (1947–49).
11 Bayern: »Hofbräuhaus« (1949); Hamburg: Abg. »Luckow«/Personalpolitik des Senats (1950); NRW: »Landtagspräsident Lehr« (1947).
12 Dieser sehr frühe Vorgang ist bisher bei Auflistungen der Untersuchungen des Schleswig-Holsteinischen Landtags nicht berücksichtigt worden. Die Arbeit des Ausschusses wurde durch die Haltung der Militärregierung behindert. Wortprotokoll 1/5 (erster ernannter Landtag) vom 24.6.1946, S. 81, 133; 1/6 vom 10.7.1946, S. 16 f.
13 Der Ausschuß begründet die Beschäftigung mit der NS-Zeit damit, daß es gelte, beim Beginn des Wiederaufbaus eines demokratischen Gemeinwesens »die Brüchigkeit, Hohlheit und moralische Verkommenheit des zusammengebrochenen Systems in das helle Rampenlicht der Öffentlichkeit zu rücken, damit jeder einzelne Bürger zu erkennen vermag, was in der lichtscheuen Zeit der Diktatur in der Verwaltung, Justiz und Wirtschaft Hamburgs geschehen ist«, Ausschußberichte der Hamburger Bürgerschaft aus den Jahren 1946 bis 1948, Nr. 7, Sept. 1946, S. 3. Die Besonderheit der Untersuchung liegt in der Thematisierung von Vorgängen aus der Zeit des Nationalsozialismus selbst. Andere Enquêten haben sich dagegen mit den Folgen dieser Epoche für die Gegenwart befaßt.

insbesondere bei der Untersuchung der Gründe, die Abgeordnete des württembergisch-badischen Landtags zur Zustimmung zum *Ermächtigungsgesetz* von 1933 veranlaßt hatten (1947).

Bereits in jener Frühphase haben freilich einige Landtage Untersuchungsausschüsse eingesetzt, die überwiegend dem Kampf mit dem politischen Gegner gedient haben. Dies gilt zum Beispiel für die Fälle des schleswig-holsteinischen Volkswohlfahrtsministers Dr. Ryba (CDU) (1946) und des Sonderbeauftragten für die Bodenreform, Dr. Müller (SPD) (1949). Die folgende Untersuchung in Schleswig-Holstein zum Vermögenskomplex »Kieler Nachrichten« (1949) zielte wiederum auf Abgeordnete der CDU und endete mit dem Auszug der Fraktion aus Ausschuß und Plenum[14].

Bei quasi umgekehrter Stoßrichtung sind in Nordrhein-Westfalen Angriffe der KPD auf den Landtagspräsidenten Dr. Lehr (1947) und in Hamburg verbale Attacken des Abgeordneten Luckow von der Deutschen Partei auf die Personalpolitik des Senats (1950) mit Hilfe von Untersuchungsausschüssen abzuwehren versucht worden.

Vergleichend können wir erstens feststellen, daß unabhängig vom erreichten Grad rechtlicher Normierung der Untersuchungsausschüsse der Wille zu intensiver parlamentarischer Kontrolle nach Kriegsende weit verbreitet war. Bezüglich des Zeitpunktes der ersten Enquêten und der Verfassunggebung zeigt sich, daß die Länder der britischen Besatzungszone den frühzeitig konstituierten anderen Ländern hinsichtlich der Untersuchungspraxis nicht nachstanden, insbesondere Hamburg ihnen sogar vorangegangen ist.

Wir sehen zweitens, daß auch bei rechtlich notwendigen Mehrheitsbeschlüssen für parlamentarische Untersuchungen diese wiederholt zustande gekommen sind. So setzte die bremische Bürgerschaft ein Drittel ihrer bisher neun Untersuchungsausschüsse im Jahre 1947 ein. Allein im Saarland kam es zu keinen Untersuchungen, obwohl aus den Jahren 1948 bis 1951 vier Anträge vorliegen[15].

Zum dritten ist erkennbar, daß institutionelle Sonderformen der Untersuchungsausschüsse keinen dauerhaften Bestand hatten. Dies gilt für die Einsetzung eines ständigen Untersuchungsausschusses mit fallweisen Un-

---

14 Wortprotokoll 1/33 (erster gewählter Landtag) vom 24.4.1950, S. 26, 61.
15 Die Anträge scheiterten aus unterschiedlichen Gründen, u. a. durch Verweisung an eine Kommission oder aufgrund der Diskontinuität der Tagungen des Landtags. Landtag des Saarlandes: Verzeichnis der Untersuchungsausschüsse im saarländischen Landtag (Ms.).

tersuchungsaufträgen in Schleswig-Holstein[16], für die Übertragung von Untersuchungsrechten auf den Ältestenrat in Bayern[17] und für die nordrhein-westfälische Praxis, Untersuchungsausschüsse unabhängig von der Fraktionsstärke mit einem Abgeordneten je Partei zu besetzen[18].

b) Phase der parlamentarischen Zurückhaltung

Mit dem Jahr 1952 geht die Anzahl der erfolgreichen Einsetzungsanträge pro Jahr recht abrupt um die Hälfte zurück und bleibt bis 1970 auf einem deutlich niedrigeren Niveau. Dabei hatten sich die rechtlichen Voraussetzungen für parlamentarische Untersuchungen durch die Verabschiedung der noch ausstehenden auf Dauer angelegten Verfassungen deutlich verbessert; Berlin hatte allerdings auf Betreiben Otto Suhrs nur Mehrheitsenquêten eingeführt[19]. 1962 wurde – institutionell analog zum Verteidigungsausschuß des Deutschen Bundestages – der saarländische Grubensicherheitsausschuß nach zwei schweren Unglücksfällen qua Verfassungsänderung als potentieller Untersuchungsausschuß etabliert[20].
Trotz dieser verfestigten Rechtslage ist für die zweite Phase der Untersuchungstätigkeit kennzeichnend, daß in mehreren Bundesländern längere untersuchungsfreie Zeiträume auftraten: Die lebhafte Debatte auf dem 45. Deutschen Juristentag über das Untersuchungsrecht und der Tiefpunkt der Untersuchungspraxis fallen im Jahre 1964 zusammen[21].
So hat es in Baden-Württemberg zwischen der Untersuchung der badischen Haushaltsführung (1952) und der Kontrolle des Finanzgebarens der Universitäten (1974) nur zwei weitere Untersuchungsausschüsse gegeben,

---

16 Ein ständiger Untersuchungsausschuß ist sowohl vom zweiten ernannten als auch vom ersten gewählten Landtag gebildet worden. Wortprotokoll 2/2 (zweiter ernannter Landtag) vom 20.12.1946, S. 17; 1/1 (erster gewählter Landtag) vom 8.5.1947, S. 18. Zur zweiten Einsetzung siehe auch *Karl Josef Partsch* (Anm. 9), S. 26 f.
17 Beschluß des Bayerischen Landtags vom 9.3.1950, gültig bis zum 23.11.1954 (§§ 78 a–e der Geschäftsordnung), dazu BayVerfGHE 8, 91 ff.
18 Untersuchungsausschüsse »Zementschiebungen in Beckum«, »Landtagspräsident Lehr« und »Dr. Watz«, siehe *Brigitte Dierl/Reinhard Dierl/Heinz-Werner Höffken:* Der Landtag von Nordrhein-Westfalen, Bochum 1982, S. 523.
19 Hierzu *Winfried Steffani*: Parlamentarische Untersuchungsausschüsse (1960), wiederabgedruckt in: *ders.*: Parlamentarische und präsidentielle Demokratie, Opladen 1979, S. 205 f.; *Eva Freihöfer*: Der parlamentarische Geschäftsgang bei Einsetzung von Untersuchungsausschüssen, Diss. jur. (Ms.), Göttingen 1956, S. 13.
20 Gesetz Nr. 753 zur Änderung der Verfassung des Saarlandes vom 28.2.1962, ABl. S. 231. Vorausgegangen war der Untersuchungsausschuß »Grubenunglück Jägersfreude und Luisenthal« (1961).
21 Hierzu und zum folgenden siehe die Übersichtstafel.

darunter 1965 die erste Landtagsenquête mit einem ökologischen Bezug[22]. Der Bayerische Landtag verringerte, nachdem er in seiner ersten Wahlperiode mit zwölf Untersuchungsausschüssen den seither ungebrochenen Einsetzungsrekord der Landesparlamente aufgestellt hatte, die Zahl der eingesetzten Enquêten in der zweiten Wahlperiode auf vier und in der dritten auf eine. Nach Abschluß dieser spektakulären »Spielbanken«-Untersuchung warteten die Fraktionen von 1957 bis 1968 mit der Einsetzung des nächsten Ausschusses. Übertroffen wird dieser enquête-lose Zeitraum nur noch von den etwa sechzehnjährigen Untersuchungs-pausen in Niedersachsen und Bremen.

Nordrhein-Westfalen gehört ebenfalls zu dieser Ländergruppe, wenngleich die Übersicht einen anderen Eindruck vermitteln mag, da es sich bei dem dreimal eingesetzten parlamentarischen Untersuchungsausschuß für Grubensicherheit um einen Sonderfall handelt: Seine Einsetzung wurde stets interfraktionell beantragt, der Vorsitz lag gleichbleibend bei einer Fraktion, und die Tagungen fanden grundsätzlich nichtöffentlich statt. Die ständige Beiziehung – allerdings stimmrechtsloser – sachverständiger Berater läßt ihn den späteren Enquête-Kommissionen anderer Parlamente verwandt erscheinen[23].

Bei dieser Sachlage und dem generell eher kooperativen denn kompetitiven Verhalten der SPD-Landtagsopposition hielt es der Abgeordnete Wertz als Fraktionssprecher für ratsam, den 1961 nach langem Zögern gestellten Einsetzungsantrag zur Behandlung des Falles Kilb[24] durch das Landgericht Bonn mit folgenden grundsätzlichen Bemerkungen zu untermauern: Um die Demokratie »im Herzen der Staatsbürger« zu verankern, sei es erforderlich, »den Parlamentarischen Untersuchungsausschuß als einen essentiellen Bestandteil der demokratischen Institutio-

---

22 Der »ENI«-Untersuchungsausschuß hatte den Auftrag, zu untersuchen, ob Regierungs-oder Verwaltungsstellen des Landes durch Handlungen oder Unterlassungen »bewirkt oder dazu beigetragen haben, daß für die Trasse der Ölleitung der *ENI* nicht eine für den Bodensee ungefährliche Strecke anstelle des Alpenrheintals und des Bodenseeufers gewählt worden ist; . . .« (Dringlicher Antrag der Fraktion der SPD auf Beilage 4/1004 vom 5.3.1965).

23 Drs. 3/170 vom 29.4.1955; Drs. 4/3 vom 30.7.1958; Drs. 5/4 vom 24.7.1962. Den Vorsitzenden stellte jeweils die SPD. Zur Tagungsweise und zu den Sachverständigen siehe *Karl Josef Partsch* (Anm. 9), S. 25.

24 Ministerialrat *Kilb*, ein ehemaliger persönlicher Referent *Konrad Adenauers*, war gemeinsam mit anderen angeklagt worden, sich durch die Annahme von Leihwagen der Bestechlichkeit schuldig gemacht zu haben. Nach der Anklageerhebung wurde das Verfahren einer neu eingerichteten Strafkammer zugewiesen. Diese beschloß am 2.11.1959, gegen *Kilb* das Verfahren nicht zu eröffnen. Der Einsetzungsantrag der SPD datiert vom 10.7.1961 (Drs. 4/531).

nen« zu begreifen. Dies ergäbe sich aus der englischen und amerikanischen Verfassungsgeschichte, Max Webers theoretischem Beitrag, den negativen Weimarer und den jüngsten positiven schleswig-holsteinischen Erfahrungen[25]. Offenbar hatte sich Wertz bei diesen Ausführungen auf die im Vorjahr publizierte Dissertation Steffanis gestützt[26].

In bezug auf die Antragsinhalte spiegeln die Untersuchungen das Ende der katastrophalen Versorgungslage und der korruptionsanfälligen Mangelverwaltung wider: Mit der Verbesserung der Lage verschwinden entsprechende Untersuchungsaufträge, ohne daß die Fraktionen der Landtage dauerhafte Ersatzthemen gefunden hätten. So findet man unter den relativ wenigen eingesetzten Untersuchungsausschüssen einen erheblichen Anteil von Skandalenquêten und Untersuchungen aufgrund einzelner Unglücksfälle. Als skandalös wurde zum Beispiel in Schleswig-Holstein die jahrelange Beschäftigung eines Verantwortlichen für das nationalsozialistische Euthanasieprogramm als Gutachter für das Landessozialgericht betrachtet. Dies war, wie der Ausschuß »Heyde/ Sawade I« herausfand, mit Wissen hoher Richter und Beamter erfolgt. Die weitergehenden Anschuldigungen des Abgeordneten Jochen Steffen, nach denen auch ungenannte Politiker in die Vorgänge involviert gewesen waren, konnte der Ausschuß »Heyde/Sawade II« dagegen entkräften[27].

Skandalenquêten waren sicherlich auch die nordrhein-westfälischen Untersuchungen zum Landgericht Bonn und zur Strafanstalt »Klingelpütz« (1966). Im gleichen Jahr wie der Landtag von Nordrhein-Westfalen hatte im übrigen auch die Hamburgische Bürgerschaft beim Bekanntwerden des Todes eines Untersuchungshäftlings und wegen der offenkundigen Mängel der Gefängnisverwaltung zwei Einsetzungen vorgenommen (Untersuchungsausschüsse »Haase« und »Vollzugswesen«). Als Resultat aller drei Untersuchungen ergaben sich über die beiden Länder hinauswirkende Impulse zur Reform des Strafvollzuges[28].

Dagegen hatte sich der bayerische »Spielbanken«-Ausschuß (1955) wie

---

25 Abg. *Wertz*, Sten. Ber. 4/69 vom 4.10.1961, S. 2502. Die schleswig-holsteinischen Erfahrungen beziehen sich auf die Untersuchungen der beiden »*Heyde/Sawade*«-Ausschüsse (1959). Kritik an der Argumentation bei *Brigitte Dierl* u. a. (Anm. 18), S. 535 f.

26 Die Bezugnahme zeigt sich deutlich bei Durchsicht des Inhaltsverzeichnisses der Dissertation und dem Vergleich einiger Details; vgl. *Winfried Steffani*: Die Untersuchungsausschüsse des Preußischen Landtages zur Zeit der Weimarer Republik, Düsseldorf 1960.

27 Drs. 4/444 und Drs. 4/445, beide vom 24.6.1961; Sten. Ber. 4/63 vom 27.6.1961, S. 2146 ff.

28 *Brigitte Dierl* u. a. (Anm. 18), S. 542; *Günter Pumm* (Anm. 2), S. 203.

schon die vorangegangene Untersuchung gegen das Verhalten einzelner Politiker gerichtet. Sachlich wenig ergiebig, wurde der »Spielbanken«-Ausschuß selbst zum Skandal durch die im nachhinein geführten Meineidsprozesse, die die Existenz von zwei Führern der Bayernpartei vernichteten, obwohl ihnen in der vom Ausschuß untersuchten Hauptsache kein Vorwurf hatte gemacht werden können[29].

Eine Reihe weiterer Untersuchungen, wie jene Hamburger bezüglich des Waffenhändlers Schlüter (1957) und zur Hamburger Hochbahn AG (1961), endete wenig spektakulär. Andere Themen, die aus heutiger Sicht untersuchenswert erscheinen mögen, haben damals nicht zur Einsetzung von Untersuchungsausschüssen geführt. So hielt es die Bremer SPD nicht für erforderlich, gemäß einem Antrag der CDU den Zusammenbruch der »Borgward«-Werke zu untersuchen, und die Hamburger Bürgerschaftsabgeordneten begnügten sich nach der Flutkatastrophe von 1962 mit der Einsetzung eines »Sonderausschusses«[30]. Insgesamt fügt sich somit die Untersuchungspraxis der zweiten Phase in das Bild des temperierten Parlamentarismus jener Jahre ein[31].

29 Eine ausführliche Fallstudie zu diesem Untersuchungsausschuß findet sich bei *Konstanze Wolf*: CSU und Bayernpartei. Ein besonderes Konkurrenzverhältnis 1948 – 1960, Köln 1982, S. 205 ff. Siehe auch *Ilse Unger*: Die Bayernpartei. Geschichte und Struktur 1946 – 1957, Stuttgart 1979, S. 192 – 194; *Alf Mintzel*: Die Bayernpartei, in: *Richard Stöß* (Hrsg.): Parteienhandbuch Bd. 1, Opladen 1983, S. 436 f.

30 Bremen: Einsetzungsantrag zu den Vorgängen bei *Borgward*, Drs. 5/II/216 vom 3.8.1961, Sten. Ber. 5/V/22 vom 18.10.1961; Hamburg: interfraktioneller Antrag vom 26.2.1962, Sten. Ber. 5/1962 vom 28.2.1962, S. 106. Der eingesetzte Sonderausschuß hatte die Aufgaben, Senatsvorlagen über Hilfsmaßnahmen zu beraten und die Ursachen der Katastrophe zu prüfen. Damit war materiell ein Untersuchungsauftrag erteilt, jedoch formell kein parlamentarischer Untersuchungsausschuß eingesetzt worden. Verantwortlichkeiten hat der Ausschuß nicht festzustellen versucht (4. Ber. des Sonderausschusses, Ausschußberichte der Hamburgischen Bürgerschaft aus dem Jahre 1964, Nr. 23 vom März 1964).

31 Unter »temperiertem Parlamentarismus« sollen hier eine moderate parteipolitische Auseinandersetzung in Verbindung mit einigen Erstarrungserscheinungen im Parlament verstanden werden. Für erstere stehen z. B. die Verabschiedung des Godesberger Programms der SPD (13.-15.11.1959) und die Wiederwahl *Heinrich Lübkes* zum Bundespräsidenten mit Stimmen aus CDU/CSU und SPD (1.7.1964). Letztere können illustriert werden mit der Abnahme der Sitzungsdauer und der Zahl der eingebrachten Großen Anfragen je Wahlperiode, dem Rückgang der verhängten Ordnungsmaßnahmen und der Erhöhung des Durchschnittsalters der Abgeordneten. Siehe hierzu die Angaben für die erste bis vierte Wahlperiode des Deutschen Bundestages im Datenhandbuch zur Geschichte des Deutschen Bundestages 1949 bis 1982 und 1980 bis 1984 von *Peter Schindler*, Bonn 1983/1986. *Ernst Fraenkel* hat dem Phänomen in seinem Aufsatz »Strukturdefekte der Demokratie und deren Überwindung« (1964) literarischen Ausdruck verliehen und von einer »phlegmatischen Unterkühlung des politischen Denkens in der Bundesrepublik« gesprochen (Deutschland und die westlichen Demokratien, 7. Aufl., Stuttgart 1979, S. 48 ff., Zitat S. 51).

c) Phase der Professionalisierung

Noch weniger als für die zweite Periode läßt sich für den Beginn der dritten Phase ein allgemein gültiges Stichjahr angeben. In Berlin zeigte sich zusammengedrängt bereits 1967 der Wandel der Zeit: Kurz vor Ende der vierten Wahlperiode hatte das Abgeordnetenhaus einen Untersuchungsausschuß zur Vertrauenskrise bei der Deutschen Klassenlotterie Berlin eingesetzt, der in intensiver Arbeit binnen eines Monats 16 Sitzungen durchführte und noch vor der Neuwahl des Parlaments einen einmütigen Bericht erstattete[32]. Drei Monate später wird Benno Ohnesorg bei einer Demonstration erschossen. Bereits sechs Tage nach seinem Tod setzt das Abgeordnetenhaus erneut durch Mehrheitsbeschluß einen Untersuchungsausschuß ein, der auf der Grundlage knapp formulierter Fragen eine thematisch und zeitlich in Breite und Tiefe gehende dreizehnmonatige Tätigkeit entfaltet. Das Abgeordnetenhaus hatte sich damit nicht mehr auf die Aufdeckung eines »Skandals« beschränkt, sondern ein öffentliches Problemfeld zum Untersuchungsgegenstand gemacht[33].
Ähnliches läßt sich von der thematisch anders ausgerichteten Hamburger Untersuchung über die Kostenerhöhungen beim Bau von Krankenhäusern sagen, wobei die Untersuchungsergebnisse allerdings noch recht bescheiden dem Verwaltungshandeln verhaftet geblieben sind[34]. Die neue gesellschaftliche Unruhe[35] schlug sich hingegen außer in Berlin in der Folgezeit auch in Bremen nieder (Straßenbahnunruhen, 1968), verschiedentlich in Hessen (Verhalten des NPD-Ordnungsdienstes bei einer Kasseler Demonstration, 1969, später in Untersuchungen zur Frankfurter Volkshochschule und zu Vorgängen an hessischen Universitäten, beide 1971) und in Schleswig-Holstein (Internatsgymnasium Schloß Plön, 1969).
Einige Untersuchungen befaßten sich am Beginn der dritten Phase also nicht mehr mit den zuvor prägenden singulären Mißständen oder mit

---

32 Drs. 4/1845 vom 21.2.1967, Sten. Ber. 4/92 vom 2.3.1967.
33 Untersuchungsausschuß zur Prüfung der Ursachen der Unruhen an der Freien Universität und des Verhaltens der Demonstranten und der Polizei anläßlich des Staatsbesuches des iranischen Kaiserpaares in Berlin, Schlußbericht Drs. 5/442 vom 3.7.1968. Innensenator *Wolfgang Büsch* war bereits bei der Vorlage eines Zwischenberichts zurückgetreten (Drs. 5/161 vom 21.9.1967; Sten. Ber. 5/11 vom 21.9.1967, S. 320).
34 Einsetzungsbeschluß Sten. Ber. 6/43 vom 8.12.1967; Schlußbericht Drs. 6/2210 vom 9.5.1969.
35 Dazu *Karl Dietrich Bracher*: Zeit der Ideologien, München 1985, S. 291 ff., *Helmut Klages*: Wertorientierungen im Wandel, 2. Aufl., Frankfurt/New York 1985.

individuellem Fehlverhalten, sondern mit symptomatischen Problemfeldern der Landespolitik, so daß die Zunahme der nicht einmütig erstatteten Berichte nicht verwundern kann.

Die Konsens-Dissens-Verteilung ist freilich in den Landtagen keineswegs einheitlich: Während in Nordrhein-Westfalen von den Untersuchungsausschüssen von Dr. Watz bis Kun (offiziell: Mißbrauch von Mandat oder Dienststellung) mit Ausnahme der Untersuchung zum »Landgericht Bonn« einmütige Berichte vorgelegt worden waren und sich auch über den Bericht zur Aktenveröffentlichung[36] ein Konsens finden ließ, war in Schleswig-Holstein schon der ohne Minderheitsvotum vorgelegte Bericht zum Polizeiwesen kontrovers diskutiert worden. Seither haben mit Ausnahme des Ausschusses zur »Hof«- oder »Klinikapotheke« (1975) Dissense die Berichte bestimmt. In Hamburg waren nach Verabschiedung der Verfassung (1952) bis zur Untersuchung der Krankenhausneubauten (1967) einvernehmliche Ergebnisse erzielt worden, danach traten zunächst Dissense, seit der Untersuchung von Strahlenschäden im Allgemeinen Krankenhaus St. Georg (1972) auch wieder konsensuale Berichte auf[37].

Als ein untersuchungsträchtiges Politikfeld hat sich in der Folgezeit – wie schon in der ersten Phase[38] – der Bau- und Grundstücksbereich erwiesen, auf den allein 29 von den 126 Untersuchungen der fünf betrachteten Länder, also fast ein Viertel, entfallen. Nach dem nahezu völligen Verschwinden von Bauenquêten in der mittleren Phase[39] finden sich etwa seit Beginn der siebziger Jahre mit Stachusbauwerk (1969) und Steglitzer Kreisel (1973), Klinikum Aachen (1984) und Marburger Universitätsklinik (1984) diverse Großprojekte der parlamentarischen Investigation ausgesetzt. Ein Teil der Untersuchungen hat sich – mitunter in spektakulärer Form – mit der Einflußnahme von Firmen auf oder ihrer Begünstigung durch öffentliche Entscheidungen befaßt. Beispiele hierfür sind die Fälle Garski (1981), Neue Heimat (1983), Kun (1971) oder BIG-Konzern (1977).

---

36 Die Untersuchungen bezogen sich u. a. auf Veröffentlichungen von Ermittlungsvorgängen aus der sogenannten »Parteispenden-Affäre«. Der Bericht grenzte den Kreis der Verdächtigten zu diesem Komplex auf eine relativ kleine Personengruppe im Justizministerium ein, zu der auch der Staatssekretär und die Ministerin sowie deren jeweiligen unmittelbaren Mitarbeiter gehörten (Drs. 9/2920 vom 25.10.1983, S. 23).
37 Sten. Ber. 5/63 vom 14.6.1966, S. 2286 ff.
38 Aus der ersten Phase sind z. B. die oben angeführten Fälle der Beckumer Zementschiebungen und des Eutiner Kreisbaurats *Brase* zu nennen.
39 Eine Ausnahme findet sich in Hessen mit der Untersuchung des Architektenwettbewerbs beim Bau der Hochschule für Erziehung in Gießen (1961).

In neuester Zeit ist weiterhin eine Reihe von Untersuchungen zu Umwelt-
fragen durchgeführt worden, zum Beispiel durch die Untersuchungsausschüsse »Georgswerder« (1984) in Hamburg und »Deponie Schönberg«
(1986) in Schleswig-Holstein. Ein anderes Thema war die Parteienfinanzierung, die in Baden-Württemberg (1983, 1985), Nordrhein-Westfalen
(1985) und Rheinland-Pfalz (1984) untersucht worden ist. Daneben finden sich Ausschüsse zu Vorgängen in und um Haftanstalten[40], zu wirt-
schaftlichen Fragen[41], speziellen Problemen einer stadtstaatlichen Verwaltung sowie zu einer Fülle von Einzelfragen[42].

Als rechtliche Innovationen sind die verschiedenen in diese Epoche fallen-
den Untersuchungsgesetze zu nennen, die Institutionalisierung der Enquête-Kommissionen in mehreren Landesparlamenten und der Übergang
zum Minderheitsrecht in Berlin[43]. Erst nach zähem Kampf ist es der
bremischen CDU in diesem Jahr gelungen, das Minderheitsrecht auch im
kleinsten Bundesland einzuführen[44].

Für die vergangenen Jahrzehnte bieten sich daher noch reizvolle Ver-
gleiche der Untersuchungspraxis von Berlin und Bremen an, zunächst
unter beiderseitigem Mehrheitsrecht 1950 – 1970 mit sechs Berliner gegen
drei Bremer Untersuchungen, dann bei unterschiedlichen Standards: elf
zu drei. Von jenen dreien hatte eine der Disziplinierung der demagogisch
aufgetretenen bremischen CDU-Opposition gegolten (»*Große Anfrage*«,
1975)[45]. Vergleichend können wir daher heute feststellen, daß sich die

---

40 Berlin: »Polizeigewahrsam Steglitz« (1984), Hamburg: »Strafvollzug« (1985), Nieder-
    sachsen: »Celler Loch« (1986).

41 Bayern: »Firmengruppe Glöggler« (1977), »Wiederaufarbeitungsanlage Wackersdorf«
    (1985), Hamburg: »Blohm I, II« (1978), »HstG« (1981).

42 Hierzu zählen insbesondere die Hamburger Untersuchungsausschüsse zu »Stoltzen-
    berg« (1979) und zur »Stadtreinigung« (1985).

43 Siehe die synoptische Zusammenstellung der verfassungsrechtlichen Bestimmungen und
    die Übersichtstafel über die parlamentarischen Untersuchungsausschüsse und Enquête-
    Kommissionen.

44 Gesetz zur Änderung der Landesverfassung der Freien Hansestadt Bremen (Einsetzung
    von Untersuchungsausschüssen) vom 8.9.1987, GVBl. S. 233. Vor den erfolgreichen
    Initiativen von CDU (Drs. 11/772) und GRÜNEN (Drs. 11/774) vom 17.11.1986 hatte
    die CDU-Fraktion bereits mit Drs. 8/1415 vom 20.5.1975, Drs. 10/5 vom 29.10.1979,
    Drs. 10/305 vom 3.9.1980 und Drs. 10/921 vom 19.10.1982 eine Reihe vergeblicher
    Anträge gestellt.

45 Die CDU hatte den Senat um Auskunft darüber gebeten, ob es zuträfe, daß der stellver-
    tretende SPD-Fraktionsvorsitzende einen Pfarrer zur Abgabe einer falschen eidesstattli-
    chen Versicherung veranlaßt habe, um einen hohen Beamten zu »decken«, und daß Bür-
    germeister *Koschnik* trotz Kenntnis die Vorgänge hatte auf sich beruhen lassen (Drs. 8/
    1495 vom 15.8.1975). Die Behauptungen trafen nicht zu.

Unterschiede zwischen Berlin und Bremen bezüglich der parlamentarischen Investigationsneigung, die bereits bei beiderseitigem Mehrheitsrecht erkennbar waren, nach der Einführung eines Minderheitenquorums in Berlin deutlich verstärkt haben. So scheint *Steffanis* 1960 gefälltes Urteil, angesichts einer Reihe »wenn auch nicht sehr lärmender, so doch relativ ergiebiger Enquêten« sei Berlin mit der Mehrheitsregel »bisher gut gefahren«[46], nicht ohne weiteres verallgemeinert werden zu können. Vielmehr ist die jeweilige parteipolitische Wettbewerbssituation in Rechnung zu stellen.

Eine nochmalige Veränderung erfuhren verschiedene Untersuchungsausschüsse während der dritten Phase in qualitativer Hinsicht durch einen zuvor unbekannten Umfang ihrer Erhebungen. Diese Veränderung wurde möglich durch Voruntersuchungen von Unterausschüssen[47] und insbesondere durch den Einsatz professioneller Arbeitsstäbe. Diesbezüglich ist vor allem die Hamburger Bürgerschaft zu nennen, die seit dem »Stoltzenberg-Skandal« (1979) – mit einer Ausnahme[48] – dazu übergegangen ist, die nach Art. 25 Abs. 4 der Verfassung mögliche Anforderung von Ausschußmitarbeitern von ein bis zwei Beamten des höheren Dienstes auf sieben bis elf Mitarbeiterstellen auszuweiten, die noch von zeitweisen Mitarbeitern, Gutachtern, juristischen Beratern und Unterstützungskräften für die Textverarbeitung ergänzt worden sind[49]. So ist die Vorlage des tausendseitigen Berichts zur »Neuen Heimat« ebenso wie der in Baden-Württemberg erstellte sechshundertseitige Bericht zur Parteienfinanzierung ein Ergebnis der Nutzung administrativen Sachverstandes. Es sollte dabei nicht übersehen werden, daß die Ausprägung einer solchen parlamentarischen Gegenbürokratie die Stellung der Abgeordneten gegenüber der von ihnen kontrollierten Verwaltung nicht unbeeinflußt lassen kann.

---

46 *Winfried Steffani* (Anm. 19), S. 206.
47 Z. B. wiederholt in Nordrhein-Westfalen seit der Untersuchung unlauterer Machenschaften in Wiedergutmachungsangelegenheiten.
48 »Vertrauliche Unterlagen Georgswerder« (1984). Hierbei handelte es sich um eine gegen die Abgeordnete *Thea Bock* und die Fraktion der GAL gerichtete Untersuchung in einer Kollegialsache.
49 Siehe hierzu die Angaben in den Untersuchungsberichten. Diese nennen gelegentlich auch die den Untersuchungsausschüssen beigeordneten Fraktionsmitarbeiter. Die Gründe für die großzügige Bereitstellung von Angehörigen der Verwaltung der Hansestadt für parlamentarische Untersuchungen liegen in der beschränkten personellen Kapazität der Bürgerschaftskanzlei. Vgl. *Günter Pumm*: Parlamentarischer Hilfsdienst in einem Feierabend-Parlament: Die Bürgerschaftskanzlei in Hamburg, in: ZParl 15. Jg. (1984), S. 265 ff. sowie den Beitrag von *Uwe Bernzen* in diesem Band.

Die besondere politische Bedeutung einer Reihe von neueren Untersuchungen, der Zeitbedarf von der Ausschußeinsetzung bis zur Vorlage eines Schlußberichtes und der erhebliche investierte Arbeitseinsatz der Politiker und Mitarbeiter haben einige Konsequenzen für die parlamentarische Praxis. Diese lassen sich jedoch nur unter Berücksichtigung eines angemessenen Interpretationsrahmens formulieren.

a) Einschätzung der Rollenverteilung

Die Enquêtepraxis der Landtage zeigt, daß die Vorstellung eines ausschließlich der gemeinsamen Wahrheitsfindung verpflichteten Untersuchungsgremiums die Wirklichkeit nicht beschreibt. Berücksichtigt man die Darlegungen Ernst Fraenkels auf dem 45. Deutschen Juristentag, so gibt jene Auffassung nicht einmal ein anzustrebendes Ideal an, da sie den historisch-genetischen Hintergrund der parlamentarischen Untersuchungsausschüsse unberücksichtigt läßt. Fraenkel hat darauf hingewiesen, daß der parlamentarische Untersuchungsausschuß dem angelsächsischen Rechtskreis entstammt und von dem dort geltenden Straf- und Zivilprozeßrecht geprägt ist. Die Rollenverteilung im Untersuchungsausschuß spiegele das kontradiktorische gerichtliche Beweisverfahren wider. Dementsprechend handelt der an einem Untersuchungsverfahren beteiligte amerikanische Abgeordnete nach Fraenkel im Ausschuß »nicht mit der Mentalität eines Richters, sondern mit der Mentalität eines Anwalts«. Es bleibe daher angesichts der Verhandlungsöffentlichkeit »der öffentlichen Meinung als einer Art Geschworenenbank vorbehalten, die Bewertung der im Kreuzverhör vernommenen Zeugen und Sachverständigen vorzunehmen«[50].

b) Frageformulierung

Kommt also dem Publikum eine besondere Bedeutung für ein Untersuchungsverfahren zu, dann liegt es im Interesse der jeweiligen Antragstel-

---

50 *Ernst Fraenkel* (Diskussionsbeitrag), in: Verhandlungen des 45. Deutschen Juristentages. Empfiehlt es sich, Funktion, Struktur und Verfahren der parlamentarischen Untersuchungsausschüsse grundlegend zu ändern? München/Berlin 1965, S. E 101-103, Zitate S. E 102.

ler, die zu untersuchenden Fragen so zu formulieren, daß die Öffentlichkeit selbst aufgrund der Ausschußerhebungen und der darüber erstatteten Presseberichte in die Lage versetzt wird, die inkriminierten Vorgänge zu bewerten. Die mehrheitliche Auffassung der Ausschußmitglieder kann dagegen angesichts der grundsätzlich bekannten Mehrheitsverhältnisse in einem parlamentarischen Regierungssystem für eine mündige Wählerschaft eo ipso keine höhere Relevanz haben als eine entgegenstehende Ansicht. *Informierende* Kontrolle durch den Untersuchungsausschuß und *sanktionierende* Kontrolle durch Parlament und Öffentlichkeit sind daher voneinander zu unterscheiden.

c) Permanenz der politischen Diskussion

Selbst bei ursprünglich regem Publikumsinteresse wird ein dem Aufwand entsprechender Effekt monate- oder gar jahrelanger Untersuchungen nur erreichbar sein, wenn die Aufmerksamkeit der Öffentlichkeit über die Dauer des Untersuchungsverfahrens hin wachgehalten werden kann. Dazu dient zum einen die öffentliche Einvernahme von Zeugen[51]. Eine Steigerung der Wirkung der Investigationen wird vor allem von einem erfolgreichen Antragsteller dadurch erreicht werden können, daß bereits während der laufenden Untersuchungen deren bisherige Ergebnisse bei einschlägigen Debatten oder durch gezielt gestellte Anträge auch im Plenum zur Sprache gebracht werden[52].

In diesem Zusammenhang ist darauf zu verweisen, daß aus Sicht der Opposition bei einem Regierungs- und Verwaltungskontrollverfahren der größte instrumentelle Vorzug des Untersuchungsausschusses wohl darin liegt, daß er die kontinuierliche Information der Wähler über solche Probleme staatlichen Handelns ermöglicht, die nach Ansicht der Opposition *typische* Schwächen der Verwaltung und ihrer jeweiligen politischen Führung enthüllen. Damit ist der parlamentarischen Opposition erstens

---

51 Angesichts der Medienaufmerksamkeit kann sie gelegentlich zu »Showauftritten« geraten, *Carsten Germis*: Parlamentarische Untersuchungsausschüsse und politischer Skandal – dargestellt am Beispiel des Deutschen Bundestages, Diplomarbeit (Ms.), Universität Hamburg 1987, S. 121. Für die Landtage sind in dieser Hinsicht insbesondere Einvernahmen von Bundespolitikern zu nennen.

52 So hat z. B. die CDU-Fraktion im Landtag Nordrhein-Westfalen die Abberufung des Innenministers aus dem Verwaltungsrat der Westdeutschen Landesbank beantragt, als dieser vor dem betreffenden Untersuchungsausschuß eingeräumt hatte, an verschiedenen Gremiensitzungen nicht teilgenommen zu haben (Drs. 8/3603 vom 30.8.1978).

die andauernde Besetzung eines politischen Themas möglich[53]. Zweitens kann sie – ähnlich wie die Regierungsmehrheit aufgrund der Tätigkeit der unter ihrer Verantwortung stehenden Verwaltung – den Nachweis kontinuierlicher Arbeit an einem Sachverhalt des öffentlichen Interesses erbringen.

d) Personaltableau

Personell sind die als plädierende Parteien auftretenden Fraktionen für die Arbeit im Untersuchungsausschuß so auszustatten, daß neben der Parlaments- bzw. Ausschußmehrheit zumindest auch die stärkste Oppositionspartei zu einer umfassenden eigenständigen Sachverhaltswürdigung in der Lage ist. Soweit aus der Kleingruppenforschung optimale Größen für Untersuchungsausschüsse abgeleitet werden[54], ist zu beachten, daß bezüglich des Arbeitsanfalls, der Ausstattung der Ausschüsse mit Hilfspersonal sowie der jeweiligen parlamentarischen Mehrheitsverhältnisse erhebliche Unterschiede zwischen den Enquêten bestehen. Die gesetzliche Festlegung der Zahl der Ausschußmitglieder ist dagegen wenig flexibel und kann bei entsprechenden Mehrheitsverhältnissen zu einer Quelle für Querelen werden[55].

e) Politische Aufarbeitung

In jüngerer Zeit wird von verschiedenen Landtagsfraktionen einiger Wert auf die Sicherstellung einer hinreichenden Beachtung der Untersuchungsberichte gelegt[56]. Hierbei lassen sich sowohl kooperative als auch kompe-

---

53 *Frank Rotter*: Parlamentarische Untersuchungsausschüsse und Öffentlichkeit, in: PVS 20. Jg. (1979), S. 116; mit Blick auf Skandaluntersuchungen ähnlich *Carsten Germis* (Anm. 51), S. 118.
54 *Wulf Damkowski*: Verbesserungsvorschläge, in: *ders.* (Anm. 1), S. 103, 173. Auch *Damkowski* räumt allerdings eine Bandbreite von sieben bis elf Mitgliedern ein.
55 Art. 4 Abs. 1 Satz 1 bayer. UAG legt die Mindestzahl der Untersuchungsausschußmitglieder auf sieben fest. *Gerold Tandler* hat dies zur »Regelausstattung« der Ausschüsse erklärt (PlPr 10/11 vom 9.2.1982, S. 476). Unter Anwendung des *d'Hondt*'schen Höchstzahlverfahrens verfügte die CSU damit während der 10. Wahlperiode bei fünf zu zwei Sitzen über eine Zweidrittelmehrheit in den Untersuchungsausschüssen, ohne eine entsprechende Mehrheit im Plenum zu besitzen. Vergeblich hatte die SPD für jene Wahlperiode achtköpfige Untersuchungsausschüsse gefordert.
56 Wenn *Wulf Damkowski* davon spricht, daß die Kontrolle der Umsetzung der Untersuchungsergebnisse »völlig unterorganisiert und bisher dem Zufallsprinzip überlassen« sei, geht er von seinen Vorstellungen über eine permanente Evaluationskontrolle durch

titive Ergänzungen zu den Untersuchungen feststellen. Kompetitiven Zielsetzungen dienen vor allem die wiederholt durch die Opposition eingebrachten Mißbilligungs- oder Mißtrauensanträge[57], in Nordrhein-Westfalen auch – etwas theatralisch – das aus dem Konstitutionalismus überkommene Instrument der Ministeranklage[58].

Während die Minderheit für derartige Anträge die Unterstützung der Mehrheit weder erwartet noch erstrebt[59], liegt es häufig auch und insbesondere im Interesse der letzteren, durch Veranlassung von Berichten der Regierung an das Parlament in kooperativer Weise zur Abstellung festgestellter administrativer Mängel beizutragen. So folgte auf den Hamburger »Stoltzenberg«-Ausschuß die »Haas«-Kommission, ihrerseits gefolgt von verwaltungsinternen Beratungen. Daß dennoch die Umsetzung der ursprünglich durch die parlamentarische Untersuchung angeregten Reformen äußerst sporadisch und schleppend erfolgt ist, wird man jedenfalls nicht dem Instrument des Untersuchungsausschusses anlasten können[60].

f) Rechte Dritter

Aus der jüngeren Vergangenheit sind eine Reihe von Fällen bekannt, in denen angesichts der Erwartungshaltungen der Öffentlichkeit auch die Parlamentsmehrheit die Vorteile einer rückhaltlosen Aufklärung aller im Zusammenhang mit einem Untersuchungsauftrag stehenden Fragen für gewichtiger gehalten hat als die möglichen negativen Auswirkungen einer Publizierung peinlicher Fakten. So konnten auch bei mehreren Untersu-

---

Parlamentsausschüsse aus (Notwendige Strukturveränderungen und praktische Lösungsansätze, in: *ders.* (Anm. 1), S. 91). Mit Hilfe der üblichen parlamentarischen Instrumente sind dagegen vielfach Ergebniskontrollen durchgeführt worden.

57 Z. B. Fall »Steglitzer Kreisel« (Berlin): Mißtrauensanträge gegen den Senat und den Finanzsenator (PlPr 6/76, 6/77 vom 27.6. bzw. 3.7.1974); Fall »Stoltzenberg« (Hamburg): Mißbilligungsantrag gegen den Ersten Bürgermeister (Drs. 9/2215 vom 21.5.1980, PlPr 9/52 vom 5.6.1980).

58 Fall »Klinikum Aachen«, Drs. 9/4237 vom 16.4.1985, PlPr 9/123 vom 23.4.1985.

59 Angesichts der Mehrheitsverhältnisse im Parlament ist das Ziel der Mißtrauensanträge nicht in dem verfassungsrechtlichen Erfolg einer Ablösung des betreffenden Regierungsmitgliedes zu sehen, sondern in einem politischen Demonstrationseffekt: Die Mehrheit wird dazu gezwungen, sich mit einem belasteten Amtsträger öffentlich zu solidarisieren.

60 Aufgrund der Anregungen der Kommission hatte die CDU-Opposition einen Gesetzentwurf zur Reform der hamburgischen Bezirksverwaltung eingebracht (Drs. 11/1177 (Neufassung) vom 10.10.1983), der nach den Ausschußberatungen erst im Juni 1986 wieder ins Plenum der Bürgerschaft gelangte (Drs. 11/6346 vom 28.5.1986, PlPr 11/100 vom 12.6.1986).

chungen, die für die Mehrheit äußerst unangenehm waren[61], die Berichte der Ausschüsse einvernehmlich formuliert werden.

Allerdings sollte nicht übersehen werden, daß Ergebnisse, über die sich Mehrheit und Minderheit miteinander verständigt haben, unter Umständen auf Kosten eines außenstehenden Dritten erzielt worden sein können[62]. Insbesondere angesichts der geschilderten quantitativen und qualitativen Entwicklung, die die parlamentarischen Untersuchungen im Laufe der letzten zwanzig Jahre genommen haben, ist daher die Sicherung der Rechte aller durch die Untersuchung tangierten Personen auch aufgrund der politikwissenschaftlichen Befunde dringend geboten[63].

Podium

Hans-Peter Schneider

Wir sollten heute nachmittag über praktische Probleme des Untersuchungsrechts diskutieren, insbesondere über praktische Probleme, die in den Ländern aufgetaucht sind. Ich verkneife es mir, eine Bemerkung zu den Minderheitsrechten oder gar zu den Oppositionsrechten zu machen. Es würde mich natürlich sehr reizen, hierzu noch einen Kommentar nachzuliefern; ich tue das nicht. Ich werde sicherlich im nächsten Jahr noch Gelegenheit haben, das in anderer Weise nachzuholen.

Lassen Sie mich aber eines sagen: Der »investigative Parlamentarismus« ist ein Barometer, ein Gradmesser für das politische Vertrauensklima in

---

61 Neben der oben genannten Untersuchung zu Aktenveröffentlichungen (Anm. 36) ist hier vor allem der Fall »Neue Heimat« zu nennen.

62 *Frank Rotter* (Anm. 53), S. 127. Bezüglich eines konkreten Falles siehe den Beitrag von *Konrad Redeker* in diesem Band.

63 Zum Schutz des einzelnen vor unrichtigen Feststellungen parlamentarischer Untersuchungsausschüsse siehe den vom Parlamentarischen Rat verworfenen Vorschlag aus dem Verfassungsentwurf von Herrenchiemsee: »Wer durch die Feststellungen des Ausschusses in seiner Ehre betroffen ist, kann das Bundesverfassungsgericht anrufen, wenn er die Mindestgrundsätze eines geordneten Verfahrens, namentlich sein Recht auf Gehör, verletzt glaubt. Ist die Beschwerde begründet, so erkennt das Gericht, daß die Feststellungen des Ausschusses nicht nach Vorschrift der Gesetze getroffen sind.« (Art. 57 Abs. 5 HChE) sowie *Ernst Fraenkels* Darstellung des »*McCarthyism*« in den USA der fünfziger Jahre: Diktatur des Parlaments?, in: ZfP n. F. 1. Jg. (1954), S. 99 ff.

einer Republik, d. h. – und dies hat das Referat eben auch sehr schön bestätigt –: Je stärker das Vertrauen in die politischen Institutionen, in die Parteien schwindet, desto größer wird der Bedarf – auch die Häufigkeit – an Untersuchungsausschüssen. Hier reagieren die Institutionen, insbesondere das Parlament, offenbar auf eine Vertrauenskrise mit dem Ziel, verlorengegangenes Vertrauen in der Bevölkerung wiederherzustellen. Ich glaube, von daher sollte man das Untersuchungsrecht auch theoretisch zu verstehen suchen, um daraus dann Schlüsse für eine gesetzliche Regelung zu ziehen.

Wenn ich nun auf praktische Probleme zu sprechen komme, dann tue ich das nicht als Hochschullehrer, sondern als Prozeßvertreter, der in drei Untersuchungsverfahren vor Gericht tätig gewesen ist und dabei in der Tat Schwierigkeiten hatte, mit diesem Recht umzugehen.

Der erste Fall betraf in Baden-Württemberg den Untersuchungsausschuß »Universitäten«. Hier wurde von der Mehrheit bezweifelt, daß der Einsetzungsantrag hinreichend bestimmt gewesen sei. Wie Sie wissen – das wurde auch vorhin gesagt –, gibt es gewisse Anforderungen an Einsetzungsanträge. Unter anderem müssen diese Anträge einem öffentlichen Interesse entsprechen und hinreichend bestimmt sein. Hier hat die Mehrheit jeweils die Möglichkeit, bei Minderheitsanträgen die Verfassungsmäßigkeit dieses Antrags in Frage zu stellen und auf diese Weise einen Organstreit herbeizuführen, der unter Umständen das Untersuchungsanliegen dadurch vereiteln kann, daß die Sache auf unbestimmte Zeit an ein Verfassungsgericht herangetragen wird.

Wie kommt man nun aus einem solchen Dilemma heraus? Einerseits haben wir das Minderheitsrecht, andererseits die Möglichkeit der Mehrheit, die Verfassungsmäßigkeit des Einsetzungsantrages in Frage zu stellen. Ich glaube, daß es nicht geht, der Minderheit den Weg zum Gericht zu eröffnen mit dem Ziel, eine einstweilige Anordnung zu erstreiten; denn würde das Gericht dieser Anordnung stattgeben, dann wäre das Ergebnis der Hauptsache bereits vorweggenommen, was ja bekanntlich bei einer einstweiligen Anordnung nicht sein soll und nicht sein darf.

Wenn man insoweit über Änderungen nachdenkt, dann müßte man wohl das Verfahren umkehren und zunächst einmal in all den Fällen, in denen die Mehrheit die Verfassungsmäßigkeit des Einsetzungsantrages bestreitet, sie selbst verpflichten, mit diesem Anliegen zum Gericht zu gehen. Die Folge davon wäre, daß dann das Verfassungsgericht per einstweiliger Anordnung zunächst einmal die Einsetzung des Ausschusses suspendieren könnte. Dies schiene mir ein sinnvolleres Verfahren zu sein, aus dem

Minderheitsrecht heraus die Prozeßsituation umzukehren. Darüber sollten wir vielleicht einmal nachdenken. Das würde natürlich voraussetzen, daß man dann wohl auch das Gesetz über den Staatsgerichtshof und das Bundesverfassungsgerichtsgesetz ändern müßte.

Ein zweites Problem hier in Niedersachsen – darauf wird sicherlich auch Herr Dr. Kastendieck noch eingehen – betrifft die Frage des Zeugniszwangs, insbesondere die Frage, wann und unter welchen Voraussetzungen eine Antragsminderheit, die ja auch über das Beweiserzwingungsrecht verfügt, die Möglichkeit hat, vor dem Untersuchungsausschuß Zeugen zwangsweise vorzuführen.

Gewiß, es stellt einen Fortschritt dar, wenn der Niedersächsische Staatsgerichtshof in dem Ihnen sicherlich bekannten Verfahren das Antragsrecht der Minderheit dahingehend erweitert, daß er auch das Beweiserzwingungsrecht dazu zählt. Es gibt aber ein Problem dann, wenn einzig und allein die jeweilige Verfahrensmehrheit im Ausschuß darüber entscheidet, ob nach § 51 der Strafprozeßordnung genügende Entschuldigungsgründe vorliegen. Ich darf es vielleicht einmal etwas überspitzt formulieren: Eine Mehrheit kann problemlos, bedenkenlos einem Beweisantrag der Minderheit zustimmen, sie kann auch bedenkenlos die zwangsweise Vorführung beschließen, wenn sie weiß, daß sie gewissermaßen noch über eine »Notbremse« verfügt; sie kann nämlich bei der Frage, ob der Zeuge denn genügend entschuldigt ist, wenn er nicht kommt, doch mit der Verfahrensmehrheit ihre Vorstellungen durchsetzen. Das ist ein Problem. Der Niedersächsische Staatsgerichtshof hat hierzu entschieden, daß das so sei, weil die Strafprozeßordnung keine andere Wahl lasse, und hat sich auf eine Mißbrauchskontrolle zurückgezogen.

Ich meine, daß es hier sicher Probleme gibt, wenn man das Minderheitsrecht *effektiv* ausgestalten will. Meine Überlegungen dazu gehen allerdings nicht dahin zu sagen, wir sollten in diesem Punkte die Strafprozeßordnung ändern oder vielleicht auch in einem Untersuchungsausschußgesetz andere Regeln erfinden, sondern wir sollten einmal grundsätzlich darüber nachdenken, wie weit die Zwangsbefugnisse von Untersuchungsausschüssen eigentlich gehen dürfen. Sind Untersuchungsausschüsse – ähnlich wie Richter – in der Lage, selbst den Vorführbefehl zu erlassen – dürfen sie dies tun? –, oder sind sie nicht darauf beschränkt, gleichsam als Staatsanwaltschaft einen solchen Vorführbefehl bei Gericht zu beantragen? Wenn wir die letztere Position einnehmen – und das ist, glaube ich, auch Inhalt der IPA-Regelung in Bonn –, dann enthebt uns dieses Verfahren aller Probleme, weil dann letzten Endes der Richter in einem objektiven Verfahren über das Vorliegen genügender Entschuldigungsgründe entscheidet.

Meine Position ist also folgende: Wir sollten die Untersuchungsausschüsse in dieser Hinsicht nicht zu stark machen, auch im Hinblick auf den Betroffenenschutz, der damit dann im Grunde als Folgeproblem eingehandelt wird. Wir sollten hier, wenn Maßnahmen gegen Individuen ergriffen werden müssen, die ihre persönliche Freiheit berühren, den Untersuchungsausschuß eher in die Position eines Antragstellers bei Gericht bringen und dann die Gerichte entscheiden lassen.

Ein drittes Problem – ganz kurz noch – betrifft die Frage der Ladung von Zeugen aus anderen Bundesländern. Ich glaube, hier sind wir uns schnell darüber einig, daß die Entscheidung des OVG Lüneburg in diesem Punkte keinen Bestand haben kann und sollte. Denn es ist wohl nur schwer vorstellbar, daß ein Untersuchungsausschuß einem geladenen Zeugen etwa nachspüren muß, ob er in Hannover mal ins Theater gegangen ist oder ein Bier getrunken hat, weil dann nämlich eine Steuerpflicht begründet wäre, die unter Umständen seine Ladung und deren zwangsweise Durchsetzung ermöglicht. Diese Entscheidung – so hoffe ich – wird durch das Bundesverwaltungsgericht aufgehoben werden. Anderenfalls müßte man ernsthaft darüber nachdenken, wie man zu gangbaren Lösungen kommt. Ich glaube, daß der Staatsvertrag, der da vorgeschlagen wird, nicht die richtige Lösung darstellt. Er könnte ja nur von Regierungen abgeschlossen werden. Hier müßte man wohl eher über eine Änderung des Grundgesetzes nachdenken und den Artikel 33 Abs. 1, in dem von den staatsbürgerlichen Pflichten die Rede ist, um eine entsprechende allgemeine Zeugnispflicht vor Untersuchungsausschüssen ergänzen.

Joachim Vetter

Der jetzige Abschnitt der Veranstaltung befaßt sich mit der Ausschußpraxis. Ich will aus Berliner Sicht dazu einige Anmerkungen machen und insbesondere auch einige aktuelle Fakten in die Diskussion einbringen. Zunächst ein Wort zur Rechtsgrundlage: Das Land Berlin besitzt bereits seit dem Jahre 1951 ein Verfahrensgesetz für parlamentarische Untersuchungsausschüsse, das sich allerdings mangels konkreter Bestimmungen in der Praxis sehr schnell als reformbedürftig erwiesen hat; insbesondere der fehlende Minderheitenschutz sei hier als Stichwort genannt. Dieses Verfahrensgesetz wurde im Jahre 1970 grundlegend geändert und ist auch jetzt noch geltende Rechtsgrundlage.

Eine der wichtigsten Neuregelungen war die Statuierung von Minderheitenrechten nicht nur bei der Einsetzung, sondern in weitem Umfang auch bei der Beweisaufnahme. Darüber hinaus war die Beseitigung der Rechtsfigur des Betroffenen naturgemäß eine Maßnahme von erheblicher Bedeutung, wie auch die Diskussion heute gezeigt hat. Das Abgeordnetenhaus war insoweit der Auffassung, eine nicht hinnehmbare Verzögerung des Verfahrens sei nicht zu vermeiden, wenn einzelnen Personen das Recht zuerkannt werde, die Beweisaufnahme durch Fragen an Zeugen oder durch das Einbringen von Beweisanträgen zu steuern. Zwingende Folge dieser Verfahrensweise mußte allerdings zur Wahrung rechtsstaatlicher Grundsätze eine Erweiterung der nach der Strafprozeßordnung gegebenen Aussageverweigerungsrechte eines von der Untersuchung ganz oder teilweise betroffenen Zeugen sein. Dies geschah in Berlin in Anlehnung an die Zivilprozeßordnung.

Im übrigen ist hier anzumerken, daß Vorschriften der StPO im Berliner Verfahren nicht grundsätzlich sinngemäß, sondern nur bei ausdrücklicher Bezugnahme durch das Untersuchungsausschußgesetz gelten. Das hat in der Praxis durchaus besondere Bedeutung.

Darüber hinaus schuf der Gesetzgeber eine Vorschrift, die die Entscheidung darüber, ob die Exekutive auf Verlangen eines Untersuchungsausschusses Akten vorzulegen oder einem Verwaltungsangehörigen eine Aussagegenehmigung zu erteilen hat, im Konfliktfall in die Hände eines parlamentarischen Gremiums, nämlich des für Sicherheitsfragen zuständigen Fachausschusses, legt. Schließlich wurde das Anwesenheitsrecht des Senats bei nichtöffentlichen Ausschußsitzungen prinzipiell beseitigt und von einem ausdrücklichen Ausschußbeschluß im Einzelfall abhängig gemacht, den es bisher in der Praxis nicht gegeben hat. – Soweit der kurze Überblick über die in Berlin geltenden Rechtsgrundlagen.

Ich möchte jetzt noch einige Bemerkungen zur aktuellen Verfahrenspraxis machen. Als Mitglied des Wissenschaftlichen Parlamentsdienstes, dessen Rechtsgutachten wegen des statusbedingten Fehlens eines Verfassungsgerichtshofs in Berlin mitunter nicht unerhebliche Bedeutung für die parlamentarische Diskussion besitzen, glaube ich dies auch deshalb tun zu können, weil ich derzeit das Sekretariat des zur Aufklärung von Korruptionsvorwürfen im Baubereich eingesetzten Untersuchungsausschusses leite. Ich nenne das Stichwort »Antes-Verfahren«. Der Ausschuß geht im Frühjahr in sein drittes Jahr; ein Ende ist bisher leider nicht absehbar. Drei Senatoren sind zu Beginn der Tätigkeit des Ausschusses zurückgetreten; zwei Zeugen wurden bisher vereidigt, 148 Zeugen teilweise mehrfach vernommen, davon 20 aktuelle oder ehemalige Regierungsmitglieder. Ein Fünftel der Zeugen war vor dem Ausschuß anwaltlich vertreten, was auch die Bedeutung der rechtlichen Problematik unterstreicht.

Der Untersuchungsauftrag verpflichtet den Ausschuß zu Tatsachenermittlungen, die in weiten Bereichen im öffentlichen Interesse in die persönliche Sphäre von natürlichen Personen sowie juristischen Personen des Privatrechts eingreifen. Ich nenne als Stichworte Anforderungen von Personal- und Disziplinarakten, Beweismaterial, das wirtschaftlich relevante Daten enthielt, das Steuergeheimnis sowie die Beweisaufnahme zu Sachverhalten, die das Landesamt für Verfassungsschutz berührt haben.

Im einzelnen seien – auch als Einstieg in die nachfolgende Diskussion – kurz einige Grundsatzbeschlüsse des Untersuchungsausschusses erwähnt. Der Ausschuß war der Auffassung, daß eine Abwägung zwischen dem öffentlichen Aufklärungsinteresse einerseits und dem grundrechtlichen Schutz der informationellen Selbstbestimmung bzw. dem Schutz staatlicher Geheimhaltungsinteressen andererseits dahin führen muß, daß für die Behandlung von geheimzuhaltenden Tatsachen, Akten und Unterlagen wirksame Geheimschutzmaßnahmen getroffen werden müssen – ich nenne den Begriff Geheimschutzordnung – und daß Zeugenvernehmungen, bei denen solche Tatsachen öffentlich bekanntwerden könnten, grundsätzlich vertraulich durchzuführen sind. Der Untersuchungsausschuß hat sich allerdings als der nach der Verfassung alleinige Herr seines Verfahrens vorbehalten, ausnahmsweise den Schutz von Dienst- und Privatgeheimnissen überragend wichtigen öffentlichen Belangen unterzuordnen und hat das in der Praxis nach sorgfältiger rechtlicher Prüfung im Einzelfall auch mehrfach getan; er hat also die Beweisaufnahme in öffentlicher Sitzung durchgeführt.

Umfang und Grenzen des Untersuchungsauftrages wurden vor allem hinsichtlich der Offenbarung von Parteispenden zwischen den Fraktionen kontrovers diskutiert. Der Ausschuß ist insoweit mehrheitlich der Rechtsauffassung gefolgt, wonach eine Offenlegung von Spenden in öffentlichen Beweisverfahren nicht ausnahmslos und ohne Zeitbezug, sondern nur bei zeitlicher Anknüpfung an den zu untersuchenden Sachverhalt, bei sachlicher Anknüpfung an den Untersuchungsgegenstand sowie bei Be-

117

rücksichtigung des Spendenanlasses, also im Zusammenhang mit öffentlichen Entscheidungen über Vorhaben der Bauwirtschaft, rechtlich zulässig ist.

Ein erhebliches Problem war und ist in Berlin die Frage der Parallelität von Strafverfahren und parlamentarischem Untersuchungsverfahren. Gegen nicht weniger als 30 Personen, die bisher als Zeugen vernommen wurden, sind oder waren strafrechtliche Ermittlungsverfahren anhängig. In mehreren Fällen sind bereits Verurteilungen von bis zu fünf Jahren Freiheitsstrafe erfolgt. Dies hatte für das Untersuchungsverfahren zur Folge, daß Zeugen teilweise unter Berufung auf § 55 StPO von ihrem Recht auf Auskunftsverweigerung Gebrauch machten, allerdings bei weitem nicht in dem Umfang, wie dies angesichts der bestehenden Rechtslage möglich oder gar zu erwarten gewesen wäre. Darüber hinaus forderten im Strafverfahren als Verteidiger tätige Anwälte ultimativ die Einstellung der Untersuchungen mit der Begründung, die Rechte ihrer Mandanten seien durch das Ausschußverfahren beeinträchtigt. Der Ausschuß hat für den geforderten Aussetzungsbeschluß indessen keine rechtlich zwingenden Gründe zu erkennen vermocht. Gleichwohl wurde eine direkte Parallelität zwischen beiden Verfahren bewußt vermieden, um auch tatsächliche Auswirkungen auf anhängige Strafverfahren möglichst auszuschließen. So wurden Teilkomplexe der Untersuchung bewußt erst nach Abschluß der entsprechenden strafgerichtlichen Verfahren behandelt. Im übrigen wurde sämtlichen Strafverteidigern das jederzeitige Teilnahmerecht als Zuhörer an der öffentlichen Beweisaufnahme eingeräumt. Soweit die wichtigsten Verfahrensschwerpunkte.

Aus der Sicht der Parlamentspraxis erscheint es mir vordringlich notwendig, für parlamentarische Untersuchungsausschüsse eigene Verfahrensregelungen auf gesetzlicher Grundlage zu schaffen, bereits in einigen Bundesländern einschließlich Berlin vorhandene Bestimmungen an zwingende Erfordernisse des Grundrechtsschutzes anzupassen – dazu gehört beispielsweise die Frage, welcher Institution im Konfliktfall die Selektion von vertraulich zu behandelnden privaten Beweismitteln obliegt – und auch darüber nachzudenken, ob nicht dem in der Praxis sehr bedeutsamen Bestimmtheitsgrundsatz für Untersuchungsauftrag und Beweisverfahren größere Beachtung geschenkt werden muß.

Schließlich sei zum Stichwort Zwangsbefugnisse für parlamentarische Untersuchungsausschüsse erwähnt, daß insoweit die inzidente Befassung von Strafgerichten mit vielfach äußerst komplexen verfassungsrechtlichen Thematiken, mitunter in Parallelität zu verwaltungsgerichtlichen

Überprüfungen, wie es die bisherigen Regelungen zumeist vorsehen, einen Anachronismus darstellt, der schnellstens zugunsten alleiniger verfassungs- oder zumindest verwaltungsgerichtlicher Zuständigkeiten beseitigt werden sollte. Dies scheint mir schon im Interesse der Berechenbarkeit öffentlich-rechtlicher Entscheidungen für Parlament und Bürger geboten.

Uwe Bernzen

Ein Bericht aus Hamburg muß vermutlich zunächst einmal zu der Frage Stellung nehmen, warum wir so viele Untersuchungsausschüsse haben, wie in der Zusammenstellung aufgeführt ist. Wenn wir unsere Enquête-Kommissionen dazuzählen, liegen wir in der Bundesrepublik an der Spitze. Das ist, wie ich vermute, auf unsere Stadtstaatlichkeit zurückzuführen. Eine ganze Reihe von Problemen, die in der Kommune auftreten, kommen mit jenen Problemen zusammen, die in einem Land auftreten. Das kumuliert und ergibt diese Menge von Untersuchungsausschüssen. Hamburg hat kein Untersuchungsausschußgesetz, und es steht auch nicht in Rede, daß wir ein solches in absehbarer Zeit bekommen. Bei uns muß die Verfassung mit dem allerdings recht umfangreichen Artikel 25 und die Verweisung auf die StPO ausreichen. Dazu sind auch noch die Vorschriften unserer Geschäftsordnung bei der Abwicklung eines Untersuchungsausschusses maßgeblich. Daraus ergeben sich sozusagen aus der Natur der Sache einige Mängel. Als erstes haben wir, wie viele andere Länder auch, den Verweis auf die StPO. Der Bundestag wird in Artikel 44 des Grundgesetzes auch auf den Strafprozeß verwiesen. Mir scheint, daß das aber ein Unterschied ist, weil im Bund neben der StPO auch die einschlägigen Vorschriften des GVG angewendet werden können, was wir in Hamburg nicht können. Das spielt für die Berichterstattung aus den Untersuchungsausschüssen eine Rolle. Jeder Untersuchungsausschuß muß bei uns sein Verhältnis zur Presse, insbesondere zur fotografierenden Presse, zum Film, zum Fernsehen und zum Rundfunk neu regeln. Wir haben schon Untersuchungsausschüsse gehabt, deren gesamte Beweisaufnahme vom NDR mitgeschnitten wurde. Es hat auch solche Untersuchungsausschüsse gegeben, die das Fernsehen ständig geduldet haben, so daß alle Zeugen während der Aussage gefilmt wurden. Das hat sich verständlicherweise nicht bewährt. Andere Untersuchungsausschüsse sind davon abgewichen. Allerdings bedarf es immer eines Beschlusses zu

Beginn eines Untersuchungsausschußverfahrens darüber, wie es gehandhabt werden soll.

Auch das Verfahren im Untersuchungsausschuß selbst muß von jedem Untersuchungsausschuß neu festgelegt werden. Dabei werden als Maßstab und Ordnung des Untersuchungsausschußverfahrens häufig die IPA-Regeln herangezogen, aber auch die Regeln, die die Parlamentspräsidentenkonferenz vorgeschlagen hat. Die gelten dann, wie wir vorhin sahen, natürlich nur intern und sind vermutlich nicht gerichtsfest.

Die Frage, die wir uns zunächst immer wieder stellen müssen, die auch jetzt bei dem gerade eingesetzten Untersuchungsausschuß gestellt wird, lautet: Wer hat den Vorsitz? Unsere Geschäftsordnung ist eindeutig, und zwar im Negativen: Nicht den Vorsitzenden stellen darf die Gruppe der Antragsteller. Das ist in vielen anderen Parlamenten auch so. Es ist jetzt ein Antrag gestellt worden, diese Vorschrift ersatzlos zu streichen. Dieser Antrag befindet sich in der Ausschußberatung.

Diese Regelung – das ist meine sehr eigene Auffassung – bringt folgendes mit sich: Bei Untersuchungsausschußthemen, die sozusagen in der Luft liegen, wo man das Gefühl hat, jetzt muß an sich der Antrag gestellt werden, insbesondere in Fällen, in denen die Regierungspartei und die Opposition einen Antrag stellen könnten, belauern sich die Fraktionen – so sieht es jedenfalls für mich aus –, wer den Antrag denn wohl stellt. Man versucht, den anderen zu provozieren, einen Antrag zu stellen, damit man selbst den Vorsitzenden stellen kann. Dies verzögert manchmal das Verfahren ein wenig, bis man sich darauf einigen kann, wer den Vorsitzenden nun stellt. Das hat sich in der Vergangenheit bei manchem Ausschuß so gezeigt. Vermutlich ist das aber nicht ausschlaggebend für die Frage, ob diese Vorschrift in der Geschäftsordnung bestehen bleibt oder nicht.

Eine Hamburger Besonderheit ist der Arbeitsstab. Dieser Arbeitsstab hat sich als sehr günstig erwiesen, er hat allerdings auch einige Mängel. Die vorbereitende Tätigkeit, die vorhin in der Diskussion angesprochen wurde, kann von diesem Arbeitsstab, der, wie Herr Plöhn darstellte, häufig einen erheblichen Umfang hat, vorgenommen werden. Der Arbeitsstab – das beruht auf unserer Verfassungsvorschrift, die es dem Senat aufgibt, die Mitglieder des Arbeitsstabes zu stellen – wird relativ schnell zusammengesetzt. Der Nachteil ist folgender: In der Vergangenheit hat der Senat ihn sozusagen nach bestem Wissen und Gewissen zusammengesetzt. Mittlerweile haben die Fraktionen die Relevanz dieses Arbeitsstabes erkannt und stellen nun auch ganz spezielle personelle Forderungen, wen sie im Arbeitsstab haben wollen. Da muß dann wieder d'Hondt her. Jeder hat einen Teil zu stellen, so daß dann ein auch nach Fraktionsstärken zusammengesetzter Arbeitsstab zustande kommt.

Weil es sich mittlerweile um einen Arbeitsstab von zehn und mehr Leuten handelt, ergibt sich nun die Frage: Kann er einfach so arbeiten, oder braucht er eine Struktur? Man hat sich jetzt zu einer Struktur durchgerungen. Er hat einen Arbeitsstab-Leiter, der natürlich auch nach Proporz von der stärksten Fraktion benannt wird. Die nächste Frage lautet: Mit wem arbeitet er zusammen, mit dem gesamten Ausschuß oder nur mit dem Vorsitzenden? Das sind Fragen, die sich uns immer wieder stellen und die viel Reiberei in der täglichen Arbeit mit sich bringen. Im ganzen hat sich dieser Arbeitsstab aber insofern hervorragend bewährt, als er die vom Senat oder auch von Dritten angeforderten und vielleicht sogar beschlagnahmten Akten durchsieht, aufschlüsselt und aufbereitet. Das bringt natürlich mit sich, daß er dann einen erheblichen Wissensvorsprung vor den Ausschußmitgliedern hat. Der Arbeitsstab erarbeitet einen umfangreichen Fragenkatalog, den die Ausschußmitglieder zugestellt bekommen und den sie bei der Beweisaufnahme berücksichtigen können und meistens auch berücksichtigen.

Dieses Verfahren hat sich auch insofern bewährt, als die Untersuchungsausschüsse in vielen Fällen Richter und Staatsanwälte für den Arbeitsstab benannt und diese dann auch mit ihren Kenntnissen des Strafprozeßrechts mitgearbeitet haben. Sie sind dann allerdings weisungsgebunden; die richterliche Unabhängigkeit ruht. Sie sind Mitglieder des Arbeitsstabes, der weisungsgebunden und dem Untersuchungsausschuß nachgeordnet ist.

Der Arbeitsstab begleitet den Untersuchungsausschuß während seiner ganzen Arbeit. Er bekommt Arbeitsaufträge, Gutachtenaufträge, Aufträge für rechtliche Gutachten und dergleichen mehr. Hinzu kommen Sachverständige, die dem Ausschuß zuarbeiten; das ist aber nichts Besonderes, das haben andere Länder auch.

Herr Plöhn hat freundlicherweise eine Besonderheit, die sich aus unserer Verfassung ergibt, erwähnt; das möchte ich korrigieren. In unserer Verfassung heißt es, daß die öffentlichen Bediensteten Hamburgs, die durch einen Untersuchungsausschuß vernommen werden, dem Ausschuß gegenüber von ihrer dienstlichen Pflicht zur Verschwiegenheit entbunden sind. So steht es in unserer Verfassung. Dies ist aber leider verfassungswidrig, weil das Beamtenrechtsrahmengesetz es anders regelt. Auch das Hamburgische Beamtenrecht regelt es anders. Die Beamten brauchen natürlich eine Aussagegenehmigung. Die wird ihnen in der Regel aber auch erteilt. Diese Vorschrift ist also hinfällig.

Ich möchte noch zwei Punkte erwähnen, die bei dem Untersuchungsausschuß »Neue Heimat« eine Rolle gespielt haben. Das eine ist die Mitgliederzahl und die Permanenz der Mitgliedschaft. Letzteres war in diesem Untersuchungsausschuß ein Problem, zumal eine Fraktion die Rotation betrieb, eine Fraktion personell total ausgetauscht wurde und bei einer anderen Fraktion durch verschiedene Umstände im Laufe des Verfahrens eine erhebliche Anzahl der Mitglieder wechselte. Das hat sich vielleicht nicht im Untersuchungsergebnis negativ niedergeschlagen, aber vonseiten der Öffentlichkeit ist gefragt worden, wie es denn käme, wenn wir denn ein gerichtsähnliches Gremium seien, daß erstens häufig nur die Hälfte der Mitglieder anwesend sei und zweitens auch die Richter während des Verfahrens wechselten. Das ist eine Frage, die bislang unbeantwortet geblieben ist.

Eine weitere Frage, die dabei aufgekommen ist, ist die Frage der Befangenheit. Ein Untersuchungsausschuß hatte sich angewöhnt – ich will es einmal etwas scharf formulieren –, vielleicht zur Unterhaltung der Öffentlichkeit die Zeugen sehr intensiv zu befragen. Wenn ein Zeuge geantwortet hatte und man mit seiner Antwort zufrieden war, kam es vor, daß irgendein Ausschußmitglied sagte: Treffer! Oder es kam vor, daß ein Ausschußmitglied dann, wenn man meinte, daß ein Zeuge nicht ordnungsgemäß aussagte, ihm erklärte: Wenn er nicht gleich die Wahrheit sage, werde die Luft sehr bleihaltig. Dies wurde dann in der Presse in einer Weise kolportiert, daß an der Unbefangenheit der Ausschußmitglieder starke Zweifel aufkamen.

In der Öffentlichkeit wurde angeregt, es müßte jemanden geben, der Befangenheitsanträge stellen könnte. Dies ist vom Präsidenten erwogen worden, aber man hat den Ausschuß dann nur gebeten, sich etwas zurückzuhalten, was dann auch entsprechend gewürdigt wurde.

Das waren jetzt Brocken, die Ihnen unsystematisch geboten wurden. Aber ich glaube, sie gaben einen ganz ordentlichen Eindruck darüber, wie bei uns in Hamburg die Untersuchungsausschüsse gehandhabt werden.

Gerd Kastendieck

Ich habe die Absicht, über einige Schwierigkeiten der parlamentarischen Untersuchungstätigkeit zu sprechen, wie wir sie als Zaungäste der Aus-

schüsse hier in Niedersachsen beobachtet haben. Ganz so temperament-
voll, wie es in der Hansestadt Hamburg offenbar zugeht, ist es bei uns
nicht. Vielleicht haben wir deshalb einige der von Herrn Bernzen angesprochenen Probleme bisher noch nicht vor den Füßen gehabt.

Ich darf mit einer lapidaren Feststellung beginnen: Die Arbeit im Untersuchungsausschuß ist von den in ihn entsandten Abgeordneten neben der
sonstigen und ja auch weiterlaufenden Mandatswahrnehmung zu leisten.
Das bedeutet (jedenfalls bei uns), daß die Terminierung der Sitzungen
verhältnismäßig weitmaschig ausfällt. Die Folge ist, daß sich die gesamte
Untersuchung doch sehr in die Länge zieht. Manche Ergebnisse, die am
Anfang der Arbeit eines Ausschusses gewonnen worden sind, geraten
dadurch im Laufe der Zeit leicht etwas in den Hintergrund.

Zum anderen hat angesichts der Knappheit von Terminen natürlich die
Zeitplanfrage eine gesteigerte Bedeutung. Wenn man in dichter und häufiger Folge tagt, ist die Frage, wann eine Minderheit mit einem ganz
bestimmten Beweisbegehren an die Reihe kommt, nicht so wichtig, als
wenn man relativ große Abstände zwischen den Sitzungen hat.

Eine weit gestreckte Sitzungsfolge hat aus der Sicht der Verwaltung aber
auch den Nachteil, daß sich die Erledigung zwischenzeitlich auftauchen-
der Verfahrensfragen, die die Landtagsverwaltung als Geschäftsstelle eines Untersuchungsausschusses nicht allein und auch nicht im Zusammenwirken lediglich mit dem Vorsitzenden entscheiden kann, zum Nachteil der Sache oft verzögert.

Die Dauer der einzelnen Sitzungen entspricht bei uns im wesentlichen
derjenigen normaler Ausschußsitzungen. Dementsprechend sind die Re-
sultate, verglichen etwa mit den Ergebnissen ganztägiger Gerichtssitzun-
gen, eher gering. Auch das ist ein Nachteil. Man kommt zu keiner so
konzentrierten Verfahrensgestaltung wie etwa eine mit einem großen
Wirtschaftsprozeß befaßte Strafkammer.

Eine zweite Feststellung: Als Parlamentarier legen die Mitglieder von
Untersuchungsausschüssen großen Wert auf die Öffentlichkeitswirksam-
keit des Untersuchungsgeschehens. Dementsprechend besteht kein aus-
geprägtes Interesse an informeller Vorklärung in nichtöffentlichen Sitzungen. Ansätze hierzu gibt es zwar, aber nicht in dem Maße, wie man
sich das nach den Äußerungen, die hier gemacht worden sind, denken
könnte, etwa indem man den gesamten Stoff zunächst einmal mit den
zuständigen Ministerialbeamten durchspricht. Besondere Wertschätzung
genießen dagegen öffentliche Zeugenvernehmungen; das ist hier ja schon
mehrfach angeklungen. Sie werden daher sowohl zeitlich als auch sach-

lich vielfach der Auswertung von Akten und anderen Schriftstücken vor-
gezogen. Hier wird also die forensische Erfahrung mißachtet, daß im
allgemeinen die Reihenfolge »Erst Akten, dann Zeugen« ökonomischer
ist und daß sie vor allem auch die Grundlage dafür schafft, den Zeugen
gezielte und sie wirklich herausfordernde Vorhalte zu machen.

Die rechtlich gegebene Möglichkeit, die Vernehmung von weniger wichtigen Zeugen ersuchten Richtern zu überlassen, wird kaum genutzt, obwohl sie bezüglich der Randphänomene des Untersuchungskomplexes
durchaus genügt und den Ausschuß ganz erheblich entlasten könnte.

Die Vorbereitung der Zeugenvernehmung kommt oft zu kurz. Mitunter
wird die Vernehmung bestimmter Zeugen beantragt und auch beschlossen, ohne daß im einzelnen darüber gesprochen worden ist, was man von
diesen Zeugen an Informationen erwartet. (Herr Kleinert hat ja schon auf
diesen offenbar häufigeren Sachverhalt hingewiesen.) Es kommt dann
leicht zu einer gewissen Zufälligkeit der Auswahl von Zeugen. Der schon
erwähnte »Claude«-Ausschuß, der sich in seinem zweiten Themenkomplex mit einem möglicherweise fingierten Überfall auf ein Juwelierge-
schäft beschäftigen mußte, hat den Inhaber dieses Geschäfts während
des gesamten Untersuchungsgeschehens nicht vernommen, obwohl er in
nahezu jeder öffentlichen Sitzung als Zuhörer im Saal saß. Es mag ja so
gewesen sein, daß man das ganz bewußt unterlassen hat.

Auch die nachträgliche interne Auswertung von Zeugenaussagen, wie sie
ein Gericht ja oft während des noch laufenden Prozesses vorzunehmen
pflegt, etwa um sich vorläufig schlüssig zu werden, ob eine Tatsache
schon bewiesen ist oder ob es noch weiterer Beweisschritte bedarf, ob ein
Zeuge Glauben verdient oder ob man davon ausgehen muß, daß er gelogen hat, ob neue Umstände zutage getreten sind, die nunmehr ganz besonders aufklärungsbedürftig erscheinen, gerät oft in den Hintergrund,
wenn die nächsten Sitzungen bereits für die Einvernahme weiterer Zeugen verplant sind.

Ein dritter Punkt: Sofern es, wie ja meistens, um ein eventuelles Fehlverhalten der Regierung oder nachgeordneter Behörden geht, ist die (jedem
gerichtlichen Spruchkörper eigene) Gleichgerichtetheit des Aufklärungs-
interesses der Untersuchungsausschußmitglieder oft erheblich eingeschränkt. Die oppositionellen Ausschußmitglieder sind vor allem an belastenden Beweisergebnissen interessiert, diejenigen der Mehrheitsfraktionen an Bekundungen, die für die Regierung günstig sind. Hier zeigt sich
also, daß ein Untersuchungsausschuß im Grunde zwei Rollen nebeneinander verfolgt: als Gremium die Rolle des Gerichts und in seinen Mitglie-

dern die Rolle von Verfahrensbeteiligten oder, mit dem Begriff des Zivilprozeßrechts ausgedrückt, die Rolle von Parteien.

Das hat einige nachteilige Folgen. Bei prozeduralen Entscheidungen, die von einem Gericht fast nebenher getroffen werden, kommt es im Untersuchungsausschuß nicht selten zu langwierigen Streitigkeiten, etwa über Sanktionen gegen ausgebliebene Zeugen, über die Zulässigkeit bestimmter Fragen, über die Bewertung des Verhaltens von Beteiligten, unter Umständen auch von Ausschußmitgliedern, möglicherweise sogar des Vorsitzenden. Dinge, die bei Gericht ziemlich schnell erledigt werden, nehmen also im Untersuchungsausschuß einen recht breiten Raum ein und kosten viel Zeit.

Ferner greift die Befragung der Zeugen oft über die reine Tatsachenermittlung hinaus. Es kommt nicht selten zu der Aufforderung, auch politische, moralische oder gar rechtliche Bewertungen vorzunehmen: War dies oder jenes menschlich vertretbar? War es rechtsstaatlich einwandfrei? War es zulässig? – Wir haben die Vernehmung eines Landesministers gehabt, die in längeren Phasen einem Staatsexamen nahe kam.

Über die Tendenz zu öffentlich geäußerten Zwischenbewertungen vor dem endgültigen Abschluß des Untersuchungsgeschehens, also bei noch unvollkommen ermitteltem Sachverhalt, ist schon gesprochen worden. Ich glaube, daß dies nicht so harmlos ist, wie Herr Hüsch gemeint hat. Natürlich wissen alle Beteiligten, daß Untersuchungsausschüsse keine Gerichte sind und daß sich in ihnen politische Interessen zur Geltung bringen. Aber wenn das Ergebnis expressis verbis vorweggenommen wird, entsteht doch in der Öffentlichkeit leicht der Verdacht der Voreingenommenheit und, daraus folgend, der Eindruck, daß das ganze weitere Verfahren im Grunde nicht viel bringen könne, da schon alles im vorhinein feststehe.

Es hat in dem Ausschuß, den ich begleitet habe, bisweilen auch Kritik an beamteten Zeugen gegeben, weil sich diese strikt an die Einschränkungen ihrer Aussagegenehmigung hielten. Dieser Tadel war natürlich an die falsche Adresse gerichtet. Die Beamten konnten ja nichts dafür, daß ihre Aussagegenehmigung eingeschränkt war; sie durften sich über die ihnen gesetzten Grenzen nicht eigenmächtig hinwegsetzen.

Es ist auch vorgekommen, daß einem Zeugen, der mehrfach behauptete, er wisse nichts mehr, die ganzen Geschehnisse lägen sehr lange zurück, gesagt wurde, er könne aber nun mit einer solchen Antwort nicht auf jede Frage kommen, irgend etwas müsse er doch noch wissen. Da war dann der präzise Vorhalt zu vermissen, der unter Anführung von Tatsachen dargelegt hätte, daß eine solche völlige Erinnerungslücke nicht glaubhaft sei.

Ich habe manchmal den Eindruck gehabt und das an einem Beispiel auch bestätigt gefunden, daß der Rückgang der Kooperationsbereitschaft der Auskunftspersonen auch mit solchen Vorkommnissen etwas zu tun hatte. Es ist, glaube ich, hier schon erwähnt worden, daß wir sehr viel Last mit einem Zeugen hatten, der in einem anderen Bundesland wohnte und sich deshalb auf die (angeblich) fehlende Verpflichtung zur Aussage vor einem Untersuchungsausschuß des Niedersächsischen Landtages berief. Ich meine den Fall, der dann zu der bewußten Entscheidung des Oberverwaltungsgerichts in Lüneburg* Anlaß gegeben hat. Der Anwalt dieses Zeugen hat mir mehrfach mit großem Ernst und auch recht überzeugend erklärt, sein Mandant würde sich nie auf dieses vermeintliche oder tatsächliche Recht berufen haben, die Aussage zu verweigern, wenn er nicht kurz zuvor in der Zeitung eine Indiskretion des Ausschusses bezüglich der in vertraulicher Sitzung gemachten Aussage eines Kollegen hätte lesen müssen.

Die vierte Bemerkung: Über die Frage der Bewältigung der Materialflut, die sich für die Mitglieder von Untersuchungsausschüssen ergibt, ist schon gesprochen worden. In diesem Zusammenhang gehört das Problem der Hilfskräfte zum einen bei der Landtagsverwaltung, zum anderen in den Büros der Fraktionen. Die Entwicklung ist bei uns in Niedersachsen geradezu harmlos, wenn ich mir das vergegenwärtige, was Sie berichtet haben, Herr Bernzen. Wir haben übrigens, wenn wir dazu Anlaß hatten, immer darauf hingewiesen, daß es für die Inanspruchnahme von Hilfskräften eine zweifellos auch rechtlich relevante Grenze gibt, nämlich die höchstpersönliche Feststellungs- und Bewertungspflicht der einzelnen Ausschußmitglieder, die nicht delegiert werden darf. Die Mitarbeit von Hilfskräften darf nicht dazu führen, daß sich die Abgeordneten aus der Verantwortung für die Feststellung des Sachverhalts und die Bewertung des Geschehens zurückziehen.

Eine Last des Materials schafft sich jeder Untersuchungsausschuß selbst – auch dieses Thema ist hier schon angeklungen –, nämlich die Fülle der Vernehmungsprotokolle, die wohl überall als wörtliche Aufnahmen hergestellt werden. Es scheint im ersten Moment sehr bestechend und angenehm, daß man eine wörtliche Aufnahme bekommt – ein Komfort, den

---

* Urteil vom 28.1.1986 – 5 A 200/85 –, DVBl. 1986, 476

126

kein Gericht bietet! Aber im Laufe der Zeit sammeln sich dann die verschiedenen Protokolle zu einem großen, nahezu unzugänglichen Dickicht von Zeugenaussagematerial an. Vielleicht wäre es doch besser, von vornherein nur ein Konzentrat dessen aufzunehmen, was der Zeuge sagt, und zwar in der Weise, wie es ein Kammervorsitzender im Zivilprozeß tut. Dadurch würde auch die endgültige Sachverhaltsfeststellung in einer begrüßenswerten Weise vorbereitet; denn alle für das Untersuchungsthema offensichtlich bedeutungslosen Erklärungen der einzelnen Zeugen blieben von vornherein aus den Akten heraus.

Ich möchte davon absehen, hier nun ein Konzept zur Lösung der von mir angesprochenen Problempunkte vorzutragen, zumal schon sichtbar geworden ist, daß bei den Parlamentariern wenig Neigung besteht, irgendwelche »Externen« in die Untersuchungstätigkeit einzubeziehen. In der Tat dürfte sich ein Zusammenwirken von Abgeordneten und anderen Personen, etwa prozeßerfahrenen Richtern oder Anwälten, in ein und demselben Untersuchungsgremium wahrscheinlich nicht ohne Spannungen und Schwierigkeiten vollziehen. Doch scheint es mir der Überlegung wert, ob man nicht noch einen Schritt weitergehen und folgende Regelung treffen könnte: Das eigentliche Untersuchungs- und Feststellungsverfahren wird von »Externen« geführt, und zwar möglichst von Juristen, die über besondere Erfahrungen aus einer längeren Tätigkeit in politisch geprägten Bereichen verfügen; dabei ist nicht zuletzt an ehemalige Abgeordnete zu denken. Diese »Inquisitoren« – ein kleines Gremium von drei oder höchstens fünf Personen – übernehmen die Aufgabe des Gerichts, während die Rolle der Verfahrensbeteiligten, also die Aufgabe, dem Verfahren durch Anträge, Hinweise und kritische Erklärungen bestimmende Impulse zu geben, weiterhin bei den Abgeordneten verbleibt. Diese sind also der ganzen formalen Last der Sachverhaltsfeststellung enthoben, behalten aber trotzdem als Akteure vor dem Forum des Ermittlungsgremiums den notwendigen Einfluß auf das gesamte Untersuchungsgeschehen.

Noch ein letztes Wort zu den Maßnahmen des Zeugniszwangs. Herr Professor Schneider hat gemeint, es wäre besser, die Gerichte von vornherein mit den diesbezüglichen Entscheidungen zu befassen. Das mag der Fall sein, wenn die Inanspruchnahme eines Zeugen oder die Verhängung von Zwangsmitteln gegen ihn von vornherein problematisch erscheint. Dann ist in der Tat der schnelle Weg zum Gericht der bessere. Wir dürfen aber nicht die unproblematischen und alltäglichen Fälle vergessen, die doch noch immer die Mehrzahl bilden: Wenn z.B. ein Zeuge ausbleibt, ohne zuvor eine Nachricht gegeben zu haben, würde man, entsprechend dem Vorschlag von Herrn Professor Schneider, die Sache mit den Akten an das Gericht abgeben müssen. Kommt nun am Tag darauf ein Schreiben des Zeugen, das das Ausbleiben entschuldigt erscheinen läßt, dann versucht man es doch zumeist lieber mit einer neuen Ladung. Man muß das Gericht also veranlassen, von Zwangsmitteln Abstand zu nehmen und die Akten zurückzugeben. Das alles kostet Zeit und erfordert etliche Schreiberei. Wir haben es daher als sehr praktikabel empfunden, daß wir im Ausschuß die Maßnahmen des Zeugniszwangs – natürlich mit Ausnahme der Beugehaft, die ja von Verfassungs wegen dem Richter vorbehalten ist – selbst in der Hand hatten. Dabei hat es eigentlich auch gar nicht soviel Streit gegeben, von den spektakulären Fällen einmal abgesehen.

Heiner Herbst

Kurz noch eine Stimme eines Parlamentariers, nachdem vier Herren der Parlamentsverwaltungen ihre Auffassungen und ihre Erfahrungen vorgetragen haben.
Erstens: Formulierung des Untersuchungsauftrages. Es dient sicherlich der Effektivität dieses Kontrollinstruments Untersuchungsausschuß, wenn die Antragsteller bei der Formulierung des Untersuchungsauftrages genau überlegen, ob die Erfüllung dieses Untersuchungsauftrages in einer solchen Zeit möglich ist, in der die Öffentlichkeit noch Kenntnis von der Arbeit des Untersuchungsausschusses nimmt. Ich habe in dieser Hinsicht bei uns Erfahrungen gemacht, die deutlich machen, daß die Antragsteller nicht gut beraten sind, wenn sie die Formulierung so weit ausdehnen, wenn sie der Versuchung nachgeben – das, was Herr Professor Schröder heute nachmittag schon aufgezeigt hat –, allgemeine Formulierungen zu wählen, die die Arbeit in eine Zeit hineinlaufen lassen, in der die Öffentlichkeit von der Arbeit kaum noch Kenntnis nimmt. Ich halte es im Interesse des Kontrollinstruments Untersuchungsausschuß für dringend geraten, bei der Formulierung des Untersuchungsauftrages insbesondere darauf zu achten.
Zweitens: Öffentlichkeit. Herr Dr. Kastendieck hat darauf verwiesen, daß Parlamentarier den Teil der Untersuchungsarbeit, der sich in der Öffentlichkeit vollzieht, besonders in den Vordergrund stellen. Ich bin der Auffassung, daß sich Politik in besonderem Maße in der Öffentlichkeit

vollziehen muß. Wir waren ja heute nachmittag schon so weit, daß wir sagten, das, was da betrieben wird, ist der Versuch von Sachaufklärung, aber es ist natürlich auch Politik. Es ist Sachaufklärung im ganz engen Bereich der Politik, die hier in einem Parlament geleistet wird. Deshalb ist auch die Öffentlichkeit des Untersuchungsverfahrens für mich eine ganz dringende Notwendigkeit. Ich halte es für richtig, die Öffentlichkeit möglichst breit an dieser Kontrolle teilnehmen zu lassen. Wir wissen ja alle – ich glaube, da sind wir nicht auseinander –, daß die öffentliche Kontrolle ganz wesentlich zu der Kontrolle in unserem demokratisch verfaßten Staatswesen gehört. Deshalb also Öffentlichkeit, und zwar möglichst breit. Wir haben uns hier im Hause immer bemüht, die Beweisaufnahme möglichst öffentlich durchzuführen. Dabei gibt es Kontroversen mit der Regierung über manche Bereiche, bei denen die Regierung entweder der Auffassung ist, dieser Zeuge, diese Zeugin kann aus persönlichen Gründen nur in nichtöffentlicher Sitzung aussagen, oder aber meint, der Inhalt der Aussage erfordere einen Schutz, weil es sich um geheimzuhaltende Dinge usw. handelt. Aber grundsätzlich halten wir eher an diesem Prinzip der Öffentlichkeit fest.

Drittens: Herr Professor Schneider hat auf eine Angelegenheit hingewiesen, die wir für ganz wichtig halten, und sicherlich nicht nur wir hier im Niedersächsischen Landtag, nämlich die Frage der Vernehmung von Zeugen, die nicht im Lande wohnen, die wir aber hier vor einem Untersuchungsausschuß vernehmen möchten. Das Oberverwaltungsgericht unseres Landes und des Landes Schleswig-Holstein – es ist ein gemeinsames Oberverwaltungsgericht – hat die Auffassung vertreten, daß das nicht möglich sei, daß wir über die Grenzen unseres Landes hinaus keine Zugriffsmöglichkeit hätten. Das ist ein Verfahren, das im Augenblick vor dem Bundesverwaltungsgericht anhängig ist. Wir hoffen und drängen sehr darauf, daß das Bundesverwaltungsgericht bald über diese Frage entscheidet. Wir haben Signale, daß das im Frühjahr oder Anfang des kommenden Jahres der Fall ist. Falls diese Entscheidung nicht in unserem Sinne ergeht, müssen die Konsequenzen eintreten, die Herr Professor Schneider hier aufgezeigt hat. Ich halte das für unbedingt notwendig. Sonst ist der Untersuchungsausschuß eines Landesparlaments in weiten Teilen zur Wirkungslosigkeit verurteilt.

Vierte Anmerkung: Es geht in diesem Zusammenhang auch um die Überlassung von Unterlagen, sprich Akten, des Bundes oder eines anderen Landes. Wir haben in diesem Zusammenhang einige Erfahrungen machen müssen. Unsere Erfahrungen gingen bisher immer dahin: Ein anderes Land oder eine andere Landesregierung zu ersuchen, hat uns bisher kaum oder gar keine Schwierigkeiten bereitet. Wir hatten aber einige Schwierigkeiten, wenn wir den Bund ersucht haben, uns Akten zu überlassen. Wir mußten sehr energisch werden, und wir mußten darauf verweisen, daß es ganz konkret so etwas gibt wie gegenseitige Amtshilfe, daß es eine Bundestreue gibt, die keine Einbahnstraße ist, etwa daß sich nur die Länder gegenüber dem Bund treu verhalten müßten, sondern auch der Bund muß sich gegenüber einer Landesbehörde oder einem Landesparlament entsprechend kooperativ verhalten. Schließlich haben wir uns nach einigen Auseinandersetzungen zum Beispiel mit dem Generalbundesanwalt durchsetzen können, weil wir dann auch die Hilfe und die Zustimmung des Bundesjustizministers gefunden haben. Aber erst haben wir Widerstände überwinden müssen. Wir sind hier in den Landesparlamenten, auch in Niedersachsen, darauf angewiesen, daß uns andere Länder und der Bund die Unterlagen, die wir für die Erfüllung unseres Untersuchungsauftrages brauchen, auch zur Verfügung stellen.

Das waren die Punkte, die ich hier kurz nennen wollte. Es gibt eine Fülle weiterer Dinge, auf die einzugehen mich schon reizen würde. Aber ich möchte hier abbrechen, um Ihnen Gelegenheit zu geben, noch das eine oder andere anzumerken oder zu fragen.

Aussprache

Wulf Damkowski

Ich möchte nur ganz kurz auf eine Bemerkung von Herrn Herbst und von Herrn Kastendieck eingehen, und zwar zu der Frage des Verhältnisses dieser beiden Beweismittel Aktenauswertung und Zeugenvernehmung. Ich würde zwar, was die Praxiseinschätzung angeht, Herrn Herbst zustimmen, daß es ein legitimes Recht des Parlaments ist, dieses Beweismittel Zeugenvernehmung in den Mittelpunkt zu stellen. Aber ich glaube, daß die Funktion des Beweismittels Zeugenvernehmung im Hinblick auf die Wahrheitsfindung durch den Untersuchungsausschuß gegenüber der Aktenauswertung relativ nachrangig einzuschätzen ist. Hier hat dann auch, so meine ich, die Frage, die Herr Porzner zur Bedeutung der vorbereitenden Untersuchung gestellt hat, einen Platz. Die vorbereitende

Untersuchung hat eine ganz zentrale Funktion im Hinblick darauf, das Beweismittel Aktenauswertung in den Vordergrund des Untersuchungsverfahrens zu stellen; sei es nun, daß die vorbereitende Untersuchung durch einen eigens aus dem Untersuchungsausschuß heraus gebildeten vorbereitenden Ausschuß bewerkstelligt wird, sei es, wie etwa in Hamburg, durch einen besonderen Arbeitsstab. Die Organisationsform scheint mir nachrangig zu sein, wobei ich auch nicht für eine dritte Alternative, nämlich für eine vorbereitende Untersuchung durch ein unabhängiges, etwa richterlich besetztes Gremium plädieren würde. Das scheint mir nicht der parlamentarisch-politischen Funktion des Untersuchungsverfahrens angemessen zu sein. Aber über eine solche systematisch organisierte Form der vorbereitenden Untersuchung durch einen vorbereitenden Ausschuß oder durch einen Arbeitsstab kann dann die Aktenauswertung hervorragend in den Mittelpunkt des parlamentarischen Untersuchungsverfahrens gestellt werden. Sie kann auch hervorragend zur Vorbereitung der sich daran anschließenden Zeugenvernehmungen genutzt werden. Ich meine, aus diesem Gleichklang, aus dieser Kombination von vorrangiger Aktenauswertung und sich anschließender Zeugenvernehmung kann in der Regel noch ein relativ wahrheitsgetreues Bild der zu ermittelnden Wirklichkeit erreicht werden.

Im übrigen kann ich – dies sei vielleicht noch zu Herrn Kastendieck gesagt – nicht so ohne weiteres feststellen – jedenfalls gilt das für die Untersuchungsausschüsse, die ich kenne –, daß dieses Mittel der Aktenauswertung von den Abgeordneten in den Untersuchungsausschüssen eher vernachlässigt würde. Ich meine schon, daß diese Kombination von Aktenauswertung und Zeugenvernehmung in der Öffentlichkeit von den meisten Untersuchungsausschüssen erkannt und auch genutzt wird.

Eckart Busch

Herr Bernzen, ein Blick zurück auf die Hamburger Verhältnisse: Sie haben uns den Arbeitsstab in einer Größe vorgestellt, die geradezu neiderregend ist; acht bis zehn oder noch mehr Leute aus dem Hamburger Senat, die eine Struktur haben, wobei ich mir vorstellen kann, daß es dort auch nach parteipolitischen Zuordnungen geht, weil Sie gesagt haben, es sei durchaus in der Überlegung, ob der Leiter dieses Arbeitsstabes dem gesamten Ausschuß oder nur dem Vorsitzenden des Untersuchungsausschusses zur Verfügung stehe. Dieses Schlaglicht läßt bei mir zwei Fragen aufkommen. Erstens: Nach den Beamtengesetzen erfolgt die Verwendung, der Einsatz und auch das Avancement eines Beamten nach Leistung und den gesetzlichen Kriterien, wozu nicht die Parteizugehörigkeit gehört. Zweitens: Sie sagten, dieser Arbeitsstab werde aus Beamten des Hamburger Senats gebildet. Ist das nicht unter Gesichtspunkten der Gewaltenteilung etwas bedenklich, wenn der Apparat, der die Akten produziert, nachher als Hilfsorgan des parlamentarischen Untersuchungsausschusses seine eigenen Erzeugnisse kontrolliert.

Uwe Bernzen

Diese Fragen sind sicherlich zu stellen, aber sie spielten in der Hamburger Praxis insofern keine Rolle, als sich die Fraktionen diese Mitarbeiter namentlich aussuchen. Dann nehmen sie in der Regel nicht solche, die an der Entscheidung selbst beteiligt waren. Auch in der Zeit, als der Senat allein die Entscheidung darüber hatte, wen er dem Ausschuß empfehlen oder zu ihm abordnen sollte, hat er auf die Frage, ob es Leute waren, die befangen waren, sehr wohl geachtet. Entstanden ist dieses im übrigen dadurch, daß die Bürgerschaftskanzlei nach dem Krieg mit dem Stenographischen Dienst und einem weiteren Bediensteten aus dem gehobenen Dienst besetzt war. Das war die ganze Bürgerschaftskanzlei. Die mußte in irgendeiner Weise in entscheidenden Fragen, wenn es brenzlig wurde, Hilfe bekommen. Das machte dann der Senat. Der gab Rechtsrat und stellte dann auch die Mitarbeiter in solchen Ausschüssen. So ist das gekommen, und das hat sich bewährt, obwohl man natürlich heute die Frage der Befangenheit stellen muß.
Zu der Frage der Parteizugehörigkeit: Die Fraktionen sind nicht gehalten, ihre Parteimitglieder zu nehmen. Das ist zumindest kein offizielles Kriterium der Auswahl.

Otwin Massing

Ich möchte ein gewisses Unbehagen zum Ausdruck bringen, das ich daran festmache, daß zwischen dem Podium und dem, was Herr Plöhn vorgetragen hat, eine gewisse Differenz besteht, um es vorsichtig zu sagen. Ich bin nun kein Parlamentarier und habe also kein betriebswirtschaftliches Interesse der Arbeitsoptimierung. Ich verstehe das auch sehr

132

gut, was das Podium hier versucht, nämlich Optimierungsstrategien zu entwickeln, um daraus für die eigene Arbeit zu lernen. Ich bin aber Mitglied dieser Vereinigung, der Deutschen Vereinigung für Parlamentsfragen, und ich bin schon an dem Schicksal, an dem Wohlergehen und an der Weiterentwicklung des parlamentarischen Systems oder des Parlamentarismus interessiert. Ich glaube, wenn man sich in der Lobby soeben umgehört hat, hat man erfahren, daß die meisten davon überzeugt waren, alles das, was hier zum Recht parlamentarischer Untersuchungsausschüsse gesagt wird, sei mehr oder minder vertane Zeit, sei eigentlich überflüssig. Zumindest sind es Nachhutgefechte. Es ist eigentlich fast durchgängig Augenwischerei. Ich will das erläutern.

Ich sagte: Nachhutgefechte. Die Untersuchungsausschüsse kommen in einem Moment zur Geltung, in dem das Kind in den Brunnen gefallen ist, in dem sozusagen das Defizit des parlamentarischen Systems in einem gewissen Sinne als singulärer Fall oder als Strukturdefizit deutlich geworden ist. Nun fängt man an, das Instrumentarium, das man hat – das Recht solcher Untersuchungsausschüsse –, zu verbessern. Ich nenne das den Versuch, symbolisch Politik auszuüben, im Grunde zu besänftigen. Es ist der Versuch, nicht nach Effektivitätskriterien zu verfahren und danach zu fragen, sondern nach zwei Richtungen eine Art Selbststilisierung zu betreiben. Einerseits ist es die Opposition, die sich selbst stilisiert, insbesondere wenn sie die Initiative ergriffen hat. Das ist eigentlich das Modell des 19. Jahrhunderts. Aber ich glaube, daß das Parlament in der Situation, in der es zunehmend als Block, als parlamentarisches System in Opposition gerät, genauer gesagt in Konkurrenz zur Öffentlichkeit gerät, und zwar zu einer formierten Öffentlichkeit – damit ist die ganze mediale Struktur gemeint –, eine neue Selbststilisierungsstrategie entwickelt. Das ist die Selbststilisierung als Ganzes, als parlamentarisch-politisches System. In dieser Situation sind wir eigentlich heute. In der Situation versucht das Parlament, sich auf Teufel komm raus – da kommt jetzt die Konjunkturzyklen-Theorie ins Spiel – zu rechtfertigen und das Legitimationsdefizit aufzuarbeiten, das es an sich selber feststellt und das ihm in der Öffentlichkeit tatsächlich entgegengehalten wird, um auf diese Weise zu einer Art Selbstreinigung zu kommen.

Ich behaupte – ich glaube, das ist auch hier im materiellen Gehalt dargelegt worden –, daß es in Wahrheit keine solchen Selbstreinigungseffekte gegeben hat; allerdings auf der symbolischen Ebene. Es ist dargestellt worden, daß man daraus – vielleicht im Sinne einer Optimierung von Rechtsinstrumenten – etwas gelernt hat. Aber man hat an dem System überhaupt nichts ändern können. Das ist ja das Interessante, das uns heute Herr Plöhn dargestellt hat, daß wir so etwas wie Konjunkturzyklen solcher singulärer Fälle bzw. Problemkomplexe hatten. Ich meine, daß das Parlament der Situation gegenübersteht und davon umgetrieben wird, daß es Angst vor der Erosion der eigenen Kompetenz hat. Die anderen Medien sind im Untersuchen besser, sie sind schneller, und sie sind sozusagen auch eher geeignet, die Öffentlichkeit zu bedienen. Das Parlament kommt zu spät. Das Problem, das dann an der Feldertheorie festzumachen wäre – Bau-, Immobiliensektor, Müllentsorgung; das, wo das große Geld eine Rolle spielt –, würde dann lauten: die Tendenz im parlamentarischen System oder die Gefahr der Balkanisierung. Das Parlament hat also im Grunde Angst davor – die Untersuchungsausschüsse sind Ausdruck dieser Angst –, daß es an Entscheidungssouveränität verliert, und daß diese Entscheidungssouveränität beispielsweise in die Ökonomie oder sonst wohin ausgewandert ist, daß es sich aber sozusagen die letzten Reste wieder zurückholt, um diesem Legitimationsdefizit, dieser Tendenz zur Balkanisierung zu entgehen.

In Wirklichkeit wird nichts erreicht. Wir könnten – machen Sie doch einmal den Test – es eigentlich mit der Untersuchung lassen, es sei denn – jetzt kommt der Punkt auf die Öffentlichkeit bezogen –, wir befriedigen ein öffentliches Bedürfnis. Das Volk will sozusagen stillgestellt werden, will das Gefühl bekommen – mehr ist es eigentlich nicht –, die gehen der Sache nach. Sie als Parlamentarier wissen alle, und damit rechnen Sie alle: In einem Jahr oder in zwei oder in drei Jahren ist es längst vergessen. Ich behaupte, die allermeisten, die hier sind, haben die tausend, die zehntausend oder wieviel Seiten es inzwischen sind, nicht gelesen. Was heißt das? – Es ist in der Tat Arbeit für die Katz, und das spricht nicht für das parlamentarische System.

Edzard Blanke

Ich will jetzt nicht zur Theorie der Balkanisierung der Parlamente und dem, was dazu noch gesagt worden ist, sprechen. Ich meine nach wie vor, daß die Untersuchungsausschüsse für die Opposition neben dem Gang zu den Verfassungsgerichten, der ja manchmal auch überstrapaziert wird, gewissermaßen ein letztes Mittel sind, wenn sie sonst nicht weiterkommen, wobei sicherlich häufiger die Ankündigung des Untersuchungsausschusses der wichtigste Teil dieser Arbeit ist. Wenn hier und da auch die

Mehrheit des Parlaments mitwirkt oder sogar selbst einen Antrag stellt, dann geschieht das meistens, um sich nicht sagen zu lassen, sie wolle das nicht aufklären.

Was mich reizt, hier noch etwas zu sagen, ist die Theorie von Herrn Professor Schneider. Herr Schneider, der von Herrn Herbst in einer großen Umarmung gleich als Teil der Landtagsverwaltung einsortiert worden ist, wird sich als Hochschullehrer nicht für etwas Besseres, aber doch für etwas anderes halten als Verwaltung. Er hatte die These vertreten, die Zahl der Untersuchungsausschüsse sei ein Gradmesser für das Vertrauen in die Regierung – sicherlich gemeint als Vertrauen der Opposition in die Regierung; je weniger Vertrauen, desto mehr Untersuchungsausschüsse. Wenn die Öffentlichkeit gemeint sein sollte, halte ich das von vornherein für falsch. Wenn die Öffentlichkeit Vertrauen in eine Regierung hat, versucht die Opposition ja gerade, dieses Vertrauen anzukratzen, indem sie Dinge sucht und vielleicht auch mal findet, die dieses Vertrauen angreifen können. Im übrigen, Herr Schneider, wenn diese Theorie richtig wäre, würde sie mich als Angehörigen der CDU am niedersächsischen Beispiel wahrscheinlich mehr freuen als manchen anderen; denn das würde bedeuten, daß in der Zeit von 1976 bis 1982, in der die SPD die einzige Opposition im Parlament war, ein ungeheures Vertrauen in die CDU-geführte Regierung geherrscht hat.

Ich habe, bevor Sie sprachen, eher die Theorie vertreten: Je länger eine monocolore Regierung oder die gleiche Koalition regiert, desto häufiger kommt es zu Untersuchungsausschüssen. Ich habe mit dieser Theorie etwas Schwierigkeiten anhand der vorliegenden Tabelle in bezug auf Berlin und Bremen; aber da haben wir ja etwas über die Mehrheitsregelungen gehört. Bei Bayern muß man sagen: Die CSU regiert da noch nicht ganz so lange, wie sich das in der Vorstellung eingebürgert hat. Ich habe als Student einmal als Zuhörer an Strafverhandlungen als Folge der Spielbankengeschichte teilgenommen. Nach diesem Spielbankenausschuß hat man in Bayern erst einmal generell genug gehabt von Untersuchungsausschüssen; ich könnte das jedenfalls verstehen.

Ein paar Worte zu Niedersachsen im Hinblick auf meine Theorie: Ich glaube, wir sollten auch ein bißchen die jeweilige Wahlperiode und die jeweiligen Regierungszusammensetzungen einbringen. Von 1956 bis 1964 hat es wechselnde Regierungen gegeben. Da habe ich auch nicht soviel eigene Erfahrungen. Ich gehöre dem Haus seit 1970 an; vielleicht auch schon viel zu lange. Von 1965 bis 1970 hat es hier eine große Koalition gegeben. In dieser Zeit sind keine Untersuchungsausschüsse eingesetzt worden. Ich glaube, das liegt eher daran, daß die Zusammensetzung der Opposition, zu der auch die NPD gehörte, wenn die Opposition überhaupt zahlenmäßig für ein Quorum gereicht haben sollte, nicht gerade dazu anreizte, gemeinsam einen Antrag zu stellen. Große Koalitionen haben üblicherweise von sich aus keinen übermäßigen Drang, sich selbst durch Untersuchungsausschüsse zu unterrichten.

Von 1970 bis 1974 waren im Landtag SPD und CDU vertreten, wobei die SPD eine Stimme Mehrheit hatte. Da hat es einen Untersuchungsausschuß gegeben zu den Auswirkungen eines Vorschaltgesetzes zum Hochschulgesetz, weiter eine untersuchungsausschußähnliche Untersuchung eines Hochschulbauvertrages mit der Neuen Heimat.

In der nächsten Periode gab es dann eine Einstimmenmehrheit für eine SPD/FDP-Koalition. In dieser Zeit hat es 1975 den Antrag auf Einrichtung eines Untersuchungsausschusses »Unterrichtsversorgung« gegeben, gegen den ich Bedenken hatte. Es war im Grunde mehr ein Publikumsantrag zum Thema Lehrerversorgung. Zu diesem Antrag finden Sie unter Ziffer 12 der Aufstellung von Herrn Plöhn die etwas ungewöhnliche Randnote: Der Untersuchungsausschuß hat sich nicht konstituiert. Und das, obwohl die Wahlperiode bis 1978 dauerte. Das hatte den Grund, daß sich der Antrag gewissermaßen dadurch erledigt hatte, daß Anfang 1976 die bisherige Opposition durch Wahl eines neuen Ministerpräsidenten während der Wahlperiode die Mehrheit übernommen hatte und dann keinen besonderen Drang mehr verspürte, diesen Ausschuß in die Tat umzusetzen. Man argumentierte: Wir haben ja nun selbst die Akten. Der Bedarf war dann nicht mehr so groß.

In der folgenden Periode von 1978 bis 1982 waren wieder nur die CDU und die SPD im Landtag vertreten. Woran kann es liegen, daß es in dieser Zeit keinen Untersuchungsausschuß gab? Meine These lautet: Wenn eine Opposition noch nicht allzu lange von der Regierungsbeteiligung entfernt ist, hat sie das Gefühl – um das hamburgisch auszudrücken, ich meine im Sinne der am weitesten verbreiteten Zeitung –, Leichen im Keller zu haben. Dies war eben noch sehr kurz danach. Die Theorie von der Erblast wird zwar häufig überstrapaziert, aber so ganz ist sie ja nicht von der Hand zu weisen.

Wir sehen das auch an dem ersten Ausschuß, der in der darauf folgenden Periode, als übrigens zwei weitere Parteien im Parlament vertreten waren, nämlich die FDP und die GRÜNEN, eingesetzt worden ist. Bei dem Thema »Sonderabfallbeseitigung« hat man sich sehr schnell darauf verständigt, daß es ein allgemeines Problem ist. Der Ausschuß ist zum Teil

136

eine Enquête-Kommission gewesen. Er hat schließlich einen einstimmigen Bericht über diese Problematik verabschiedet. Dann häufen sich bei uns etwas die Ausschüsse, wobei der vorläufig letzte zum »Celler Loch« im Grunde nur das Produkt einer Äußerung des neuen Spitzenkandidaten der SPD unmittelbar vor der Wahl war: »Wir werden gleich nach der Wahl ...« Da mußte man hinterher anstandshalber den Ausschuß einsetzen, obwohl, wie mir gesagt wurde, im parlamentarischen Vertrauensmännergremium eigentlich schon alles geklärt war.

Man hat hier im Landtag eine gewisse Sorge vor einer Inflation von Untersuchungsausschüssen im Sinne der Abwertung. Wir haben gerade in der letzten Ältestenratssitzung den Fall gehabt, daß die GRÜNEN einen Untersuchungsausschuß haben wollten. Für sich genommen reicht ihre Zahl nicht aus, um die Einsetzung zu erzwingen. Die GRÜNEN haben mit der SPD gesprochen, und die SPD hat gesagt: Im Augenblick nicht, wir machen das erst einmal so (da geht es um einen Unfall in Gorleben); wenn die Bereitschaft besteht, den zuständigen Fachausschuß so zu konstituieren, daß er öffentliche Sitzungen durchführen kann und auch die Möglichkeit hat, Sachverständige hinzuzuziehen, dann sind wir damit zufrieden, dann setzen wir keinen Untersuchungsausschuß ein. Wenn die Bereitschaft dazu aber nicht besteht, dann setzen wir vielleicht später einen ein.

Ich bin ziemlich sicher, daß wir mit dem Herannahen der Wahlen von 1990 noch den einen oder anderen Antrag zu erwarten haben, was dann meine These bestätigen würde, daß es eigentlich mehr darum geht, das Vertrauen in die Landesregierung, ob es im Lande nun da ist oder nicht, durch eine solche Aktion vielleicht etwas zu untergraben. Ihre These, Herr Schneider, kann ich also nicht so ganz teilen. Meine stimmt sicherlich auch nicht so ganz.

Ich wollte dies nur einmal mit ins Spiel bringen, weil Sie von außen diesen Wechsel der Mehrheiten, die Dauer der Wahlperioden und das Herannahen von Wahlkämpfen nicht so im Blick haben. Ich glaube, das sollte man in die verschiedenen Betrachtungen mit einbeziehen.

Hans-Peter Schneider

Herr Präsident, ich möchte Ihnen nicht widersprechen, aber nach meiner dunklen Erinnerung verdankt der Celler Ausschuß seine Existenz eigentlich nicht der Ankündigung des jetzigen Oppositionsführers, sondern dem »Celler Loch« selbst.

4. Der aktuelle Regelungsbedarf im Recht der parlamentarischen Untersuchungsausschüsse

Erster Vortrag: *Wulf Damkowski*

Wenn es um die Beurteilung eines Regelungsbedarfs und sich daran unter Umständen anschließende gesetzgeberische Aktivitäten geht, ist man angesichts der Diskussion über Normenperfektionismus, Verrechtlichung und Rechtsvereinfachung zunächst gehalten, kurz darzulegen, woraus sich denn der Befund eines Regelungsbedarfs ergibt. In dieser Hinsicht bestehen vor allem drei persönliche Erkenntnisquellen:
- erstens eigene praktische Erfahrungen aufgrund der Teilnahme an mehreren Untersuchungsausschüssen auf Landesebene,
- zweitens die Beobachtung aktueller Konfliktfälle in verschiedenen Untersuchungsausschüssen auf Bundes- und Landesebene und
- drittens die Interpretation gerichtlicher, insbesondere verfassungsgerichtlicher Entscheidungen, die jeweils bestimmte Regelungslücken und -unklarheiten signalisieren.

Solche Lücken und Unklarheiten sind deshalb dann Maßstab für die Einschätzung von Regelungsbedarfen, weil ihre Schließung bzw. Präzisierung geeignet sind, vorbeugend schwierige und zeitraubende Konflikte in Untersuchungsausschüssen und Parlamenten, aber auch gerichtliche Folgestreitigkeiten zu vermeiden. Tendenziell können dann entsprechende Neuregelungen das Kontrollinstrument »Untersuchungsausschuß« auch effizienter gestalten.

Vor diesem Hintergrund soll im folgenden auf fünf Komplexe eingegangen werden, in denen Regelungsbedarf auszumachen ist:
- erstens Regelungen zum Minderheitenschutz,
- zweitens Regelungen zur Durchsetzung parlamentarischer Untersuchungsrechte gegenüber der Exekutive,
- drittens Regelungen zur Reichweite und Grenzen des Eingriffs von Untersuchungsausschüssen gegenüber Privaten,
- viertens Regelungen zu wichtigen, internen Geschäftsordnungsfragen des Ausschusses und
- fünftens Regelungen zur Stärkung der Evaluations- und Innovationskraft, hier insbesondere zum Untersuchungsauftrag von Untersuchungsausschüssen.

138

Die Ausgestaltung des Rechts, einen Untersuchungsausschuß zu beantragen und auch durchzusetzen, als Minderheitenrecht geht auf Art. 34 WRV und dabei nicht zuletzt auf die Vorarbeiten von Max Weber zurück. Wenn auch in der heutigen Parlamentspraxis dieses Minderheitenrecht im Grundsatz unbestritten ist, so liegt das Problem in der Praxis doch häufiger darin, daß versucht wird, dieses Recht bei der konkreten Arbeit von Untersuchungsausschüssen zu unterlaufen und einzuschränken. Gelegentlich bestehen auch berechtigte Bedenken der Parlamentsmehrheit gegen die konkrete Ausübung des Minderheitenrechts.

Von besonderer Bedeutung erscheinen mir drei Probleme, die die Minderheitenstellung bei Einsetzung und Beendigung des Untersuchungsausschusses betreffen.

a) Verfahren im Falle verfassungsrechtlicher Bedenken der Parlamentsmehrheit gegen einen Minderheitenausschuß

Bei einer solchen Fallkonstellation wäre es selbstverständlich nicht angängig, daß die Mehrheit die Einsetzung des Untersuchungsausschusses ablehnt und die Minderheit rechtlos gestellt wäre; denn die Mehrheit ist, wenn ein entsprechender Minderheitenantrag vorliegt, zur Einsetzung verpflichtet. Andererseits können die mehrheitlichen Bedenken durchaus Substanz haben und prüfungsbedürftig sein, z. B. weil Persönlichkeitsrechte oder der sog. »Intimbereich« der Regierung tangiert sein könnten. Für diese Konfliktsituationen wird von der Interparlamentarischen Arbeitsgemeinschaft (IPA) der Vorschlag gemacht, den Einsetzungsantrag an den Rechtsausschuß des Parlaments zur Prüfung zu überweisen. Diese Lösung dürfte aber nicht praktikabel sein, da

– erstens die Prüfung im Rechtsausschuß letztendlich der Mehrheitsentscheidung unterliegt und damit die Minderheitenstellung unterlaufen werden könnte und

– zweitens durch absichtlich zögerliche Verfahrensweise im Rechtsausschuß das Untersuchungsrecht der Minderheit faktisch eingeschränkt oder gar gegenstandslos gemacht werden könnte.

Ein gangbarer Regelungsweg wäre daher, daß

– der Minderheitenantrag im Plenum mehrheitlich abzulehnen ist und

– die Minderheit dann das Recht hat, sich mit diesem Streit an das zuständige Verfassungsgericht zu wenden; von diesem wäre daraufhin über die Bedenken gegen den Einsetzungsantrag zu entscheiden.

b) Mehrheitliche Änderung eines Minderheitenantrags

Das Problem liegt in diesem Fall darin, daß, wenn die Parlamentsmehrheit die Möglichkeit einer wesentlichen Änderung oder Ergänzung des Minderheitenantrags hätte, das Untersuchungsbegehren der Minderheit verfälscht oder durch sog. Befrachtung des Antrags verzögert werden könnte. So haben einige Bundesländer teils geregelt, daß der Minderheitenantrag gegen den Willen der Minderheit nur erweitert werden darf, wenn dadurch keine wesentliche Verzögerung der Untersuchung eintritt – so z. B. Berlin – und wenn der ursprüngliche Untersuchungsgegenstand im Kern erhalten bleibt – so Bayern, Rheinland-Pfalz und Saarland –; teils – so in Baden-Württemberg – ist festgelegt worden, daß der Minderheitenantrag gegen den Willen der Minderheit überhaupt nicht verändert werden darf.

In seinem Beschluß vom 2. August 1978 hat das Bundesverfassungsgericht[1] ähnliche Maßstäbe wie die zuerst genannten Bundesländer entwickelt: Hiernach sind Zusatzfragen – auch wenn diese zu Verzögerungen führen sollten – gegen den Willen der Antragsteller zulässig, »um ein umfassendes und wirklichkeitsgetreueres Bild des angeblichen Mißstandes zu vermitteln«. D. h.: Ergänzungsfragen müssen mindestens denselben Untersuchungsgegenstand betreffen und dürfen diesen im Kern nicht antasten. Unter Berücksichtigung dieser Rechtsprechung und bereits bestehender Regelungen sollte eine Neuregelung sinngemäß wie folgt gefaßt werden: Eine Änderung des Minderheitenantrags gegen den Willen der Minderheit ist nur in Form von Zusatzfragen möglich. Diese Zusatzfragen sind nur zulässig,

– wenn sie denselben Untersuchungsgegenstand betreffen und diesen im Kern unverändert lassen,
– wenn sie nicht zu einer unvertretbaren Verzögerung des Verfahrens führen und
– wenn sie nötig sind, um ein umfassendes und wirklichkeitsgetreueres Bild zum Untersuchungsgegenstand zu vermitteln.

---

1 BVerfGE 49, S. 70 (88).

c) Auflösung eines Minderheitenuntersuchungsausschusses

Grundsätzlich ist es möglich, daß das Plenum einen Untersuchungsausschuß auflöst, obwohl dieser seine Arbeit noch nicht beendet hat. Dies muß im Falle eines Mehrheitsuntersuchungsausschusses auch mit einfacher Mehrheit geschehen können. Anders sollte dies für einen Minderheitenuntersuchungsausschuß geregelt werden. Der Grund liegt darin, daß sonst das Minderheitenrecht eingeschränkt würde bzw. die Minderheit nach der mit einfacher Mehrheit erfolgten Auflösung des Untersuchungsausschusses sofort einen neuen Untersuchungsausschuß erzwingen könnte. Ähnlich der in § 24 Abs. 1 des Bundestagsentwurfes (BTE) getroffenen Bestimmung sollte daher geregelt werden, daß ein Minderheitenuntersuchungsausschuß nur mit der qualifizierten Mehrheit von drei Vierteln der Abgeordneten aufgelöst werden kann.

Regelungen zur Durchsetzung parlamentarischer Untersuchungsrechte gegenüber der Exekutive

Im wesentlichen erscheinen hier zwei Problemkreise, die in der Praxis immer wieder zu Zweifeln Anlaß geben, regelungsbedürftig.

a) Umfang und Grenzen des Aktenvorlagerechts

Unumstritten, wenn auch in Art. 44 GG nicht ausdrücklich erwähnt, steht dem Untersuchungsausschuß als Instrument der Beweiserhebung im Grundsatz das Recht auf Aktenvorlage gegenüber der Exekutive zu. Trotzdem bestehen in diesem Bereich zahlreiche praktische Streitigkeiten zu der Frage, in welchen Ausnahmefällen die Exekutive in zulässiger Weise die Aktenherausgabe verweigern darf. Der Grund liegt darin, daß hier erhebliche Regelungslücken bestehen, die allerdings zunehmend durch die Rechtsprechung geschlossen werden. Unter der Voraussetzung, daß der Untersuchungsausschuß fehlerfrei eingesetzt worden ist, sind inzwischen, insbesondere durch das Bundesverfassungsgericht[2], zwei Ausnahmefälle anerkannt, in denen ein Verweigerungsrecht geltend gemacht werden kann:

---

2   BVerfGE 67, S. 100 ff.

- das Bestehen gesetzlicher Geheimhaltungsvorschriften, soweit zwischen Parlament und Regierung keine wirksamen Geheimhaltungsvorschriften getroffen sind;
- verfassungsrechtliche Kompetenzgrenzen, die sich im wesentlichen aus dem Gewaltenteilungsprinzip ergeben können (Stichwort: »Intimbereich« der Regierung).

Es scheint, als ob die hier skizzierte Tendenz – grundsätzliche Gewährleistung eines Aktenherausgabeanspruchs mit den zwei genannten Ausnahmefällen – sich inzwischen in Literatur und Rechtsprechung einer weitgehenden Akzeptanz erfreut. Die sich damit abzeichnenden Strukturen könnten daher wie folgt in eine Neuregelung eingehen: Die Regierung ist dem Untersuchungsausschuß zur Herausgabe der für die Beweiserhebung erforderlichen Akten verpflichtet. Die Aktenvorlage darf nur verweigert werden

- bei offensichtlichem Fehlen der räumlichen, zeitlichen oder sachlichen Untersuchungskompetenz,
- im Falle des Bestehens von Geheimhaltungsvorschriften (Steuer-, Betriebs-, Sozialgeheimnis sowie Staatswohl im Sinne von § 96 StPO), soweit Parlament und Regierung keine wirksamen Geheimschutzvorkehrungen getroffen haben und
- soweit der Kernbereich der Willensbildung im Kabinett berührt ist.

Im Hinblick auf den Geheimnisschutz hat das Bundesverfassungsgericht die Geheimschutzordnung des Bundestages für ausreichend angesehen. Wollen also die Länderparlamente Aktenherausgabeverweigerungen vorbeugen, so sollten sie für sich vergleichbare Geheimschutzordnungen verabschieden.

b) Aussagegenehmigung für Regierungsmitglieder und öffentlich Bedienstete

Bekanntlich werden vor Untersuchungsausschüssen in großem Umfang Angehörige der Exekutive als Zeugen vernommen. Da die einschlägigen Vorschriften des öffentlichen Dienstrechts durchweg bestimmen, daß jeder Amtsträger zur Amtsverschwiegenheit verpflichtet ist und Aussagen über dienstliche Angelegenheiten nur nach vorheriger Genehmigung zulässig sind, entsteht in der Praxis gelegentlich die Frage, wann die Regierung zur Verweigerung einer Aussagegenehmigung berechtigt ist.

Ein praktisches Problem besteht darin, daß die dienstrechtlichen Verschwiegenheitsvorschriften über die Versagung der Aussagegenehmigung

nicht völlig mit dem in § 96 StPO geregelten Aktenherausgabeverweige-
rungsrecht (»Staatswohl«) übereinstimmen. Es wäre allerdings sinnwid-
rig, das exekutive Verweigerungsrecht hinsichtlich mündlicher und
schriftlicher Informationen, d. h. Akten, unterschiedlich zu regeln, da in
beiden Fällen dasselbe Schutzgut in Rede steht. Eine Neuregelung des
Rechts der Exekutive auf Versagung der Ausnahmegenehmigung von
Bediensteten sollte sich daher auf die wenigen, für das Aktenherausgabe-
verlangen geltenden Ausnahmen beschränken.

*Reichweite und Grenzen des Eingriffs von Untersuchungsausschüssen
gegenüber Privaten*

Es geht hier um Eingriffe in die private Sphäre von solchen Bürgern oder
auch Unternehmen (z. B. HDW in Kiel), die über u. U. für die Beweiserhebung bedeutsames Informationsmaterial verfügen oder die als Zeugen
vor dem Untersuchungsausschuß vernommen werden sollten (z. B. der
Zeuge Lappas im Fall des »Neue Heimat«-Untersuchungsausschusses
oder der Zeuge Mauss in Niedersachsen). In diesen Fragenkreis gehören
aber auch zu schaffende Schutzregelungen zur Stellung des sog. »Betroffenen« im Untersuchungsverfahren.

a) Aktenvorlageverlangen gegenüber Privaten

Auch Private, insbesondere private Verbände und Unternehmen wie etwa
HDW im Falle des »U-Boot«-Ausschusses oder Boehringer im »Georgswerder«-Ausschuß verfügen häufig über Aktenmaterial, das für die
Beweiserhebung des Untersuchungsausschusses wichtig sein kann. Die
Frage ist hier, ob und inwieweit die Aktenherausgabe erzwungen werden
kann, insbesondere ob auch dem Untersuchungsausschuß die Beweissi-
cherungsrechte der Durchsuchung und Beschlagnahme gemäß Strafprozeßordnung zustehen. Wenn auch diese Rechte nicht im engeren Sinne
zur »Beweiserhebung« gehören, so wäre doch in vielen Fällen, wenn der
Untersuchungsausschuß im Konfliktfall auf die Zeugenvernehmung beschränkt werden könnte, das Untersuchungsverfahren sehr schnell ohne
Durchsuchung und Beschlagnahme in seinem Erfolg gefährdet. Deshalb
hält das Bundesverfassungsgericht zu Recht beide Maßnahmen unter der
Voraussetzung für zulässig, daß diese auf Antrag des Untersuchungsaus-

schusses von einem Richter angeordnet werden[3]. Entsprechend sollten Durchsuchung und Beschlagnahme für das Untersuchungsverfahren wie folgt geregelt werden:
- Anordnung von Durchsuchung und Beschlagnahme auf Antrag des Untersuchungsausschusses durch den Richter,
- Vornahme von Durchsuchung und Beschlagnahme durch die Mitglieder des Untersuchungsausschusses selbst, wobei diese sich entsprechend der Interpretation von § 110 StPO auch Dritter, insbesondere des Assistenzpersonals des Untersuchungsausschusses bedienen können.

b) Probleme des Zeugniszwangs

Die Zeugenvernehmung dürfte neben der Aktenvorlage das wichtigste Beweismittel von Untersuchungsausschüssen sein. Da in der Praxis Zeugen nicht immer freiwillig vor dem Untersuchungsausschuß erscheinen, ist die Frage von Bedeutung, in welchem Umfang dem Untersuchungsausschuß Mittel des Zeugniszwangs zur Verfügung stehen; dies wären als Maßnahmen nach § 70 StPO:
- die Auferlegung der durch das Fernbleiben des Zeugen verursachten Kosten,
- die zwangsweise Vorführung,
- die Festsetzung eines Ordnungsgeldes, falls dieses nicht beigetrieben werden kann,
- die Anordnung von Ordnungshaft sowie
- die Beugehaft zur Erzwingung des Zeugnisses.

Zunächst ist unstrittig, daß die ersten drei Zwangsmittel dem Untersuchungsausschuß zustehen. Strittig bzw. unterschiedlich geregelt ist allerdings, wer für die Festsetzung dieser Maßnahmen zuständig ist:
- Teilweise wird angenommen, und dies ist entsprechend landesgesetzlich in Baden-Württemberg, Berlin, Bremen und Nordrhein-Westfalen geregelt, daß diese Zwangsmittel auf Antrag des Untersuchungsausschusses durch das Amtsgericht anzuordnen sind;
- zum Teil wird dem Untersuchungsausschuß selbst die Kompetenz für

---

3 BVerfG, NJW 1984, S. 1345.

die Zwangsmittelfestsetzung gegeben, und so ist faktisch zur Zeit die Rechtslage für den Bundestag und die übrigen Bundesländer.

Diese Unklarheiten und Uneinheitlichkeit sollten durch eine gleichlautende Neuregelung beseitigt werden. Zwar wäre dabei eine Regelung, die dem Untersuchungsausschuß selbst die Zuständigkeit gibt, aus Gründen der Verfahrensbeschleunigung wünschenswert; aber überwiegende Gründe, insbesondere der Rechtseinheit und der unabhängigen richterlichen Überprüfung, dürften doch eher für die gerichtliche Zuständigkeit sprechen.

Eine weitere Frage, die zuletzt beim »Neue Heimat«-Ausschuß im Falle des Zeugen Lappas auftauchte, ist, ob im Rahmen des Zeugniszwangs auch das weitreichende Mittel der Ordnungshaft festgesetzt werden darf. Hier müssen die Rechtsgüter eines angemessenen Zeugenschutzes und der Wahrheitsfindung durch den Untersuchungsausschuß gegeneinander abgewogen werden. In jedem Falle erscheint hier eine Regelung notwendig, die die Beugehaft unter der Voraussetzung richterlicher Anordnung nur als Ausnahmefall im Sinne des Verhältnismäßigkeitsprinzips allenfalls nur dann zulassen sollte, wenn andere, mildere Zwangsmittel erfolglos geblieben sind.

Eine nächste, nicht unwichtige Spezialfrage im Rahmen des Zeugniszwangs ist aufgetaucht im Zusammenhang mit dem Fall »Mauss« in Niedersachsen. Das Problem ist, ob der Untersuchungsausschuß eines Landesparlaments auch Zwangsmittel gegenüber Personen hat, die ihren Wohnsitz außerhalb des räumlichen Zuständigkeitsbereichs des Untersuchungsausschusses haben. Zu dem Fall »Mauss« haben das Oberverwaltungsgericht Lüneburg und der Niedersächsische Staatsgerichtshof eine sehr restriktive Rechtsprechung entwickelt[4]. Danach können Zwangsmittel nur gegenüber solchen Personen angeordnet werden, die der Landesgewalt unterworfen sind, was regelhaft nur der Fall sei, wenn die Person den Wohnsitz im Land habe oder sonst einen Bezugspunkt zum Landesrecht besitze, insbesondere in dem Bundesland Grundeigentum habe, ein Gewerbe betreibe oder steuerpflichtig sei. Diese einschränkende Auffassung erscheint rechtlich nicht geboten und außerordentlich praxisfremd:
- rechtlich nicht geboten, weil es neben den genannten Bezugspunkten zweifellos noch andere Bezugspunkte einer Person mit Wohnsitz außerhalb des Landes zum Landesrecht gibt, so insbesondere gerade

4 OVG Lüneburg, DÖV 1986, S. 210 ff.; Nds. StGH, DVBl 1986, S. 237 ff.

denjenigen, daß die fragliche Person besondere Kenntnisse über den Gegenstand des Untersuchungsverfahrens hat;

- praxisfremd deshalb, weil diese Rechtsprechung die Wahrheitsfindung von Landesuntersuchungsausschüssen durch Zeugenvernehmung außerordentlich erschweren könnte, da ein Zeuge oft nur seinen Wohnsitz über die Landesgrenze hinweg verlegen müßte, um sich seiner Vernehmung zu entziehen.

Deshalb sollte landesgesetzlich einheitlich geregelt werden, daß die Zeugnispflicht gegenüber einem Landesuntersuchungsausschuß auch für solche Personen gilt, die zwar nicht ihren Wohnsitz im jeweiligen Bundesland haben, aber einen sonstigen persönlichen oder sachlichen Bezug zum Untersuchungsgegenstand besitzen.

c) Die Stellung des »Betroffenen« im Untersuchungsverfahren

Zwar gibt es im Untersuchungsverfahren der Form nach keinen Beschuldigten, aber insbesondere bei sog. Skandalenquêten kann sich das Verfahren doch oft so unmittelbar gegen bestimmte Personen richten, daß diese faktisch in die Lage eines Beschuldigten geraten. Hier müßten zum Schutze solcher Zeugen gesetzliche Regelungen getroffen werden. In einigen Bundesländern ist dies bereits geschehen. Dort, wo diese noch fehlen, könnte die praktikable Bestimmung des § 15 BTE zum Vorbild genommen werden.

Die Struktur dieses Regelungsentwurfs sieht folgendermaßen aus:

- Als Betroffene werden abschließend definiert: der Bundespräsident im Falle eines Untersuchungsausschusses zur Vorbereitung einer Präsidentenanklage; Abgeordnete und Mitglieder der Bundesregierung im Untersuchungsverfahren, das ihre Belastung oder Entlastung zum Ziel hat; Richter im Falle eines Untersuchungsausschusses zur Vorbereitung einer Richteranklage; Personen, gegen die sich aufgrund des Untersuchungsauftrages oder aufgrund einer Feststellung des Untersuchungsausschusses die Untersuchung ganz oder teilweise richtet.
- Betroffene dürfen, soweit sich die Untersuchung gegen sie richtet, nicht als Zeugen vernommen werden und können grundsätzlich ein Aussageverweigerungsrecht geltend machen.
- Betroffene haben das Recht, an der Beweisaufnahme teilzunehmen, sich eines Rechtsbeistandes zu bedienen und vor Schluß der Beweisaufnahme eine Stellungnahme zu den gegen sie gerichteten Vorwürfen abzugeben.

146

In diesem Zusammenhang sollen nur die wichtigsten Fragen, die in der Praxis immer wieder zu Unklarheiten oder Streitigkeiten führen, behandelt werden.

a) Bestimmung des Vorsitzenden und seines Stellvertreters

Die Frage ist hier, wer den Vorsitzenden und Stellvertreter wählt, ob beide unterschiedlichen Fraktionen zugeordnet werden sollten und aus welcher Fraktion der Vorsitzende gewählt wird.
Damit dem gesamten Untersuchungsverfahren mehr parlamentarische Legitimation und persönliches Gewicht verliehen wird, sollte eine Lösung bevorzugt werden, nach der der Vorsitzende und sein Stellvertreter vom Parlamentsplenum gewählt werden. Dabei sollten Vorsitzender und Stellvertreter unterschiedlichen Fraktionen angehören, da so Minderheiteninteressen in der Leitung des Ausschusses berücksichtigt werden und eine ausgewogene Verhandlungsführung besser gewährleistet werden können.
Die Fraktionszugehörigkeit des Vorsitzenden sollte in der Folge mehrerer Untersuchungsausschüsse zwischen den Fraktionen wechseln, um auf diese Weise eine faktische Beherrschung des parlamentarischen Untersuchungsrechts durch die Mehrheitsfraktion zu vermeiden, was praktisch z. B. nach der Hamburger Regelung der Fall ist.

b) Abwahl des Vorsitzenden

Hierzu enthalten sämtliche Gesetze keine Bestimmungen; in der Praxis kann hierfür aber ein sachliches oder persönliches Bedürfnis bestehen, z. B. wegen Befangenheit oder auch Ungeeignetheit des Vorsitzenden. Eine Abwahlregelung sollte allerdings das Recht einer Fraktion, den Vorsitzenden zu stellen, nicht beschneiden. Es könnte daher folgende gesetzliche Bestimmung vorgesehen werden:
– Der Vorsitzende kann in demselben Verfahren, mit dem er bestellt worden ist, also insbesondere durch das Parlamentsplenum, abgewählt werden, wenn zu befürchten ist, daß der Untersuchungsgegenstand in absehbarer Zeit aus Gründen nicht hinreichend aufgeklärt werden kann, die in seiner Person liegen.
– Im Falle der Abwahl bleibt das Recht der jeweiligen Fraktion, den Vorsitzenden zu stellen, unberührt.

c) Ausscheiden von Ausschußmitgliedern

In der Praxis gibt es in der Regel zwei Situationen, in denen Zweifel auftauchen, ob ein bestimmtes Ausschußmitglied weiter dem Untersuchungsausschuß angehören darf, dann nämlich, wenn die Besorgnis der Befangenheit des Abgeordneten bezüglich des Untersuchungsgegenstandes besteht und wenn der Abgeordnete vor dem Ausschuß als Zeuge vernommen werden soll.

Hier ist deshalb ein Regelungsbedarf gegeben, weil ein Verfahren gefunden werden muß, das einerseits der Aufklärungspflicht des Untersuchungsausschusses und andererseits den Interessen des betroffenen Abgeordneten Rechnung trägt. Teilweise bestehen hierzu auch bereits Regelungen: so z. B. in Baden-Württemberg, Berlin, Bremen und Nordrhein-Westfalen. Diese Regelungen überlagern sich aber wieder z. T. mit Vorschriften zur Stellung des Betroffenen. Eine Neuregelung könnte z. B. der Struktur der Berliner Regelung folgen, d. h.:
– Ein Abgeordneter, der an den zu untersuchenden Vorgängen beteiligt ist, scheidet aus dem Ausschuß aus;
– dasselbe gilt, wenn ein Abgeordneter als Zeuge vernommen werden soll. Denn es spricht einiges dafür, daß auch in diesem Falle eine Beteiligung bezüglich des Untersuchungsgegenstandes vorliegt.

Die Rechte des beteiligten Abgeordneten im Verfahren über sein Ausscheiden könnten ebenfalls entsprechend § 4 Abs. 2 und 3 des Berliner Gesetzes geregelt werden.

d) Ausschluß der Öffentlichkeit von der Beweisaufnahme

Hier ist die regelmäßige Praxis von Untersuchungsausschüssen, die Öffentlichkeit während der Beweisaufnahme dadurch erheblich einzuschränken, daß Film-, Funk- und Fernsehaufnahmen untersagt werden. Hiergegen werden in der Literatur[5] im Hinblick auf den verfassungsrechtlichen Öffentlichkeitsbegriff beachtliche Einwände erhoben, und im übrigen ist auch eine derart rigide Praxis von der Sache her nicht geboten. Es sollte daher eine einheitliche Regelung gefunden werden, nach der der Untersuchungsausschuß grundsätzlich uneingeschränkt öffentlich Beweis erhebt (so etwa auch das bayerische Gesetz). Zusätzlich könnte als Aus-

---

5 Vgl. etwa *Binder,* Die »Öffentlichkeit« nach Art. 42 Abs. 1 Satz 1, 44 Abs. 1 Satz 1 und das Recht der Massenmedien zur Berichterstattung, DVBl. 1985, S. 1112 ff.

nahmefall geregelt werden, daß die Öffentlichkeit eingeschränkt oder ausgeschlossen werden kann, soweit dies etwa der Persönlichkeitsschutz eines Zeugen oder die Wahrheitsfindung des Ausschusses erfordert.

e) Sitzungspolizei während öffentlicher Sitzungen

Größtenteils fehlen hierzu ausreichende Regelungen; der Verweis auf den Strafprozeß und damit auch auf das Gerichtsverfassungsgesetz ist für die Besonderheiten des parlamentarischen Untersuchungsverfahrens eher ungenügend. Die bestehende Rechtslage sollte daher durch folgende Neuregelung präzisiert werden:
- Die Sitzungspolizei obliegt dem Ausschußvorsitzenden;
- bei Ungebühr kann der Vorsitzende eine Ordnungsstrafe, aber keine Haftstrafe verhängen;
- hiergegen haben die Betroffenen die Möglichkeit der Beschwerde beim Strafgericht.
Dieser Regelungsvorschlag lehnt sich an die Regelung in Nordrhein-Westfalen (§ 11) an. Andere Landesgesetze wie die in Bremen und Berlin übertragen die Verhängung von Ordnungsstrafen sogleich dem Gericht.

f) Öffentlichkeitsarbeit des Untersuchungsausschusses

Da einzelne Abgeordnete oder auch Fraktionen im Untersuchungsausschuß nicht selten dazu neigen, mit Zwischenergebnissen der Beweisaufnahme vorzeitig an die Öffentlichkeit zu treten – so z. B. zuletzt der Vorsitzende im »Barschel«-Untersuchungsausschuß –, führt diese Frage in der Praxis immer wieder zu erheblichen Streitigkeiten, die die Arbeit des Untersuchungsausschusses behindern können. Andererseits haben Öffentlichkeit und Ausschuß selbst auch ein legitimes Interesse daran, Informationen über die Untersuchungsarbeit zu erhalten bzw. zu geben. Ausdrückliche Regelungen hierzu gibt es zur Zeit nur in Baden-Württemberg und in Nordrhein-Westfalen. Ebenso enthält § 23 BTE einen Vorschlag. Möglicherweise läßt sich die in dieser Hinsicht in den übrigen Bundesländern bestehende Regelungslücke am besten durch Übernahme der abgewogenen Vorschrift in Nordrhein-Westfalen (§ 10) schließen. Diese sieht folgendermaßen aus:
- Über Mitteilungen an die Öffentlichkeit aus nichtöffentlichen Sitzungen entscheidet der Untersuchungsausschuß.
- Vor Abschluß eines Untersuchungskomplexes sollen sich die Untersu-

chungsausschußmitglieder einer öffentlichen Beweiswürdigung enthalten.

– An Pressekonferenzen und Pressemitteilungen sind die Ausschußmitglieder aller Fraktionen zu beteiligen.

Genaue Bezeichnung des Untersuchungsauftrags

Es wird überraschen, daß diese eigentlich an den Anfang gehörende Frage hier am Schluß behandelt wird. Der Grund hierfür liegt darin, daß sich hinter der Forderung nach Präzisierung des Untersuchungsauftrags teilweise auch ein spezifischer Ansatz des Verfassers zur Nutzung von Kompetenzen des Untersuchungsausschusses für parlamentarische Aufgaben der Innovation und Evaluation verbirgt[6]. Bezogen auf die Neuregelungsproblematik hat diese Evaluations- und Innovationsfrage durchaus auch ihren Platz in einer Vorschrift zum Untersuchungsauftrag. Neben der Forderung, den Untersuchungsgegenstand genau zu bezeichnen (so bereits z. B. das Gesetz in Baden-Württemberg), könnte in diesem Rahmen etwa folgende Bestimmung aufgenommen werden: Dem Untersuchungsausschuß sind, soweit dies der Untersuchungsgegenstand zuläßt, Aufträge zu erteilen, die die Kontrolle des Erfolgs bestimmter öffentlicher Maßnahmen und sich daraus ergebende Verbesserungsvorschläge betreffen.

Meine Damen und Herren, ich bin am Schluß: Ich denke und hoffe, daß meine Ausführungen gezeigt haben, daß ein Neuregelungsbedarf besteht. Dieser ist m. E. besonders für den Bundestag und für diejenigen Länder gegeben, die ebenfalls noch keine Untersuchungsausschußgesetze haben. Dies sind Schleswig-Holstein, Hamburg, Niedersachsen, Hessen und Rheinland-Pfalz. Ich würde mich freuen, wenn wenigstens ein Teil der hier vorgesehenen Regelungsvorschläge die Aufmerksamkeit der jeweiligen Gesetzgeber finden würde.

6 Vgl. *Damkowski* (Hrsg.), Der parlamentarische Untersuchungsausschuß, S. 75 ff.

150

Zweiter Vortrag: *Erich Bülow*

Lassen Sie mich mit einer persönlichen Vorbemerkung beginnen: Ich bin zwar Leiter der Abteilung »Öffentliches Recht« im Bundesministerium der Justiz. Die Ansichten, die ich Ihnen jetzt vortragen möchte, geben aber nur meine persönliche Auffassung wieder. Eine im Bundesjustizministerium erörterte und abgestimmte Stellungnahme dürfen Sie von mir nicht erwarten.

Zum Regelungsbedarf im Recht der Untersuchungsausschüsse

Nach meiner Auffassung ist die Frage, ob ein aktueller Regelungsbedarf im Recht der Untersuchungsausschüsse besteht, zu bejahen.
Nach der politischen Diskussion und der Rechtsentwicklung der vergangenen Jahre sprechen überwiegende Gründe für eine Regelung. Dabei denke ich etwa an die Auseinandersetzungen um den Untersuchungsausschuß »Neue Heimat«, insbesondere an den Streit um die Legalität und Legitimität von Teilen seines Untersuchungsauftrages und einzelner Beweisaufnahmen. Ein anderes Beispiel ist der zu Beginn dieser Legislaturperiode wieder eingesetzte »U-Boot«-Ausschuß. Sicherlich haben Sie der Presse entnommen, daß betroffene Firmen sich unter Berufung auf ihre Geschäftsgeheimnisse weigern, Unterlagen vorzulegen. Sie haben dem Ausschuß durch renommierte Anwaltskanzleien mitteilen lassen, die betroffenen Akten seien bei einem – wenn ich richtig unterrichtet bin: nicht genannten – Notar hinterlegt.
Der bestehende Regelungsbedarf wird durch die Rechtsentwicklung in den Bundesländern bestätigt. Es ist kein Zufall, daß Baden-Württemberg (1976/1983), Bayern (1970/1985), Berlin (1970/1974), Bremen (1982), Nordrhein-Westfalen (1984) und das Saarland (1973/1974) gesetzliche Regelungen für Untersuchungsausschüsse geschaffen haben. Auch im Bund gibt es bekanntlich seit vielen Jahren eine Diskussion über eine gesetzliche Regelung, die zuletzt in der vergangenen Legislaturperiode zur Einbringung eines vom Bundestagsausschuß für Wahlprüfung, Immunität und Geschäftsordnung ausgearbeiteten Gesetzentwurfs geführt hat. Im Vorspruch des Gesetzentwurfs (BT-Drs. 10/6587 vom 27.11.86) wird darauf hingewiesen, daß in der Praxis der Untersuchungsausschüsse

»vielfach Rechtsunsicherheiten« auftreten. Auch in dieser Tagung stießen wir ja immer wieder auf Rechtsunsicherheiten in der Praxis. Bei diesem Befund sollte man dann aber mit einer Neuregelung nicht mehr lange zögern.

Zur Zulässigkeit gesetzlicher Regelungen

Das Recht der Untersuchungsausschüsse ist meines Erachtens nicht nur regelungsbedürftig, sondern auch – und zwar durch *Gesetz* – regelungsfähig. Artikel 44 GG sieht zwar den Erlaß eines Gesetzes über Untersuchungsausschüsse nicht ausdrücklich vor. Insoweit unterscheidet sich diese Bestimmung von Artikel 45 c GG, der die Regelung der Befugnisse des Petitionsausschusses einem Gesetz überläßt. Artikel 44 GG ist aber so knapp und so lückenhaft formuliert, daß er nicht als abschließende Regelung des Rechts der Untersuchungsausschüsse angesehen werden kann. Man kann sich sogar fragen, ob der Bereich nicht auch nach der Wesentlichkeitstheorie des Bundesverfassungsgerichts gesetzlich geregelt werden müßte. Ein anderes Problem ist es, ob die Verweisung des Art. 44 Abs. 2 GG auf die StPO dem einfachen Gesetzgeber einen ausreichenden Spielraum für eine sachgerechte Regelung läßt oder ob insoweit eine Verfassungsänderung notwendig ist; darauf möchte ich am Rande meines Vortrags eingehen.
Für eine umfassende Regelung des Rechts der Untersuchungsausschüsse sprechen nach meiner Auffassung jedenfalls gewichtige verfassungsrechtliche Gründe. Sie ergeben sich aus dem Rechtsstaats- sowie dem Gewaltenteilungsprinzip und vor allem auch aus den Grundrechten.

Zum Inhalt gesetzlicher Regelungen

Was den Inhalt einer Regelung anbelangt, so interessiert verfassungsrechtlich zunächst der Problemkreis: »Untersuchungsgegenstand«. Dessen Abgrenzung ist im Hinblick auf die Bürger, die in eine Untersuchung einbezogen werden können, und im Hinblick auf die Tätigkeit anderer Staatsorgane notwendig. Die Gesetze der Länder und auch der Gesetzentwurf aus der vergangenen Legislaturperiode des Bundestages formulieren fast wörtlich übereinstimmend, ein Untersuchungsausschuß habe »die Aufgabe, Sachverhalte, deren Aufklärung im öffentlichen Interesse liegt, zu untersuchen und . . . darüber Bericht zu erstatten«.

152

Man kann bezweifeln, ob dies eine ausreichende Konkretisierung und Legitimierung der Aufgabe von Untersuchungsausschüssen ist. Denn wenn ein Parlament – vielleicht notgedrungen – auf Antrag einer qualifizierten Minderheit einen Untersuchungsausschuß eingesetzt hat, wird sich das öffentliche Interesse an der Aufklärung eines Sachverhaltes kaum noch bestreiten lassen; ist es nicht gewissermaßen mit dem Einsetzungsbeschluß unwiderlegbar bejaht? Außerdem gibt es die verschiedensten Arten von »öffentlichem Interesse«. Nicht alles, womit sich die Tages- und Wochenpresse beschäftigt, ist auch von »öffentlichem Interesse«. Muß das öffentliche Interesse nicht immer auch ein Gemeinwohlinteresse sein?

Die Staatsrechtslehre hat seit langem unterschiedliche Typen von Untersuchungsausschüssen herausgearbeitet. Zumindest zwischen »Gesetzgebungsenquêten« und »Skandalenquêten« gibt es gravierende Unterschiede, selbst wenn sie Gegenstand ein- und desselben Untersuchungsausschusses sind. Man muß deshalb fragen, ob eine gesetzliche Regelung zwischen den unterschiedlichen Typen von Untersuchungsausschüssen differenzieren sollte, anstatt sie ausnahmslos denselben Rechtsvorschriften zu unterwerfen. Denn jedermann wird einleuchten, daß etwa die entsprechende Anwendung der Strafprozeßordnung für die Aufklärung eines Skandals geeigneter ist als für die Sammlung von Material für ein Gesetzgebungsvorhaben. Im Einsetzungsbeschluß müßte deshalb mindestens das öffentliche Interesse näher begründet werden.

Außerdem gibt es Gegenstände, deren Aufklärung zwar im öffentlichen Interesse liegt, aber von Verfassungs wegen nicht einem parlamentarischen Untersuchungsausschuß übertragen werden kann. Ich meine spezifisch strafrechtliche Vorwürfe. Dies ließe sich an einem Beispiel aus dem Jahre 1960 – nämlich dem »Fall Oberländer« – gut illustrieren. Generell sollte gelten, daß die Beantwortung der Frage, ob sich jemand einer Straftat schuldig gemacht hat, nach dem Grundsatz der Gewaltenteilung eindeutig den Gerichten vorbehalten bleiben muß.

Zum Verfahren der Untersuchungsausschüsse

Ein Regelungsbedarf aus rechtsstaatlichen Gründen und aus Gründen des Grundrechtsschutzes besteht vor allem für das Verfahren der Untersuchungsauschüsse.

(a) Zunächst halte ich es für ein rechtsstaatliches Gebot, das Verfahren der Untersuchungsausschüsse soweit wie möglich normativ eindeutig festzulegen. Derzeit gilt ja lediglich, daß auf Beweiserhebungen die Vorschriften über den Strafprozeß sinngemäß Anwendung finden (Artikel 44 Absatz 2 GG). Im Verlauf unserer Tagung ist an Hand einer Reihe von Beispielen dargestellt worden, zu welchen Unklarheiten diese Verweisung im Einzelfall führen kann. Das Bundesverfassungsgericht hat im Flick-Urteil zu der Verweisung gesagt, »sinngemäß« bedeute, daß Art und Umfang der Anwendung der Vorschriften der StPO dem Sinn parlamentarischer Kontrolle durch einen Untersuchungsausschuß entsprechen sollen. Es hat außerdem offengelassen, ob die Worte »über den Strafprozeß« im engeren Wortsinn zu verstehen sind oder ob etwa auch eine Norm der Abgabenordnung noch eine Vorschrift über den Strafprozeß im Sinne des Artikels 44 Absatz 2 GG sein kann.

Nach meiner Auffassung entspräche es dem im Rechtsstaatsprinzip wurzelnden Grundsatz der Normenklarheit, der in engem Zusammenhang mit dem Prinzip der Rechtssicherheit steht, das Verfahren der Untersuchungsausschüsse unzweideutig zu regeln. Das läge nicht zuletzt auch im Interesse des Bürgers, der vor einem derartigen Ausschuß erscheinen soll.

(b) Zum Rechtsstaatsprinzip gehört nach der Rechtsprechung des Bundesverfassungsgerichts auch der Anspruch auf ein faires Verfahren, fair trial. Niemand, kein Beschuldigter und kein Zeuge, darf zum bloßen Objekt eines staatlichen Verfahrens herabgewürdigt werden. Ich räume gerne ein, daß sich die meisten Untersuchungsausschüsse um ein ordnungsgemäßes Verfahren bemühen. Wenn jedoch der Untersuchungsausschuß als Instrument der politischen Auseinandersetzung eingesetzt wird, ist es dann so verwunderlich, daß auch eine Versuchung, zu unfairen Methoden zu greifen, besteht?

Die Ausschußmitglieder sind im Gegensatz zu Richtern in der Regel »befangen«: Sie stehen unter dem Erwartungsdruck ihrer Fraktion. Sind unter solchen Umständen Suggestiv- und Fangfragen, Bloßstellungen von Zeugen und Betroffenen wirklich auszuschließen, und sind die Unschuldsvermutung und das rechtliche Gehör wirklich gesichert? Jedenfalls erscheinen institutionelle Sicherungen unerläßlich.

In erster Linie wird es Aufgabe des Vorsitzenden des Untersuchungsausschusses sein, die Beachtung rechtsstaatlicher Grundsätze sicherzustellen. Eine Reihe von Vorschlägen, aber auch die schon bestehenden Regelungen in den Bundesländern, befassen sich daher mit der Stellung und der

Qualifikation des Vorsitzenden. Die meisten Landesgesetze sehen vor, daß der Vorsitzende die Befähigung zum Richteramt haben soll. Möglich erscheint es auch, den Vorsitzenden nicht durch den Ausschuß, sondern durch das Parlamentsplenum wählen zu lassen, um dadurch seine Stellung gegenüber unfair fragenden Ausschußmitgliedern zu stärken. Die Stellung des Vorsitzenden wird auch dadurch abgesichert, daß ihm selbst kein Stimmrecht im Ausschuß zusteht, wie dies auch von dem in der 10. Legislaturperiode eingebrachten Gesetzentwurf vorgesehen wird (vgl. § 5). Angesichts der Bedeutung des Vorsitzenden sollte – allen verständlichen Bedenken zum Trotz – auch nochmals überlegt werden, ob der Vorsitzende nicht besser kein aktiver Parlamentarier sein sollte.
Derartigen Überlegungen kann man gewiß entgegenhalten, letztlich sei die Persönlichkeit des Ausschußvorsitzenden entscheidend dafür, wie das Verfahren abläuft. Dennoch erscheint es mir grundsätzlich wünschenswert, die quasi neutrale Stellung des Ausschußvorsitzenden zu stärken und damit zugleich auch die Verantwortung zu unterstreichen, die ihm zukommt.

(c) Das schwierigste Problem bildet sicherlich der Schutz der Grundrechte derjenigen Bürger, die als Zeugen oder – wie manche Landesgesetze bereits differenzieren – als Betroffene vor einem Untersuchungsausschuß erscheinen oder ihm Unterlagen zur Verfügung stellen müssen. Der Schutz muß auch für die Parlamentarier gelten, die vor dem Untersuchungsausschuß erscheinen müssen. Sie haben von den Ausschußmitgliedern der Gegenseite kaum Schonung zu erwarten. Immer wichtiger dürfte auch der Schutz des völlig unbeteiligten Dritten werden.
Auch Untersuchungsausschüsse sind gemäß Artikel 1 Absatz 3 GG an die Grundrechte gebunden. Dabei geht es aus der Sicht des Bürgers vor allem um den Schutz seiner Privat- und Geschäftsgeheimnisse vor Offenlegung gegenüber den Mitgliedern des Untersuchungsausschusses und – darüber hinaus – der gesamten Öffentlichkeit. Verfassungsrechtlich sind damit insbesondere das Recht auf informationelle Selbstbestimmung, und, soweit es um den beruflichen und geschäftlichen Bereich geht, Artikel 12 und 14 GG angesprochen.
Das Bundesverfassungsgericht hat im Flick-Urteil hervorgehoben, daß das Beweiserhebungsrecht eines parlamentarischen Untersuchungsausschusses und der grundrechtliche Datenschutz sich auf der Ebene des Verfassungsrechts gegenüberstehen und jeweils im konkreten Fall einander so zugeordnet werden müssen, daß beide soweit wie möglich ihre

Wirkungen entfalten. Das Bundesverfassungsgericht ist der Auffassung, der notwendige Grundrechtsschutz lasse sich in aller Regel durch Vorkehrungen für eine Geheimhaltung der betroffenen Angaben sicherstellen. Das Gericht hat aber auch darauf hingewiesen, daß der grundrechtliche Datenschutz der Offenbarung solcher Informationen entgegensteht, deren Weitergabe wegen ihres streng persönlichen Charakters für den Betroffenen unzumutbar ist. Das Gericht hat hiermit intime Angaben, aber auch Selbstbezichtigungen gemeint (wie sich aus der Verweisung auf das Volkszählungs-Urteil ergibt).

Die bestehenden Landesgesetze und auch der Gesetzentwurf aus der vergangenen Legislaturperiode tragen diesen grundrechtlichen Anforderungen nur insoweit Rechnung, als sie in bestimmten Fällen den Ausschluß der Öffentlichkeit von der Beweisaufnahme zulassen und teilweise gewisse restriktive Regelungen für Mitteilungen an die Öffentlichkeit über nichtöffentliche Sitzungen enthalten. Man wird bezweifeln müssen, ob dies ausreichend ist. Wenn ein Gesetz sagt: Die Öffentlichkeit »kann« (und nicht: »muß«) ausgeschlossen werden, wenn überwiegende Interessen eines Einzelnen dies gebieten, mag dies nur ein sprachlicher Mißgriff sein. Solange aber – jedenfalls von der gesetzlichen Regelung her – nicht hinreichend sichergestellt ist, daß über Sitzungen, bei denen zum Schutz der Grundrechte Betroffener die Öffentlichkeit ausgeschlossen worden ist, später keine Mitteilungen in bezug auf die geschützten Daten erfolgen, wird man von einem wirksamen Grundrechtsschutz schwerlich sprechen können.

Gewiß schließt der grundrechtliche Schutz von Privat- und Geschäftsgeheimnissen deren Offenlegung in einem parlamentarischen Untersuchungsverfahren nicht von vornherein aus. Entscheidend für die verfassungsrechtliche Zuordnung von Beweiserhebungsrecht und Datenschutz kann letztlich nur der Grundsatz der Verhältnismäßigkeit sein. Der mit einer konkreten Beweiserhebung verbundene Grundrechtseingriff ist nur verhältnismäßig, wenn er für die angestrebte Aufklärung geeignet und erforderlich ist; er darf außerdem für den Betroffenen nicht unzumutbar sein. Ist dies nicht eigentlich eine Selbstverständlichkeit? Für den Grundrechtsschutz im parlamentarischen Untersuchungsverfahren wäre es aber sicherlich hilfreich, diese Selbstverständlichkeit auch normativ sichtbar zu machen.

(d) Einen gewissen Regelungsbedarf sehe ich auch im Bereich des Rechtsschutzes gegenüber den Maßnahmen parlamentarischer Untersuchungsausschüsse. Die Regelung des Artikel 44 Absatz 4 GG, wonach die Beschlüsse der Untersuchungsausschüsse der richterlichen Erörterung entzogen sind, gilt bekanntlich nur für den Abschlußbericht, nicht aber für die diesem Bericht vorausgehenden Entscheidungen im Beweiserhebungsverfahren, die gegenüber einzelnen Bürgern Rechtswirkungen erzeugen können. Gegenüber diesen Entscheidungen gilt also die in Artikel 19 Absatz 4 GG verankerte Garantie des Rechtswegs. Nach der gegenwärtigen Rechtslage sind unterschiedliche Rechtswege eröffnet, wie der Fall »Neue Heimat« gezeigt hat. Wird gegen einen Zeugen ein Ordnungsgeld verhängt, weil er nicht erscheint oder weil er die Aussage verweigert, ist der Rechtsweg zu den Verwaltungsgerichten gegeben. Wird aber auf Antrag eines Untersuchungsausschusses ein Zeuge aufgrund eines richterlichen Beschlusses zwangsweise vorgeführt oder in Beugehaft genommen, führt der Rechtsweg zu den ordentlichen Gerichten. Dasselbe gilt, wenn ein Richter die Beschlagnahme von Akten anordnet.

Dieses Nebeneinander der Rechtswege, das sich in erster Linie aus der Verweisung des Artikels 44 Absatz 2 GG auf die sinngemäße Anwendung der StPO ergibt, wird man noch hinnehmen können; es ist jedenfalls aus anderen Rechtsbereichen nicht unbekannt. Problematischer erscheint es mir, daß der Rechtsweg zunächst zu den jeweils untersten Gerichtsinstanzen führt. Man kann mit guten Gründen bezweifeln, ob es den rechtlichen und politischen Implikationen der betroffenen Verfahren gerecht wird, daß zunächst ein einzelner Amtsrichter in Bonn oder anderswo entscheidet, ob die von einem parlamentarischen Untersuchungsausschuß beantragte richterliche Maßnahme unter Abwägung aller Umstände verhältnismäßig ist, ob sich die gewünschte Beweiserhebung im Rahmen des Untersuchungsauftrages hält oder gar, ob ein Untersuchungsausschuß zu diesem Untersuchungsgegenstand überhaupt eingesetzt werden durfte.

Zur Zuständigkeit der Untersuchungsausschüsse

Die Tatsache, daß der Niedersächsische Landtag unser Gastgeber ist, veranlaßt mich, auf einige Probleme hinzuweisen, die ihren Ursprung im System des Föderalismus haben. Dabei denke ich nicht nur an die Fragen, die das OVG Lüneburg mit seiner Rechtsprechung aufgeworfen hat, nach der Zeugenpflichten gegenüber Untersuchungsausschüssen des Niedersächsischen Landtages nur für solche Personen bestehen, die der niedersächsischen Landesstaatsgewalt, nämlich dem räumlichen Machtbereich des Landes Niedersachsen, unterworfen sind. Wie Sie sicherlich wissen, sind diese Fragen inzwischen vor dem Bundesverwaltungsgericht anhängig, nachdem dieses Gericht der Nichtzulassungsbeschwerde gegen das Urteil des OVG Lüneburg stattgegeben hat. Ich möchte daher auf diese Aspekte nicht weiter eingehen. Zur Illustration wäre allenfalls die Frage zu stellen, welche Auswirkungen die Rechtsprechung des OVG Lüneburg wohl für einen Untersuchungsausschuß der Bremischen Bürgerschaft hätte, da vermutlich ein großer Teil der in Bremen zu vernehmenden Zeugen außerhalb der Landesgrenzen wohnt.

Von der rein territorialen Zuständigkeit ist das Problem zu unterscheiden, inwieweit Bundesminister oder Bundesbedienstete vor Untersuchungsausschüssen der Länder und inwieweit umgekehrt Landesminister oder Landesbedienstete vor einem Untersuchungsausschuß des Bundestages aussagen müssen. Eine derartige Aussage kann zwar ein Fall von Amtshilfe gemäß Artikel 35 Absatz 1 GG sein. In diesen Fällen stellt sich aber fast immer die Frage, wann der betroffene Untersuchungsausschuß die sich aus der bundesstaatlichen Kompetenzverteilung ergebenden Grenzen überschreitet. Denn weder darf ein Untersuchungsausschuß des Bundes landesspezifische Vorgänge zum Gegenstand seiner Untersuchung machen, noch darf ein Ausschuß eines Landes Vorgänge aus dem Bereich eines anderen Landes oder des Bundes erforschen. Die Praxis hilft sich hier – mangels gesetzlicher Regelungen – mit entsprechend eingeschränkten Aussagegenehmigungen.

Zur Frage einer Grundgesetzänderung

Hält man sich den aktuellen Regelungsbedarf für das Recht der Untersuchungsausschüsse vor Augen, so steht man vor der Frage, ob eine umfassende allseits befriedigende Regelung ohne eine Grundgesetzänderung möglich sein wird. Die Unzulänglichkeiten der gegenwärtigen Rechtslage beruhen zum Teil darauf, daß für das Verfahren der Untersuchungsausschüsse gemäß Artikel 44 Absatz 2 GG die StPO »sinngemäß« angewendet werden muß. Solange dies gilt, sind dem einfachen Gesetzgeber in wichtigen Punkten die Hände gebunden; jedenfalls würde er sich in einer verfassungsrechtlichen Grauzone bewegen. Muß der Hinweis auf eine wünschbare Grundgesetzänderung die Reformdiskussion abschneiden oder pessimistisch stimmen? Ist eine Reform des Rechts der Untersuchungsausschüsse nicht ohnehin nur dann erfolgreich, wenn hierfür eine breite, interfraktionelle Mehrheit im Parlament gegeben ist?

Für den Fall allerdings, daß zu große Schwierigkeiten für eine Grundgesetzänderung gesehen werden sollten, halte ich es – gegenüber dem jetzigen Zustand – immer noch für besser, daß wenigstens ein einschlägiges Gesetz erlassen wird. Das Bessere sollte nicht zum Feind des Guten, nämlich eines guten Gesetzes, werden.

Auch bei einer gesetzlichen Regelung, ja sogar bei einer Grundgesetzänderung, wird eine vollkommene, allen Interessen gerecht werdende Lösung nicht erreichbar sein. Dann gilt es, sich klarzumachen,

- daß parlamentarische Untersuchungsausschüsse ein wichtiges, notwendiges und – gegebenenfalls präventiv wirkendes – schneidiges Mittel sind, um die Sauberkeit des öffentlichen und politischen Lebens zu erhalten bzw. wiederherzustellen,
- daß ein freies, sein Kontrollrecht wirksam ausübendes Parlament ein hohes Gut darstellt, wobei der Schutz des einzelnen und seine Rechte im Zweifelsfalle mit diesem hohen Gut abgewogen werden müssen.

Das freie Parlament in einem freiheitlichen Staat garantiert auch, daß die Freiheit des Bürgers nicht durch Machtmißbrauch und Behördenwillkür geschmälert wird. Dies sollte so bleiben!

Dritter Vortrag: *Heinz Günther Hüsch*

Ich bedanke mich bei der Sitzungsleitung dafür, daß nach vier Vorträgen aus der Lehre und einem Vortrag aus der distinguierten Sicht eines Beamten des Justizministeriums nun ein Redner zu Wort kommen kann, der ein beteiligter Parlamentarier ist. Eine Vereinigung für Parlamentsfragen müßte eigentlich für die Stärkung der parlamentarischen Rechte eintreten und dürfte nicht nur ein kunstvolles Gebilde vieler juristischer Bedenken aufbauen lassen.

De facto ist die Realität der Untersuchungsausschüsse weit rechtlicher und verfassungskonformer, als dies aus den zahlreichen kritischen Anmerkungen heute erkennbar geworden ist. Mein Petitum ist deshalb, diesem Vogel nicht die Flügel zu schneiden und den verständlichen Verteidigungsinteressen derer, die an der Untersuchung kein Interesse haben, nicht einen derart breiten Raum zu geben, sondern dem öffentlichen

Interesse der Aufklärung mehr Beachtung zu schenken und sehr darauf zu achten, wer vorträgt. Dies als parlamentarische Vorbemerkung.

Ich möchte zu zwei Komplexen sprechen: Beschlagnahme und Beugehaft, die in dem von mir geleiteten Untersuchungsausschuß »Neue Heimat« eine besondere Rolle gespielt haben. Was ich vortrage, möchte ich aber auch vor dem Hintergrund der Tatsache vortragen, daß ich selbst fünf Untersuchungsausschüsse erduldet habe, und zwar drei auf Landesebene und zwei auf Bundesebene in jeweils unterschiedlichen Funktionen.

Zunächst zur Aktenherausgabe. Wie Sie wissen, hat der Untersuchungsausschuß »Neue Heimat« unter anderem von der Beteiligungsgesellschaft für Gemeinwirtschaft (BGAG) die Herausgabe von Protokollen ihrer Aufsichtsratssitzungen verlangt[1]. Der Ausschuß war der Meinung, daß auch ein privates, nicht staatlich geführtes Unternehmen dazu verpflichtet ist, diesem Verlangen nachzukommen, wenn erstens die angeforderten Unterlagen für die Untersuchung von Bedeutung sein können und zweitens das Herausgabeverlangen nicht aus sonstigen, insbesondere verfassungsrechtlichen Gründen unzulässig ist.

Das erste Erfordernis folgt aus §§ 94 Abs. 1 und 95 Abs. 1 der Strafprozeßordnung, auf die Artikel 44 Abs. 2 Satz 1 des Grundgesetzes verweist[2]. Danach ist jeder verpflichtet, der Gegenstände in Gewahrsam hat, »die als Beweismittel für die Untersuchung von Bedeutung sein können« – ich zitiere aus § 94 Abs. 1 StPO –, diese »auf Erfordern vorzulegen und auszuliefern« (§ 95 Abs. 1 StPO). Die Entscheidung, ob die Unterlagen von Bedeutung sein können, obliegt dabei nach der Rechtsprechung des Bundesverfassungsgerichts (BVerfGE 67, S. 100, 128) allein dem Ausschuß. Er darf die Herausgabe immer dann verlangen, wenn er sachliche Anhaltspunkte dafür besitzt, daß die Unterlagen für die Erfüllung des Untersuchungsauftrages relevant sind.

---

1 Zu Einzelheiten vgl. Beschlußempfehlung und Bericht des 3. Untersuchungsausschusses »Neue Heimat« des 10. Deutschen Bundestages, BT-Drs. 10/6779, S. 22 bis 26.

2 Vgl. BVerfG, Beschluß vom 1. Oktober 1987 – 2 BvR 1178/86 u. a. –, S. 56 bis 59; die Rechtsprechung hatte auch schon vor dieser BGAG-Entscheidung Beschlagnahmen im Rahmen parlamentarischer Untersuchungen für zulässig gehalten, so: BVerfG, NJW 1984, S. 1345; BVerfG, NJW 1984, S. 2276; StGH Bremen, DÖV 1970, S. 386; vgl. auch den in Sachen 3. Untersuchungsausschuß »Neue Heimat« ./. BGAG ergangenen Beschluß des LG Frankfurt a.M., NJW 1987, S. 787. In der Literatur ist demgegenüber umstritten, ob Art. 44 Abs. 2 S. 1 GG auch auf die Beschlagnahmevorschriften der StPO verweist, vgl. – verneinend – : v. Mangoldt/Klein, Art. 44 Anm. III 5 b; Maunz, in: Maunz/Dürig/Herzog/Scholz, Grundgesetz, Art. 44 Rdn. 59; bejahend: Schneider, in: Kommentar zum Grundgesetz (Reihe Alternativ-Kommentare), Band 2, 1984, Art. 44 Rdn. 15.

Solche sachlichen Anhaltspunkte lagen – ohne daß ich dies hier in aller Breite ausführen kann – vor. Dies haben nicht nur die Koalitionsfraktionen, sondern auch die Vertreter der Minderheit im Ausschuß so gesehen, und deshalb ist auch der Beschluß auf Herausgabe der Unterlagen einstimmig gefaßt worden[3]. Es gab also keine Minderheiten- und Mehrheitenprobleme.

Die zweite Voraussetzung, nach der das Herausgabeverlangen nicht aus sonstigen Gründen unzulässig sein darf, folgt aus Artikel 1 Abs. 3 und Artikel 20 Abs. 3 des Grundgesetzes. Jeder Jurist weiß, daß kein staatliches Organ Sachverhalte um jeden Preis aufklären darf (BGHSt. 14, S. 365). Das gilt natürlich auch für einen Untersuchungsausschuß. Der Untersuchungsausschuß und seine Tätigkeit stehen unter dem Vorbehalt der Verfassungs- und Gesetzeskonformität[4]. Deshalb hat der von mir geleitete Ausschuß von Beginn seiner Tätigkeit an der verfassungsrechtlichen Rechtslage und dem entscheidenden Gesichtspunkt Rechnung getragen, daß grundrechtswidrige und unverhältnismäßige Beweiserhebungen unzulässig und daher nicht durchzuführen sind. Unter diesem Aspekt war relevant, daß die Herausgabe der angeforderten Unterlagen Grundrechte der BGAG aus Artikel 14, 9 und 2 in Verbindung mit Artikel 19 Abs. 3 Grundgesetz tangierte. Die BGAG leitete hieraus – Professor Meyer wird dies hier möglicherweise noch besser erläutern – die Unzulässigkeit der entsprechenden Beweiserhebungen über ihre Geschäftsinterna her. Der Schutz ihres eingerichteten und ausgeübten Gewerbebetriebes – so lautete eines ihrer zentralen Argumente – verbiete dies; abgesehen hiervon untersage das Grundrecht der Koalitionsfreiheit – Artikel 9 Abs. 3 Grundgesetz – den Einblick in die Aufsichtsratsprotokolle der BGAG, weil hierdurch die Streikkassen der Gewerkschaften des Deutschen Gewerkschaftsbundes ausgeforscht werden könnten und würden. Ich halte diese Argumentation nach wie vor für nicht schlüssig. Der Ausschuß vertrat denselben Standpunkt.

Zunächst zur Klarstellung der Tatsachen: Es ging dem Ausschuß nicht darum, einen Blick in die Streikkassen zu werfen, auch nicht darum, die wirtschaftliche und geschäftliche Situation aller Konzerngesellschaften der BGAG – wie etwa der Bank für Gemeinwirtschaft oder der Volksfür-

---

3 Beschlußempfehlung und Bericht des 3. Untersuchungsausschusses »Neue Heimat«, a.a.O. (Fn. 1), S. 2 (Tz. 19) und S. 342 (Tz. 6).
4 BVerfGE 67, S. 100 (142); BVerfG, Beschluß vom 1. Oktober 1987 – 2 BvR 1178/86 u. a. –, S. 54.

sorge – in Erfahrung zu bringen. Der Ausschuß hat dies in einem Be-schluß ausdrücklich klargestellt[5].

Wichtiger als diese faktische Seite erscheint mir aber – gerade auch im nachhinein – die rechtliche Bewertung. Die Tatsache, daß Grundrechte tangiert sind, bedeutet nicht, daß damit a priori jedes Herausgabeverlan-gen verfassungswidrig wäre. Dem Schutz der Geschäftssphäre kommt kein automatischer Vorrang vor dem parlamentarischen Untersuchungs-recht zu, wie es umgekehrt auch selbstverständlich keinen absoluten Vor-rang des Untersuchungsrechts gegenüber den Grundrechten gibt. Dieser Ausgangspunkt scheint mir heute sowohl von der Rechtsprechung[6] als auch in der Literatur[7] einhellig akzeptiert zu sein. Danach kommt es für das konkrete Verfahren darauf an, beide Verfassungsgüter – Grundrechte einerseits und Untersuchungsrecht andererseits – so zuzuordnen, daß beide soweit wie möglich ihre Wirkung entfalten können.

Nun bietet das Postulat der praktischen Konkordanz zwar einen Lö-sungshinweis, aber nicht die Lösung des Problems. Für den Praktiker – ich spreche hier als ein solcher – beginnt hiermit erst die eigentliche Arbeit, weil er entscheiden muß, wie, mit welchen Mitteln und mit wel-cher Methode den ambivalenten Zielvorgaben »Grundrechtsschutz und Aufklärungsinteresse« Rechnung zu tragen ist. Der Ausschuß »Neue Heimat« hat sich hierzu in erster Linie an der »Flick-Entscheidung« des Bundesverfassungsgerichts orientiert. In dieser Entscheidung hat das Ge-richt – wie Sie alle wissen – die praktische Konkordanz so hergestellt, daß es die Möglichkeit eines wirksamen Geheimschutzes entscheidend be-rücksichtigt hat. Die zentralen Passagen des Urteils lauten:

> »Die Bedeutung, die das Kontrollrecht des Parlamentes sowohl für die parla-mentarische Demokratie als auch für das Ansehen des Staates hat, gestattet in aller Regel dann keine Verkürzung des Aktenherausgabeanspruches zugun-sten des Schutzes des allgemeinen Persönlichkeitsrechtes und des Eigentums-schutzes, wenn Parlament und Regierung Vorkehrungen für den Geheimnis-schutz getroffen haben . . . und wenn der Grundsatz der Verhältnismäßigkeit gewahrt ist.«[8]

5 Vgl. Beschlußempfehlung und Bericht des 3. Untersuchungsausschusses »Neue Hei-mat«, a.a.O. (Fn. 1), S. 23 (Tz. 20).
6 Dieser Ansicht sind auch die Gerichte in dem Beschlagnahmeverfahren 3. Untersu-chungsausschuß »Neue Heimat« ./. BGAG gefolgt, vgl. BVerfG, Beschluß vom 1. Oktober 1987 – 2 BvR 1178/86 u. a. – LG Frankfurt a.M., NJW 1987, S. 2276.
7 Vgl. aus der jüngeren Literatur: *Joachim Linck,* Untersuchungsausschüsse und Privat-sphäre, in: ZRP 1987, S. 11 (16); *Joachim Vetter,* Verfassungsrechtliche Grenzen der Beweiserhebung parlamentarischer Untersuchungsausschüsse, in: DÖV 1987, S. 426.
8 BVerfGE 67, S. 100 (144).

Der Ausschuß ist davon ausgegangen, daß diese Ausführungen sinngemäß auch für das Beweiserhebungsrecht gegenüber Privaten gelten[9]. Ich
folgere daraus, daß ein Untersuchungsausschuß im Rahmen seines Auf-
trages prinzipiell einen umfassenden Informationsanspruch auch gegenüber privaten Unternehmen besitzt, jedenfalls dann, wenn – wie im Fall
der Neuen Heimat – die Tätigkeit des Unternehmens in erheblichem
Umfang steuerlich begünstigt ist und die Geschäftsführung ohnehin der
Überprüfung durch staatliche Stellen unterliegt[10].

Der Informationsanspruch entfällt allerdings dann, wenn die Beweiserhebung unverhältnismäßig im engeren Sinne, also nicht erforderlich ist, weil
der Sachverhalt bereits aufgrund anderer Beweismittel geklärt worden
ist. Professor Schröder hat – wenn ich das richtig verstanden habe – die
These vertreten, unverhältnismäßig sei es schon dann, wenn das Parlament von der Regierung eine Antwort erwarten könne. Dogmatisch wie
auch politisch ist das nicht richtig; denn in der Regel richten sich die
Untersuchungsmaßnahmen ja gegen das Verhalten der Regierung.
Warum sollte man ihren Erklärungen im Rahmen der Untersuchungsvorgänge einen übergroßen Glauben schenken, obwohl sie ja in der Regel
auch die Betroffene ist?

Der Informationsanspruch entfällt auch dann, wenn die Beweiserhebung
unzulässig ist, weil Grundrechte unverhältnismäßig beeinträchtigt werden oder wenn ein wirksamer Diskretionsschutz nicht gewährleistet ist.
Auf diesen Gesichtspunkt sind meine Vorredner so gut wie nicht eingegangen.

Aus eigener Erfahrung als Mitglied von fünf Untersuchungsausschüssen
– von denen der »Flick«-Ausschuß die Höchstleistung an Indiskretion
darstellte – weiß ich um die Schwierigkeiten, einen wirksamen Grundrechtsschutz für betroffene Zeugen – gerade auch in der Konfrontation
zwischen Mehrheit und Minderheit – zu garantieren. Dies weiß ich auch
aus meiner Tätigkeit als Vorsitzender eines Untersuchungsausschusses.
Er wird immer wieder bedrängt, Beweiserhebungen in grundrechtswidri-
gerweise in Bereiche des Privat- oder gar des Intimlebens auszudehnen.
In der Regel wird dies von der Minderheit gefordert. Ich erinnere daran,
daß es die Minderheit im »Flick«-Ausschuß war, die auch unter Einschaltung des Bundesverfassungsgerichts letztendlich Einblick in ca. 55 Bände

---

9 Ebenso: *Vetter*, a.a.O. (Fn. 7), S. 426.
10 Das BVerfG hat dies in seinem Beschluß vom 1. Oktober 1987 – 2 BvR 1178/86 u. a. –
ebenso gesehen.

von Beweismaterialien verlangte, von denen man sagte, daß sie kaum rechtsrelevante Tatsachen zum steuerlichen Vorgang, wohl aber die Entscheidungsvorgänge im Hause Flick und die unappetitlichen Details der Tätigkeit von Abgeordneten enthalten würden.

Diese Probleme haben wir – gottlob – im »Neue Heimat«-Ausschuß nicht gehabt. Hier standen für uns andere Fragen im Mittelpunkt, nämlich die, wie den Grundrechten einer juristischen Person, der BGAG, unter Beachtung der verfassungsrechtlichen Vorgaben Rechnung zu tragen sei. Der Ausschuß hat in einem Beschluß ausdrücklich klargestellt, daß er sich verpflichtet, die von der BGAG erlangten Urkunden nur in einer Weise zu verwenden, die die Grundrechtssphäre – unter Beachtung von Artikel 14 und Artikel 9 Grundgesetz – schützt[11]. Deshalb sollten die Protokolle der Sitzungen des Aufsichtsrats der BGAG nach dem genannten Beschluß nur insoweit zu Beweiszwecken verwendet werden, als sie sich auf untersuchungsrelevante Vorgänge bezogen, die die Neue Heimat betrafen, und möglicherweise belegten, daß die Verstöße der Neuen Heimat – übrigens mehr als 200 – gegen das Wohnungsgemeinnützigkeitsrecht durch die BGAG gesteuert worden waren. Alles andere – so der Beschluß des Ausschusses – sollte weder in öffentlicher Sitzung noch im Schlußbericht verwendet werden dürfen und vom Vorsitzenden entsprechend der Geheimschutzordnung des Bundestages als Verschlußsache eingestuft werden. Der Ausschuß ging davon aus, damit die vom Bundesverfassungsgericht geforderte praktische Konkordanz hergestellt zu haben.

Nun zeigte sich aber – das ist ein Rechtsproblem, über das der Vertreter aus dem Justizministerium erstaunlicherweise nicht berichtet hat –, daß bei der Anwendung der Geheimschutzordnung des Bundestages erhebliche Probleme auftraten, so zum Beispiel die Frage, ob diese Geheimschutzordnung tatsächlich auf private Unterlagen auszudehnen ist[12]. Die Geheimschutzordnung des Deutschen Bundestages, die der Verschlußsachenanweisung für die Bundesbehörden nachgebildet ist, sieht für private Angelegenheiten nur die Einstufung in den Geheimhaltungsgrad »VS – nur für den Dienstgebrauch« vor[13]. Das ist keinerlei Sicherstellung. Die höhere Einstufung »VS – vertraulich« oder gar »geheim« ist nach dem

11 Vgl. Beschlußempfehlung und Bericht des 3. Untersuchungsausschusses »Neue Heimat«, a.a.O. (Fn. 1), S. 23 (Tz. 20).
12 *Linck*, a.a.O. (Fn. 7), S. 16, verneint die Anwendbarkeit der Geheimschutzordnung des Bundestages auf rein private Daten.
13 § 2 Abs. 5 der Geheimschutzordnung des Bundestages.

Wortlaut des § 2 der Geheimschutzordnung bei nichtstaatlichen Angelegenheiten in der Regel nicht möglich, weil die Geheimschutzordnung für diese Einstufung verlangt, daß Interessen des Staates bei unbefugter Kenntnisnahme auf dem Spiel stehen[14]. Diese Voraussetzung ist bei privatgeschäftlichen Angelegenheiten nur ausnahmsweise gegeben, wenn z. B. durch die Publizierung von Daten – wie solcher der Rüstungsindustrie oder der der Hochtechnologieforschung – nicht nur private Interessen, sondern auch und zugleich solche des Staates betroffen sind. Dieser Gesichtspunkt führte in bezug auf die BGAG indessen nicht weiter, weil keine staatlichen Interessen bei Bekanntwerden von Geschäftsinterna der BGAG gefährdet worden wären. Deshalb sah sich der Ausschuß zunächst daran gehindert, förmlich die »geheime« Behandlung zuzusagen. Er begnügte sich getreu den Regeln der Geheimschutzordnung mit der Zusage der Einstufung in »VS – nur für den Dienstgebrauch«. Das Bundesverfassungsgericht hat in seiner einstweiligen Anordnung vom 5. November letzten Jahres darüber hinausgehend entschieden[15], daß der Ausschuß die die Neue Heimat betreffenden Teile der Aufsichtsratsprotokolle nach Aussonderung durch den Ermittlungsrichter als Hilfsorgan des Bundesverfassungsgerichts nur unter der Bedingung erhalten dürfe, daß er diese als »geheim« behandelt und nicht in seinem allgemein zugänglichen Abschlußbericht darstellt. Die vorläufige Entscheidung des Bundesverfassungsgerichts war in der damaligen Verfahrenssituation – als wir vor dem Ende der Legislaturperiode standen und abwägen mußten, entweder einen langwierigen Streit zu führen oder aber doch noch zu Ende zu kommen – meiner Meinung nach weise. Die Entscheidung hat dem Untersuchungsrecht Rechnung getragen und dem Ausschuß den notwendigen Einblick in die Protokolle ermöglicht, ohne dabei Rechtspositionen der BGAG zu vernachlässigen. Andererseits darf mit dieser Entscheidung nicht das letzte Wort zum Thema Aktenherausgabe und Geheimschutz gesprochen sein. Schon aus Zeitgründen hat das Bundesverfassungsgericht in dem einstweiligen Anordnungsverfahren keine umfassende Rechts- und Güterabwägung vornehmen und auch nicht alle Schwierigkeiten ermessen können, die sich aus dieser Entscheidung für die Praxis ergeben[16]. Um insoweit die rechtlichen und tatsächlichen Implikationen

---

14 § 2 Abs. 3 und 4 der Geheimschutzordnung des Bundestages.
15 BVerfGE 74, S. 7.
16 So hätte nicht einmal eine Sekretärin mit der Reinschrift des geheimen Teils des Abschlußberichtes befaßt werden dürfen.

zu erfassen und die Wirkungen des Urteils beschreiben und bewerten zu können, möchte ich die Probleme für die einzelnen Stufen der Beweiserhebung in einem Untersuchungsverfahren abschichten, die in der bisherigen Diskussion zu kurz gekommen sind.

In der ersten Phase der Beweiserhebung – das ist der Zeitpunkt, zu dem der Beweisbeschluß gefaßt wird – kennt ein Untersuchungsausschuß in der Regel weder den Inhalt der angeforderten Unterlagen noch weiß er, ob Geschäfts- oder sonstige Geheimnisse betroffen sind. Dies ist die auch von der Literatur viel beschriebene Phase des »Herumstocherns«[17], in der denkbar ist, daß ein Beweisbeschluß auch solche Akten oder Aktenteile umfaßt, die mit dem Untersuchungsauftrag nichts zu tun haben. Da es keine Vorermittlungen gibt, gibt es auch keine zusätzlichen Erkenntnisquellen. So lag der Fall auch bei dem Herausgabeverlangen gegenüber der BGAG, weil die Protokolle auch solche Vorgänge und Unternehmen (Bank für Gemeinwirtschaft, Volksfürsorge) betrafen, die von dem Untersuchungsauftrag nicht erfaßt waren. In diesen und gleichgelagerten Fällen stellt sich das sachliche Problem, das irrelevante von dem relevanten Beweismaterial zu trennen, und das personelle Problem, wer diese Selektion vornimmt. Zur Lösung kommen fünf Möglichkeiten in Betracht. In der Rangfolge der Verhältnismäßigkeit sind dies:

Erstens: Der Gewahrsamsinhaber – hier: BGAG – nimmt die Selektion selbst vor. Entscheidender Nachteil aber ist: Der Untersuchungsausschuß legt den Grundstein für die Beweisaufnahme und die Beweiswürdigung in die Hände Dritter, deren Tätigkeit er nicht auf sachliche Richtigkeit und Vollständigkeit hin kontrollieren könnte.

Zweite Möglichkeit: Die Selektion wird von einer Person durchgeführt, die das Vertrauen sowohl des Gewahrsamsinhabers als auch des Ausschusses besitzt. Ich halte von diesem Weg sehr viel und habe auch versucht, ihn gemeinsam mit der BGAG zu gehen. Er ist in die Verhandlungen des Verfassungsgerichts als die sogenannte rheinische Lösung eingegangen. Rheinische Lösungen haben den Vorteil, daß sie recht einfach, aber wirksam sind. Aber die Lösung setzt Kooperationsbereitschaft voraus. Sie war auf seiten der BGAG nicht vorhanden.

Dritte Möglichkeit: Ein Richter führt die Trennung des relevanten Beweismaterials vom irrelevanten Beweismaterial im Beschlagnahmeverfahren durch.

17 Dieser Aspekt spielt u. a. eine Rolle in der Diskussion um die Notwendig- und Zweckmäßigkeit eines Vorverfahrens, vgl. hierzu *Rüdiger Kipke*, Die Untersuchungsausschüsse des Bundestages, 1985, S. 207 bis 215 m.z.w.N.

Vierter Weg: Der Vorsitzende und sein Stellvertreter nehmen die Selektion vor (sogenanntes Vorsitzendenverfahren)[18].

Fünftens kommt schließlich in Betracht, daß der Ausschuß Einblick in die Unterlagen nimmt und diese auf ihre Relevanz für den Untersuchungsauftrag hin untersucht.

Das Bundesverfassungsgericht hat sich im einstweiligen Anordnungsverfahren für die Lösung drei in Kombination mit Lösung eins und vier entschieden[19]. Danach hatte der Richter des Amtsgerichts Frankfurt die Auswahl des relevanten Beweismaterials zu treffen und in Zweifelsfällen den Vertreter der BGAG sowie den Vorsitzenden des Untersuchungsausschusses und seinen Stellvertreter hinzuzuziehen. Dieser Weg war gangbar, aber er ist nicht problemlos. Es bestehen Zweifel daran, ob ein Richter – und gar ein junger Vollstreckungsrichter in einem Amtsgericht, ausgerechnet Frankfurt –, der – anders als die Ausschußmitglieder – nicht umfassend in die Untersuchungsmaterie eingearbeitet sein kann, auf Anhieb die Beweisrelevanz einzelner Unterlagen erfassen kann. Sie ergibt sich oft erst aus dem Zusammenspiel und der Kenntnis anderer, dem Untersuchungsausschuß bekannter – dem Richter aber unbekannter – Vorgänge einer langwierigen und Tausende von Seiten umfassenden Beweisaufnahme. Hieraus resultieren nicht nur Unsicherheiten und Zeitverzögerungen – immerhin brauchte der Richter fast zwei Monate für das, was wir in wenigen Minuten erledigen konnten –, sondern – und entscheidend – möglicherweise auch Verkürzungen des verfassungsrechtlich verankerten Untersuchungsrechts, weil Unterlagen selektiert werden, die für den Untersuchungsauftrag zwar nicht auf den ersten, aber doch auf den zweiten und die Zusammenhänge kennenden Blick relevant sind. Insoweit möchte ich ein vorsichtiges Fragezeichen anbringen, ob die praktische Konkordanz nicht zu Lasten des Untersuchungsrechts hergestellt wird, wenn die Selektion in die Hände eines beschlagnahmenden Richters gelegt wird.

Die zweite Beweiserhebungsphase betrifft die Sichtung des vorgelegten relevanten Beweismaterials, in unserem Fall die Aufsichtsratsprotokolle

---

18 Zum Vorsitzenden-Verfahren vgl. BVerfGE 67, S. 100 (139); *Meinhard Schröder*, Das Aktenvorlagerecht parlamentarischer Untersuchungsausschüsse in der Sicht des Bundesverfassungsgerichts, in: ZParl 15. Jg. (1984), H. 4, S. 473 (478); *ders.*, Aktuelle Fragen des Geheimschutzes bei der Heranziehung von Akten im parlamentarischen Untersuchungsverfahren, in: Freiheit und Verantwortung im Verfassungsstaat, Festgabe zum 10jährigen Jubiläum der Gesellschaft für Rechtspolitik, 1984, S. 401 (409).

19 BVerfGE 74, S. 7; nunmehr ebenso BVerfG, Beschluß vom 1. Oktober 1987 – 2 BvR 1178/86 u. a.

der BGAG, soweit sie die Neue Heimat betrafen. In diesem Stadium sind die Beweismittel, die für die Aufklärung des Sachverhalts – eventuell auch nur im Zusammenspiel mit anderen Beweismitteln – geeignet sind, von denen zu trennen, die nicht weiterhelfen. Dieses Problem ist keineswegs neu; das macht jeder Richter. Die Frage ist auch hier, wem diese Kompetenz zusteht. Meines Erachtens haben in dieser Phase solche Lösungsmöglichkeiten auszuscheiden, die darauf hinauslaufen, die Untersuchung – entgegen Artikel 44 Abs. 1 Grundgesetz – nicht in die Hände des Untersuchungsausschusses, sondern in die Hände Dritter zu legen. Aus demselben Grunde kommt in diesem Verfahrensstadium auch das Vorsitzendenverfahren nicht in Betracht, weil das Untersuchungsrecht insoweit nicht zwischen dem Vorsitzenden und den sonstigen Ausschußmitgliedern unterscheidet. Diskretionsgründe sprechen zwar dafür, daß der Ausschuß in der ersten Beweiserhebungsphase die Selektionskompetenz auf den Vorsitzenden und seinen Stellvertreter delegiert und sich auch mit deren Erklärung begnügt, sie hätten Teile der Unterlagen als irrelevant ausgesondert. Aber die Sichtung und Bewertung des relevanten Beweismaterials steht nicht dem Vorsitzenden alleine, sondern dem Ausschuß als ganzem zu, und zwar sowohl aus rechtlichen als auch aus praktischen Gründen. Ich nehme an, Kollege Eylmann wird nachher ein beredtes Klagelied über die Rolle eines Vorsitzenden führen können, der sich einem kämpferischen Obmann der Gegenfraktion ausgesetzt sieht. Jeder weiß, daß ein Untersuchungsausschuß in der Tat ein Kampfinstrument ist. Wer sich einmal in die Gefechtslage hineinbegeben muß, erfährt immer wieder, wie ein Vorsitzender öffentlich unter Druck gesetzt werden kann, und sei es auch nur durch die abenteuerlichen Vorschläge, ihn möglicherweise abzuwählen: Nicht die Tatsache der Abwahl wäre entscheidend, sondern die Tatsache, daß ein Ausschuß – wenn auch nur von einer Minderheit formuliert – ein Mißtrauen aussprechen und fordern kann, daß der Vorsitzende abtreten müsse, hat eine solch entscheidende politische Bedeutung, daß man dem mit rechtlichen Erwägungen allein nicht beikommt. Es ist also schon aus politisch-praktischen Gründen völlig unhaltbar, ein Vorsitzendenverfahren ins Gespräch zu bringen.

Die Entscheidung darüber, ob eine vorliegende, relevante Urkunde zur Klärung des Sachverhalts beiträgt, steht vielmehr dem Ausschuß als ganzem zu. Er hat die Beweise zu würdigen und letztlich ihre Darstellung im Bericht zu verantworten. Beides ist ihm nur dann möglich, wenn alle Ausschußmitglieder alle Beweismittel kennen, die im sachlichen Zusammenhang mit dem Untersuchungsauftrag stehen.

Als Pendant hierzu ist allerdings im Sinne der praktischen Konkordanz umfassender Geheimnisschutz zu gewähren, und zwar schon deshalb, weil Kenntnis sowohl von ungeeignetem Beweismaterial als auch möglicherweise von Betriebs-, Geschäfts- oder sonstigen Geheimnissen genommen wird. Insoweit ist die Entscheidung des Bundesverfassungsgerichts verständlich. Allerdings befindet sie sich auf tönernem rechtlichen Boden, was oft übersehen wird und wohl auch vom Bundesverfassungsgericht bei seiner Eilentscheidung nicht bemerkt worden ist. Erstens ist – wie erwähnt – die Geheimschutzordnung nicht auf private Angelegenheiten gemünzt. Das läßt sich allerdings durch eine Reform der Geheimschutzordnung ändern, wobei sich freilich – was ich nur andeuten will – das praktische Problem stellt, wie man private Vorgänge gegen Offenbarungen wirksam schützen will, jedenfalls dann, wenn die Unterlagen – wie die Protokolle der BGAG – vor der Entscheidung des Bundesverfassungsgerichts bereits einem unbestimmten Kreis, dessen Umfang wir mit etwa 40 Personen ermittelt hatten, zugänglich waren. Es ist ja auch nicht ganz so zufällig, daß ein Mitglied des Ausschusses unmittelbar nach der Entscheidung des Bundesverfassungsgerichtes zum Vorsitzenden sagte: »Ich habe aber schon Protokolle, die du nicht bekommen sollst.« Er hatte sie eben aus dem Kreis der 40 Wissenden erhalten. Das ist ein durchaus zulässiger Vorgang. Ein Abgeordneter darf alles entgegennehmen. Die Frage ist nur, wie er es verwertet. Nicht das Entgegennehmen ist das Problem. Zweitens und wichtiger: Beweiserhebungen sind nach dem Grundgesetz grundsätzlich öffentlich durchzuführen. Artikel 44 Grundgesetz erlaubt allenfalls in Ausnahmefällen nichtöffentliche Sitzungen. Geheime Beweiserhebungen sieht das Grundgesetz dagegen bislang nicht vor, sondern nur nichtöffentliche. Nichtöffentlich ist noch lange nicht geheim. Eigentlich erfolgt in der Praxis das Gegenteil. Ich denke, auch dieses Problem bedarf einer gründlichen Klärung, bevor vorschnell die rechtliche Zulässigkeit geheimer Beweiserhebungen bejaht wird. Schließlich gehört es zu der Errungenschaft der Moderne, daß man öffentlich und nicht im Kabinett verhandelt.

In der dritten und letzten Phase der Beweiserhebung fällt die Entscheidung darüber, welche Beweismittel im Sinne des Beweisergebnisses im Bericht Erwähnung finden. Hierbei kommt es für die praktische Konkordanz auf folgende Gesichtspunkte an, die ich nur kurz skizzieren möchte. Erstens: Beweismittel, die für die Erfüllung des Untersuchungsauftrages nichts hergeben, sind im Bericht nicht zu verwenden und haben weiterhin der Geheimhaltung zu unterliegen. Weil ihre Publizierung nicht erforder-

lich ist, würde die Offenlegung einen nicht zu rechtfertigenden Grundrechtseingriff bedeuten. Dies gilt jedenfalls dann, wenn der Ausschuß
einmütig die Erforderlichkeit der Publizierung verneint.

Aber wann kommt ein Ausschuß bei einem Schlußbericht schon zu einer
einmütigen Entscheidung? Wir haben zum Bereich »Neue Heimat« etwa
220 streitige Schlußentscheidungen anliegen gehabt. Sie können daran
ermessen, was dies für einen Bericht bedeutet. Durchschnittlich jede
zweite Seite ein Streit.

Der Grundsatz wirft also Schwierigkeiten auf, sobald die Notwendigkeit
der Offenlegung im Ausschuß umstritten ist und z. B. von der Mehrheit
verneint, von der Minderheit dagegen bejaht wird. Hier offenbart sich ein
generelles Problem, das darin besteht, daß Grundrechtsschutz und Minderheitsrecht in eine Spannungslage geraten können. Besteht die Minderheit auf Publizierung eines Beweismittels – sei es im Bericht, sei es im
Sondervotum –, das nach Auffassung der Mehrheit nicht erforderlich ist,
so muß die Mehrheit hierauf dennoch auch im eigenen Bericht eingehen
und auch unter Verwendung des Beweismittels darlegen dürfen, aus welchen Gründen sie die Offenlegung für entbehrlich hält. Ich bin mir bewußt, daß in einem solchen Fall die Mehrheit genau das tut, was sie für
entbehrlich und möglicherweise sogar für unzulässig hält, indem sie über
Vorgänge berichtet und an ihrer Publizierung mitwirkt, obwohl es nach
ihrer Auffasung zur Erfüllung des Untersuchungsauftrages nicht erforderlich ist und nicht einmal zulässig wäre. Sollte sie deswegen aber darauf
verzichten, um dann in der Öffentlichkeit als Trottel dazustehen, weil sie
bestimmte Dinge nicht gesehen hat? Das ist ein Problem, das – wenn Sie
den »Flick«-Untersuchungsbericht nachlesen – schon vorgekommen ist.
Aber ich sehe – auch zur Ehrenrettung des Grundrechtsträgers – leider
keinen anderen Ausweg aus dieser potentiellen Spannungslage, es sei
denn, man verletzte die Minderheitenrechte auf ein Minderheitenvotum.
Ich glaube, daß das politisch nicht ernsthaft erwogen werden darf.

Zweitens: Soweit die Erwähnung eines Beweismittels im Schlußbericht
nicht erforderlich ist, weil z. B. der Vorgang aufgrund anderer Beweismittel geklärt ist und dargestellt werden kann, hat die Publizierung privater
Unterlagen ebenfalls zu unterbleiben. Das Beweismittel hat auch in diesem Fall weiterhin der Geheimhaltung zu unterliegen. Die Veröffentlichung ist zur Erfüllung des Untersuchungsauftrages nicht notwendig. Die
Publizierung würde deshalb gegen das Übermaßverbot verstoßen. Freilich stellen sich auch hier vor dem Hintergrund des Mehrheits-/Minder-
heitsverhältnisses dieselben Probleme einer potentiellen Spannungslage

zwischen Grundrechtsschutz und Minderheitsrecht. Die Damen und Herren, die hier zum Minderheitenrecht gesprochen haben, haben diese Fallgestaltung meiner Auffassung nach weder gesehen noch abgehandelt.
Drittens: Soweit es auf Beweismittel für die Erfüllung des Untersuchungsauftrages ankommt, ist zu unterscheiden. Vorgänge, die keine Betriebs-, Geschäfts- oder sonstigen Geheimnisse betreffen, dürfen im Bericht erwähnt und dargestellt werden. Insoweit hat das Untersuchungsrecht Vorrang. Betrifft dagegen das Beweismittel ein Geschäfts-, Betriebs- oder sonstiges Geheimnis, so kommt es für die Beantwortung der Frage, ob es endgültig der Geheimhaltung unterliegt oder im Bericht publiziert werden darf, auf eine umfassende Güterabwägung zwischen dem privaten Diskretionsinteresse einerseits und dem Untersuchungsrecht andererseits an. In diesem Streit werden natürlich nie Einigkeiten hergestellt werden können, weil der Inhaber des Grundrechts die Bedeutung dieses Besitzstandes höher einschätzt als jene, die die Untersuchungen zu führen haben. Für diese Güterabwägung lassen sich meines Erachtens keine exakten, jeden Einzelfall erfassenden Kautelen aufstellen. Wer dies versuchen wollte, der käme zu einer ungeheueren Kasuistik und würde sicherlich auch danach noch offene Stellen lassen. Entscheidende Posten sind auf der einen Seite die Art des zu schützenden Geheimnisses und der drohende Schaden, der durch die Veröffentlichung entstehen kann, auf der anderen Seite die Bedeutung des durch das Beweismittel belegten Vorgangs. Dem Diskretionsinteresse wird man um so größeres Gewicht zumessen dürfen, je mehr sich die Untersuchung dem reinen Privatbereich – bis hin zum Intimbereich – nähert; andererseits wird zu berücksichtigen sein, daß nach der Entscheidung der Mütter und Väter des Grundgesetzes das Untersuchungsrecht vom Öffentlichkeitsgrundsatz lebt und die Wirksamkeit der reinigenden Wirkung des politischen Prozesses »Untersuchungsausschuß« nur im Zusammenhang mit der Öffentlichkeit durchzusetzen sein wird. Ich habe gestern noch die Kritik gehört, daß das Abbrechen der Diskussion über die Vorgänge bei der Neuen Heimat dazu beigetragen hat, daß die deutschen Gewerkschaften dieses Problem immer noch nicht in der gewohnten Weise bereinigt haben und wahrscheinlich – weil es keine öffentliche Diskussion mehr gibt – auch nicht mehr bereinigen werden.
Oft wird die ambivalente Funktion des Öffentlichkeitsprinzips übersehen. Öffentlichkeit sichert zum einen den Zweck des Untersuchungsverfahrens. Eine Untersuchung ohne Offenlegung der Ergebnisse würde diese um ihre eigentliche Wirkung bringen. Öffentlichkeit ermöglicht auch als

einzige eine wirksame Kontrolle der Ausschußtätigkeit. Deshalb bietet Öffentlichkeit auch eine große Chance denjenigen, deren Grundrechtspositionen möglicherweise betroffen wären. Die Öffentlichkeit ist um so wichtiger, als es eine richterliche Überprüfung der Feststellungen der Untersuchungsausschüsse nicht gibt.

Nach meiner Auffassung ist das Bundesverfassungsgericht in seiner einstweiligen Anordnung auf diese komplexen und auf die einzelnen Phasen der Beweiserhebung abstellenden Fragen nicht eingegangen. Es hat pauschal alle die BGAG betreffenden Vorgänge der Geheimhaltung unterstellt. Ein Schlußbericht, der in der Geheimschutzstelle des Bundestages schlummert und nach dem jetzigen Zustand vom Vorsitzenden auch nur deshalb eingesehen werden darf, weil er vom Präsidenten dazu nachdrücklich schriftlich ermächtigt worden ist, kann nicht der Schlußpunkt einer Untersuchung sein. Soviel zum Thema »Aktenherausgabe und Geheimschutz«. Nun möchte ich mich dem Problembereich »Zeugen und Grundrechtsschutz« zuwenden.

Wir haben es dabei mit zwei Fragenkomplexen zu tun. Der erste ist dem ähnlich, wie er sich auch bei der Aktenherausgabe stellt. Es geht darum, daß ein Zeuge zu Vorgängen vernommen werden soll, die Geschäftsinterna eines Unternehmens und dessen Grundrechtssphäre betreffen. Auf diese Problematik ist auch der »Neue Heimat«-Ausschuß gestoßen, als z. B. Geschäftsführer oder Vorstandsmitglieder zu internen Geschäftsabläufen der Neuen Heimat und der BGAG angehört wurden. Die Rechtslage in bezug auf die Aussagepflicht ist eindeutig. Der Zeuge hat die für den Untersuchungsauftrag relevanten Kenntnisse darzustellen. Er unterliegt zwar nach Aktien- und GmbH-Recht der Pflicht, über die Geschäftsinterna Verschwiegenheit zu wahren und sie nicht Unbefugten gegenüber zu offenbaren, aber hieraus folgt nach Auffassung der Rechtsprechung[20] und Literatur[21] kein Zeugnisverweigerungsrecht, weil ein parlamentarischer Untersuchungsausschuß kein Unbefugter, sondern im Sinne der Verfassung der klassische Befugte ist. Erhält deshalb der Untersuchungsausschuß Kenntnis über Geschäftsinterna, so hat für ihre Behandlung im

---

20 Vgl. hierzu nunmehr BVerfG, Beschluß vom 1. Oktober 1987 – 2 BvR 1165/86 –, S. 31; LG Bonn, NJW 1987, S. 790.
21 Aus gesellschaftsrechtlicher Sicht: *Geilen*, in: Kölner Kommentar zum Aktiengesetz, 1985, § 404 Rdn. 79; *Schulze-Osterloh*, in: *Baumbach/Hueck*, GmbH-Gesetz, 14. Aufl., § 85 Rdn. 9; aus strafprozessualer Sicht: *Pelchen*, in: Karlsruher Kommentar zur Strafprozeßordnung, 1982, § 53 Rdn. 2 bis 4; aus strafrechtlicher Sicht: *Lenckner*, in: *Schönke-Schröder*, Strafgesetzbuch, 22. Aufl., § 203 Rdn. 29, jeweils m.z.w.N.

Interesse des Grundrechtsschutzes des betroffenen Unternehmens Vergleichbares wie für diejenigen Kenntnisse zu gelten, die aufgrund schriftlicher Unterlagen gewonnen werden. Also: Vernehmung des Zeugen gegebenenfalls in nichtöffentlicher Sitzung, Geheimhaltung der Betriebs- und Geschäftsgeheimnisse während der Beweiserhebungsphase und Offenlegung im Bericht nur insoweit, als dies erforderlich und nicht unverhältnismäßig ist.

Nun bin ich mir bewußt, daß diese Kautelen im Einzelfall nicht für einen umfassenden Grundrechtsschutz ausreichen können, vor allem auch deshalb nicht, weil die Grundrechtsträger wegen Artikel 44 Abs. 4 Grundgesetz keine Möglichkeit haben, die im Schlußbericht getroffenen, möglicherweise belastenden Feststellungen gerichtlich anzugreifen. Von entscheidender Bedeutung ist daher aus der Sicht eines betroffenen Unternehmens, schon im Laufe des Untersuchungsverfahrens Einfluß auf den Gang der Untersuchungen nehmen zu können. Aus diesem Grunde hat z. B. die Neue Heimat beantragt, gemäß § 18 der IPA-Regeln als Betroffene anerkannt zu werden – Herr Professor Schröder hat darauf Bezug genommen –, um auf diesem Wege das förmliche Recht zu erhalten, jederzeit Fragen an Zeugen richten und Beweisanträge stellen zu können[22]. Der Ausschuß hat diesen Antrag abgelehnt, weil die Stellung eines Betroffenen nach geltendem Recht nur eine natürliche, aber keine juristische Person einnehmen kann. § 18 der IPA-Regeln – die nur angewendet werden, aber kein Gesetz sind – konstruiert hier aus zwei Verfahrensrollen, die nur von natürlichen Personen ausgefüllt werden können, nämlich der des Zeugen und des Beschuldigten im Strafprozeß, eine Mischrolle, um den betroffenen Zeugen – nicht: Dritte – aus dem Kreis anderer Zeugen herauszuheben. So soll ein Äquivalent für die im parlamentarischen Untersuchungsverfahren fehlende Rolle des Beschuldigten getroffen werden.

Aber unabhängig von dieser sich aus § 18 der IPA-Regeln ergebenden Rechtslage hat ein parlamentarischer Untersuchungsausschuß die Grundsätze des fairen Verfahrens und des rechtlichen Gehörs zu beachten. Mein Vorredner hat vom fairen Verfahren, aber nicht vom rechtlichen Gehör gesprochen. Weil das rechtliche Gehör, das nehme ich aus meiner advokatorischen Tätigkeit, ein Zentralrecht in der deutschen Rechtsordnung ist, habe ich unter Nutzung der nicht zu unterschätzenden

---

22 Vgl. im einzelnen Beschlußempfehlung und Bericht des 3. Untersuchungsausschusses »Neue Heimat«, a.a.O. (Fn. 1), S. 21 (Tz. 17).

Gestaltungsbefugnis eines Vorsitzenden im »Neue Heimat«-Ausschuß zu Beginn des Verfahrens widerspruchslos – und deshalb auch gebilligt – folgende Regelungen getroffen: Der Ausschuß wird beachten, daß jeder Zeuge einen Rechtsbeistand hinzuziehen kann. Diesem Rechtsbeistand wird die Teilnahme an den öffentlichen Beweiserhebungen durch Reservierung von Plätzen ermöglicht, und der Ausschuß wird die Beweisanregungen der Neuen Heimat pflichtgemäß prüfen.

Daß diese Regelung sachgerecht war, hat das Oberverwaltungsgericht Münster ausdrücklich bestätigt[23], das im übrigen zu Recht darauf hingewiesen hat, daß aufgrund der IPA-Regeln kein Rechtsanspruch besteht, als Betroffener anerkannt zu werden. Um so wichtiger war die von uns getroffene Präzisierung des Fair-trial-Grundsatzes. Sie war auch praktikabel. Ich habe mir sagen lassen, daß ein damaliger Prozeßbevollmächtigter wiederholt erklärt hat: Waren das doch schöne Zeiten vor dem »Neue Heimat«-Ausschuß.

Wir haben diese Regelung im Laufe des Verfahrens noch erweitert. Der Rechtsbeistand der Neuen Heimat hatte Gelegenheit, auch an den nichtöffentlichen Beweiserhebungen teilzunehmen. Darüber hinaus wurde ihm von Fall zu Fall gestattet, auch an nichtöffentlichen Beratungssitzungen teilzunehmen, wenn die relevanten Fragen der Abgrenzung zur Diskussion standen. Nicht zuletzt hat der Ausschuß sowohl der Neuen Heimat als auch der BGAG unter dem Gesichtspunkt des rechtlichen Gehörs Gelegenheit gegeben, zu Vorgängen und Beweiserhebungen Stellung zu nehmen und die Dinge aus ihrer Sicht darzustellen.

Ein weiterer Fragenkomplex des Themas »Zeugen und Grundrechtsschutz« betrifft den auch im Untersuchungsausschuß »Neue Heimat« praktisch gewordenen Fall, daß ein Zeuge zu Vorgängen befragt wird, an denen er selbst mitverantwortlich beteiligt war. Die Vernehmung kann in einem solchen Fall zu einer öffentlichen Selbstbelastung des Zeugen führen, der dabei leicht in die Rolle eines Angeklagten geraten kann. Das ist ja bei einer Untersuchung der Regierungstätigkeit eigentlich die Regel. Ich sehe derzeit drei Möglichkeiten, einer Überziehung entgegenzuwirken.

Die erste ist mehr informeller Art. Es ist zunächst Aufgabe des Vorsitzenden, auf sachliche, nicht vorverurteilende Methoden der Zeugenvernehmung zu drängen[24]. Aus eigener Erfahrung insbesondere im »Flick«-Aus-

---

23 OVG Münster, DÖV 1987, S. 113.
24 Vgl. auch § 68 a StPO.

schuß weiß ich, wie schwierig dies sein kann. Innerhalb der eigenen Fraktion kann der Vorsitzende intern sehr oft in die Lage kommen, sich gegen ihn erhobene Vorwürfe, daß er zu unparteiisch sei und die Interessen der eigenen Gruppe nicht beachte, verteidigen zu müssen. Dennoch kann er gegenüber der eigenen Gruppe erzieherisch wirken. Gegenüber den anderen Mitgliedern des Ausschusses versagt diese Möglichkeit aber völlig; denn in der Regel werden Rügen des Vorsitzenden im Ausschuß zu heftigen Debatten über die Geschäftsordnung führen. Auch das ist schon unzählige Male passiert. Ich sagte, daß es zu berechtigter oder unberechtigter Kritik an seiner Verhandlungsführung kommt. Dieser Streit stößt in der Öffentlichkeit auf keinerlei Verständnis. Aber trotz dieser Schwierigkeiten meine ich, daß ein Vorsitzender im Interesse der Zeugen diese Bürde auch auf die Gefahr hin, umstritten zu werden, auf sich nehmen muß. Ich erinnere mich noch sehr deutlich an die exzessiven Fragemethoden, die der Abgeordnete Schily bei der Vernehmung des Zeugen Kohl an den Tag legte. Dadurch wurde die Würde des Zeugen beeinträchtigt. Es war sehr schwierig, die Fragemethode zu beschneiden, weil sonst sehr schnell der Eindruck entstanden wäre, man hätte den Kanzler vor einer »unheimlichen« Frage schützen wollen. Auch die Methode, mit der der Vorsitzende Penner die Vernehmung des Zeugen Strauß einleitete, war mehr provokatorischer Natur. Ich finde, so etwas müßte unterbleiben. Zweitens: Das Recht des Zeugen, einen Rechtsbeistand zu haben, muß anerkannt bleiben. Dieses Recht sollte ausgebaut werden.
Drittens ist es schließlich Aufgabe des Ausschusses, die Grenzen der Zeugnispflicht strikt zu beachten. Dagegen wird sehr oft verstoßen, aber bitte beachten Sie folgendes: Die Mitglieder des Untersuchungsausschusses sind nicht der hehre Senat eines obersten Gerichts, sondern Männer und Frauen aus dem Parlament, in das man ungeachtet jeder juristischen Bildung hineingewählt werden kann. Ein Parlamentsausschuß ist eben nur ein Parlamentsausschuß. Es ist auch gut, daß Juristen nicht alles zu sagen haben. Dennoch hat auch im Untersuchungsausschußverfahren das verfassungsrechtlich verankerte Nemo-tenetur-se-ipsum-accusare-Prinzip Geltung, nach dem niemand gezwungen werden darf, sich selbst einer Straftat oder Ordnungswidrigkeit zu überführen. Verfahrensrechtlich findet dieses Prinzip seine Absicherung in § 55 Strafprozeßordnung, wonach jeder Zeuge die Auskunft auf solche Fragen verweigern kann, deren Beantwortung ihm selbst oder einem seiner Angehörigen die Gefahr zuziehen würde, wegen einer Straftat oder Ordnungswidrigkeit verfolgt zu werden. Der Untersuchungsausschuß »Neue Heimat« hat diese Vor-

schrift in Tradition der Praxis des »Flick«-Ausschusses weit ausgedehnt gehandhabt. Das mag Sie angesichts der gegen Alfons Lappas beantragten Beugehaft überraschen, aber Alfons Lappas hatte sich trotz mehrfacher geradezu olympisch geduldiger Belehrung nicht auf § 55 StPO berufen, sondern pauschal jede Aussage verweigert[25]. Soweit jedoch andere Zeugen § 55 StPO anführten, ist dies akzeptiert worden; in einem Fall sogar so weit, daß ein umfassendes Schweigerecht zugebilligt wurde, obwohl § 55 StPO nur das Recht gibt, auf »einzelne« Fragen die Antwort zu verweigern. Ich füge dies an, um das Mißverständnis zu vermeiden, Zeugen würden vor Untersuchungsausschüssen nur in unzulässige Aussagen hineingedrängt.

Ich halte dieses Aussageverweigerungsrecht des Zeugen für einen entscheidenden, aber auch ausreichenden Eckpfeiler des Grundrechtsschutzes. Ein generelles Schweigerecht des betroffenen Zeugen analog § 136 StPO ist nicht notwendig, weil dort, wo es angebracht ist, bereits § 55 StPO ein umfassendes Aussageverweigerungsrecht gibt. Ein weitergehendes Schweigerecht etwa nach dem Vorbild von § 384 ZPO, wonach ein Zeuge die Beantwortung verweigern kann, wenn diese ihm zur Unehre gereichen würde, halte ich nicht für sachgerecht. Es ist nun einmal für Untersuchungsverfahren typisch, daß viele Zeugen in diejenigen Vorgänge, die aufgeklärt werden sollen, involviert sind. Würde ein Untersuchungsausschuß nur solche Antworten erhalten können, die nicht unehrenhaft für die Beteiligten sind, so würde das Untersuchungsverfahren seinen Sinn verlieren, weil umfassende Aufklärungen dann so gut wie nie erreichbar wären, und zwar auch ungeachtet der Tatsache, daß nicht nur vor Gericht und nach der Jagd, sondern auch vor Untersuchungsausschüssen gelogen wird. Ich möchte es mit diesen Bemerkungen bewenden lassen, aber doch noch zwei Thesen zur Abrundung hinzufügen.

Erstens sind Untersuchungsausschüsse auch in Zukunft darauf angewiesen, gegen Zeugen, die das Zeugnis unberechtigt verweigern, Zwangsmittel verhängen bzw. beantragen zu können. Wer das anders sieht, degradiert Untersuchungsausschüsse zu zahnlosen Gebilden, die vom Belieben des Zeugen abhängen. Das kann ein Parlament nicht hinnehmen.

Zweitens muß das Rechtsmittelsystem übersichtlicher und auch straffer gestaltet werden. Dazu haben meine Vorredner bereits gesprochen. Es

---

25 Vgl. im einzelnen Beschlußempfehlung und Bericht des 3. Untersuchungsausschusses »Neue Heimat«, a.a.O. (Fn. 1), S. 26 bis 28 (Tz. 24 bis 33); BVerfG, Beschluß vom 1. Oktober 1987 – 2 BvR 1165/86 –, S. 3 bis 11, LG Bonn, NJW 1987, S. 790.

handelt sich dabei um die Doppelspurigkeit, die beseitigt werden muß, um die Frage der Asymmetrie des Rechtsschutzes, um die Frage der Anfechtbarkeit von Beweisbeschlüssen und schließlich um die Anfechtbarkeit von Verfügungen des Vorsitzenden in der Durchführung von Beweisbeschlüssen. Das Oberverwaltungsgericht Münster[26] hat im einstweiligen Anordnungsverfahren zwar festgestellt, daß Beweisbeschlüsse eines Untersuchungsausschusses keine Verwaltungsakte darstellen, aber gleichzeitig ausgeführt, daß gegen die Maßnahmen des Ausschusses und des Vorsitzenden gegebenenfalls der Verwaltungsrechtsweg gegeben sei. Auch das ist nicht sachgerecht, weil auch hier die Situation denkbar werden kann, daß ein Verwaltungsgericht die Rechtswidrigkeit einer Beweiserhebung feststellt, ohne daß der Untersuchungsausschuß die Möglichkeit des Rechtsmittels hat[27].

Herr Langner hat bereits darauf hingewiesen, daß die Probleme dadurch gelöst werden könnten, daß man das Bundesverfassungsgericht als zuständige Entscheidungsinstanz einbaut, was über eine Änderung des Gesetzes über das Bundesverfassungsgericht sicherlich möglich wäre. Dann müßte das Bundesverfassungsgericht allerdings schneller und zügiger als in früheren Verfahren zum Untersuchungsrecht entscheiden; denn die Fristen des Bundesverfassungsgerichts stehen der Durchführung eines Untersuchungsverfahrens diametral entgegen. Es wäre ein unerträglicher Zustand, wenn Untersuchungsausschüsse ihre Tätigkeit für mehrere Monate oder sogar Jahre aussetzen müßten, weil die Herren Richter nicht zur Entscheidung kommen.

Was auch immer überlegt wird, so ist festzustellen, daß die Untersuchungsverfahren nicht im rechtsfreien Raum stattfinden. Die Untersuchungsausschüsse haben sehr wohl dargestellt, daß sie die Rechte der Grundrechtsträger beachten können und das Recht konform anwenden. Es gibt bisher keine Entscheidung des Bundesverfassungsgerichts, die die Verhaltensweise eines Untersuchungsausschusses in den wesentlichen Kernen beanstandet hätte. Was auch immer in den Stuben der Wissenschaft oder bei der Bundesregierung, die sich aus der Diskussion eigentlich heraushalten sollte, weil es sich hier um Regelungen handelt, die möglicherweise sie selbst betreffen könnten, überlegt wird: Die Effizienz

---

26 OVG Münster, DÖV 1987, S. 115.
27 Vgl. zu diesen Problemkreisen im einzelnen *Fritz Ossenbühl,* Rechtsschutz im parlamentarischen Untersuchungsverfahren, in: *v. Münch/Selmer* (Hrsg.), Gedächtnisschrift für Wolfgang Martens, 1987, S. 177.

der Untersuchungsverfahren darf nicht eingeschränkt werden. Untersuchungsverfahren sind von so eminenter Bedeutung, daß man ihre Beurteilung und die künftige gesetzliche Regelung nicht von mißtrauischen Fallgestaltungen abhängig machen darf, sondern man muß die Untersuchungsverfahren als dynamisch politische Vorgänge sehen, deren Wert oftmals weniger in dem festgestellten Ergebnis als im dynamischen Ablauf liegt. Das darf nun künftig wirklich nicht in juristischer Schönheit sterben!

Podium

Konrad Redeker

Meine erste Berührung mit einem Verfahren, das im Zusammenhang mit einem parlamentarischen Untersuchungsausschuß stand, war hier in Niedersachsen. Dieser Untersuchungsausschuß ist auf der Liste des Herrn Plöhn unter dem Jahr 1964 verzeichnet. Es handelte sich um den sogenannten NTG-Ausschuß. Gestern wurde ein solcher Ausschuß als denkbarer Fall genannt; es hat ihn wirklich gegeben. Alle Parteien hatten den Wunsch, einen außenstehenden Dritten dafür verantwortlich zu machen, daß die NTG, eine dem Land Niedersachsen gehörende Gesellschaft, in Konkurs gegangen war. Der Ausschuß hat dieses Ergebnis in seinem Bericht auch festgestellt. Für diesen Dritten, der dem Ausschuß sinnigerweise aus der Untersuchungshaft vorgeführt wurde, waren die Möglichkeiten, sich dagegen zu wehren, gleich Null. Ich habe dann versucht, den Bericht anzugreifen. Das Ergebnis war ebenfalls gleich Null, weil das Bundesverfassungsgericht dem nicht folgte und auf Art. 44 Abs. 4 GG verwies. Der Dritte ist später in dem Strafverfahren wegen erwiesener Unschuld freigesprochen worden. Die zivilrechtliche Klage der Gesellschaft auf Schadenersatz ist in allen Instanzen abgewiesen worden. Die Entscheidungen beider Gerichte stellten im Ergebnis ungefähr das Gegenteil dessen fest, was im Bericht des Untersuchungsausschusses stand.
Das ist natürlich ein nicht notwendig zu generalisierendes Beispiel. Ich will damit nur zeigen, was auch möglich ist und was aus meiner Sicht, der ich sowohl Untersuchungsausschüsse als auch Dritte, die in anderen

Untersuchungsausschüssen vor schwierigen Fragen stehen, zu vertreten habe, notwendig ist.

Ich bejahe die Notwendigkeit eines Gesetzes, und zwar aus zwei Gründen.

Ich stimme dem, was Herr Hüsch bezüglich der Gestaltung des »Neue Heimat«-Verfahrens gesagt hat, gern darin zu, daß das Verfahren durchweg sinnvoll gewesen sein mag. Aber das Verfahren darf nicht im Belieben des Ausschußvorsitzenden und des Ausschusses stehen, sondern es muß gesetzlich normiert sein. Keine Staatsgewalt in unserem Lande, auch keine parlamentarische Staatsgewalt, kann ohne gesetzliche Grundlage Eingriffe in die Rechte von Bürgern vornehmen. Das ist im Grunde genommen schon eine Verfassungspflicht – Stichwort: Wesentlichkeitstheorie. Es ist aus meiner Sicht eine Notwendigkeit auch für die Ausschüsse.

Ich wage die Behauptung, daß sich unser Parlamentarismus dem Bürger gegenwärtig im wesentlichen durch die Ausschüsse mitteilt. Diese haben inzwischen eine solche Bedeutung gewonnen und sind so spektakulär geworden, daß von ihnen weit mehr Kenntnis genommen wird als von der eigentlichen parlamentarischen Tätigkeit. Wenn das aber so ist und wenn wir weiter konstatieren, daß der Parlamentarismus im Ansehen der Bürger keinesfalls auf aufsteigender, sondern eher auf einer absteigenden Linie ist – ich hatte auf dem letzten Juristentag eine Podiumsdiskussion zu leiten, die sich damit zu befassen hatte –, dann meine ich, die Ausschüsse sollten die Gelegenheit nutzen, sich eine rechtsstaatliche Form zu geben, und zwar eine auch normierte rechtsstaatliche Form, um diesem Ansehensverlust entgegenzutreten.

Von Herrn Hüsch ist die Frage behandelt worden: Was ist das Ziel des Ausschusses? Es gehe nicht um die objektive Wahrheit, sondern um eine politische Objektivität, die dynamisch gefunden werden muß. Politische Objektivität, politische Wahrheit – die Bedeutung dieses Begriffs ist für mich dunkel. Ein dynamisches Finden ist sicherlich etwas, was man schätzen kann und schätzen sollte; aber Dynamik birgt immer die Gefahr, daß in der Dynamik alle Dämme und Grenzen überspült werden. Diese Dämme und Grenzen müssen um so mehr gezogen werden, wenn Dynamik wirklich notwendig ist; sonst kommen wir zu Onkel Bräsig, bei dem die Fixigkeit über die Richtigkeit geht.

Ich meine also, wegen ihres Ansehens sollten die Ausschüsse nicht davon ausgehen, daß sie legibus absolutus seien, aber dennoch Gesetze einhielten; sie sollten vielmehr davon ausgehen, daß sie gezwungen seien, bestimmte Vorschriften einzuhalten. Und die sollten in einem Gesetz stehen.

Zum zweiten Punkt, der Begrenzung der Aufgaben. In dieser Hinsicht bin ich sehr skeptisch. Herr Schröder hat das bereits in seinem Einführungsreferat dargelegt. Ebenso wie mein Kollege Meyer glaube ich nicht, daß es möglich ist, eine Begrenzung der Aufgaben eines Ausschusses in einem Gesetz so zu formulieren, daß es nicht in jedem Fall zur Einsetzung des Ausschusses kommt. Ob man vom öffentlichen Interesse oder vom Gemeinwohl spricht – ich sehe keinen nennenswerten Unterschied. Es ist charakteristisch, daß in dem wohl einzigen Fall, in dem ein Minderheitsantrag von einem Verfassungsgericht abgelehnt worden ist, nämlich in Bayern, das Urteil des bayerischen Verfassungsgerichtshofs allgemein mißbilligt worden ist als ein Weg, auf dem ein Anliegen der Minderheit verhindert worden ist. Ich glaube nicht, daß es in dieser Hinsicht brauchbare Abgrenzungen gibt.

Weil das aber so ist, ist der Schutz des Dritten im Verfahren aus meiner Sicht Verfahrensschutz und kein Sachschutz. Gegen das öffentliche Interesse oder das Gemeinwohl wird er in der Regel nicht angehen können; er muß vielmehr verfahrensrechtlich geschützt werden.

Ich möchte anhand des Gesetzentwurfs, den der Geschäftsordnungsausschuß des letzten Bundestages entwickelt hat – mein einziger Wunsch ist, daß dieser Entwurf so oder so wieder in diesen Bundestag eingebracht wird, damit darüber wirklich verhandelt wird –, einige aus meiner Sicht wesentliche Punkte durchgehen.

Ich würde schon sagen, die Stellung des Vorsitzenden sollte gestärkt werden. Herr Hüsch hat dargestellt, was ein Vorsitzender machen kann. Aber er sollte vielleicht auch eine Rechtsgrundlage dafür haben, das machen zu dürfen. Ferner würde es wahrscheinlich gut sein, wenn der Vorsitzende nicht stimmberechtigt wäre, damit er aus dem Sachstreit herausgenommen wird.

Der Dritte, um den es naturgemäß dem Anwalt geht, der meist mit dem Dritten zu tun hat – sei es, daß er den Dritten vertritt, sei es, daß er den Ausschuß vertritt, der mit dem Dritten streitet –, würde aus meiner Sicht einiges verlangen können, was in einem Gesetz stehen müßte.

Lassen Sie mich mit etwas ganz Primitivem beginnen. In dem Entwurf steht, daß ein Wortprotokoll anzufertigen ist. Das wird wohl in allen Ausschüssen so gemacht. Im Gesetz steht weiter, daß derjenige, der vor dem Untersuchungsausschuß vorsätzlich falsch aussagt, bestraft wird, ausgeformt als selbständiger Tatbestand; jetzt ist es im Strafgesetzbuch sowieso enthalten. Ein Wortprotokoll über eine fünfstündige Vernehmung einer Person ohne Widersprüche halte ich für ausgeschlossen. Ich spreche insoweit wohl aus anwaltlicher Erfahrung. Das Mindeste ist, daß dieses Wortprotokoll vorgelesen wird, ehe der Zeuge entlassen wird. Das geschieht in der Regel nicht. Soweit ich weiß, wird es oft nur nach ein paar Wochen zugeschickt, und der Zeuge mag dann sehen, wie er damit fertig wird. Vielleicht unterbleibt auch das. Wenn also schon ein Wortprotokoll gefertigt wird, dann sollten wir das tun, was bei Gericht bei jedem Amtsrichter selbstverständlich ist: Es muß vorgelesen werden, damit der Zeuge weiß, was er gesagt hat.

Gestern ist die Frage gestellt worden, ob man Betroffene und Zeugen auseinanderhalten solle, wie es der Entwurf tut. Ich würde nachdrücklich dafür plädieren, daß das geschieht. In die Rechtsstellung des Betroffenen müßte auch die juristische Person aufgenommen werden. Denn es ist eine reine Zufälligkeit, ob da eine OHG steht – dann ist es die Person selbst – oder ob es eine juristische Person ist. Die Unterscheidung zwischen Betroffenem und Zeugen halte ich für notwendig. Der Betroffene vor dem Untersuchungsausschuß ist im Grunde viel stärker betroffen als im Strafverfahren, das sich mehr oder weniger unter Ausschluß der Öffentlichkeit abwickelt. Ich erinnere mich an den Vortrag meines verstorbenen Seniors Dahs aus dem Jahre 1959, in dem er die Verbannung des Fernsehens aus dem Gerichtssaal propagiert hat, um den Pranger zu vermeiden. Hier wird der Pranger wieder eingeführt. Auch vor dem Untersuchungsausschuß müßte deshalb der Betroffene, dieser mutmaßliche Beschuldigte, in der Lage sein, sich ganz anders zu wehren, als es dem normalen Zeugen möglich ist. Daß dieser Betroffene möglicherweise nicht von Anfang an feststeht, ist nichts Ungewöhnliches. In jedem Strafprozeß ist es leicht möglich, daß zunächst ermittelt wird und sich im Verfahren herausstellt, daß aus einem Zeugen ein Beschuldigter wird; sofort ergibt sich eine ganz andere Rechtslage.

Als nächsten Punkt möchte ich die Zwangsmittel ansprechen. In den acht oder zehn Stunden dieser Tagung sind bei mir die Zweifel im Hinblick darauf größer geworden, ob bei einer Untersuchungstätigkeit, die der politischen und nicht der objektiven Wahrheit dient, tatsächlich die letzten Zwangsmittel der StPO berechtigt sein können. Ich möchte das nur als Frage anschneiden. Ich habe in dieser Hinsicht Zweifel bekommen. Etwas, was sicherlich notwendig ist – das hat Herr Hüsch mit Recht gesagt; allerdings muß man daraus eine Konsequenz ziehen –, ist das rechtliche Gehör. Es gibt in Hamburg einen Streitfall; Sie kennen die

Judikatur, die dazu erlassen worden ist. Ein Untersuchungsausschuß hat einen Schlußbericht erstattet. Jemand fühlt sich mit Recht durch den Schlußbericht erheblich angegriffen. Er macht geltend: Ich bin gar nicht gehört worden. Ob das berechtigt ist, lasse ich einmal offen. Aber er macht es geltend. Das Gericht prüft dies nicht, weil es aufgrund der Indemnität – oder wie man es nennen will – des Schlußberichts nicht mehr eingreifen kann. Es muß wohl möglich sein, daß ein Schlußbericht verhindert werden kann – zumindest in den entsprechenden Passagen –, wenn er eine Person belastet, die nicht gehört worden ist.

Ein letzter Punkt, der Rechtsschutz: Es liegt in der Natur der anwaltlichen Tätigkeit, daß der Anwalt speziell hiermit zu tun hat. Der gegenwärtige Rechtsschutz ist nicht vom Ergebnis her, jedoch in der Struktur aus meiner Sicht ein Unding. Wir haben drei Varianten: Streitet der Ausschuß mit sich selbst – also Minderheit gegen Mehrheit oder Mehrheit gegen das Parlament oder Minderheit gegen das Parlament –, geht es an das jeweilige Verfassungsgericht. Streitet der Dritte gegen Maßnahmen des Ausschusses, geht es an die Verwaltungsgerichte. Will der Ausschuß Zwangsmittel durchsetzen, für die nach der Strafprozeßordnung der Richter zuständig ist, dann geht es an das Strafgericht. Das klingt theoretisch auseinandernehmbar. Aber jeder, der die Praxis kennt, weiß, daß sich die Verfahren völlig verschränken und verzetteln. So habe ich mit Herrn Schneider in Bückeburg vor dem Verfassungsgerichtshof darüber gestritten, ob die Frage, ob der Zeuge Mauss entschuldigt oder nicht entschuldigt gefehlt hat, so oder so zu beantworten ist. Es ist ein Unding, ein Verfassungsgericht mit einer solchen Frage zu behelligen. Das daneben liegende Amtsgericht wäre eher für eine solche Frage zuständig gewesen.

Ich meine, man müßte Wege finden, diese Rechtsschutzsituation zu lösen oder zumindest zu vereinfachen. Der Entwurf des Bundestages geht diesen Weg nur mühselig, indem er an allen Stellen von einem zuständigen Gericht spricht und schließlich in § 29 bestimmt, zuständiges Gericht sei das erstinstanzliche Gericht der ordentlichen Gerichtsbarkeit am Sitz des Deutschen Bundestages. Damit ist auch nicht gerade sehr viel Klarheit gewonnen, zumal es danach heißt: »Soweit dieses Gesetz nichts anderes bestimmt, ist die Strafprozeßordnung entsprechend anzuwenden.« Das wäre wieder der Amtsrichter.

Meine Erfahrung – ich glaube, ich kann insoweit auch die Erfahrung unseres Strafrechtlers, meines Kollegen Professor Dahs einbringen – ist, daß der Amtsrichter und das Landgericht mit den Fragen, die in diesen

182

Verfahren anstehen, hoffnungslos überfordert sind. Denn was wird ihm gegenüber geltend gemacht? Doch nicht, der Zeuge könne nicht vorgeführt werden. Es wird geltend gemacht, die Einsetzung des Ausschusses sei unzulässig. Der Amtsrichter steht plötzlich vor diesen schwierigen Fragen, die wir gestern und heute zehn Stunden lang erörtert haben, ohne zu wissen, wie sie zu beantworten sind. Er steht auch vor den Fragen, die sich aus dem komplizierten Verhältnis zwischen Mehrheit und Minderheit ergeben. Meines Erachtens sollte man solche Fälle einer Gerichtsbarkeit zuleiten, die immerhin eine gewisse Affinität dazu hat. Deswegen wäre es aus meiner Sicht richtiger, dies alles generell in ein verwaltungsgerichtliches Verfahren zu übernehmen. Das würde auch das Problem lösen, daß sich der Ausschuß gegen eine negative Entscheidung wehren kann. Wir hätten ein echtes streitiges Verfahren Dritter/Ausschuß, und die Verwaltungsgerichte hätten darüber zu entscheiden.

Von mir aus wesentliches Ziel – lassen Sie mich damit an den Anfang anknüpfen – ist das Ansehen des Ausschusses. Wir haben nach den Kieler Affären überall gehört, man wolle über manches neu nachdenken, man wolle über das Ansehen des Parlamentarismus nachdenken. Heute hat dazu niemand ein Wort gesagt, was mich gewundert hat. Denn für einen Außenstehenden wie mich sind das bewegende Fragen. Das Verfahren vor dem Untersuchungsausschuß hat sicherlich den Charakter eines politischen Kampfes. Wir haben das im Jahr 1964 auf dem Juristentag zum erstenmal erörtert. Seinerzeit waren die anwesenden Politiker mit Ausnahme von Herrn Heinemann der Meinung, es ginge um die objektive Wahrheit. Herr Heinemann hat mit einem Satz gesagt: Wollen wir doch still sein, darum geht es nicht. Dann hat er sich wieder gesetzt. Sicherlich mit Recht. Heute ist das nicht mehr im Streit. Aber wenn es so ist, dann sollte man mindestens nach außen hin diesen Streit diszipliniert führen. Deswegen kann ich die Auffassung des Herrn Hüsch nicht teilen, derzufolge die Bestimmung des § 23 Abs. 2 in dem Entwurf – »Vor Abschluß der Beratungen über ein Beweisthema sind öffentliche Beweiswürdigungen unzulässig« – naiv sei. Das mag naiv sein. Aber es ist rechtsstaatlich geboten. Deswegen muß das in einem Gesetz stehen. Ein Abgeordneter muß auch einmal in der Lage sein, einem Journalisten, der ihn nach der Vernehmung eines Zeugen befragen will, zu antworten, ich sage nichts. Das fällt dem Abgeordneten leichter, wenn es ihm durch das Gesetz ausdrücklich verboten ist. Ich würde sagen, eine solche Bestimmung sollte aufgenommen werden. Denn wenn eine Aufklärung durch Ausschüsse überhaupt Sinn hat, dann darf sie keine Vorverurteilung bedeuten. Sonst würde die Tatsache, daß dieser Ausschuß überhaupt keinen anderen Sinn hat, als politische Wahrheiten in der einen oder anderen Richtung zu produzieren, offenkundig. Und das sollte nicht sein. Ich würde sagen, eine solche Bestimmung sollte bestehen bleiben.

Jürgen Jekewitz

Ich spreche aus der Erfahrung der Mitarbeit für eine große Fraktion in vier Untersuchungsausschüssen, und zwar in einem Fall aus der Position der Mehrheit heraus und in drei Fällen auf der Seite der Minderheit oder der Opposition. Das ist ein Untersuchungsausschuß weniger als bei Herrn Hüsch; ich habe aber immerhin zwei davon Herrn Hüsch gegenüber bestritten. Die zählen sicherlich doppelt, so daß ich von daher die gleiche Erfahrung wie er aufweisen kann.
Ich möchte an das anknüpfen, worüber Herr Hüsch und Herr Meyer gestern miteinander gestritten haben. Es mag wie ein Spagat klingen, aber beide haben nach meiner Auffassung recht. Wir brauchen eine rechtliche Regelung, und wir brauchen sie nicht. Das ist kein Widerspruch. Ich will versuchen, das zu erläutern.
Die Diskussion über die bestmögliche Ausgestaltung des Verfahrens muß sich zum einen an der Verfassungsrechtslage orientieren. Das Thema dieser Veranstaltung ist die Frage nach einer Verbesserung des Rechts der parlamentarischen Untersuchungsausschüsse. Tatsächlich gehen die Verfassungen von Untersuchungsausschüssen aus. All das, was gefordert oder vorgeschlagen worden ist hinsichtlich der Beteiligung Dritter, der Abhebung und Neutralisierung des Vorsitzenden, der Übertragung eines Teils der Untersuchungshandlungen und -leistungen auf Richter oder sonstige Dritte, ist in diesem Sinne schon systemsprengend. Denn es würde sich nicht mehr um Untersuchungsausschüsse, also um Parlamentsausschüsse, handeln. Wenn man eine solche Lösung anstrebte, bedürfte es ganz bestimmt einer Änderung der Verfassung.
Aber auch bei den Überlegungen hinsichtlich systemimmanenter Änderungen muß man darauf achten, ob die Verfassung genug hergibt. Alle Verfassungen sprechen von Ausschüssen. Man kann die Untersuchungsausschüsse in diesem Sinne als Sonderausschüsse – so wie es Hans-Peter Schneider in der ersten Auflage des Alternativkommentars getan hat – bezeichnen, oder man kann sagen, sie sind nichts anderes als sonstige ständige Ausschüsse des Bundestags oder des jeweiligen Parlaments, wie

184

es Herr Versteyl in einer Rezension des Alternativkommentars entgegnet hat.

Tatsächlich ist es so: Wenn in der Parlamentstradition von Ausschüssen geredet wird, die im Parlament arbeiten, so sind es vorbereitende Beschlußorgane für das Parlament. Das heißt, in ihrer Zusammensetzung müssen sie spiegelbildlich die Kräfteverhältnisse im Parlament wiedergeben. Ein Parlamentarier ist Vorsitzender. Er ist auch als Vorsitzender jenseits seiner Lenkungs- und Leitungsfunktionen mit den besonderen Pflichten, die sich daraus ergeben und die Herr Hüsch sehr anschaulich dargelegt hat, natürlich in die Fraktionssolidarität oder -disziplin eingebunden. Das heißt, es darf von daher keine Verkehrung der Mehrheitsverhältnisse stattfinden. Stellen Sie sich vor, in einem Untersuchungsausschuß, der nach dieser spiegelbildlichen Verkleinerung besetzt worden wäre und in dem eine Fraktion den Vorsitz bekommen hätte, würde der Vorsitzende als stimmberechtigtes Mitglied herausgenommen. Die Mehrheitsverhältnisse würden kippen. Aus einer 6:5-Mehrheit würde ein Gleichstand der stimmberechtigten Mitglieder plus ein neutrales Mitglied. Das heißt, die Mehrheit würde nicht mehr durchkommen. Das würde niemand mit sich machen lassen. Der Vorsitzende müßte also ein zusätzliches Mitglied sein, wenn er nicht mehr stimmberechtigt wäre. Deswegen muß man feststellen, daß es, wenn man beim Ausschußcharakter bleibt, im Untersuchungsausschuß keine andere Zusammensetzung geben kann als in den anderen Ausschüssen.

Die ständigen Ausschüsse des Parlaments orientieren sich an der Ressorteinteilung bei der Regierung. Jedem ständigen Ausschuß steht jeweils – abgesehen von den speziellen Parlamentsausschüssen wie dem Geschäftsordnungsausschuß und dem Petitionsausschuß, die als spezifische Parlamentsausschüsse insoweit kein Gegenüber haben – ein Geschäftsbereich der Regierung gegenüber. Aus diesem Geschäftsbereich kann sich der Ausschuß mit allen Themen beschäftigen, nicht nur mit den Gesetzen, die diesen Geschäftsbereich betreffen. Nach der Geschäftsordnung etwa des Bundestages kann der Ausschuß sogar Themen an sich ziehen.

Ein Gesetz über parlamentarische Untersuchungsausschüsse könnte also doch – insoweit bin ich anderer Meinung als Herr Redeker und teile die Auffassung von Hans Meyer – daran ansetzen, daß der Bereich der Ausübung des parlamentarischen Untersuchungsrechts durch einen Ausschuß klarer definiert würde. Eine solche Definition müßte notgedrungen eine Selbstbeschränkung des Parlaments sein, eine Selbstbeschränkung, die die Gesetzesform erforderte, weil sie nur so für das Parlament selbst verbindlich wäre. Die Verfassungsrechtslage ist ganz dürr; da steht überhaupt nichts. Es heißt nur, es wird ein Untersuchungsausschuß eingesetzt. In den Fällen, in denen es gesetzliche Definitionen gibt, ist zum einen die Rede von dem öffentlichen Interesse. Herr Schröder hat gestern schon versucht, die möglichen Interpretationen, von welcher Seite auch immer, im Hinblick darauf, was öffentliches Interesse in diesem Zusammenhang bedeuten könnte, einmal in eine Reihe zu bekommen.

Der zweite Ansatz in den Gesetzen, die bisher vorliegen, ist die Eignung, dem jeweiligen Parlament im Rahmen seiner verfassungsmäßigen Zuständigkeiten Beschlußfassungen zu ermöglichen. Ein Parlament kann über alles beschließen. Über das Merkmal der Geeignetheit läßt sich immer füglich streiten. Der jeweilige Antragsteller wird immer sagen, das, was ich beantrage, ist furchtbar geeignet. Das ist nicht wegzuschieben. Das muß so sein.

Hier könnte eine Selbstbeschränkung, die vor den konkreten Einsetzungsauftrag vorgelagert ist, in der Form erfolgen, daß man sagt: Tatsächlich kann sich ein parlamentarischer Untersuchungsausschuß mit einem konkreten Auftrag nur darauf richten, nicht dem Parlament etwas zu ermöglichen, sondern im Rahmen der verfassungsmäßigen Zuständigkeit des Parlaments eine Untersuchung zu bestimmten Zwecken durchzuführen. Dann fällt diese ganze Theoretisiererei weg, die bisher immer auch hinsichtlich der Mischformen besteht und die Rechenberg im Bonner Kommentar in der Kommentierung zu Artikel 44 sehr anschaulich aufgezeigt hat. Es geht also darum, daß man mögliche Formen der Untersuchung von der Gesetzgebungsenquête bis zur Skandalenquête oder Kontrollenquête einfach mal zusammenschiebt. Die gibt es ohnehin nicht in der Reinform, und meistens ist es gelogen, wenn man sich auf irgendeine Form beruft. Der Begriff Skandalenquête wird im übrigen dem parlamentarischen Untersuchungsrecht in keiner Weise gerecht, denn er insinuiert, daß ein Skandal dadurch entsteht, daß ein Untersuchungsverfahren durchgeführt wird.

Ein Ansatzfeld für ein derartiges Gesetz könnte soweit eine Selbstbeschränkung des jeweiligen Parlaments auf die Gebiete sein, auf denen tatsächlich Untersuchungen, die konkret beantragt werden müßten, im Rahmen der verfassungsmäßigen Zuständigkeit durchgeführt werden können. Das sage ich bewußt mit Blick auf die für die nächsten Tage angekündigte Hauptsacheentscheidung des Bundesverfassungsgerichts im Falle »Neue Heimat«.

Der zweite Bereich einer möglichen Regelung ist der Minderheitenschutz.

In dieser Hinsicht stimme ich weitgehend mit Herrn Hüsch überein. Das wird ihn nicht verwundern. Was die IPA-Regeln bieten, ist meines Erachtens ein Maximum an Minderheitenschutz. Das ist im Schulte-Entwurf aufgenommen und fortgeschrieben worden. Mehr gibt es nicht; sonst kehrte man den Minderheitenschutz in ein Übergewicht der Minderheit um. Dann könnten wir gleich zwei Gesetze machen: Ein Gesetz, das nur die Untersuchungsverfahren regelt, die von Minderheiten initiiert worden sind, und ein anderes, das die Fälle regelt, in denen der Untersuchungsauftrag durch die Mehrheit beantragt worden ist. Mehr ist da gar nicht zu machen.

Ich gebe allerdings Herrn Schröder darin recht – in dieser Hinsicht müssen wir eine Regelung treffen –, daß die Fortsetzung des Minderheitenschutzes in das Gerichtsverfahren hinein in irgendeiner Verfahrensordnung festgeschrieben werden muß. Ein Beispiel in diesem Zusammenhang ist die Zeugengestellung – nicht die Stellung des präsenten Zeugen, was Herr Hüsch ansprach – durch Gruppen oder Fraktionen im Untersuchungsausschuß. Es war nämlich etwas anders, als es Herr Hüsch dargestellt hat. Im »Neue-Heimat«-Ausschuß war zu einem bestimmten Fall von der einen Seite ein Zeuge benannt worden. Dazu wurde vorgebracht, es gebe einen Zeugen, der von der anderen Seite her genau das Gegenteil beweisen könne. Der Zeuge wurde angeboten. Da eine qualifizierte Minderheit den Antrag gestellt hatte, war die Vernehmung des Zeugen beschlossen. Jetzt ging es nur darum, an welchem Tag dieser Zeuge gehört werden sollte. Die Prozeßökonomie hätte es nahegelegt, beide Zeugen hintereinander in zeitlichem Zusammenhang zu hören. Aber das paßte der Mehrheit nicht, so daß der zweite benannte Zeuge, der nach dem Willen des Ausschusses gehört werden mußte, zunächst einmal zurückgestellt wurde. Was machte die Minderheit? Sie lud diesen Zeugen zum Termin; er war im Sitzungsraum anwesend und hätte als Zeuge gehört werden können. Dagegen hieß es, die StPO sei zwar grundsätzlich auch auf das Beweiserhebungsverfahren anwendbar, aber genau dieser Teil, der der Anwaltschaft oder Staatsanwaltschaft erlaubt, in einem bestimmten Verfahren einen präsenten Zeugen aus eigenem Recht ohne Ladung des Gerichts in die Verhandlung einzuführen, könne natürlich hier nicht gelten. Das ist ein Fall, der für die Zukunft zu regeln ist.

Das zweite ist die Durchsetzung der Rechte im gerichtlichen Verfahren. In diesem Zusammenhang ist an dem »Flick«-Ausschuß als Beispiel die Einsicht in die bereits von Herrn Hüsch angesprochenen 55 Aktenbände zu erwähnen, die noch beim Landgericht Bonn lagern. Der Vorsitzende

Richter bei der 6. Strafkammer des Landgerichts, befragt durch den »Flick«-Untersuchungsausschuß, sagt: Ja, da sind Dinge drin, von denen ich mir vorstellen könnte, daß sie den Untersuchungsausschuß interessieren und für dessen Untersuchung wesentlich sind; aber ich gebe sie nicht heraus. Der gesamte Ausschuß war noch bereit gewesen, den Vorsitzenden zu fragen, ob in den Akten etwas drin sein könnte; das Herausgabeersuchen wurde bereits als Minderheitenrecht betrieben. Der logische nächste Schritt im Gerichtsverfahren ist dann, daß man Beschwerde gegen den Bescheid des Vorsitzenden beim OLG einlegt. In diesem Punkt aber lehnte sich die Mehrheit zurück und sagte, das mag ja alles sein, was der Vorsitzende gesagt hat, aber wir machen nicht mit; wir legen keine Beschwerde ein. Geht ihr doch als Minderheit zum OLG und legt Beschwerde ein.

Das OLG Köln hat entschieden: Es ist richtig, der Untersuchungsausschuß hat ein sachliches Interesse an dem Inhalt dieser Akten. Aber eine Minderheit ist nicht beschwerdebefugt. Die Beschwerde wurde also aus formalen Gründen abgeschmettert, und die 55 Akten blieben dem Ausschuß verschlossen.

Daß diese 55 Akten nicht nur die von Herrn Hüsch angeführten Intimbereiche berührten, haben alle Leute nachlesen können, die vor einiger Zeit im »Spiegel« die Begründung der Entscheidung des Strafgerichts, derselben Kammer, im Falle Brauchitsch, Lambsdorff und Friderichs gelesen haben, in der die Daten, auf die der Untersuchungsausschuß in seiner Gesamtheit hätte Wert legen müssen, nämlich die Daten der Übergabe von Geld und der Begegnungen von Politikern mit Flick-Repräsentanten, in schöner Offenheit und einer wirklich erschlagenden Nüchternheit dargelegt worden sind. Es hätte auch dem Abschlußbericht des »Flick«-Untersuchungsausschusses gut angestanden, daß diese Fakten aufgeführt worden wären.

Eine Bemerkung noch zum Schutz Dritter. Auch ich glaube, daß vieles von dem, was Herr Hüsch gesagt hat, nicht kodifiziert werden muß, aber im Sinne der Ausführungen von Herrn Redeker als Warnung auch an die Ausschußmitglieder kodifiziert werden sollte. Ein Gesichtspunkt, der von Herrn Redeker angesprochen worden ist und auf den ich großen Wert lege, betrifft die Überlegung, ob wir in Artikel 44 des Grundgesetzes den Ausschluß des Vorgehens gegen den Schlußbericht durch Dritte aufheben sollten. Herr Versteyl hat darauf schon in der genannten Besprechung hingewiesen. Ich erinnere in diesem Zusammenhang nur an den Bericht des Hamburger Untersuchungsausschusses zur Neuen Heimat, der bei aller Wertschätzung für die Kollegen, die gestern hier gesprochen haben, für mich ein wirklich schlimmes Machwerk ist; ich sage das ganz bewußt. In dem Bericht sind nämlich unreflektiert Meinungen zusammengeschrieben und die einzelnen Teile, die nur zur Vorbereitung der Beweisaufnahme dienen sollten – das merkt man an mehreren Stellen, wenn man den Bericht durchliest –, aneinandergereiht worden. Dabei sind einige Personen und Persönlichkeiten in einer Weise unter die Räder geraten, die mit Grundrechtsschutz und mit der Respektierung von Grundrechten nichts mehr zu tun hat. Das betraf auch politische Freunde.

Der Hauptbetroffene hat in diesem Falle versucht, in unzähligen gerichtlichen und außergerichtlichen Schritten nicht nur seine eigenen Parteifreunde, sondern auch den Ausschuß und die Hamburger Bürgerschaft insgesamt zum Einlenken, zur Korrektur und zur Abschwächung zu bewegen. Es ging nicht; man hatte sich einmal auf diese Linie festgelegt. Er hat dann eine Dokumentation darüber erstellt, die er demselben Personenkreis zur Verfügung gestellt und darüber hinaus bekanntgemacht hat. Auch das ist natürlich von niemandem beachtet worden. Es bedurfte des Umwegs über den Bericht des Untersuchungsausschusses des Bundestags zum Thema Neue Heimat, um diese Dokumentation und das Unrecht, das einem Menschen dort angetan worden ist, endlich offenzulegen. Bezeichnenderweise endet der Bericht des Untersuchungsausschusses »Neue Heimat« mit der Unterschrift dieses Betroffenen. Ich bin heute noch stolz darauf, daß ich auf diesem Weg ein wenig von dem nachträglichen Schutz in den Bericht eines Untersuchungsausschusses hineinbringen konnte.

Horst Eylmann

Auch ich sehe, um dieses schöne Wort noch einmal zu benutzen, einen Regelungsbedarf. Die Verweisung auf die Vorschriften über den Strafprozeß reicht nicht aus, um in angemessener Zeit ohne langwierige Geschäftsordnungsdebatten und ohne wiederholte Befassung des wissenschaftlichen Dienstes des Bundestags und des Geschäftsordnungsausschusses dem Untersuchungsauftrag nachzukommen. Die entsprechende Anwendung der Strafprozeßordnung wirft mehr Probleme auf, als sie Lösungen anbietet. Wir sind uns darüber einig, daß eine ganze Reihe von Vorschriften der StPO schlicht nicht angewendet werden kann, weil das Verfahren ganz anders geartet ist. Die Tatsache, daß wir die sogenannten IPA-Regeln jeweils zu Beginn der Ausschußarbeit dem Untersuchungsverfahren zugrunde legen, beweist, daß wir selbst eine Sonderregelung für notwendig halten und daß wir nicht der Meinung sind, wir könnten mit dem Grundgesetz und mit der sinngemäßen Anwendung der Strafprozeßordnung auskommen. Klar ist, daß wir in einem neuen Gesetz natürlich nicht alle in Zukunft auftauchenden Zweifelsfragen lösen können. Aber wo gibt es ein Gesetz, das eine solche Qualität hätte?

Das neue Gesetz wird zunächst einmal die sinngemäße Anwendung der Strafprozeßordnung konkretisieren müssen. Wir werden uns darüber klar werden müssen, welche Vorschriften der StPO anwendbar sein sollen und welche nicht. Dabei tauchen schwierige Fragen auf, etwa die, in welchem Umfang die Vorschriften über das Beweisantragsrecht in einem Untersuchungsausschuß anwendbar sind.

Häufig stehen wir vor der Frage, in welchem Verhältnis Geschäftsordnungsfragen innerhalb eines Untersuchungsausschusses zum Minderheitenrecht stehen. Es sind Fallgestaltungen denkbar, bei denen durch Geschäftsordnungsregelungen, die dem Mehrheitsprinzip unterliegen, das Minderheitenrecht zumindest tangiert werden kann. Ich möchte dieses Problem nur kurz andeuten; es fehlt die Zeit, um das näher auszuführen.

Noch ein Wort zur Stellung des Vorsitzenden. Da ich im Augenblick Vorsitzender bin, neige ich natürlich – wie wohl jeder Vorsitzende – dazu, eine Ausweitung der Rechte des Vorsitzenden zu fordern. Auf der anderen Seite möge man sich aber keinen übertriebenen Hoffnungen hingeben. Ich bezweifle, ob der Verlust des Stimmrechts dem Vorsitzenden allein eine unabhängigere Stellung gäbe. Der Verlust des Stimmrechts für den Vorsitzenden ist dem Parlament und seinen Ausschüssen fremd. Wir werden im übrigen durch gesetzliche Regelungen die Position des Vorsitzenden und die Art und Weise, in der er diese Funktion ausfüllt, nur in einem beschränkten Maße heben können. Das hängt immer sehr stark von der Persönlichkeit des Vorsitzenden ab.

Ein Wort noch zu der Frage, ob es notwendig ist, den Aufgabenbereich eines Untersuchungsausschusses näher zu begrenzen: Das, was in den ersten beiden Absätzen des § 1 des Gesetzentwurfs, der in der letzten Legislaturperiode eingebracht worden ist, ausgeführt wird, ist im Grunde eine Leerformel. Das gilt sowohl für das öffentliche Interesse als auch für das Kriterium, die Untersuchung müsse geeignet sein, eine Grundlage für eine Beratung im Bundestag zu schaffen. So schwer es auch sein mag, das konkreter zu fassen, so sind wir uns andererseits doch wohl darüber einig, daß es Grenzen gibt. So darf zum Beispiel ein Untersuchungsausschuß des Bundestags nicht Vorgänge in einem Land untersuchen, also nicht das

Verhalten einer Landesregierung kontrollieren. Ein Untersuchungsausschuß darf auch in die Rechte der Judikative nicht eingreifen. Dann wird es allerdings schon schwieriger. Ich möchte in diesem Zusammenhang nur ein Problem kurz ansprechen. Hat eigentlich ein Untersuchungsausschuß die Aufgabe, die Exekutive gewissermaßen in ihrer laufenden Arbeit kritisch zu begleiten, oder ist es nicht eher Aufgabe des Untersuchungsausschusses, einen in der Vergangenheit liegenden Sachverhalt aufzuklären? Wenn wir es zuließen, daß ein Untersuchungsausschuß die gegenwärtige Arbeit der Exekutive kontrollierend begleitete und sich seine Tätigkeit auf die jetzige Arbeitsweise der Exekutive erstreckte, dann gerieten wir in einen Konflikt zwischen der Legislative und der Exekutive, der sehr sorgfältig bedacht werden sollte. Ich halte in diesem Punkte eine klare Abgrenzung für erforderlich.

Ein weiteres Thema in diesem Zusammenhang ist natürlich die Frage, inwieweit die Handlungsweise Privater, auch privater Firmen, zum Gegenstand eines Untersuchungsauftrags gemacht werden kann. Muß man in diesem Zusammenhang hinsichtlich der öffentlichen Stellung dieser Unternehmen differenzieren, etwa unter dem Gesichtspunkt, ob es sich um Unternehmen im Besitz der öffentlichen Hand handelt oder ob sie von öffentlichen Aufträgen leben. Oder kann schlechthin das Verhalten privater Firmen zum Gegenstand eines Untersuchungsauftrags gemacht werden, weil es natürlich von öffentlichem Interesse sein kann?

Als letzten Punkt möchte ich den Schutz der Zeugenrechte ansprechen. Es kommt nicht von ungefähr, daß über diese Frage in zunehmendem Maße diskutiert wird. Untersuchungsausschüsse haben einen hohen politischen Unterhaltungswert. Diese Mischung von Gerichtsverfahren und Politik wirkt auf das Publikum außerordentlich attraktiv und unterhaltend. Die Tätigkeit der Untersuchungsausschüsse bietet forensisch begabten Abgeordneten große Möglichkeiten, sich bekannt zu machen. Wir wissen alle, welchen Grad an Publizität der »Flick«-Untersuchungsausschuß zum Beispiel dem Kollegen Schily verschafft hat. Das gilt natürlich insbesondere für die sogenannte Skandalenquête, die im Grunde – Herr Jekewitz hat es gesagt – keine eigene Form darstellt.

Wir erleben es auch, daß von dem Instrument des Untersuchungsausschusses in zunehmendem Maße vor den Wahlen Gebrauch gemacht wird. Zum einen haben wir im parlamentarischen Leben das Große Haus, das Plenum, in dem die große Oper meist vor leeren Bänken gegeben wird, und zum anderen die kleine Bühne, die zunehmend von Untersuchungsausschüssen besetzt wird. Dort spielt sich etwas ab, was Sie nach

Belieben Workshop oder Kammerspiel oder Rüpelspiel oder Experimentierbühne nennen können. Es ist in der Regel außerordentlich interessant und publikumswirksam. Wir haben fast immer irgendwo einen Untersuchungsausschuß in einem Landesparlament oder auf Bundesebene. Untersuchungsausschüsse haben einen hohen Aufmerksamkeitswert. Man hat zuweilen den Eindruck, sie dienten weniger der Aufklärung eines Sachverhalts als dem politischen Schlagabtausch. Insbesondere kurz vor den Wahlen versuchen die Parteien, durch Teilaufklärungen – zum Teil hat das auch mit Aufklärung gar nichts mehr zu tun – im Wahlkampf Punkte zu machen.

Zwei Gefahren sind gegeben: Die eine besteht darin, daß das Aufklärungsinteresse in den Hintergrund tritt. Herr Kollege Hüsch hat von der Dynamik gesprochen. Man darf bei aller Dynamik – so hat er es sicherlich auch nicht gemeint – das Ziel nicht aus den Augen verlieren. Es ist vielleicht geradezu eine *déformation professionelle* des Politikers, daß er die Bewegung an sich schon für einen politischen Wert hält und häufig außer acht läßt, was eigentlich mit dieser Bewegung erreicht werden soll. Auch aufgrund einiger kritischer Äußerungen, die ich aus Journalistenkreisen und von Bürgern in meinem Wahlkreis gehört habe, würde mich interessieren, welcher Prozentsatz unserer Bevölkerung – eine Umfrage könnte das ergeben – der Meinung ist, daß es bei den Untersuchungsausschüssen tatsächlich in erster Linie noch um die Aufklärung eines Sachverhalts geht. Wenn das Ergebnis negativ wäre, dann stellte sich uns Parlamentariern eine sehr kritische Frage.

Das zweite, was wir aus dieser Entwicklung der Untersuchungsausschüsse entnehmen können, ist, daß die Zeugenbank in zunehmendem Maße zu einer Anklagebank wird. Auch ich habe bereits in drei Untersuchungsausschüssen mitgewirkt und muß angesichts dessen sagen: Ich habe Verständnis dafür, daß sich einem Strafverteidiger manchmal die Nackenhaare sträuben, wenn er sieht, was in den Ausschüssen mit Zeugen gemacht wird. Das würde noch schlimmer, wenn wir das Fernsehen in der Beweisaufnahme zuließen. Hinten sitzt die Masse der Journalisten, die sogar darauf achtet, wie der Zeuge seine Füße hält. Schon daraus werden Rückschlüsse im Hinblick darauf gezogen, ob er die Wahrheit sagt oder nicht. Dann wird er stundenlang vernommen. Der Zeuge darf nicht um eine Pause bitten; das gilt als Zeichen der Schwäche usw. usf. Das Protokoll wird ihm nicht vorgelesen. Wenn er stundenlang vernommen worden ist, muß er damit rechnen, daß später einmal irgendein Punkt herausgegriffen und deswegen ein Strafverfahren wegen Falschaussage eingeleitet wird. Wenn er vernommen worden ist, muß er erleben, daß die Obleute der Fraktionen draußen vor der Tür eine Beweiswürdigung vornehmen. Bei allem Verständnis dafür – ich bin nicht blauäugig; ich weiß, daß das Verfahren in einem Untersuchungsausschuß ein politischer Prozeß ist – meine ich, wir müssen die Rechte, die der Zeuge hat, insbesondere der betroffene Zeuge, im Interesse des Rechtsstaats präzisieren.

Hans Meyer

Ich möchte zunächst kurz auf die Ausführungen von Herrn Hüsch eingehen, und zwar insoweit, als er praktisch ein Plädoyer für die Rechtsstaatlichkeit des Verfahrens im Untersuchungsausschuß zur Neuen Heimat gehalten hat. Wir waren Kontrahenten. Übrigens, Herr Hüsch, bin ich Prozeßvertreter der BGAG – nicht der Neuen Heimat – erst geworden, als Sie schon längst Professoren als Vertreter in den Verwaltungsprozessen angeheuert hatten. Ich habe vorher rechtsgutachtlich zu den sicherlich schwierigen Fragen Stellung genommen. Auf diese Weise habe ich einen sehr guten Einblick in die wissenschaftliche Erörterung des Untersuchungsrechts und, dank Ihrer Leitung, in die Praxis des Ausschusses gewonnen, wofür ich sehr dankbar bin.
Ich stimme mit Ihnen in erstaunlich vielen Punkten überein. Der erste Punkt ist: Der Untersuchungsausschuß ist ein politisches Instrument, ein Kampfinstrument – so habe ich es gestern genannt –, dessen Funktionsfähigkeit zu erhalten ist. Anders als Herr Massing unterstellt, haben die Untersuchungsausschüsse durchaus eine Funktion. Wenn Sie beispielsweise den augenblicklich in Schleswig-Holstein agierenden Untersuchungsausschuß betrachten, so muß man feststellen, daß allein aufgrund der Informationen des »Spiegels« höchstens die Unsicherheit bestanden hätte, daß im Wahlkampf Unregelmäßigkeiten vorgekommen sind. Das hätte die Gegner der CDU natürlich darin bestätigt, daß die CDU krumme Wege geht, deren Anhänger aber nicht überzeugt, weil es die »linke Kampfpresse« war. Durch die Untersuchung stellt sich heraus, daß vermutlich ziemlich alles stimmt, was der »Spiegel« ursprünglich behauptet hatte. Diese Erkenntnis ist unabhängig von dem, was im Bericht steht. Das ist ein ganz wichtiger Punkt. Beim Untersuchungsverfahren sind die Ergebnisse außerordentlich zweitrangig, meist werden sie nicht gelesen.

Die Untersuchungen haben ihren Sinn im Verfahren selbst. Die Ernte, gewissermaßen die politische Ernte, wird während des Verfahrens eingebracht, nicht mit dem Ergebnis.

Daraus folgt für mich – übereinstimmend mit Herrn Hüsch –, daß es nicht richtig ist, Fremde diesem Instrument zu implantieren, also Richter oder irgendeine andere Person, die den Vorsitz führt oder eine Voruntersuchung durchführt. Die Untersuchung muß eine Angelegenheit des Parlaments bleiben. Das Parlament als ganzes hat sich hier zu bewähren. In Parenthese sei angemerkt: Wir müssen auch berücksichtigen, daß es im Parlament eine stark ausgeprägte Hierarchie gibt und daß die Funktion des Vorsitzenden eines Untersuchungsausschusses sozusagen einen Bewährungsaufstieg ermöglicht oder gar garantiert.

Ich bin mit Herrn Redeker und Herrn Hüsch darin einig, daß es nicht der entscheidende Punkt der parlamentarischen Untersuchung ist, die Wahrheit zu finden. Vielmehr versucht der jeweilige Antragsteller, die ihm genehme Wahrheit herauszubekommen, und der jeweilige Gegner versucht, das zu verhindern. Wie weit das eine oder das andere gelingt, hängt von den Fakten, von der Geschwätzigkeit der Zeugen, von deren Ehrlichkeit etc. ab. Wenn ich das aber anerkenne – Herr Hüsch, in diesem Punkt bin ich nicht Ihrer Meinung –, dann müßten auch gerade Sie, weil Sie Anwalt sind, ein Gespür dafür haben, daß da Dritte sind, die unter diesem Spiel der politischen Kräfte zu leiden haben. Ich bin dagegen, den parlamentarischen Untersuchungsausschüssen die Zähne zu ziehen. Ich bin aber der Meinung, es muß festgestellt werden, wann Sie beißen dürfen und wie tief Sie beißen dürfen.

Sie, Herr Hüsch, haben gesagt, das regelt doch alles die StPO. Das ist der wunde Punkt. Die Strafprozeßordnung gibt Ihnen ein Instrumentarium an die Hand, das Sie eigentlich nicht haben dürften, denn die Zwangsrechte der Strafprozeßordnung beruhen darauf, daß sie nur angewendet werden, wenn der Verdacht besteht, daß Straftatbestände begangen worden sind, die genau fixiert sind. Das Grundgesetz sagt, daß die Strafbarkeit fixiert sein muß, während die Untersuchungsausschüsse die Tatbestände gewissermaßen beliebig produzieren können. Wenn es sich um eine Gesetzesenquête oder Empfehlungsenquête handelt, dann gibt es keinen Bereich, den Sie nicht als Straftatbestand in diesem Sinne konstituieren könnten.

Ferner ist zu berücksichtigen, daß die strafprozessualen Maßnahmen nicht schon dann angewandt werden können, wenn ein Gericht etwas

untersuchen will. Vielmehr muß eine davon unabhängige Behörde feststellen: Der Verdacht ist so stark, daß wir Anklage erheben.
Ein dritter Punkt. Wenn man die politische Funktion der Untersuchungsausschüsse anerkennt, so sind die Untersuchungsausschußmitglieder von
Hause aus befangen. Es gehört zu ihrem Geschäft, befangen zu sein. Sie
müssen es sein, wenn sie es ordentlich machen wollen. Demgegenüber
darf der Richter von Hause aus nicht befangen sein. Wenn er nur den
Anschein erweckt, befangen zu sein, kann der Betroffene ihn ablehnen.
Wie anders die Situation des Dritten, den die Untersuchungsausschüsse
sozusagen in ihre Mühle der Vernehmungen nehmen. Es scheint den
wenigsten, die nicht schon einmal an einer solchen Untersuchung teilgenommen haben, klar zu sein, welche physische und psychische Anstren-
gung es bedeutet, sozusagen von einer Meute von Jagdhunden gejagt zu
werden; das ist nämlich die Situation. Herr Bülow hat mit Recht darauf
hingewiesen, daß die »Langeweile« des Strafprozesses jene Ruhe und
Gelassenheit garantiert, die der Zeuge benötigt, die aber im Untersuchungsverfahren nicht garantiert werden kann, es sei denn, man gäbe
seine Funktion auf.
Weil das so ist, können Sie nicht umhin, eine ausreichende rechtsstaatliche Grundlage für diese eminenten Eingriffe zu schaffen. Wenn ich meine
Akte über die Versuche des Deutschen Bundestages studiere, ein Untersuchungsrecht zu schaffen, so kann ich nur feststellen: Der Bundestag
bestand seit jeher aus lauter Catos. Der hatte immer gesagt: »Carthagi-
nem esse delendam«. Die Abgeordneten haben immer gesagt, wir müssen
ein Untersuchungsgesetz machen. Herr Hüsch, wenn ich mich recht erinnere, haben auch Sie in Ihrem Ausschußbericht gesagt, es werde jetzt
aber höchste Zeit, ein Gesetz zu machen. Während aber zur Zeit der
römischen Republik Karthago tatsächlich zerstört worden ist, ist das
Gesetz immer noch nicht da. Das Gesetz wird nicht von den gutwilligen
Abgeordneten, sondern von den Fraktionsführungen verhindert, und
zwar jeweils von der Führung der Mehrheitsfraktion. Das ist verständlich. Denn jedes Gesetz beschneidet notwendigerweise das Recht der Verfahrensmehrheit. Jeder denkt, diesmal sind noch wir in der Mehrheit, wer
weiß, wie die nächste Situation ist; aber jetzt wollen wir uns jedenfalls das
Gesetz nicht auferlegen.
Deshalb bin ich sehr skeptisch, wenn nicht von außen her ein starker
Anstoß kommt. Ich hoffe sehr, daß der Deutsche Juristentag einen der
Anstöße geben wird, vielleicht sogar das Bundesverfassungsgericht in

dem von uns beiden, Herr Hüsch, erwarteten Endurteil in Sachen Untersuchungsausschuß »Neue Heimat«.

Der Gesetzesvorbehalt ist leicht zu begründen, wenn man auf die schon gestern erwähnte Formulierung des Geheimen Regierungsrats Zweigert des Reichsjustizministeriums zurückgeht. Der Verweis auf die Regeln über den Strafprozeß in der Weimarer Verfassung hatte nur den Sinn, daß der Ausschuß die Zeugen unter Eid vernehmen können sollte. Die Untersuchungsausschüsse sollten wegen einer Beeidigung nicht das Gericht beanspruchen müssen. Wir dürfen nicht vergessen, daß in der Weimarer Zeit die Kontroverse über die parlamentarischen Untersuchungsausschüsse eine Kontroverse zwischen der Gerichtsbarkeit und den Untersuchungsausschüssen gewesen ist, weil die Gerichtsbarkeit anders, nämlich nicht so demokratisch gesonnen war wie das Parlament. Die Konflikte waren andere, als sie es heute sind.

Nun noch zu einigen Einzelpunkten. Ich habe nie verstanden – auch nicht, als es Herr Ossenbühl vertreten hat –, daß eine Asymmetrie des Rechtsschutzes bestehen soll. Entweder verstehe ich nichts vom Rechtsschutz, oder Herr Ossenbühl versteht nichts vom Rechtsschutz.

(*Heinz Günther Hüsch:* Für wen sollen wir uns entscheiden?)

Das sage ich Ihnen jetzt, Herr Hüsch; es ist ganz einfach. Sie behaupten eine Asymmetrie des Rechtsschutzes, weil der Ausschuß nicht an das Verfassungsgericht gehen kann, wenn die letzte Instanz – sagen wir einmal des Strafgerichts oder der Verwaltungsgerichtsbarkeit – sagt, ich hebe einen Beschluß des Untersuchungsausschusses ganz oder teilweise auf, weil Grundrechte verletzt sind. Das stimmt. Es ist aber die normale Situation des Staates. Der Staat kann nie an das Verfassungsgericht gehen, wenn etwa das Bundesverwaltungsgericht sagt, der Planfeststellungsbeschluß über die Straße X wird wegen eines unverhältnismäßigen Eingriffs in das Eigentum – Artikel 14 GG – aufgehoben. Die Behörde, die den Planfeststellungsbeschluß erlassen hat, kann ihre Ansicht, das Grundrecht sei vom Bundesverwaltungsgericht falsch gesehen worden, gerichtlich nicht geltend machen. Das ist die normale Rechtslage. Zugunsten der Grundrechte kann der Staat eben vor dem Verfassungsgericht nicht rügen, daß die Fachgerichte die Grundrechte zu großzügig auslegen. Insofern wird der Untersuchungsausschuß ganz korrekt so behandelt wie jede andere staatliche Gewalt, die er ja schließlich auch ist.

Es gibt aber eine andere Asymmetrie, die meines Erachtens sehr wichtig ist und die bisher noch nicht bedacht worden ist. Wenn wir uns darauf einlassen, à la Hüsch zu sagen, die Grundrechte müssen berücksichtigt werden, und dabei muß natürlich der Grundsatz der Verhältnismäßigkeit – der schwammigste Rechtsgrundsatz, der denkbar ist – berücksichtigt werden, dann bedeutet das, solange wir kein Gesetz haben, praktisch folgendes: Wenn die Ausschußmehrheit etwas nicht will, dann blüht das Grundrecht auf einmal auf. Die Grundrechte werden nie so pfleglich behandelt, als wenn die Mehrheit unter Hinweis auf die Grundrechte die Zustimmung zum Beispiel zu Zwangsmaßnahmen verweigert. Wenn sich die Minderheit darauf beruft, dann bewertet die Mehrheit das als völlig abwegig. Die Asymmetrie besteht also darin, daß die Mehrheit zum Schutz der eigenen Klientel die Grundrechte aktivieren kann, die Minderheit aber nicht. Das sollte man berücksichtigen, wenn man sozusagen freihändig Verfassungsauslegung betreibt und damit praktisch die Grundrechte zur Disposition der Mehrheit stellt.

Damit komme ich zum letzten Punkt, zur Frage der Verfahrensgestaltung. In Übereinstimmung mit fast allen Rednern halte ich es für absolut unzuträglich, daß wir gespaltene Rechtswege haben. Die Amtsrichter sind – mit Verlaub – für diese Probleme am wenigsten »zuständig«. Im Fall Lappas ist z. B. der Beugehaftbeschluß des Amtsrichters u. a. mit der Begründung erlassen worden, in Art. 44 Abs. 4 heiße es, daß Beschlüsse der Untersuchungsausschüsse der richterlichen Kontrolle nicht unterlägen. Dieser Richter ist nicht auf die Idee gekommen oder war zu faul, auch nur in einen der billigsten Kommentare zum Grundgesetz hineinzuschauen, um zu sehen, daß damit der Abschlußbericht gemeint ist, und zwar schon seit der Weimarer Zeit. Dies zeigt, daß der normale Amtsrichter schlicht überfordert ist. Er hat normalerweise mit einer anderen »Klientel« und mit anderen Rechtsproblemen zu tun.

Die Verfassungsgerichtsbarkeit erst- und letztinstanzlich zuständig zu machen, halte ich nicht für richtig; sie würde sich auch bedanken. Für vernünftig hielte ich dagegen, in dem Augenblick, in dem das Staat-Bürger-Verhältnis eine Rolle spielt, wie auch sonst bei Eingriffen der staatlichen Gewalt üblich, die Verwaltungsgerichte ausschließlich zuständig zu machen. Sie haben wenigstens eine Affinität zu den auftauchenden Rechtsproblemen. Wenn es für einen Untersuchungsausschuß des Deutschen Bundestages nicht zumutbar erscheint, vor dem Verwaltungsgericht Köln zu beginnen, so könnte man in diesem Fall auch das Bundesverwaltungsgericht als erste und einzige Instanz zuständig machen.

Ich würde sogar ein eigenes prozessuales Verfahren vorsehen, damit nicht, wie Sie, Herr Hüsch, zu Recht angedeutet haben, durch die Inanspruchnahme von Rechtsschutz das Verfahren vor den Untersuchungsausschüssen entscheidend in die Länge gezogen werden kann. Im Falle des Untersuchungsausschusses »Neue Heimat« war das freilich ein blauäugiges Argument. Wenn ein Skandal schon im Jahre 1983 vom »Spiegel« aufgedeckt worden ist, dann können Sie nicht bis kurz vor der Bundestagswahl im Jahr 1987 warten und dann einen Untersuchungsausschuß mit einem riesigen Auftrag einsetzen und sagen, jetzt muß aber alles sehr schnell gehen, denn sonst kommen wir nicht zurecht. Abgesehen von diesem Sonderfall besteht das allgemeine Problem der Verzögerung durch Rechtsschutz natürlich.

(*Heinz Günther Hüsch:* Ihr Klient wartete doch auf die Bundestagswahl nicht, um wählen zu können, sondern um das Ding kaputtzumachen!)

Das Gegeninteresse ist evident, Herr Hüsch. Sie wollten vor der Bundestagswahl Wahlkampf machen, und zwar billigen Wahlkampf. Das ist übrigens ein Punkt, der zu einer weiteren Renaissance des Untersuchungsrechts führen wird. Es hat sich nämlich herausgestellt, daß die Untersuchungsausschüsse, wenn sie richtig eingesetzt werden, einen außerordentlich billigen Wahlkampf garantieren. Wenn dies Schule macht, werden wir noch eine Fülle von Untersuchungsausschüssen kennenlernen, die es ohne Wahl nicht gegeben hätte.

Manfred Schulte

Ich bin nicht mehr Mitglied des Bundestags. Wenn man 22 Jahre in dem Parlament war, ist das doch schon eine Zäsur. Dies wirkt sich auch auf die Betrachtung des hier zu verhandelnden Gegenstandes aus. Ich sehe jetzt zum erstenmal bewußt das Parlament von außen, betrachte die Medien mit völlig anderen Augen als früher. Früher habe ich mich im Wald befunden und habe eigentlich nie die Chance gehabt, zu empfinden, wie das Parlament auf die Bürger wirkt. Heute bin ich nun ein solcher Bürger, auf den das Parlament wirkt. Auch ich komme zu dem Ergebnis, daß das Ansehen des Parlaments denkbar gering ist. Dies schmerzt mich. Es schmerzt mich außerordentlich, weil das Ansehen des Parlaments auch aufgrund ungerechter und unrichtiger Darstellung so schlecht ist.

Ich will das jetzt in bezug auf das Institut der Untersuchungsausschüsse präzisieren.

Als ich im Jahr 1965 ins Parlament gewählt wurde, hatte ich, ehe ich mich versah, mit dem Untersuchungsausschuß HS 30 zu tun. Wer den nicht kennt, weil er zu jung ist, dem empfehle ich, sich mit dieser Problematik zu beschäftigen. Das war eine hochinteressante Geschichte, sogar ein Stück Geschichte unserer Republik. Seit der Zeit haben mich die Untersuchungsausschüsse, in welcher Form auch immer, nicht verlassen. Ich bin fest davon überzeugt, daß die Untersuchungsausschüsse eines der wichtigsten Institute unseres Parlamentarismus sind. Das hat zum Teil psychologische, ja sogar anthropologische Gründe. Natürlich geschieht da etwas. Aber es kommt gelegentlich so weit, daß sich das Parlament nur noch durch den Untersuchungsausschuß darstellt. Alles andere wird dadurch völlig überdeckt.

Wenn ich heute eine Analyse über die Darstellung des Parlaments machte, dann müßte ich feststellen, daß das Plenum so gut wie gar nicht stattfindet, jedenfalls völlig marginal, daß einige Ausschüsse, die sich mit interessanten Problemen beschäftigen, erwähnt werden, daß aber in den Medien – sowohl in den Printmedien als auch in den elektronischen Medien – die Untersuchungsausschüsse, ob sie in einem Bundesland oder beim Bund laufen, absolut im Vordergrund stehen. Das gibt doch allen Verantwortlichen die besondere Aufgabe, sicherzustellen, daß das Verfahren in den Untersuchungsausschüssen möglichst rechtsstaatlich und möglichst effizient durchgeführt wird.

Das ist der Sinn eines Gesetzes über Untersuchungsausschüsse, ganz abgesehen davon, daß ich es für unmöglich halte, daß wir uns seit mehr als einem Jahrzehnt auf einen Entwurf der IPA berufen. Die IPA in allen Ehren, aber es ist doch undenkbar, daß wir lediglich auf einen Entwurf zurückgreifen. Wenn man meinte, daß dieser Entwurf der IPA so gut ist, dann sollte man ihn eben zum Gesetz machen. Denn er wird im Grunde genommen dauernd als ein Gesetz gebraucht.

Ich bin sehr glücklich darüber, daß in den Ausführungen fast aller Redner zum Ausdruck kam, daß wir einen Gesetzentwurf brauchen. Deshalb sollte man sich bei dieser Frage nicht mehr allzu lange aufhalten. Welcher Entwurf zur Grundlage gemacht wird, muß das Parlament entscheiden. Das müssen meine Kollegen entscheiden, die jetzt Verantwortung tragen. Ich meine aber, es besteht vielfach ein Mißverständnis dahingehend, daß ein eingebrachter Entwurf, der als Grundlage der Beratung akzeptiert wird, schon das halbe Gesetz sei. Der Bundestag braucht eine Vorlage, anhand der er beraten kann. Solange ein Entwurf nicht vorliegt, kann nicht beraten werden. Das war das Ziel der Bemühungen des Geschäftsordnungsausschusses in der vergangenen Legislaturperiode. Das ist zugleich meine ganz herzliche Bitte.

In diesem Zusammenhang muß klar erkannt werden: Der Entwurf des Geschäftsordnungsausschusses der letzten Legislaturperiode ist mit Sicherheit unvollkommen. Inzwischen haben sich einige Dinge ergeben und einige Erkenntnisse eingestellt, die unbedingt eingearbeitet werden müssen. Ob das vor der Einbringung geschehen muß oder im Laufe der Beratung geschehen kann, möchte ich dahingestellt sein lassen. Aus Erfahrung muß ich aber sagen: Wenn in diesem, dem ersten parlamentarischen Jahr kein Entwurf eingebracht wird, dann ist nicht damit zu rechnen, daß in der 11. Wahlperiode noch ein Gesetz verabschiedet werden kann.

Es ist sicherlich sehr wichtig, daß wir uns über die Stellung des Vorsitzenden Gedanken machen. Die diesbezüglichen Regelungen in dem Entwurf sind ein Kompromiß, der aus der Erwägung heraus geschlossen worden ist, daß man sich nicht all diejenigen zum Gegner machen wollte, die es für ausgeschlossen halten, parlamentsfremde Personen in dieses parlamentarische Verfahren einzubeziehen. Dabei sollte aber auch der Versuch gemacht werden, denen gerecht zu werden, die sagen, wir müssen den Vorsitzenden herausheben und ihm ein größeres Maß an Selbständigkeit und Objektivität geben. Sie müssen bedenken, dies ist nicht ein Idealentwurf aus irgendeiner Ecke. Die Beratungen standen vielmehr unter der Prämisse: Ist der Entwurf vielleicht so gestaltet, daß ihm bei einem vernünftigen Kompromiß letztlich alle zustimmen können?

Würde man die Vorstellungen der jeweiligen Minderheit berücksichtigen, dann müßten natürlich extensiv Minderheitenrechte verankert werden, selbst wenn das logisch sehr, sehr schwierig zu sein scheint. Wenn sich aber die die Regierung tragenden Parteien an den Entwurf heranmachen, besteht natürlich das Bestreben, Minderheitenrechte soweit wie möglich nicht zu verankern. Ein Kompromiß dazwischen muß gefunden werden. Meines Erachtens läßt er sich finden.

Ich habe überall, wo ich es konnte, dafür plädiert, daß das Recht des Parlaments – die Geschäftsordnung des Deutschen Bundestages und auch das Recht der Untersuchungsausschüsse; dieses gehört letztlich zum Recht des Parlaments – mit einer möglichst breiten Mehrheit verabschiedet werden muß. Es sind nämlich die Spielregeln für alle. Manche sind

200

ganz überrascht, wenn sie sich plötzlich in der Situation der Minderheit wiederfinden, obwohl sie doch so lange aus dem Bewußtsein der Mehrheit gelebt haben. Deshalb ist mein Appell an alle, die daran mitwirken können: Beachten Sie diesen Grundsatz als alleroberstem Grundsatz. Dann wird es vielleicht auch ein Gesetz geben. Ich glaube, wenn das Institut gestärkt wird, werden mittelbar auch das Parlament und der Parlamentarismus gestärkt. Das können wir nur gemeinsam wollen.

Karl Michaelis

Meine Damen und Herren, gestatten Sie mir noch eine kurze Bemerkung, obwohl ich keine Erfahrung in Untersuchungsausschüssen habe und überdies als Professor und Jurist vielleicht sogar unter einem doppelten Verdacht der Weltfremdheit stehe und mir schließlich noch vorkommen muß wie der Philosoph Hegel, dem eine Dame sagte: Herr Professor, ich höre, Sie wollen alles auf Begriffe bringen. Was machen Sie denn, wenn die Wirklichkeit mit ihren Begriffen nicht übereinstimmt? – Darauf soll Hegel geantwortet haben: Um so schlimmer für die Wirklichkeit! Vielleicht ist das aber wirklich unsere Situation in bezug auf die Untersuchungsausschüsse, wenn ich mir die Literatur und unsere Diskussion anschaue. Wir haben sehr viele, meines Erachtens großen Teils sehr beachtenswerte Vorschläge zu der Frage gehört, was am Verfahren gebessert werden sollte. Auch ich habe den Eindruck gewonnen – ich sage das, wie erwähnt, als Outsider –, daß es besser wäre, eine gesetzliche Regelung zu treffen. Auch wenn man einen Gesetzentwurf macht, so ist doch die wichtigste Frage – von der in der Diskussion insgesamt relativ wenig die Rede war –: Was kann sinnvoll überhaupt Gegenstand eines Untersuchungsausschusses sein? Die sachgerechte Beantwortung dieser Frage wird nicht sehr gefördert, wenn man die Alternative aufstellt: Sind die Untersuchungen ein Bestandteil des politischen Machtkampfes, oder ist es ihr Sinn, die objektive Wahrheit tatsächlicher Vorgänge zu ermitteln? Das wäre nur dann ein wirklicher Gegensatz, wenn die Kennzeichnung als Teil des politischen Machtkampfes bedeutete, daß in dem Verfahren überhaupt kein Recht anwendbar sei. Das ist natürlich niemandes Meinung. Es ist schon durch den Wortlaut des Gesetzes und vieles andere ausgeschlossen. Der Gegensatz, um den es sich handelt, ist in Wirklichkeit ein anderer. Wenn wir alle Verfahrensordnungen betrachten, die es gibt – die Strafprozeßordnung, die Zivilprozeßordnung, die Verwaltungsgerichtsordnung usw. –, dann hat keine das Endziel, daß die objektive Wahrheit von Tatsachen ermittelt werden soll. Vielmehr wird immer um die Entscheidung über eine Rechtsfolge gestritten, um eine strafrechtliche, um eine zivilrechtliche, um eine steuerrechtliche, um die Haftung für eine Amtspflichtverletzung oder auch um eine disziplinarrechtliche Maßnahme.

Deswegen liegen der wirkliche Gegensatz und das eigentliche Problem in der Frage, ob der Untersuchungsausschuß das Vorliegen von Rechtsfolgen zu untersuchen und darüber zu beschließen hat oder ob der Untersuchungsausschuß irgendwelche Vorgänge untersuchen soll, die immerhin in der Zuständigkeit des Parlaments – es wurde schon gesagt: Worüber kann das Parlament nicht reden und beschließen? – oder innerhalb der Zuständigkeit des Gesetzgebers liegen. Das sind sehr unbestimmte Angaben. Sie können allenfalls eine *Grenze* der Untersuchungen, aber nicht positiv deren *Inhalt* angeben.

Angesichts dessen bleibt es die Frage, ob eine Rechtsfolge Gegenstand des Untersuchungsausschusses sein soll. Wenn man das bejaht, dann klären sich die meisten Fragen, mit denen wir uns beschäftigt haben. Es wird dann keineswegs ins Blaue die Wahrheit über irgendwelche Tatsachen ermittelt. Vielmehr geht es um die Frage, was gehört zum Tatbestand, was ist Voraussetzung der Rechtsfolge? In der Sprache der Jurisprudenz heißt das: Ist das, was da unter Beweis gestellt wird, rechtserheblich? Dann beantworten sich außerordentlich viele Fragen, die ich in der kurzen Zeit keineswegs alle wiederholen will, nämlich, ob der Zeuge die Frage überhaupt beantworten muß, ob die Beschlagnahme zulässig ist und dergleichen mehr.

Darüber können dann auch ersuchte Richter entscheiden, falls sie noch eine vernünftige Ausbildung in der Jurisprudenz erfahren (und nicht nur die Abfassung von Klausuren gelernt) haben. Dann können auch schlichtere Instanzen unter Umständen diese Fragen beantworten. Aber das ist nur eine Nebenbemerkung. Damit wird nicht entschieden, ob man das den Amtsgerichten überlassen soll. Das eine, worauf es ankommt, ist also die klare Begrenzung auf rechtserhebliche Tatsachen.

Das zweite, was vielleicht noch wichtiger ist: Es wird die Rollenverteilung klar. Alle Versuche, die Strafprozeßordnung entsprechend oder wie auch immer anzuwenden, machen Schwierigkeiten, weil der Kern der Strafprozeßordnung darin besteht, daß eine ganz klare Rollenverteilung besteht zwischen Richter, Ankläger, Angeklagtem, Zeugen und was es sonst geben mag. Im Untersuchungsausschuß – das haben wir zur Genüge gehört – ist diese Unterscheidung weitgehend nicht vorhanden. Ich brauche das nicht nochmals auszuführen. Ich möchte nur ein kleines Beispiel nennen. Der Angeklagte im Strafprozeß braucht überhaupt nichts zu sagen. Das ist ein anerkannter Grundsatz des Strafprozesses. Er braucht keinen Grund nach § 55 StPO oder § 384 ZPO anzugeben. Er sagt einfach, ich sage nichts. Verwandle ich den Beschuldigten in einen Zeugen, dann unterliegt seine Weigerung allen möglichen Beschränkungen, die sich aus den genannten Vorschriften ergeben. Daran sieht man, wie entscheidend die Frage der Rollenverteilung ist. Ohne daß man an diese Frage herangeht, kommt man mit der Anwendbarkeit der Strafprozeßordnung nie zu Rande.

Der Gedanke, die Untersuchung auf Rechtsfolgen zu beschränken, wirft natürlich viele Probleme auf. Nicht, daß mir das unklar wäre. Ich möchte in diesem Zusammenhang nur sagen: Darin liegt natürlich eine Beschränkung des Untersuchungsrechts; denn die Frage, ob der bloße Umstand, daß irgendein tatsächlicher Vorgang öffentliches Interesse erregt – schon der Umstand, daß sich eine Partei dafür interessiert, ist ein Moment, das ein öffentliches Interesse begründen kann –, schon ausreicht, um den ganzen Apparat des Untersuchungsausschusses mitsamt den Zwangsmitteln, über die wir hier ausführlich gesprochen haben, in Bewegung zu setzen, muß vorweg entschieden werden, ehe man sich überlegt, wie das Gesetz gestaltet werden müßte.

Ich meine, daß dann natürlich auch weitergreifende Probleme in der Konkurrenz zu anderen staatlichen Untersuchungen entstehen. Das ist von Herrn Ministerialdirektor Bülow oder von anderen Herren schon angesprochen worden. Daß dieses Problem besteht, wird nicht dadurch verhindert, daß man davon nicht spricht. Ich habe nur deshalb als Outsider das Wort ergriffen, weil ich glaube, daß die Frage von einer ganz außerordentlichen Bedeutung ist. Mehrfach ist davon die Rede gewesen, in wie starkem Maße das Bild des Parlaments und des öffentlichen Lebens durch die Vorgänge in den Untersuchungsausschüssen bestimmt wird. Das möchte ich nachdrücklich unterstreichen. Deshalb haben wir eine große Verantwortung hinsichtlich der Frage, wie mit diesem Instrument weiter umgegangen werden soll. Darüber sollte man sich nicht im Zweifel befinden. Das ist der Grund, warum ich mir erlaubt habe, noch einige Bemerkungen zu machen.

Der Vorsitzende *Konrad Porzner* bedankt sich für die freundliche Aufnahme beim Niedersächsischen Landtag und für die Unterstützung bei der Ausrichtung der Tagung und schließt die Sitzung.

III. Die Rechtsprechung zum Recht der parlamentarischen Untersuchungsausschüsse. Ein Kommentar

Dieter Engels

1. Einführung

1.1.

Seit Anfang der 80er Jahre ist die Zahl gerichtlicher Entscheidungen zum Recht der parlamentarischen Untersuchungsausschüsse sprunghaft angestiegen. Sowohl Verfassungs-, Verwaltungs- und Finanzgerichte als auch die ordentliche Gerichtsbarkeit haben sich dieses Themas in einer bis dahin nicht gekannten Häufigkeit annehmen müssen. Neben der quantitativen Zunahme sind zudem signifikante Veränderungen in den streitigen Fragestellungen zu beobachten: Während sich die ältere Rechtsprechung vornehmlich mit dem parlamentsinternen Verfahrensrecht zu befassen hatte, hat die neuere auch Probleme der Kompetenzen parlamentarischer Untersuchungsausschüsse gegenüber Dritten – staatlichen Organen und Privaten – zum Gegenstand.

1.2.

Die Ursachen für diese Entwicklung liegen zum einen in der Wiederbelebung des Instituts der Untersuchungsausschüsse in Bund und Ländern spätestens seit Ende des letzten Dezenniums[1], zum anderen tangieren Untersuchungshandlungen in zunehmendem Maße private, nicht genuin staatliche Bereiche, sei es weil ohne »private Beweismittel« Aufklärung eines zu kontrollierenden staatlichen Handelns nicht oder nur unvollständig möglich wäre[2], sei es weil die Untersuchung auf unmittelbare Kon-

---

1 Vgl. hierzu die aufschlußreiche Untersuchung von *J. Plöhn* über die Praxis der parlamentarischen Untersuchungsausschüsse (in diesem Band).
2 Beispiele bilden der »Flick«-Untersuchungsausschuß des Deutschen Bundestages (BT-Drs. 10/5079) und der »Neue Heimat«-Untersuchungsausschuß der Bürgerschaft der Freien und Hansestadt Hamburg (Drs. 11/5900).

trolle privater Unternehmen oder Organisationen angelegt ist.[3] Hiermit geraten neue Problemstellungen ins Blickfeld, vor allem, ob und in welchen Grenzen parlamentarische Untersuchungsausschüsse als Träger hoheitlicher Gewalt[4] in Rechte Dritter eingreifen dürfen.

Parallel hierzu haben sich Rahmenbedingungen geändert, unter denen parlamentarische Untersuchungsausschüsse ihre Arbeit leisten. So hat zum einen der Ausbau des Persönlichkeits- und Datenschutzes in den letzten Jahren auch dazu geführt, daß sich das Bewußtsein der von Untersuchungshandlungen Betroffenen sensibilisiert, durch Beweiserhebungen nicht nur faktisch, sondern auch in rechtlichen Positionen berührt zu sein. Zum anderen wirkt sich die von der Rechtsprechung erkannte Notwendigkeit eines verstärkten Betroffenen- und Zeugenschutzes aus,[5] der insbesondere in dem Recht seinen Niederschlag findet, Rechtsbeistände zu beauftragen,[6] die ihrerseits das Untersuchungsverfahren nicht selten mit revisionsrechtlich geschultem Blick analysieren und daher auch den früher eher vernachlässigten formellen Verfahrensfragen wie der nach der Ordnungsmäßigkeit der Einsetzung und Besetzung des Untersuchungsausschusses[7] Aufmerksamkeit widmen.

1.3.

Sämtliche dieser Entwicklungslinien stellen die Untersuchungsausschüsse in eine qualitativ neue Situation: Die Handlungsspielräume für politisch-pragmatische, häufig auch einvernehmliche, notfalls kompromißhafte Lösungen verfahrensrechtlicher Probleme werden enger, während umgekehrt der rechtliche Diskurs und die Neigung, offene und streitige Rechtsfragen vor den Gerichten auszutragen, an Bedeutung gewinnen. Für diese sich nunmehr abzeichnende Phase der Verrechtlichung ist indessen das Untersuchungsrecht schlecht gerüstet. Eine gefestigte Dogmatik des Untersuchungsverfahrensrechts, auf die die Praxis zurückgreifen

---

3 So betraf der Untersuchungsauftrag des 3. Untersuchungsausschusses »Neue Heimat« des 10. Deutschen Bundestages auch die unmittelbare Untersuchung der Geschäftspolitik der Neuen Heimat und ihrer Anteilseigner, vgl. Beschlußempfehlung und Bericht des 3. Untersuchungsausschusses »Neue Heimat«, BT-Drs. 10/6779 S. 15 bis 17 und S. 51 bis 136.

4 Zu diesem Aspekt: BVerfGE 67, S. 100, 142 (Flick-Urteil); BVerfG, Beschluß vom 1. Oktober 1987 – 2 BvR 1165/87 –, S. 42 (Lappas-Entscheidung, bislang unveröffentlicht); BVerfG, Beschluß vom 1. Oktober 1987 – 2 BvR 1178/86 u.a. –, S. 45 und 54 (BGAG-Beschluß, bislang unveröffentlicht).

5 Für den Zeugenschutz im Strafverfahren grundlegend: BVerfGE 38, S. 105, 112 f.

6 Vgl. VG Hamburg, NJW 1987, S. 1568; ferner: OVG Münster, DÖV 1987, S. 113, 114.

7 Hierzu unten sub. 2.4. und 2.5.

könnte, gibt es (noch) nicht.[8] Dies hat seine Ursache zum einen in der z. T. nur marginalen positiv-rechtlichen Ausgestaltung, zum anderen in der Zersplitterung des Untersuchungsrechts in Bund und Ländern. Zudem entzieht sich die rechtliche Gemengelage von Verfassungs-, Geschäftsordnungs- und (Straf-)Verfahrensrecht auch aufgrund der Organisation der Rechtswissenschaft, die diese Rechtskreise in Forschung und Lehre voneinander trennt und auch nicht im Hinblick auf Art. 44 Abs. 2 GG zusammenführt, einer dogmatischen Durchdringung: Die Verfassungsrechtslehre verhält sich gegenüber den Einzel- und Feinheiten des Verfahrens-, vor allem des relevanten Strafprozeßrechtes weitgehend abstinent,[9] während die Strafprozeßrechtslehre sich des Themas so gut wie gar nicht annimmt,[10] weil ihr die Unterschiede zwischen Untersuchungs- und Strafverfahren im Hinblick auf die Einleitung des Verfahrens,[11] seinen Gang,[12] die Rollenverteilung[13] sowie das Rechtsmittelsystem so un-

8 Seit einigen Jahren findet jedoch das Untersuchungsverfahrensrecht erhöhte Aufmerksamkeit in der Wissenschaft, vgl. insbesondere: *J. Jekewitz,* Neuere Erfahrungen mit dem Recht parlamentarischer Untersuchungsausschüsse, 1986; *R. Kipke,* die Untersuchungsausschüsse des Deutschen Bundestages, Praxis und Reform der parlamentarischen Enquete, 1985; *J. Linck,* Untersuchungsausschüsse und Privatsphäre, in: ZRP 1987, S. 11; *A. Schleich,* Das parlamentarische Untersuchungsrecht des Bundestages, 1985; *R. Scholz,* Parlamentarischer Untersuchungsausschuß und Steuergeheimnis, in: AöR 105 (1980), S. 564; *K. Stern,* Die Kompetenz der Untersuchungsausschüsse nach Art. 44 Grundgesetz im Verhältnis zur Exekutive unter besonderer Berücksichtigung des Steuergeheimnisses, in: AöR 109 (1984), S. 199.
9 So ergeben die Kommentierungen zu Art. 44 auch nur Überblicke über die maßgebenden Verfahrensprinzipien für die Beweiserhebung, ohne auf Einzelheiten einzugehen, vgl. *v. Mangoldt/Klein,* Das Bonner Grundgesetz, Band 2, 2. Aufl. 1964, Art. 44, Anm. III 5 a bis c; *Maunz,* in: *Maunz/Dürig/Herzog/Scholz,* Grundgesetz, Art. 44 Rdnr. 49 bis 57; *Rechenberg,* in: Bonner Kommentar zum Grundgesetz, Art. 44 Rdn. 20 bis 29; *Schneider,* in: Kommentar zum Grundgesetz für die Bundesrepublik Deutschland, 1984, Art. 44 Rdn. 14 und 15; *Versteyl,* in: *v. Münch,* Grundgesetz, 2. Aufl. 1983, Band 2, Art. 44 Rdn. 17 bis 22.
10 Ausnahmen bilden die – auch für die Praxis hilfreichen – Untersuchungen von *W. Gollwitzer,* Die sinngemäße Anwendung der Strafprozeßordnung bei der Beweiserhebung parlamentarischer Untersuchungsausschüsse, in: Festschrift für Dünnebier, 1982, S. 327; *ders.,* Der Betroffene im Verfahren der Untersuchungsausschüsse des Bayerischen Landtages, in: BayVBl. 1982, S. 417; *U. Müller-Boysen,* Die Rechtsstellung des Betroffenen vor dem parlamentarischen Untersuchungsausschuß, Diss., Kiel 1980.
11 Anders im Strafverfahren ist die Zulässigkeit der Einsetzung eines parlamentarischen Untersuchungsausschusses nicht vom Vorliegen eines Tatverdachtes abhängig, vgl. BayVerfGH, DVBl. 1986, S. 233.
12 Anders als das Strafverfahren kennt das parlamentarische Untersuchungsverfahren keine aufeinander aufbauenden Verfahrensabschnitte; zur rechtsstaatlichen Bedeutung der Aufteilung in Vor-, Zwischen- und Hauptverfahren im Strafprozeß vgl. BVerfG, *BGAG*-Beschluß, a.a.O. (Fn. 4), S. 62 bis 64.
13 Die auch unter rechtsstaatlichen Aspekten wesentliche, von der StPO vorgesehene Austarierung der Verfahrensrollen »Richter – Anklagebehörde – Verteidigung« läuft im

überwindlich erscheinen, daß sie eine wissenschaftlich begründbare Präzisierung der »sinngemäßen Anwendung« der Vorschriften über den Strafprozeß für kaum leistbar hält.

1.4.

In dieser Situation kommt der Judikatur entscheidende Bedeutung zu, wobei freilich nicht zu erwarten ist, daß ihre Aussagen bereits ein System des Untersuchungsrechts herausgebildet haben. Die Gerichte entscheiden Probleme des Einzelfalles, und die hiervon abstrahierende, einzelne Entscheidungen vergleichende Betrachtung fördert nicht selten Widersprüchliches zutage. Dies gilt auch für die Rechtsprechung zum parlamentarischen Untersuchungsrecht, für die wegen der sich überschneidenden Zuständigkeiten der einzelnen Gerichtszweige mutatis mutandis dasselbe wie für die Dogmatik zu konstatieren ist: Die Verwaltungsgerichte sehen die Problemstellungen des parlamentarischen Untersuchungsverfahrens in erster Linie unter verfassungs- und geschäftsordnungsrechtlichem, weniger unter dem Blickwinkel des analog anzuwendenden Strafverfahrensrechts; der angerufene Strafrichter geht an die Fragen vor allem mit dem strafprozeßrechtlichen Instrumentarium heran, und die Finanzgerichte betonen in der Regel Aspekte der Abgabenordnung, wie die Beachtung des Steuergeheimnisses im Untersuchungsverfahren. Daß die verschiedenen Sichtweisen nicht immer zu identischen Ergebnissen führen und auch von den Verfassungsgerichten wegen ihrer Zuständigkeitsbegrenzung auf die genuin verfassungsrechtlichen Fragestellungen nicht in jedem Fall harmonisiert werden können, liegt auf der Hand. Aber trotz dieser sich aus der Eigenart des parlamentarischen Untersuchungsverfahrensrechts ergebenden Divergenzen verspricht eine – wenn auch knappe und sicher nicht vollständige – Zusammenstellung der wichtigsten Aussagen der Rechtsprechung die Klärung einiger relevanter Verfahrensfragen.

Untersuchungsverfahren ins Leere, weil es weder den Angeklagten noch die »Gewaltentrennung« in Richter und Ankläger gibt; zur fehlenden Richterstellung im Untersuchungsverfahren vgl. BVerfG *(BGAG*-Beschluß), a.a.O. (Fn. 4), S. 60; folgerichtig können Mitglieder eines Untersuchungsausschusses auch nicht wegen Befangenheit abgelehnt werden, vgl. OVG Berlin, in: Entscheidungen des OVG Berlin, Band 10 (1970), S. 163, 168.

2. Zur Einsetzung der Untersuchungsausschüsse

2.1.

Nach dem Wortlaut des Art. 44 Abs. 1 S. 1 GG und den entsprechenden Bestimmungen der Verfassungen der Bundesländer[14] ist das parlamentarische Untersuchungsrecht nicht limitiert. Gleichwohl geht die Judikatur davon aus, daß sich Beschränkungen aus dem jeweiligen Verfassungssystem ergeben und daher parlamentarische Untersuchungsausschüsse nur unter folgenden fünf Voraussetzungen zulässig sind:
Erstens begrenzen die bundesstaatlichen Kompetenzschranken das parlamentarische Untersuchungsrecht.[15] Hieraus folgt, daß ein Untersuchungsausschuß des Bundestages nicht mit dem Auftrag eingesetzt werden darf, die den Staatsorganen der Länder vorbehaltene Materie oder das Verhalten einer Landesregierung und der ihr nachgeordneten Behörden unmittelbar[16] zu untersuchen. Umgekehrt gilt dasselbe für Untersuchungsausschüsse auf Landesebene; ihre Kompetenz endet dort, wo das jeweilige Landesparlament keine Zuständigkeit besitzt.[17] Zum zweiten darf die parlamentarische Untersuchung nur darauf abzielen, einen verfassungsmäßig zulässigen Beschluß des jeweiligen Parlaments vorzubereiten.[18] Drittens muß der Untersuchungsauftrag konkret und hinreichend

---

14 Vgl. Art. 35 der Verfassung des Landes Baden-Württemberg; Art. 25 der Verfassung des Freistaates Bayern; Art. 33 der Verfassung von Berlin; Art. 105 Abs. 6 der Landesverfassung der Freien Hansestadt Bremen; Art. 25 der Verfassung der Freien und Hansestadt Hamburg; Art. 92 der Verfassung des Landes Hessen; Art. 11 der vorläufigen Niedersächsischen Verfassung; Art. 41 der Verfassung für das Land Nordrhein-Westfalen; Art. 91 der Verfassung für Rheinland-Pfalz; Art. 79 der Verfassung des Saarlandes; Art. 15 der Landessatzung Schleswig-Holstein.

15 BVerfG, *BGAG*-Beschluß, a.a.O. (Fn. 4), S. 51.

16 Hiervon zu unterscheiden ist allerdings die (zulässige) mittelbare Untersuchung von Landesmaterie, vgl. *A. Schleich,* a.a.O. (Fn. 8), S. 77.

17 StGH für das Land Baden-Württemberg, in: ESVGH 27, S. 1, 6; BayVerfGH, BayVBl. 1977, S. 597; BayVerfGH, DVBl. 1986, S. 233 (Wackersdorf); HessStGH, DÖV 1967, S. 51; OVG Berlin, in: Entscheidungen des OVG Berlin, Band 10 (1970), S. 163, 166; nach Auffassung des OVG Saarlouis, NVwZ 1986, S. 612, steht dem Landesparlament auch ein Untersuchungsrecht über kommunales Verhalten zu, soweit dieses der Staatsaufsicht unterliegt.

18 BayVerfGH, BayVBl. 1977, S. 597; HessStGH, DÖV 1967, S. 51; es reicht aus, daß Empfehlungen politischer Art angestrebt werden, vgl. BVerfG, *BGAG*-Beschluß, a.a.O. (Fn. 4), S. 51; in zeitlicher Hinsicht ergeben sich keine Schranken: Das kurz bevorstehende Ende einer Wahlperiode steht daher der Einsetzung nicht entgegen, wenn wenigstens ein Teilergebnis zu erwarten ist, vgl. StGH für das Land Baden-Württemberg, in: ESVGH 27, S. 1, 12.

bestimmt formuliert sein,[19] wobei dieser sich – viertens – bei Enqueten, die auf Kontrolle der Regierungstätigkeit ausgerichtet sind, nicht auf solche Vorgänge beziehen darf, die noch nicht abgeschlossen und dem Kernbereich exekutiver Eigenverantwortung zuzurechnen sind.[20] Fünftens schließlich müssen Untersuchung und Aufklärung der im Untersuchungsauftrag bezeichneten Tatbestände[21] im öffentlichen Interesse liegen.[22]

2.2.

Diese Zulässigkeitskriterien sind mit Blick auf diejenigen parlamentarischen Untersuchungsausschüsse entwickelt worden, denen die Klärung von Zweifeln an der »Gesetzlichkeit und Lauterkeit von Regierungs- oder Verwaltungsmaßnahmen«[23] aufgegeben ist. Die Rechtsprechung wendet indessen dieselben Grundsätze auch auf andere Arten parlamentarischer Untersuchungen an. Dieser Ansatz führt für Gesetzesenqueten zu keinen Besonderheiten; sie sind unter den genannten Voraussetzungen zulässig, auch wenn das jeweilige Parlamentsrecht »zur Vorbereitung von Entscheidungen über umfangreiche und bedeutsame Sachkomplexe«[24] En-

19 StGH für das Land Baden-Württemberg, in: ESVGH 27, S. 1, 6; BayVerfGH, in: Sammlung von Entscheidungen des Bayerischen Verwaltungsgerichtshofes mit Entscheidungen des Bayerischen Verfassungsgerichtshofes, Band 8, S. 91, 104; HessStGH, DÖV 1967, S. 51, 56.
20 BVerfGE 67, S. 100, 139; die vom Bundesverfassungsgericht in dieser Entscheidung begründete Arkanzone bildet nicht nur die Grenze der Aktenvorlagepflicht, um die es im *Flick*-Urteil primär ging, sondern bereits um die Grenze der parlamentarischen Untersuchungskompetenz; vgl. hierzu: *W. Löwer,* Der Aktenvorlageanspruch des parlamentarischen Untersuchungsausschusses vor dem Bundesverfassungsgericht, in: JURA 1985, S. 358, 366; ebenso: BayVerfGH, DVBl. 1986, S. 233, 234; HessStGH, DÖV 1967, S. 51.
21 Von einer Begrenzung auf die Ermittlung von Tatsachen geht der BayVerfGH, in: Sammlung von Entscheidungen des Bayerischen Verwaltungsgerichtshofes mit Entscheidungen des Bayerischen Verfassungsgerichtshofes, Band 8, S. 91, 104, sowie in: BayVBl. 1977, S. 597, aus; in der Literatur ist die Frage, ob Untersuchungsausschüsse auch juristische und politische Bewertungen vornehmen dürfen, umstritten, vgl. einerseits *R. Kipke,* a.a.O. (Fn. 8), S. 43, andererseits *J. Vetter,* Verfassungsrechtliche Grenzen der Beweiserhebung parlamentarischer Untersuchungsausschüsse, in: DÖV 1987, S. 426, 427 m.w.N.
22 BVerfG, *BGAG*-Beschluß, a.a.O. (Fn. 4), S. 51; BayVerfGH, BayVBl. 1977, S. 597; BayVerfGH, DVBl. 1986, S. 233; HessStGH, DÖV 1972, S. 568; OVG Saarlouis, NVwz 1987, S. 612.
23 So die Formulierung in § 52 des *Preuß'*schen Entwurfs zur Weimarer Reichsverfassung, in: *Triepel,* Quellensammlung zum Deutschen Reichsstaatsrecht, 5. Aufl. 1931, S. 14.
24 § 56 der Geschäftsordnung des Deutschen Bundestages.

quete-Kommissionen vorsieht,[25] die nicht die Zwangsbefugnisse von Untersuchungsausschüssen besitzen.

Demgegenüber hat die unbesehene Anwendung der Zulässigkeitskriterien auf parlamentarische Untersuchungsausschüsse, die die unmittelbare[26] Kontrolle rein gesellschaftlicher, nicht genuin staatlicher Bereiche zum Ziel haben, Friktionen zur Folge, weil einige der angeführten Voraussetzungen a priori ins Leere laufen: So spielt die Frage der Bundes-/Landeszuständigkeit jedenfalls in den Fällen keine entscheidende Rolle, in denen rein private, ohne staatliche Beteiligung geführte Unternehmen und Organisationen kontrolliert werden[27]; ebenso scheidet in diesen Fällen die Begrenzung auf bereits abgeschlossene Vorgänge als Zulässigkeitsschranke aus, da sie aus dem Grundsatz der Gewaltenteilung hergeleitet[28] und deshalb nur im Verhältnis von Parlament und Regierung, nicht aber in demjenigen von Parlament zu privaten Dritten maßgebend ist. Sofern man – wie nunmehr das Bundesverfassungsgericht[29] – Enqueten zur Aufklärung von Mißständen im nichtstaatlichen Bereich grundsätzlich für nicht ausgeschlossen hält, hängt danach die Zulässigkeit im wesentlichen zum einen von dem formalen Erfordernis der bestimmten Bezeichnung des Untersuchungsauftrages, zum anderen – und letztlich entscheidend – von dem Vorliegen eines öffentlichen Interesses an der Aufklärung ab. Wegen der mangelnden Konturierung dieser Kriterien ist man indessen von einer Klärung weit entfernt, wann im Einzelfall parlamentarische Untersuchungen mit dem alleinigen Ziel geführt werden dürfen, Mißstände im privaten Bereich aufzuklären. Nichts ist so unbestimmt, wie

---

25 LG Bonn, NJW 1987, S. 790, 791.

26 Parallel zu der in Fn. 16 angeführten Differenzierung ist auch hier auf die anders gelagerte Fragestellung bei nur »mittelbaren« Untersuchungen privater Bereiche hinzuweisen, auf die es im Rahmen einer Kontrolle der Regierung ankommen kann, vgl. oben Fn. 2.

27 Insbesondere kommt es nicht darauf an, in welchem Bundesland das Unternehmen seinen Sitz hat.

28 BVerfGE 67, S. 100, 139.

29 BVerfG, *Lappas*-Entscheidung, a.a.O. (Fn. 4), S. 23; BVerfG, *BGAG*-Beschluß, a.a.O. (Fn. 4), S. 50 ff., jedenfalls im Bereich solcher »privater Unternehmen, die aufgrund ›gemeinwirtschaftlicher‹ Zielsetzung ihrer Tätigkeit in erheblichem Umfang aus staatlichen Mitteln gefördert und steuerlich begünstigt werden und besonderen rechtlichen Bindungen unterliegen«; dasselbe gilt nach Auffassung des BVerfGs, a.a.O., S. 52, im Hinblick auf mit solchen Unternehmen eng, insbesondere konzernmäßig verflochtene Gesellschaften; vgl. ferner HessStGH, DÖV 1972, S. 568, 569: Angelegenheiten, die prima facie als Privatangelegenheiten erscheinen, können unter besonderen Umständen in das Blickfeld des öffentlichen Interesses gerückt werden.

das Bestimmtheitserfordernis,[30] und nichts ist so unklar wie das öffentliche Interesse, von dem niemand weiß, ob es im deskriptiven oder normativen Sinne zu verstehen ist.[31] Die bislang verwendeten Beschreibungen des öffentlichen Interesses sind einzelfallbezogen[32] und erlauben weder eine Generalisierung noch lassen sie ein gesichertes Prinzip erkennen, aus dem die jeweilige Präzisierung hergeleitet ist. Als ein möglicher Ausweg, den Gehalt des Kriteriums faßbarer zu machen, bietet sich allerdings im Anschluß an Ansätze in dem BGAG-Beschluß des Bundesverfassungsgerichts an,[33] für die Zulässigkeit auf den Verdacht einer schwerwiegenden Verletzung von Rechtsvorschriften abzustellen, und zwar solchen, die nicht allein im individuellen, sondern (zumindest auch) im öffentlichen, insbesondere staatlichen[34] Interesse bestehen. Ob die Rechtsprechung indessen diesen Weg aufnehmen wird, ist fraglich, weil sie in der Vergangenheit die Notwendigkeit eines Anfangsverdachtes als Zulässigkeitsschranke ausdrücklich abgelehnt hat.[35]

2.3.

Bleibt demnach mit Blick auf die unmittelbare Untersuchung nicht genuin staatlicher Bereiche auch weiterhin manches ungeklärt, so erweisen sich die genannten Zulässigkeitsvoraussetzungen zusätzlich unter anderem Aspekt als problematisch, weil sie zunehmend in ein latentes Span-

---

30 Auch wenn man – wie der StGH für das Land Baden-Württemberg, in: ESVGH 27, S. 9 – eine »nicht zu restriktive Auslegung des Begriffs Bestimmtheit« postuliert, dann aber die Aufklärung von »Mißständen« (in einem bestimmten Bereich) als unbestimmt bezeichnet.

31 Ist ersteres gemeint (»das, was tatsächlich von öffentlichem Interesse ist«), so ist das Merkmal überflüssig, weil ein faktisches öffentliches Interesse schlechterdings verneint werden kann, wenn ein Viertel oder ein Fünftel der Mitglieder eines Parlaments die Aufklärung für notwendig hält; ist es dagegen im normativen Sinne zu verstehen (»das, was zu Recht von öffentlichem Interesse sein darf/soll«), so sind die für die Beurteilung maßgebenden Kriterien unklar.

32 Das BVerfG argumentiert in seinem *BGAG*-Beschluß, a.a.O. (Fn. 4), S. 68, ebenfalls einzelfallbezogen, indem es im Hinblick auf den 3. Untersuchungsausschuß »Neue Heimat« des Deutschen Bundestages (oben Fn. 3) das öffentliche Interesse mit Umfang und Bedeutung der vermuteten Rechtsverstöße, mit dem Gewicht der Folgen der angenommenen Mißstände für die Volkswirtschaft, mit der Bedeutung des Unternehmens Neue Heimat für die Wohnungswirtschaft und den Arbeitsmarkt sowie der Förderung der Neuen Heimat durch öffentliche Mittel begründet; ähnlich: LG Bonn, NJW 1987, S. 790, 791; LG Frankfurt a. M., NJW 1987, S. 787, 788.

33 A.a.O. (Fn. 4), S. 68, 69 (»Anfangsverdacht«).

34 Auf den Staatsbezug stellt auch LG Frankfurt a. M., NJW 1987, S. 787, 788, ab.

35 BayVerfGH, a.a.O. (Fn. 11), S. 233.

nungsverhältnis zu dem Recht der qualifizierten Minderheit[36] geraten, die Einsetzung eines Untersuchungsausschusses zu erzwingen. Zwar schien die Position der qualifizierten Minderheit durch den grundlegenden Beschluß des Bundesverfassungsgerichts vom 2. August 1978[37] geklärt, wonach die Mehrheit den Minderheitsantrag weder durch Zusatzfragen (»Draufsatteln«) noch durch sonstige Änderungen (z.B. Streichungen) in seinem Kern korrigieren darf;[38] aber die jüngere Rechtsprechung vor allem des Bayerischen Verfassungsgerichtshofes hat neue Unsicherheiten gebracht, weil hiernach der Einsetzungsantrag den genannten Zulässigkeitskriterien entsprechen muß[39] und von der Mehrheit insbesondere dann abgelehnt werden darf, wenn

– er nicht hinreichend bestimmt ist,[40]
– Vorgänge betrifft, die noch nicht abgeschlossen sind,[41] oder
– sich auf Tatbestände bezieht, die offenkundig sind und deren weitere Aufklärung daher nicht im öffentlichen Interesse liegt.[42]

Diese Zulässigkeitsvoraussetzungen sind ebenfalls nicht präzisiert. Kriterien, anhand derer entschieden werden kann, ob noch laufende oder schon abgeschlossene Vorgänge betroffen sind, hat die Rechtsprechung nicht entwickelt:[43] So ist offen, ob die Trennlinie durch einen förmlichen Abschluß (z. B. Verwaltungsakt; Abschlußvermerk) zu bestimmen ist, was bedeuten würde, daß die zu kontrollierende Regierung es in der Hand hätte, den Zeitpunkt der Zulässigkeit der Untersuchung zu bestimmen; ungeklärt ist weiter, was zu gelten hat, wenn die Exekutive ein Verfahren gar nicht oder nur schleppend führt, ihre Entscheidung ad infinitum hin-

---

36 Nach Art. 44 Abs. 1 GG: Ein Viertel der Mitglieder des Bundestages; dasselbe Quorum fordern die Verfassungen (oben Fn. 14) der Länder Baden-Württemberg, Berlin, Hamburg, Niedersachsen, Saarland und Schleswig-Holstein; dagegen begründet in Bayern, Hessen, Nordrhein-Westfalen und Rheinland-Pfalz bereits der von einem Fünftel der Mitglieder des Parlaments gestellte Antrag die Einsetzungspflicht.
37 BVerfGE 49, S. 70.
38 Vgl. ferner: StGH für das Land Baden-Württemberg, in: ESVGH 27, S. 1, 7; BayVerfGH, BayVBl. 1977, S. 597; BayVerfGH 1981, S. 593, 594; OVG Lüneburg, DVBl. 1954, S. 574.
39 BayVerfGH, BayVBl. 1977, S. 597, 599; ebenso: StGH für das Land Baden-Württemberg, in: ESVGH 27, S. 6.
40 Vgl. die Nachweise in Fn. 39.
41 HessStGH, DÖV 1967, S. 51; vgl. ferner die Nachweise in Fn. 20.
42 BayVerfGH, DVBl. 1986, S. 233, 234; vgl. ferner die Nachweise in Fn. 22.
43 Zu den hiermit verbundenen Unsicherheiten vgl. die abweichende Meinung von vier Richtern zur Wackersdorf-Entscheidung des BayVerfGH, a.a.O. (Fn. 42), abgedruckt in: DVBl. 1986, S. 235; ferner: H.-J. Mengel, Die Auskunftsverweigerung der Exekutive gegenüber parlamentarischen Untersuchungsausschüssen, in: EuGRZ 1984, S. 97, 102.

auszögert und den Vorgang somit nicht abschließt; und schließlich ist nicht entschieden, ob nicht wenigstens der Abschluß eines Teilvorgangs für die Zulässigkeit ausreicht, ihn zu untersuchen.

Ähnliche Unsicherheiten verursacht das Merkmal der Offenkundigkeit der zu untersuchenden Tatbestände,[44] das sich im Einzelfall je nach Standpunkt bejahen oder verneinen lassen wird. Wenn zudem die Beurteilungskompetenz hierüber der Mehrheit zugesprochen wird, dann steht gerade dieses Merkmal in Widerspruch zu dem verfassungsrechtlich verankerten Minderheitsprinzip, zumal die Mehrheit weder verpflichtet sein soll, die Ablehnung des Einsetzungsantrages im einzelnen zu begründen,[45] noch nach Auffassung der Rechtsprechung gehalten ist, auf eine sachdienliche, zulässige Antragstellung hinzuwirken.[46]

2.4.

Diese Begrenzungen des Minderheitenrechts wären a priori ausgeschlossen, wenn der Antrag der qualifizierten Minderheit per se zur Einsetzung des Untersuchungsausschusses führen und die Mehrheit keine Kompetenz besitzen würde, die Zulässigkeit des Einsetzungsantrages zu prüfen und über sie zu entscheiden. Vorschläge in diese Richtung sind in der Vergangenheit wiederholt unterbreitet worden; besonders pronounciert haben Lechner/Hülshoff[47] sie vertreten, nach deren Auffassung bereits der Antrag der qualifizierten Minderheit und seine Behandlung im Plenum die Einsetzung des Untersuchungsausschusses bewirken, ohne daß es hierzu einer Abstimmung im Parlament bedürfte.

Dieser Ansicht ist die Judikatur jedoch nicht gefolgt: Sie hat aus dem Wortlaut und dem verfassungsrechtlichen Kontext der die Einsetzung der Untersuchungsausschüsse regelnden Bestimmungen sowohl die Kompetenz des Parlaments hergeleitet, die Zulässigkeit des Antrages zu überprüfen und ihn bei einem Verstoß gegen die Verfassung abzulehnen, als auch hieraus gefolgert, für die Einsetzung eines von der qualifizierten Minder-

---

44 Auch wenn man – wie der BayVerfGH, DVBl. 1986, S. 233, 234 – »strenge« (aber: welche?) Maßstäbe anlegen will.

45 BayVerfGH, DVBl. 1986, S. 233, 235.

46 StGH für das Land Baden-Württemberg, in: ESVGH 27, S. 1, 8; BayVerfGH, BayVBl. 1977, S. 597, 599; BayVerfGH, DVBl. 1986, S. 233, 235; zur Befugnis des Plenums, den Einsetzungsantrag bei teilweiser Unzulässigkeit ganz oder teilweise abzulehnen vgl. BayVerfGH, BayVBl. 1977, S. 597, 599; BayVerfGH, DVBl. 1986, S. 233, 235 mit abweichender Meinung von vier Richtern, a.a.O. (Fn. 43), S. 235.

47 *Lechner/Hülshoff,* Parlament und Regierung, 2. Aufl. 1958, § 63 GO-BT Anm. 1.

heit beantragten Untersuchungsausschusses sei ein (Mehrheits-)Beschluß erforderlich.[48]

Dieser Ansatz hat indessen nicht nur zu den geschilderten Friktionen mit dem Minderheitsprinzip geführt, sondern darüber hinaus der parlamentarischen Praxis ein weiteres Problem beschert, das in seiner vollen Dimension noch nicht ausgelotet ist: Einerseits muß das Parlament bei einem zulässigen Einsetzungsantrag den Untersuchungsausschuß einsetzen, also dafür Sorge tragen, daß der Antrag die nötige Mehrheit findet; andererseits schweigen die Verfassungen darüber, wie dieses Ergebnis sicherzustellen ist: Der einzelne Abgeordnete hat bei der Abstimmung über den Einsetzungsantrag die volle Freiheit des »Ja«, des »Nein« oder der Enthaltung, weil keine Norm ihm vorschreibt, dem zulässigen Antrag zuzustimmen, oder umgekehrt verbietet, ihn abzulehnen. In diesem Dilemma zwischen Einsetzungspflicht des Parlaments und voller Entscheidungsfreiheit des einzelnen Abgeordneten hat die parlamentarische Praxis gerade bei politisch und rechtlich umstrittenen Einsetzungsanträgen zwar nicht das Mehrheitserfordernis in Frage gestellt, wohl aber auf förmliche Abstimmung verzichtet und es als ausreichend angesehen, daß der Einsetzungsantrag im Plenum behandelt wird und der Präsident im Anschluß an die Debatte feststellt, der Antrag erfülle das Minderheitenquorum, der Ausschuß sei daher eingesetzt.[49]

Dieses vereinfachte Verfahren, bei dem die Zustimmung oder Enthaltung der Mehrheit zu dem Einsetzungsantrag in der widerspruchslosen Hinnahme der Feststellung des Präsidenten gesehen wird,[50] kommt zudem parlamentarisch-politischen Bedürfnissen entgegen: Die Mehrheit oder einzelne Abgeordnete der Mehrheit sehen sich nicht gezwungen, in loya-

48 StGH für das Land Baden-Württemberg, in: ESVGH 27, S. 1, 7; BayVerfGH, BayVBl. 1977, S. 597; BayVerfGH, BayVBl. 1981, S. 593; HessStGH, DÖV 1967, S. 51.

49 Vgl. auch die Empfehlungen der Konferenz der Präsidenten der Deutschen Länderparlamente über die Regelung des Verfahrens von parlamentarischen Untersuchungsausschüssen vom 4. Mai 1961; in den Erläuterungen zu II Nr. 4 heißt es: »Plenarbeschluß bedeutet nicht, daß der Präsident in jedem Fall förmlich abstimmen lassen muß. Es soll nur klargestellt werden, daß der Untersuchungsausschuß nicht bereits durch den Antrag der qualifizierten Minderheit, sondern allein durch den Akt des Plenums existent wird ... wie der Präsident die Zustimmung des Hauses feststellt, kann seinem Ermessen bzw. der Übung des Hauses überlassen werden.«

50 Vgl. W. Becker, Gutachtliche Stellungnahme zur Verfassungsmäßigkeit des am 16. September 1964 in der 30. Sitzung des Hessischen Landtages eingesetzten Untersuchungsausschusses, Wiesbaden 1964, S. 14; E. Freihöfer, Der parlamentarische Geschäftsgang bei Einsetzung von Untersuchungsausschüssen, 1956, S. 60; P. Köchling, in: W. Damkowski (Hrsg.), Der parlamentarische Untersuchungsausschuß, 1987, S. 26.

ler Haltung gegenüber der Einsetzungspflicht des Parlaments dem Einsetzungsantrag ausdrücklich zuzustimmen oder sich der Stimme zu enthalten, obwohl sie möglicherweise aus sachlichen oder politischen Gründen die Einsetzung nicht billigen und abzulehnen geneigt sind.

Ob jedoch dieses Verfahren im Hinblick auf die normierten Abstimmungsregeln zulässig ist, ist bislang nicht abschließend geklärt.[51] Der Hessische Staatsgerichtshof[52] hält es jedenfalls dann nicht für ausreichend und eine förmliche Abstimmung für notwendig, wenn verfassungsrechtliche Bedenken gegen die Zulässigkeit des Einsetzungsantrages erhoben werden, die »nicht offensichtlich unbegründet oder gar nur vorgeschützt« sind.[53] Auffallend ist indessen auch hier die fehlende Präzision dieser Kautelen: Die (»böse«) Absicht der Mehrheit, nur etwas vorzuschützen, und die »offensichtliche« Unbegründetheit sind kaum operationalisierbare Kriterien. An ihrer Stelle hätte sich angeboten, auf formale Merkmale abzustellen und eine förmliche Abstimmung nur dann für erforderlich zu erachten, wenn sich die Zulässigkeitszweifel der Mehrheit so verdichtet haben, daß diese sie zum Anlaß nimmt, ausdrücklich der Feststellung des Präsidenten zu widersprechen und die förmliche Abstimmung zu beantragen.

2.5.

Eine weitere das Einsetzungsverfahren betreffende, bislang strittige Frage, nämlich ob die Ausschußmitglieder durch das Plenum gewählt werden müssen, ist demgegenüber durch den BGAG-Beschluß des Bundesverfassungsgerichts[54] geklärt. Danach dürfen jedenfalls die Mitglieder eines Untersuchungsausschusses des Deutschen Bundestages von den jeweiligen Fraktionen bestimmt werden: Ein Untersuchungsausschuß besitze die erforderliche demokratische Legitimation für eine hoheitliche Tätigkeit nach außen auch dann, wenn seine Mitglieder nicht durch das Plenum gewählt, sondern von den Fraktionen benannt seien; die Frage der personellen Zuständigkeit betreffe nur die innere Organisation des Bundestages und berühre nicht die Rechtsstellung derjenigen, die durch die Untersuchung tangiert seien.[55]

---

51 Seine Zulässigkeit ist jüngst von betroffenen Unternehmen gegenüber dem 1. Untersuchungsausschuß des 11. Deutschen Bundestages angezweifelt worden.
52 HessStGH, DÖV 1967, S. 51.
53 Ebenda, S. 53.
54 A.a.O. (Fn. 4), S. 44 ff.
55 BVerfG, *BGAG*-Beschluß, a.a.O. (Fn. 4), S. 47 f.

Hier deutet sich in ersten Ansätzen ein für das Untersuchungsrecht entscheidendes Argumentationsmuster an, indem in Verfahrensfragen zwischen den betroffenen Rechtskreisen differenziert und darauf abgestellt wird, daß aus dem parlamentarischen Innenrechtsverhältnis nicht Fragen des Außenrechtsverhältnisses beantwortet werden können.

3. *Zum Verfahren der Untersuchungsausschüsse*

Dieses Argumentationsmuster spielt auch für die Erfassung der grundlegenden Prinzipien eine Rolle, die für das Verfahren eines eingesetzten Untersuchungsausschusses maßgebend sind. Insoweit sind zunächst die relevanten Rechtskreise auseinanderzuhalten, nämlich
– das Innenverhältnis sowohl zwischen Plenum und Ausschuß als auch zwischen parlamentarischer Mehrheit und Minderheit und
– das Außenverhältnis, wobei wiederum zu differenzieren ist zwischen demjenigen zur Exekutive, zur Judikative, zu anderen öffentlich-rechtlichen Gebietskörperschaften und zu privaten Dritten.

3.1.
Unabhängig davon, ob man den Untersuchungsausschuß als gerichts- oder behördenähnliches Gremium, als Hilfs-, Unter-, Teilorgan oder Organteil des Parlaments qualifiziert, ist er als Träger hoheitlicher Gewalt an Art. 1 Abs. 3 und 20 GG gebunden.[56] Er hat daher die Grundrechte,[57] die verfassungsrechtlichen Zuständigkeitsvorschriften, die Gewaltenteilung,[58] den Grundsatz der Verhältnismäßigkeit[59] und das gesetzliche Verfahrensrecht zu beachten, das – wie das Bundesverfassungsgericht zu Recht betont[60] – auch Grenzen für die Beweiserhebung setzt. Von diesem Ansatz aus hat die Rechtsprechung folgende Verfahrensregeln als maßgebend angesehen:

---

56 Vgl. die Nachweise oben Fn. 4.
57 BVerfGE 67, S. 100, 143; BVerfG, *Lappas*-Entscheidung, a.a.O. (Fn. 4), S. 24, 25, 30, 31.
58 BVerfGE 67, S. 100, 139.
59 BVerfGE 67, S. 100, 144; BVerfG, *Lappas*-Entscheidung, a.a.O. (Fn. 4), S. 24 f.; BVerfG, *BGAG*-Beschluß, a.a.O. (Fn. 4), S. 62.
60 So schon im *Flick*-Urteil, BVerfGE 67, S. 100, 133; ferner: BVerfG, *Lappas*-Entscheidung, a.a.O. (Fn. 4), S. 30; BVerfG, *BGAG*-Beschluß, a.a.O. (Fn. 4), S. 54.

3.1.1.

Betroffenen ist rechtliches Gehör zu gewähren. Hieraus folgt deren Recht, an allen öffentlichen Beweiserhebungen teilzunehmen, Rechtsbeistände hinzuzuziehen und diese mit der Wahrnehmung der Rechte gegenüber dem Ausschuß zu beauftragen; korrespondierend hierzu hat der Untersuchungsausschuß Beweisanregungen entgegenzunehmen und pflichtgemäß zu prüfen.[61] Weitergehende Ansprüche, etwa ein umfassendes Schweigerecht[62] und die Befugnis, jederzeit an Zeugen Fragen richten und Beweisanträge stellen zu dürfen, hat der Betroffene dagegen nach Auffassung des OVG Münster jedenfalls dann nicht, wenn seine Stellung – wie in § 18 der IPA-Regeln – nur geschäftsordnungsrechtlich festgelegt ist.[63] Dies hat Hilf als unbefriedigend und als Abspeisung des Betroffenen bezeichnet;[64] aber die Deduktion des OVG Münster ist entsprechend dem erwähnten Argumentationsmuster zutreffend: Aus den geschäftsordnungsrechtlichen Binnennormen lassen sich keine Rechtsansprüche im Außenverhältnis herleiten.[65] Diese ergeben sich ausschließlich aus der Verfassung und den gesetzlichen Regelungen. Insofern ist der Betroffene allerdings nicht ganz so schutzlos gestellt, wie es auf den ersten Blick scheinen mag; soweit er von Beweiserhebungen – sei es als Zeuge, sei es als Inhaber beweisrelevanter Unterlagen – tangiert ist, sind ihm gegenüber die verfassungsrechtlichen und gesetzlichen Beweiserhebungsregeln zu beachten, die die Rechtsprechung wie folgt konkretisiert hat:

3.1.2.

Zeugen haben aus Gründen des fair trial Anspruch darauf, zum einen vor bloßstellenden Fragen geschützt,[66] zum anderen in Begleitung eines Rechtsbeistandes vernommen und von ihm beraten zu werden. Damit diese Beratungsrechte nicht leerlaufen, ist die Vernehmung so zu terminieren, daß nach dem Zugang der Ladung noch ein ausreichender Zeit-

---

61 Zu den vorstehenden Grundsätzen vgl. OVG Münster, DÖV 1987, S. 113, 114.

62 OVG Berlin, in: Entscheidungen des OVG Berlin, Band 10 (1970), S. 163, 168, will ein solches Schweigerecht demjenigen gewähren, gegen den – als bestimmt bezeichnete Person – die Untersuchung geführt wird.

63 OVG Münster, a.a.O. (Fn. 61), S. 113; im Ergebnis ebenso die vorinstanzliche Entscheidung des VG Köln, Beschluß vom 5. August 1984 – 4 L 858/86 – (unveröffentlicht).

64 *M. Hilf,* Untersuchungsausschüsse vor den Gerichten, in: NVwZ 1987, S. 537, 545.

65 Soweit die Rechtsstellung des Betroffenen *gesetzlich* geregelt ist, kann der Anspruch, als Betroffener anerkannt zu werden, nicht mit der Begründung des OVG Münster, a.a.O. (Fn. 61), negiert werden.

66 Vgl. § 68 a StPO, dazu: BVerfG, *Lappas*-Entscheidung, a.a.O. (Fn. 4), S. 31.

raum verbleibt, den Rechtsbeistand zu konsultieren und eine sachliche Beratung durchzuführen.[67]

Diese vergleichsweise marginalen Rechte bieten das nötige Pendant zu den umfänglichen Pflichten des Zeugen, der – ungeachtet der Tatsache, daß er vor einem Untersuchungsausschuß leicht in die Rolle eines Angeklagten geraten kann, wenn er in die aufzuklärenden Vorgänge verwickelt ist – auf Ladung zu erscheinen, wahrheitsgemäß auszusagen und gegebenenfalls seine Aussage zu beeiden hat.[68]

Die Pflicht zur wahrheitsgemäßen und vollständigen Aussage[69] steht freilich unter einem dreifachen Vorbehalt: Sie bezieht sich zum einen nur auf Tatsachen und nicht – wie vielfach in der Praxis angenommen wird – auf Wertungen und Schlußfolgerungen;[70] sie erstreckt sich zum weiteren nur auf solche Tatsachen, die den Untersuchungsgegenstand betreffen,[71] und sie besteht schließlich nur dann, wenn der Zeuge nicht von einem gegebenen Zeugnis- oder Auskunftsverweigerungsrecht Gebrauch macht.[72] Angesichts der zunehmenden Untersuchungen in privaten, nicht genuin staatlichen Bereichen ist insofern wesentlich, daß aus der Pflicht zur Verschwiegenheit über Geschäftsinterna kein Zeugnisverweigerungsrecht der Vorstandsmitglieder, Geschäftsführer oder Angestellten eines privaten Unternehmens, die als Zeugen vernommen werden, herzuleiten ist.[73] Andererseits folgt aus dem nemo-tenetur-se-ipsum-accusare-Prinzip, daß kein Zeuge verpflichtet ist, auf Fragen zu antworten, wenn er hierdurch sich »selbst oder einem . . . Angehörigen die Gefahr zuziehen würde, we-

67 Zu den vorstehenden Grundsätzen vgl. VG Hamburg, NJW 1987, S. 1569.
68 Zu den Zeugenpflichten grundlegend: BGHSt 17, S. 128, allerdings mit dem berechtigten Hinweis auf die Geltung von § 60 StPO auch im Untersuchungsverfahren; zu dieser Entscheidung vgl. *W. Wagner,* Vernehmungs- und Vereidigungsrecht parlamentarischer Untersuchungsausschüsse – Betrachtungen zum Urteil des BGH im Bayerischen Spielbankenprozeß, in: NJW 1960, S. 1936; zur Geschichte der Zeugenpflichten vgl. BVerfGE 67, S. 100, 131; BVerfG, *Lappas*-Entscheidung, a.a.O. (Fn. 4), S. 26 ff.
69 BGH, MDR 1979, S. 217; zu den Zeugenpflichten eines Beamten, der von einem parlamentarischen Untersuchungsausschuß vernommen wird, aus beamtenrechtlicher Sicht: BVerwG, RiA 1980, S. 213.
70 OLG Koblenz, Urteil vom 23. Juni 1987 – 2 Ss 138/87 –, S. 16.
71 OLG Koblenz, a.a.O. (Fn. 70), S. 16; insbesondere auf streng persönliche Tatsachen erstreckt sich das Beweiserhebungsrecht des Untersuchungsausschusses nicht, vgl. BVerfG, *Lappas*-Entscheidung, a.a.O. (Fn. 4), S. 32; konsequent können Antworten auf Fragen hierzu verweigert werden; vgl. auch *H. Wagner,* Uneidliche Falschaussage vor parlamentarischen Untersuchungsausschüssen, in: GA 1976, S. 257.
72 BVerfG, *Lappas*-Entscheidung, a.a.O. (Fn. 4), S. 30 f.
73 BVerfG, a.a.O. (Fn. 72), S. 31 m.z.w.N.

gen einer Straftat oder Ordnungswidrigkeit verfolgt zu werden« (§ 55 Abs. 1 StPO).[74]

Die Zeugnispflichten kann der Untersuchungsausschuß im Weigerungsfalle zwangsweise durchsetzen. Die Rechtsprechung geht nunmehr davon aus, daß die Verweisung auf die Beweiserhebungsregeln der StPO auch die Vorschriften über den Zeugniszwang umfaßt und diese Normen eine hinreichend bestimmte Ermächtigungsgrundlage für den Zwang gegenüber Zeugen im Untersuchungsverfahren bieten.[75]

Danach kann der zulässig eingesetzte[76] Untersuchungsausschuß bei Nichterscheinen des Zeugen ein Ordnungsgeld verhängen (§ 51 Abs. 1 S. 2 StPO), ihm die Verfahrenskosten auferlegen (§ 51 Abs. 1 StPO) und auch die zwangsweise Vorführung beschließen (§ 51 Abs. 1 S. 3 StPO).[77] Diese Maßnahmen haben freilich nach Meinung des OVG Lüneburg dann auszuscheiden, wenn sich der Zeuge außerhalb der Landeszuständigkeit aufhält.[78]

Bei unberechtigter Zeugnisverweigerung sind ebenfalls die Verhängung eines Ordnungsgeldes und die Auferlegung der Verfahrenskosten möglich (§ 70 Abs. 1 S. 2 StPO),[79] sofern der Ausschuß die grundlegenden Verfahrensrechte des Zeugen beachtet hat.[80] Daneben kann der Ausschuß die Anordnung der Haft zur Erzwingung des Zeugnisses (§ 70 Abs. 2 StPO) bei dem Amtsrichter am Sitz des Parlaments beantragen,[81] der dem Antrag zu entsprechen hat, wenn die beabsichtigte Vernehmung des Zeu-

74 BVerfG, a.a.O. (Fn. 72), S. 31; BGHSt 17, S. 128, 138; OVG Berlin, in: Entscheidungen des OVG Berlin, Band 10 (1970), S. 163, 168.
75 So für Art. 44 Abs. 2 S. GG i.V.m. § 70 Abs. 2 StPO: BVerfG, *Lappas*-Entscheidung, a.a.O. (Fn. 4), S. 30.
76 Insoweit sind die Zulässigkeitsvoraussetzungen für die Einsetzung (oben 2.1., nicht dagegen: 2.5.) auch Zulässigkeitsvoraussetzungen für die Zwangsmittel, vgl. OVG Berlin, in: Entscheidungen des OVG Berlin, Band 10 (1970), S. 163, 166; vgl. auch unten Fn. 91.
77 OVG Lüneburg, DÖV 1986, S. 210; m.E. ist im Hinblick auf die Freiheitsbeschränkung die Anordnung der zwangsweisen Vorführung nur durch den Richter (auf Antrag des Untersuchungsausschusses) zulässig.
78 OVG Lüneburg, a.a.O. (Fn. 77), S. 212, sowie OVG Lüneburg, DVBl. 1986, S. 476, 477, mit abw. Besprechung von *M. Thürmer*, Zeugniszwang durch einen Landesuntersuchungsausschuß gegenüber einem außerhalb der Landesgrenzen – in einem anderen Bundesland – lebenden Zeugen, in: DÖV 1987, S. 99.
79 BVerfG, *Lappas*-Entscheidung, a.a.O. (Fn. 4), S. 25, 28; OVG Berlin, in: Entscheidungen des OVG Berlin, Band 10 (1970), S. 163, 165; soweit das Ordnungsgeld auf § 70 Abs. 1 StPO gestützt wird, ist Art. 6 Abs. 1 EGStGB beachtlich, der die Höhe auf 1000,– DM begrenzt.
80 VG Hamburg, NJW 1987, S. 1568.
81 BVerfG, *Lappas*-Entscheidung, a.a.O. (Fn. 4), S. 25; LG Bonn, NJW 1987, S. 790.

gen im Rahmen des zulässigen Untersuchungsauftrages liegt, zur Klärung des Sachverhalts geeignet und erforderlich ist, die Aussage unberechtigt verweigert wird und die Anordnung der Haft nicht unverhältnismäßig ist.[82] Bei der Beurteilung der Verhältnismäßigkeit sind auf der einen Seite das Schutzinteresse des Zeugen, auf der anderen Seite das öffentliche Interesse an der Aufklärung maßgebend.[83]

Neben diesen Maßnahmen des Zeugniszwangs kann der Ausschuß ferner gegen einen erschienenen Zeugen, »der sich einer Ungebühr schuldig macht«, das in § 178 Abs. 1 GVG vorgesehene Ordnungsgeld verhängen.[84]

3.1.3.

Analog zu ihrer Position in den umstrittenen Problemen des Zeugniszwangs hat die Rechtsprechung ebenso die Frage der sinngemäßen Anwendung der strafprozessualen Vorschriften über die *Beschlagnahme*[85] (§§ 94 ff. StPO) und *Durchsuchung*[86] (§ 103 StPO) positiv beantwortet. Danach kann der Untersuchungsausschuß zwar diese Zwangsmittel nicht selbst ergreifen, wohl aber ihre Anordnung bei dem zuständigen Amtsrichter (§ 162 StPO) beantragen.[87]

Maßgebend für die Anwendung der §§ 94, 95, 103 StPO waren zwei Erwägungen: Zum einen bedeutet Beweiserhebung i.R.v. Art. 44 Abs. 2 S. 1 GG und den entsprechenden Vorschriften der Landesverfassungen dem Wortlaut nach nicht nur Beweisaufnahme im engeren Sinne (§ 244 Abs. 1 StPO); sie erfaßt vielmehr auch sämtliche Maßnahmen, die der Vorbereitung der Beweiserhebung dienen, mithin auch die Zwangsmittel

---

82 BVerfG, a.a.O. (Fn. 81), S. 32; LG Bonn, a.a.O. (Fn. 81), S. 790; im Hinblick auf die Begrenzung des Ordnungsgeldes auf maximal 1000,– DM (vgl. Fn. 79) ist es im Einzelfall nicht unverhältnismäßig, wenn ein Untersuchungsausschuß *zugleich* von den Befugnissen nach § 70 Abs. 1 und Abs. 2 StPO Gebrauch macht, sofern der Zeuge sich durch das Ordnungsgeld nicht beeindrucken lassen wird, BVerfG, a.a.O., S. 35.

83 In diesem Rahmen spielen auch Notwendigkeit und Zulässigkeit des parlamentarischen Diskretionsschutzes (§ 172 GVG, Geheimschutzordnung) eine Rolle, vgl. BVerfG, *Lappas*-Entscheidung, a.a.O. (Fn. 4), S. 33.

84 OVG Berlin, in: Entscheidungen des OVG Berlin, Band 10 (1970), S. 163, 166.

85 BVerfG, NJW 1984, S. 1345 (Vorprüfungsausschuß – Neue Heimat Hamburg); BVerfG, NJW 1984, S. 2226 (Vorprüfungsausschuß – Boehringer); BVerfGE 74, S. 7 (*BGAG*-Urteil), dazu: *U. Palme,* Die »*BGAG*-Entscheidung« des Bundesverfassungsgerichts vom 5. November 1986 aus verfassungsprozeßrechtlicher Sicht, in: MDR 1987, S. 705; BVerfG, *BGAG*-Beschluß, a.a.O. (Fn. 4), S. 56; LG Hamburg, ZIP 1984, S. 114; LG Hamburg, MDR 1982, S. 604; LG Frankfurt a. M., NJW 1987, S. 787.

86 StGH Bremen, DÖV 1970, S. 386.

87 BVerfG, *BGAG*-Beschluß, a.a.O. (Fn. 4), S. 60.

der StPO.[88] Zum anderen – und wichtiger – wäre ein Untersuchungsverfahren ohne Beschlagnahmemöglichkeit nicht funktionstüchtig. Diesen Gesichtspunkt hat denn auch die Rechtsprechung als entscheidend herausgestellt: So weist das Bundesverfassungsgericht in seinem BGAG-Beschluß[89] ausdrücklich darauf hin, die Beschlagnahme von schriftlichen Unterlagen könne für eine effektive Untersuchung unentbehrlich sein. Mit derselben Begründung hatte schon in früheren Jahren der Staatsgerichtshof Bremen Beschlagnahme und Durchsuchung gerechtfertigt,[90] indem er auf die Gefährdung des Untersuchungszweckes hinwies, wenn der Ausschuß beweisrelevante Urkunden nicht erforderlichenfalls auch gegen den Willen des Verwahrers beschaffen könnte.

Steht hiernach die Beschlagnahme grundsätzlich im Untersuchungsverfahren zur Verfügung, so hängt ihre Anordnung im Einzelfall von folgenden Voraussetzungen ab:

Sie muß sich – erstens – auf Beweismittel beziehen, die für die zulässige[91] Untersuchung von Bedeutung sein können (§ 94 Abs. 1 StPO); dieses Erfordernis hat die Rechtsprechung dahin konkretisiert, daß die Beschlagnahme nicht als Mittel einer auf Spekulation gegründeten Ausforschung, sondern nur dann angeordnet werden darf, wenn der Anfangsverdacht besteht, mit Hilfe der betreffenden Unterlagen könne der Untersuchungsgegenstand aufgeklärt werden.[92] Zweitens sind Beantragung und Anordnung der Beschlagnahme nur zulässig, wenn die Unterlagen nicht gemäß § 97 StPO beschlagnahmefrei sind[93] und Grundrechte des Gewahrsamsinhabers sowie der Verhältnismäßigkeitsgrundsatz[94] nicht entgegenstehen; im Hinblick hierauf sind insbesondere die Schutzwürdigkeit und -bedürftigkeit der betroffenen Daten gegen das Gewicht des Untersuchungsauftrages, die Bedeutung des Beweisthemas und das öffentliche Interesse an der Aufklärung abzuwägen, die im Einzelfall die Beschlag-

88 BVerfG, a.a.O. (Fn. 87), S. 57; StGH Bremen, a.a.O. (Fn. 86), S. 387.
89 A.a.O. (Fn. 87), S. 56.
90 A.a.O. (Fn. 86), S. 386.
91 Vgl. Fn. 76; der Richter kann daher die ordnungsgemäße Einsetzung des Untersuchungsausschusses überprüfen, vgl. BVerfG, *BGAG*-Beschluß, a.a.O. (Fn. 4), S. 45.
92 LG Frankfurt a. M., NJW 1987, S. 787, 789; die Beschlagnahme darf i.ü. nicht dazu dienen, zivilrechtliche Ansprüche durchzusetzen, vgl. BVerfG, NJW 1984, S. 2276, 2277.
93 LG Hamburg, ZIP 1984, S. 114.
94 So schon BVerfG, NJW 1984, S. 2276 (Boehringer); detailliert nunmehr: BVerfG, *BGAG*-Beschluß, a.a.O. (Fn. 4), S. 62.

nahme legitimieren können.[95] Drittens schließlich darf die Herausgabe der beschlagnahmten Unterlagen unmittelbar an den Untersuchungsausschuß nur dann angeordnet werden, wenn aus grundrechtlicher Sicht hiergegen keine Bedenken bestehen,[96] insbesondere wenn

- »ihre potentielle Beweisbedeutung im gesamten von vornherein feststeht und
- nach dem mutmaßlichen Inhalt Geheimschutzmaßnahmen voraussichtlich nicht erforderlich werden oder bereits in hinreichendem Umfang getroffen sind«.[97]

Läßt sich hingegen – wie häufig – im vorhinein die potentielle Beweisbedeutung aller beschlagnahmten Beweismittel nicht feststellen oder ist gar evident, daß die Beschlagnahme sich auf ein Aktenkonvolut bezieht, das neben relevanten auch irrelevante Unterlagen enthält, so dürfen diese, sofern sie grundrechtlich bedeutsame Daten enthalten, nicht ohne weiteres an den Untersuchungsausschuß herausgegeben werden. Der Richter hat vielmehr das nicht beweisrelevante[98] von dem relevanten Beweismaterial zu trennen[99] und darf letzteres dem Untersuchungsausschuß erst dann übermitteln, wenn er zuvor die Beweiserheblichkeit der einzelnen Unterlagen sowie die Zulässigkeit der Beweiserhebung im Hinblick auf ausreichende parlamentarische Geheimschutzmaßnahmen geprüft und bejaht hat.[100] Soweit der Richter Geheimschutzmaßnahmen für geboten hält, hat er die Herausgabe der beschlagnahmten Gegenstände an den Ausschuß davon abhängig zu machen, daß dieser die entsprechenden Beschlüsse zur Wahrung der Diskretion faßt.[101]

---

95 BVerfG, *BGAG*-Beschluß, a.a.O. (Fn. 4), S. 54; auch hier ist darauf zu achten, daß sich das Beweiserhebungsrecht nicht auf streng persönliche Daten bezieht, vgl. oben Fn. 71.
96 BVerfG, *BGAG*-Beschluß, a.a.O. (Fn. 4), S. 64.
97 BVerfG, *BGAG*-Beschluß, a.a.O. (Fn. 4); zu dem Diskretionsaspekt bereits: BVerfG, NJW 1984, S. 2276, 2277 (Boehringer).
98 Nicht relevante Unterlagen hat der Richter dem Berechtigten freizugeben, BVerfG, *BGAG*-Beschluß, a.a.O. (Fn. 4), S. 65.
99 BVerfGE 74, S. 7 (*BGAG*-Urteil); BVerfG, *BGAG*-Beschluß, a.a.O. (Fn. 4), S. 65.
100 Zu Hinweisen, wie der Richter Probleme praktischer Natur in Zusammenarbeit mit dem Untersuchungsausschuß oder seinem Vorsitzenden lösen kann, vgl. BVerfG, *BGAG*-Beschluß, a.a.O. (Fn. 4), S. 66: Wesentlich ist vor allem, daß das BVerfG in diesem Zusammenhang das sog. Vorsitzenden-Verfahren für zulässig hält, wenn der Vorsitzende und sein Stellvertreter zur Geheimhaltung der in diesem Stadium erlangten Kenntnisse auch gegenüber den anderen Ausschußmitgliedern verpflichtet werden.
101 BVerfG, *BGAG*-Beschluß, a.a.O. (Fn. 4), S. 67.

3.1.4.

Ebenso wie die Rechtsprechung das Rechtsverhältnis gegenüber Privaten jedenfalls in seinen Grundzügen aufgehellt hat, hat sie zwei zentrale Probleme in dem *Rechtsverhältnis* zwischen *Untersuchungsausschuß* und der von ihm zu kontrollierenden *Regierung* – Zutrittsrecht, Aktenvorlagepflicht – weitgehend geklärt.

Während das Zutrittsrecht der Regierung (auch zu nichtöffentlichen Beratungs-)Sitzungen seit der grundlegenden Entscheidung des Niedersächsischen Staatsgerichtshofs vom 19. Dezember 1957[102] nicht mehr ernsthaft in Frage gestellt wird, sind Umfang und Grenzen des Aktenvorlagerechts gegenüber der Regierung durch das Flick-Urteil des Bundesverfassungsgerichts[103] abgesteckt worden. Danach umfaßt das Beweiserhebungsrecht nach Art. 44 Abs. 1 GG – in den Grenzen, die für die Zulässigkeit des Untersuchungsverfahrens gelten[104] – auch das Recht auf Vorlage von Regierungsakten, wobei dem Untersuchungsausschuß die Entscheidung darüber zusteht, inwieweit ihre Heranziehung zur Klärung des untersuchungsrelevanten Sachverhalts erforderlich ist.[105] Auf das Herausgabeverlangen findet § 96 StPO sinngemäße Anwendung,[106] in dessen Rahmen allerdings in der Regel die Verweigerung der Herausgabe nicht mit Staatswohl-Erwägungen motiviert werden darf, wenn sowohl Regierung als auch Parlament wirksame Vorkehrungen zur Wahrung des Geheimschutzes getroffen haben.[107] Diese sieht das Bundesverfassungsge-

---

102 NdStGH, AöR 83 (1958), S. 421, 432 bis 437.
103 BVerfGE 67, S. 100; vgl. hierzu folgende Besprechungen und Anmerkungen: *P. Badura*, in: DÖV 1984, S. 760; *H. Bogs*, Steueraktenvorlage für parlamentarische Untersuchung (Art. 44 GG, § 30 AO), in: JZ 1985, S. 112; *J. Jekewitz*, in: NStZ 1984, S. 518; *W. Löwer*, a.a.O. (Fn. 20); *H. Spanner*, in: DVBl. 1984, S. 1002; *M. Schröder*, Das Aktenvorlagerecht parlamentarischer Untersuchungsausschüsse in der Sicht des Bundesverfassungsgerichts, in: ZParl 15. Jg. (1984), S. 473.
104 BVerfG, a.a.O. (Fn. 103), nennt (S. 139) die Beachtung des Kernbereichs exekutiver Eigenverantwortung und das Verbot, nicht abgeschlossene Vorgänge zu kontrollieren.
105 BVerfG, a.a.O. (Fn. 103), S. 128; in gewissem Gegensatz hierzu steht indessen die Passage auf S. 134 sub aa, die der *BGAG*-Beschluß, a.a.O. (Fn. 4), S. 65, dahin deutet, daß die »Regierung . . . in eigener Verantwortung (entscheidet), welche Akten oder Teile davon in sachlichem Zusammenhang mit dem Untersuchungsauftrag stehen, wie ihn der Bundestag formuliert hat«.
106 BVerfG, a.a.O. (Fn. 103), S. 133.
107 BVerfG, a.a.O. (Fn. 103), S. 136; nach Auffassung des BVerfGs (S. 137) folgt aus der Anwendung der Geheimschutzordnung »zugleich die Pflicht des Untersuchungsausschusses, in der Begründung seiner Beschlußempfehlungen und in seinem Bericht Mitteilung der von der Regierung übermittelten Tatsachen zu unterlassen, die in nichtöffentlicher Sitzung erörtert wurden, es sei denn, sie ist unter Geheimschutzgesichtspunkten nach Auffassung der Bundesregierung unbedenklich«.

richt in der Anwendung der Geheimschutzordnung, wobei es ausdrücklich den häufig vorgebrachten Einwand, der parlamentarische Diskretionsschutz werde in der Praxis nicht beachtet, als irrelevant zurückweist.[108]

Soweit die Akten grundrechtlich relevante Daten enthalten, gelten diese Grundsätze ebenfalls.[109] Zwar kann – so das Bundesverfassungsgericht – das Beweiserhebungsrecht gemäß Art. 44 Abs. 1 GG durch die Grundrechte eingeschränkt sein; hieraus folgt jedoch nicht ein prinzipieller Vorrang der Grundrechte gegenüber dem verfassungsrechtlich verankerten parlamentarischen Untersuchungsrecht. Beweiserhebungsrecht und grundrechtlicher Datenschutz müssen vielmehr im konkreten Fall einander so zugeordnet werden, daß beide soweit wie möglich ihre Wirkungen entfalten.[110] Für die so herzustellende praktische Konkordanz mißt das Bundesverfassungsgericht der Möglichkeit eines wirksamen parlamentarischen Diskretionsschutzes und der Beachtung des Verhältnismäßigkeitsgrundsatzes entscheidende Bedeutung zu. Danach gestattet in der Regel »die Bedeutung, die das Kontrollrecht des Parlaments ... hat, ... keine Verkürzung des Aktenherausgabeanspruchs zugunsten des allgemeinen Persönlichkeitsrechts und des Eigentumsschutzes, wenn Parlament und Regierung Vorkehrungen für den Geheimschutz getroffen haben, ... und wenn der Grundsatz der Verhältnismäßigkeit gewahrt ist«.[111]

Soweit die Regierung entgegen dem so beschriebenen Regelfall Akten zurückhält – sei es, weil sie der Ansicht ist, die Untersuchungen beträfen laufende Vorgänge oder den Arkanbereich exekutiver Eigenverantwortung, sei es, weil sie Akten nicht für untersuchungsrelevant hält, einen wirksamen Diskretionsschutz nicht gewährleistet oder den Verhältnismäßigkeitsgrundsatz verletzt sieht –, ist sie verpflichtet, den Ausschuß »gegebenenfalls in vertraulicher Sitzung detailliert und umfassend über die Art der Schriftstücke, die Natur der zurückgehaltenen Informationen, die Notwendigkeit der Geheimhaltung und den Grad der Geheimhaltungsbedürftigkeit (zu) unterrichten, der diesen Tatsachen ihrer Auffassung nach zukommt«.[112] Besteht nach Beschreiten dieses kooperativen Weges zwischen Regierung und Untersuchungsausschuß weiterhin Un-

---

108   BVerfG, a.a.O. (Fn. 103), S. 136.
109   Ebenda, S. 139.
110   Ebenda, S. 143, 144.
111   Ebenda, S. 144.
112   Ebenda, S. 138.

einigkeit über die Relevanz der vorenthaltenen Unterlagen, so soll – wie das Bundesverfassungsgericht eher beiläufig bemerkt – das sog. Vorsitzenden-Verfahren eine zulässige und pragmatische Möglichkeit der Konfliktlösung bieten.[113]

3.1.5.

Die im Flick-Urteil entwickelten Grundsätze betreffen nicht diejenigen Akten, die nicht der Verfügungsgewalt der kontrollierten Regierung unterliegen. Soweit ein Untersuchungsausschuß Akten von *Gerichten* oder *Behörden* anfordert, die seiner *Kontrolle nicht unterliegen,* so sind nicht die Grundsätze der Beweiserhebung gemäß Art. 44 Abs. 1 GG, sondern diejenigen der Rechts- und Amtshilfe, Art. 44 Abs. 3 GG, maßgebend.[114] Dies gilt auch für das Recht des Untersuchungsausschusses, Einblick in die Hauptakten und Beweismittelordner zu nehmen, die von einem *Strafgericht* geführt werden.[115] Das OLG Köln hat ein solches, aus Art. 44 Abs. 3 GG folgendes Akteneinsichtsrecht des Untersuchungsausschusses – in den von dem Bundesverfassungsgericht im Flick-Urteil gezogenen Grenzen – bejaht, sofern der Untersuchungsausschuß im Rahmen des zulässigen Untersuchungsauftrages tätig ist. Dabei soll auch hier die Entscheidung darüber, ob die Akteneinsicht zur Klärung des Sachverhalts erforderlich ist, ausschließlich dem Untersuchungsausschuß vorbehalten sein.

Der Beschluß des OLG Köln ist zum weiteren von Interesse, weil er den Anspruch auf Akteneinsicht auch im Rahmen eines anhängigen, noch nicht abgeschlossenen Strafverfahrens für gegeben hält. Das Gericht nimmt in diesem Zusammenhang zu der alten Streitfrage Stellung, ob ein parlamentarisches Untersuchungs- und ein Strafverfahren zu demselben Themenkomplex zeitlich parallel geführt werden dürfen. Die hiermit zusammenhängenden Schwierigkeiten sind bekannt: Es ist eine Erfahrungstatsache, »daß mehrere Verfahren, die sich mit dem gleichen Gegenstand befassen und parallel nebeneinander herlaufen, die Ermittlungen nicht ge-

---

113 BVerfG, a.a.O. (Fn. 103), S. 139; kritisch demgegenüber: *M. Schröder,* a.a.O. (Fn. 103), S. 478; *ders.,* Aktuelle Fragen des Geheimschutzes bei der Heranziehung von Akten im parlamentarischen Untersuchungsverfahren, in: Festgabe zum 10jährigen Jubiläum der Gesellschaft für Rechtspolitik, 1984, S. 401, 409 f.
114 BVerfG, a.a.O. (Fn. 103), S. 128 f.
115 OLG Köln, NJW 1985, S. 336; vgl. auch *J. Jekewitz,* Die Einsicht in Strafakten durch parlamentarische Untersuchungsausschüsse, in: NStZ 1985, S. 395.

rade erleichtern«,[116] weil es sowohl zu Konkurrenzproblemen bei der Beschaffung der sächlichen Beweismittel als auch zu Qualitätsverlusten bei der Beweisaufnahme kommen kann.[117] Aus diesen Gründen ist die Auffassung vertreten worden,[118] solche Doppeluntersuchungen seien prinzipiell unzulässig und eines der beiden Verfahren müsse bis zum Abschluß des anderen ausgesetzt werden. Dem hat sich indessen die herrschende Meinung nicht angeschlossen,[119] und auf ihrem Boden hat das OLG Köln die These vom Vorrang des Strafverfahrens zurückgewiesen, zugleich allerdings gefordert, der Untersuchungsausschuß müsse sein Verfahren so führen, daß »Beeinträchtigungen und Störungen des Strafverfahrens auf das nicht vermeidbare Maß reduziert werden«.[120]

3.2.

Zu den zentralen, aber nicht geklärten Problemen des Verfahrens der Untersuchungsausschüsse zählen die Rechte der oppositionellen Minderheit. Bei strikter Geltung des Mehrheitsprinzips wäre die Effizienz jedenfalls der Kontrollenqueten durch einen grundlegenden Widerspruch in Frage gestellt: Einerseits soll der Untersuchungsausschuß die Exekutive kontrollieren, andererseits wären hierzu die Stimmen derjenigen Fraktionen notwendig, von deren Unterstützung der Bestand der Regierung abhängt.[121] Daß hierin die Gefahr der Aushöhlung des parlamentarischen Untersuchungsrechts begründet liegt, ist von der staatsrechtlichen Literatur schon in den zwanziger Jahren herausgearbeitet[122] und auch in jüngerer Zeit wiederholt analysiert worden.[123] Als besonders neuralgischer

---

116 *R. Gross,* Zum Verfahren parlamentarischer Untersuchungsausschüsse, in: DVBl. 1971, S. 638, 641.
117 Näher: *A. Schleich,* a.a.O. (Fn. 8), S. 64.
118 Vgl. *H. Dichgans,* Die Zusammenarbeit parlamentarischer Untersuchungsausschüsse, in: NJW 1964, S. 957, 958.
119 Vgl. außer den in Fn. 116 und 117 Genannten: *R. Kipke,* a.a.O. (Fn. 8), S. 47; *Maunz,* a.a.O. (Fn. 9), Art. 44 Rdn. 62; *Rechenberg,* a.a.O. (Fn. 9), Art. 44 Rdn. 32; entsprechend der herrschenden Auffassung bestimmt auch § 22 der IPA-Regeln, daß das Verfahren des Untersuchungsausschusses im Falle von parallel laufenden Verfahren ausgesetzt werden (»kann«), nicht: (»muß«).
120 OLG Köln, a.a.O. (Fn. 115), S. 337.
121 *H.-P. Schneider,* Opposition und Information, in: AöR 99 (1974), S. 628, 643.
122 *M. Alsberg,* Empfiehlt sich eine Abänderung der Bestimmungen über parlamentarische Untersuchungsausschüsse, um den ungestörten Verlauf des Strafverfahrens und die Unabhängigkeit des Richtertums sicherzustellen? Gutachten zum 34. Deutschen Juristentag, Berlin 1926, Band 1, S. 332, 369.
123 *A. Arndt,* Reform der parlamentarischen Untersuchungsausschüsse?, in: DRiZ 1964, S. 290, 292; *Maunz,* a.a.O. (Fn. 9), Art. 44 Rdn. 50; *K.-J. Partsch,* Empfiehlt es sich,

Punkt hat sich dabei das Recht zur Bestimmung des Umfangs der Beweisaufnahme herauskristallisiert: Stände dieses Recht alleine und ausschließlich der Mehrheit zu, so »bestünde die Gefahr, daß die Mehrheit
nur solche Beweiserhebungen beschließt, welche die Feststellung eines ihr
genehmen Untersuchungsergebnisses zu fördern versprechen«.[124]
Vor diesem Hintergrund ist das Urteil des Niedersächsischen Staatsgerichtshofs vom 16. Januar 1986 von besonderem Interesse,[125] weil es sich
– soweit ersichtlich erstmalig in der Geschichte der Rechtsprechung – mit
der Frage auseinandersetzt, ob der Einsetzungsminderheit im Untersuchungsverfahren ein *verfassungsrechtlich*[126] verankerter Beweiserhebungsanspruch zusteht, der ihr den entscheidenden Einfluß bei der Bestimmung des Umfangs der Beweisaufnahme garantiert. Das Gericht
leitet aus Art. 11 Abs. 2 S. 1 der Niedersächsischen Landesverfassung her,
»daß der Untersuchungsausschuß den Beweisanträgen, welche die Einsetzungsminderheit für erforderlich erachtet, entsprechen und die zugehöri-
gen Beweise erheben muß«.[127] Damit ist zweierlei klargestellt: Im Gel-
tungsbereich der Niedersächsischen Verfassung hat die Einsetzungsminderheit nicht nur das Beweisantragsrecht, sondern auch Anspruch darauf,
daß der auf Beweisantrag der Minderheit zustandegekommene Beschluß
exekutiert und die Beweisaufnahme daher auf das bezeichnete Beweismittel erstreckt werden muß.

Mit diesem Ansatz sind indessen nicht alle Probleme aus dem Weg ge-
räumt: Die Pflicht des Ausschusses, den beantragten Beweis zu erheben,
steht denknotwendig unter dem Vorbehalt, daß er zu ihrer Erfüllung auch
tatsächlich und rechtlich in der Lage ist: Unmögliches kann nicht verlangt werden. Der Beweiserhebungsanspruch der Minderheit findet daher

Funktion, Struktur und Verfahren der parlamentarischen Untersuchungsausschüsse
grundlegend zu ändern? Gutachten für den 45. Deutschen Juristentag, München 1964,
Band 1, Teil 3, S. 199, 217; *R. Scholz,* a.a.O. (Fn. 8), S. 601.
124 *A. Schleich,* a.a.O. (Fn. 8), S. 85.
125 NdsStGH, DVBl. 1986, S. 238.
126 Zu einer *geschäftsordnungsrechtlichen* Regelung des Beweiserhebungsanspruchs vgl.
§ 12 Abs. 2 der IPA-Regeln; *gesetzliche* Regelungen des Beweisantragsrechts finden
sich in den Untersuchungsausschußgesetzen der Länder Baden-Württemberg (§ 13
Abs. 2), Berlin (§ 10 Abs. 2), Bremen (§ 10 Abs. 2), Nordrhein-Westfalen (§ 13 Abs. 2
und 3) und Saarland (§ 47 Abs. 2 des Gesetzes über den Landtag vom 20. Juni 1973);
verfassungsrechtliche Regelungen über Beweiserhebungsansprüche der qualifizierten
Minderheit enthalten die Verfassungen der Länder Baden-Württemberg (Art. 35
Abs. 2), Hamburg (Art. 25 Abs. 1), Hessen (Art. 92 Abs. 1), Niedersachsen (Art. 11
Abs. 2) und Nordrhein-Westfalen (Art. 41 Abs. 1).
127 NdsStGH, a.a.O. (Fn. 125), S. 238.

seine Grenze in der Erreichbarkeit des benannten Beweismittels. Von hieraus gewinnen die Fragen entscheidende Bedeutung, ob und gegebenenfalls welche Anstrengungen der Untersuchungsausschuß zu entfalten hat, das Beweismittel herbeizuschaffen, und wann er im Einzelfall sagen darf, das Beweismittel sei für ihn nicht erreichbar. Die Antwort des Niedersächsischen Staatsgerichtshofs lautet, der Untersuchungsausschuß habe zur Herbeischaffung des Beweismittels erforderlichenfalls auch Zwangsmaßnahmen zu ergreifen und durchzuführen.[128]

Hierzu ist er indessen nur befugt und in der Lage, wenn die gesetzlichen Voraussetzungen für die jeweilige Zwangsmaßnahme vorliegen, diese also insbesondere erforderlich und nicht unverhältnismäßig ist.[129] Hierüber hat nach Auffassung des Niedersächsischen Staatsgerichtshofes der Ausschuß – letztlich also die Mehrheit – zu entscheiden. Dies ist vom Standpunkt der Rechtsprechung aus konsequent; denn die Minderheitenrechte im Untersuchungsverfahren können nicht weitergehen als bei der Einsetzung, und wenn dort die Mehrheit die Zulässigkeit prüfen darf,[130] dann gilt dies auch und erst recht bei der Beurteilung der Zulässigkeit eines einzelnen Zwangsmittels. Nur muß man sich darüber im klaren sein, daß die Entscheidung hierüber der Mehrheit – auch rechtlich gesehen – Spielräume eröffnet, weil die für die Verhältnismäßigkeitsprüfung maßgebenden Kautelen sich einer exakten, jeden Einzelfall erfassenden Beschreibung entziehen und die in ihrem Rahmen anzustellende Güterabwägung (Minderheits-/Untersuchungsrecht versus Grundrechte der von den Zwangsmitteln Betroffenen) »nicht immer zu einer einzigen ›richtigen‹ Entscheidung führt, vielmehr mehrere ›vertretbare‹ Entscheidungen einschließen kann«.[131] Dies mag auch der Grund dafür sein, daß der Niedersächsische Staatsgerichtshof der Minderheit nur einen Anspruch auf »willkürfreie Rechtsentscheidung« des Untersuchungsausschusses bei der Zulässigkeitsprüfung zugesteht.[132]

Das ist jedoch – wie Schröder mit Recht angemerkt hat[133] – zu restriktiv. Zwar resultieren aus der Güterabwägung notwendig Entscheidungsspielräume; aber ihre Grenzen sind enger und nicht nur durch das Willkürver-

128 NdsStGH, a.a.O. (Fn. 125), S. 238.
129 Vgl. hierzu oben sub. 3.1.2. und 3.1.3.
130 Vgl. hierzu sub. 2.3. und 2.4.
131 *M. Schröder,* Minderheitenschutz im parlamentarischen Untersuchungsverfahren, in: ZParl 17. Jg. (1986), S. 367, 376.
132 NdsStGH, a.a.O. (Fn. 125), S. 239
133 *M. Schröder,* a.a.O. (Fn. 131), S. 376.

bot abgesteckt. Insoweit gibt der Niedersächsische Staatsgerichtshof der Minderheit in letzter Konsequenz daher Steine statt Brot. Seiner Entscheidung wird aber auch aus anderen Gründen nur begrenzte Wirkung für die Entwicklung und Ausgestaltung der Verfahrensrechte der Minderheit zukommen: Ihr Ansatz ist durch eine Besonderheit der Niedersächsischen Landesverfassung geprägt, die diese mit nur einigen anderen Landesverfassungen teilt.[134] Art. 11 Abs. 2 der Niedersächsischen Landesverfassung normiert nämlich ausdrücklich: »Die Ausschüsse erheben . . . die Beweise, die sie *oder die Antragsteller* für erforderlich erachten.« Da Art. 44 Abs. 1 GG – ebenso wie die Mehrzahl der ihm entsprechenden Vorschriften der Landesverfassungen[135] – die entscheidende Passage »oder die Antragsteller« nicht enthält, ist es ausgeschlossen, die vom Niedersächsischen Staatsgerichtshof entwickelten Grundsätze unbesehen und generell zu übernehmen.[136] Dies wäre allenfalls auf dem Boden der (umstrittenen) Lehre möglich, die aus Sinn und Zweck des in Art. 44 Abs. 1 GG verankerten Minderheits-Einsetzungsrechts dessen sinngemäße Ausweitung auf das Beweisverfahren herleitet und folgert, die Ausschußmehrheit sei nur dann zur Ablehnung eines Beweisantrages der qualifizierten Minderheit berechtigt, wenn die beantragte Beweiserhebung offenkundig außerhalb des Untersuchungsauftrages liege.[137] Diese Auffassung ist jedoch – wie die herrschende Meinung mit Recht bemerkt hat[138] – nur schwerlich mit dem Wortlaut von Art. 44 Abs. 1 GG in Einklang zu bringen, der sich – anders als sein Vorgänger, Art. 34 WRV – expressis verbis nur auf den Einsetzungsanspruch der Minderheit, nicht

---

134 Vgl. insoweit Art. 35 Abs. 2 der Verfassung des Landes Baden-Württemberg; Art. 25 Abs. 1 der Verfassung der Freien und Hansestadt Hamburg; Art. 92 Abs. 1 der Verfassung des Landes Hessen; Art. 41 Abs. 1 der Verfassung für das Land Nordrhein-Westfalen.

135 Art. 25 Abs. 2 der Verfassung des Freistaates Bayern; Art. 33 der Verfassung von Berlin; Art. 105 Abs. 6 der Landesverfassung der Freien Hansestadt Bremen; Art. 91 der Verfassung für Rheinland-Pfalz; Art. 79 der Verfassung des Saarlandes; Art. 15 Abs. 2 der Landessatzung Schleswig-Holstein.

136 Wohl kommt eine entsprechende Anwendung der vom NdsStGH entwickelten Grundsätze auf einfach-gesetzliche oder geschäftsordnungsrechtliche Beweiserhebungsansprüche (oben Fn. 126) in Betracht.

137 Vgl. *Schleich,* a.a.O. (Fn. 8), S. 85; *Scholz,* a.a.O. (Fn. 8), S. 601; im Ergebnis wohl ebenso: *Schneider,* a.a.O. (Fn. 9), Art. 44 Anm. 6, aus dessen Ausführungen nicht ganz deutlich wird, ob sich der Beweiserhebungsanspruch der Minderheit aus Art. 44 Abs. 1 GG oder (nur) aus § 12 Abs. 2 der IPA-Regeln ergibt.

138 *R. Kipke,* a.a.O. (Fn. 8), S. 86; *v. Mangoldt/Klein,* a.a.O. (Fn. 9), Art. 44 Anm. II 3 (S. 941); *Maunz,* a.a.O. (Fn. 9), Art. 44 Rdn. 50; *Rechenberg,* a.a.O. (Fn. 9), Art. 44 Rdn. 34.

auf deren Rechte im Untersuchungsverfahren bezieht.[139] Wenn überhaupt, dann bietet Art. 44 GG Ansätze für einen verfassungsrechtlichen Beweiserhebungsanspruch nur in dem Zusammenspiel von. Minderheitsprinzip (Art. 44 Abs. 1 GG), Erforderlichkeitsprüfung (Art. 44 Abs. 1 a.E. GG) und der Verweisung auf die Vorschriften über den Strafprozeß (Art. 44 Abs. 2 GG): Diese umfaßt auch die Wahrheitserforschungspflicht (§ 244 Abs. 2 StPO),[140] die ihrerseits – soweit Beweisanträge gestellt sind – durch das Ablehnungssystem des § 244 Abs. 3 StPO konkretisiert wird und die Ablehnung eines beantragten Zeugen- oder Urkundenbeweises grundsätzlich nur dann erlaubt, wenn einer der dort enumerierten Gründe eingreift.[141] Ob diese, vom Schrifttum häufig übersehenen[142] Vorschriften des § 244 Abs. 3 StPO sedes materiae für ein über Art. 44 Abs. 2 GG *verfassungsrechtlich* verankertes Beweisantragsrecht der Minderheit bilden und – wenn ja – in welchen Grenzen der hierauf gegründete Beweiserhebungsanspruch im einzelnen besteht, ist indessen bislang weder diskutiert noch hinreichend geklärt.

4. *Rechtsschutz*

4.1.

Der weitgehend ungeklärten *Rechtsposition* der (qualifizierten) *Minderheit* im Untersuchungsverfahren entspricht ein in großen Teilen noch offenes Bild in ihren Rechtsschutzmöglichkeiten. Zwar dürfte unstreitig sein, daß der qualifizierten Einsetzungsminderheit gegen die Ablehnung ihres Einsetzungsantrages das Organstreitverfahren gegen das jeweilige Parlament offensteht.[143] Verfahrensmäßig weitgehend ungeklärt ist dage-

---

139 Nach Auffassung des BayVerfGH, BayVBl. 1981, S. 593, 597 umfaßt in Bayern das Einsetzungsrecht der Minderheit nicht den Anspruch, einzelne Beweiserhebungen im Einsetzungsbeschluß festzulegen; das Plenum könne zwar entsprechenden Anregungen der Minderheit folgen, sei hierzu aber nicht verpflichtet; zur abweichenden Ansicht von zwei Mitgliedern des BayVerfGH vgl. BayVBl. 1981, S. 753.
140 Vgl. nur: *W. Gollwitzer,* a.a.O. (Fn. 10), in: Festschrift für Dünnebier, S. 345.
141 Über diese Zusammenhänge vgl. *D. Engels,* Beweisantizipationsverbot und Beweiserhebungsumfang im Strafprozeß, in: GA 1981, S. 21.
142 In der Habilitationsschrift von *R. Kipke,* a.a.O. (Fn. 8), sind sie bei der Darstellung des Beweisrechts nicht einmal erwähnt.
143 Zu Organstreitverfahren vgl. StGH für das Land Baden-Württemberg, in: ESVGH 27, S. 1 (auch zu Fragen der Zulässigkeit nach Ablauf der Wahlperiode); StGH für das Land Baden-Württemberg, VBlBW 1985, S. 213 (zur Erledigung eines Organstreits); BayVerfGH, BayVBl. 1977, S. 597; BayVerfGH, BayVBl. 1981, S. 593; BayVerfGH, DVBl. 1986, S. 233 (Wackersdorf).

gen der Rechtsschutz der Minderheit *im* Untersuchungsverfahren, wenn der Ausschuß Beweisanträge ablehnt oder die Durchführung beschlossener Beweiserhebungen unterläßt, indem er sich weigert

- Zwangsmittel zur Herbeischaffung des Beweismittels oder zur Erzwingung der Aussage einzusetzen (oben 3.1.2. und 3.1.3.),
- Regierungsakten beizuziehen (3.1.4.) oder
- Einblick in Unterlagen bei Gerichten oder anderen Behörden zu nehmen oder sein Akteneinsichtsrecht (oben 3.1.5.) gerichtlich zu verfolgen.[144]

Für die Minderheit sind in solchen Situationen zwei verschiedene Rechtsschutzmöglichkeiten denkbar, die sich grundlegend voneinander unterscheiden: Der eine Weg besteht darin, den Ausschuß zur Erhebung des beantragten Beweises zu verpflichten, der andere darin, daß die Minderheit anstelle des Ausschusses versucht, mit gerichtlicher Hilfe die betreffenden Beweismittel zur Verfügung des Untersuchungsausschusses zu erlangen.

4.1.1.

Den letzten Weg gesteht das Bundesverfassungsgericht der Minderheit in einem Sonderfall zu, indem es eine gegen die Regierung gerichtete Organklage der (Minderheits-)Fraktion als zulässig ansieht, wenn der Beweiserhebungsanspruch des Untersuchungsausschusses aus Art. 44 Abs. 1 GG nicht erfüllt und die Herausgabe der Regierungsakten verweigert wird.[145] Dieser Weg ist indessen in den anderen Fällen verweigerter Kooperation der Ausschußmehrheit nicht gangbar: Dritte und Gerichte können nicht Gegner eines Organstreits sein, und auch eine Befugnis der Minderheit, bei den Strafgerichten zu beantragen, gegen Zeugen oder Inhaber von Beweismitteln die strafprozessualen Zwangsmittel anzuordnen oder Einsicht in Strafakten zu gewähren, besteht nicht.[146] Diese

---

144 Ein Sonderproblem wirft die nach Meinung der Minderheit vorzeitige Beendigung der Beweiserhebung und des Untersuchungsverfahrens durch die Mehrheit auf, vgl. zu dieser Fallkonstellation: BayVerfGH, BayVBl. 1982, S. 559; zu verfahrensrechtlichen Problemen, wenn die *Ausschuß*mehrheit den Untersuchungsauftrag für unzulässig hält, vgl. HessStGH, DÖV 1967, S. 51, 57 mit dem Hinweis, bei verfassungsrechtlichen Zweifeln müsse »wohl der Untersuchungsausschuß den Auftrag dem Plenum zurückgeben, zumindest ihm Gelegenheit zur Klärung der entstandenen rechtlichen Zweifel geben«.

145 BVerfGE 67, S. 100, 123 bis 127.

146 OLG Köln, NStZ 1986, S. 88 und 90 (zum Akteneinsichtsrecht) mit Anm. *J. Jekewitz.*

232

Rechte besitzt alleine der Ausschuß,[147] und ihre prozessuale Durchsetzung durch die Minderheit ist nicht möglich, weil die Strafprozeßordnung keine Geltendmachung fremder Rechte im eigenen Namen kennt.[148] Aus diesem Grunde hat das OLG Köln auch die Beschwerde (§ 304 StPO) der Minderheit gegen die Entscheidung des Strafrichters, ihr Einsicht in Strafakten zu gewähren, als unzulässig angesehen[149] und statt dessen ein Organstreitverfahren angeregt, mit dem der Untersuchungsausschuß zur Einlegung dieser Beschwerde angehalten werden könne.[150]

4.1.2.

Ob jedoch ein Organstreit[151] zur Durchsetzung von Beweisaufnahmen zulässig sein und zum Ziele führen kann, ist nach dem derzeitigen Stand der Rechtsprechung angesichts einer Fülle ungeklärter Fragen zweifelhaft: Zum einen ist entscheidend, ob der Beweiserhebungsanspruch aus der Verfassung ableitbar ist.[152] Des weiteren ist fraglich, wer Antragsgegner ist und die Antragsbefugnis besitzt: Als richtigen Antragsgegner sieht der Niedersächsische Staatsgerichtshof – entgegen der Auffassung, die der Bayerische Verfassungsgerichtshof für die dortige Verfassungslage[153] und die Literatur für Untersuchungsverfahren des Bundestages vertreten[154] – nicht das Parlament, sondern den Untersuchungsausschuß an, weil er Träger des Beweiserhebungsrechtes sei.[155] Die Frage der Antragsbefugnis ist aufgrund des Flick-Urteils zum Problem geworden, da das Bundesverfassericht dort nur eine Fraktion des Deutschen Bundestages und die konkrete Antragsminderheit i.S.d. Art. 44 Abs. 1 GG, nicht hingegen die »Fraktion im Ausschuß« als antragsbefugt angesehen

---

147 OLG Köln, a.a.O. (Fn. 146).
148 *M. Schröder*, a.a.O. (Fn. 131), S. 382.
149 OLG Köln, a.a.O. (Fn. 146).
150 Das von der Fraktion DIE GRÜNEN hierauf eingeleitete Organstreitverfahren sah das BVerfG wegen Verfristung als unzulässig an, BVerfG, Beschluß vom 17. Dezember 1985 – 2 BvE 1/85 – (unveröffentlicht).
151 Eine Verfassungsbeschwerde der Minderheit gegen die ablehnende Haltung eines Gerichts, Akteneinsicht zu gewähren, scheidet a priori aus, da etwaige Rechte aus Art. 44 GG nicht zu den Rechten i.S.v. Art. 93 Abs. 1 Nr. 4 a GG, § 90 BVerfGG zählen, vgl. BVerfG, Beschluß vom 27. Januar 1986 – 2 BvR 1315/85 – (unveröffentlicht).
152 Vgl. oben 3.2.; nach Meinung des BayVerfGH, BayVBl. 1982, S. 559, 561, müssen Meinungsverschiedenheiten über den Beweiserhebungsumfang erst an das Plenum herangetragen werden; demgegenüber zur Niedersächsischen Rechtslage: NdStGH, DVBl. 1986, S. 237, 238.
153 BayVerfGH, BayVBl. 1982, S. 559.
154 *Schneider*, a.a.O. (Fn. 9), Art. 44 Rdn. 5.
155 NdsStGH, DVBl. 1986, S. 237.

hat.[156] Ob gleiches in einem gegen den Untersuchungsausschuß gerichteten Organstreit gilt, ist offen, da man über den entscheidenden Grund, die »Fraktion im Ausschuß« auszuschließen, dem Flick-Urteil nichts Verläßliches entnehmen kann. Sieht man ihn mit Löwer[157] in der vom Bundesverfassungsgericht gewollten »Rückkopplung« der Klageerhebung an den fraktionellen Willensbildungsprozeß, so wird diesem Gesichtspunkt auch bei einem parlamentsinternen Organstreit Rechnung zu tragen und die Fraktion im Ausschuß nicht als antragsbefugt anzusehen sein.

4.2.

Weitergehende Klärungen dürfte demgegenüber die Rechtsprechung zum *Rechtsschutz Dritter* erbracht haben. Danach zeichnet sich nunmehr folgendes Bild ab:[158]

Erstens sind die Ergebnisbeschlüsse des Untersuchungsausschusses und damit die Feststellungen im Abschlußbericht gerichtlich nicht anfechtbar. Dieser von Art. 19 Abs. 4 abweichende, sich aus Art. 44 Abs. 4 GG und den entsprechenden Bestimmungen der Landesverfassungen ergebende Ausschluß des Rechtsschutzes, dessen Sinn in der Absicherung des politischen Kontrollrechts gesehen wird, wird auch von der Rechtsprechung grundsätzlich akzeptiert. Allerdings hat das OVG Hamburg[159] darauf hingewiesen, gerichtlicher Rechtsschutz sei »denkbar«, wenn eine Verletzung der Grundrechte von einem solchen Gewicht vorliege, »daß es dem Gewicht des parlamentarischen Kontrollrechts zumindest gleichkommt«.[160] Das OVG Hamburg nennt in diesem Zusammenhang Verletzungen von Grundrechten aus Art. 1 Abs. 1 GG »wegen Nichtgewährung rechtlichen Gehörs« und aus Art. 2 Abs. 1 GG »wegen rechtsstaatswidriger Eingriffe in (das) Persönlichkeitsrecht«.[161]

Zweitens: Was für die verfahrensabschließenden Beschlüsse des Untersuchungsausschusses gilt, ist im Ergebnis auch für die Einsetzung zu konstatieren, die in der Regel ebenfalls nicht angefochten werden kann, weil

---

156 BVerfGE 67, S. 100, 126; das BVerfG sieht die Fraktion im Ausschuß allerdings als parteifähig an.
157 *W. Löwer,* a.a.O. (Fn. 103), S. 362.
158 Zu dem Rechtsschutz gegenüber der Exekutive, wenn diese von ihr geführte, grundrechtsrelevante Daten enthaltende Akten einem parlamentarischen Untersuchungsausschuß zur Verfügung stellt, vgl. OVG Koblenz, NVwZ 1986, S. 575; VG Mainz, NVwZ 1986, S. 589; FG Hamburg, NVwZ 1986, S. 598.
159 OVG Hamburg, NVwZ 1987, S. 610; vgl. auch VG Hamburg, DVBl. 1986, S. 1017.
160 OVG Hamburg, a.a.O. (Fn. 159), S. 611.
161 Ebenda.

der Einsetzungsbeschluß im allgemeinen noch keinen Eingriff in verfassungsmäßige Rechte eines Bürgers bedeutet.[162]

Drittens: Soweit der Untersuchungsausschuß Zwangsmittel nicht selbst verhängen kann, sondern ihre Anordnung bei dem zuständigen Strafrichter beantragen muß, haben Zeugen und sonstige Dritte, die durch die stattgebende Entscheidung des Amtsgerichtes betroffen sind, die Möglichkeit der Beschwerde (§ 304 StPO);[163] gegen den die Beschwerde abweisenden Beschluß des Landgerichtes steht die Verfassungsbeschwerde offen.

Viertens: Gegen Beschlüsse des Untersuchungsausschusses, durch die Dritte betroffen werden, ist der Verwaltungsrechtsweg eröffnet. Dies hat die Rechtsprechung bejaht im Hinblick auf

- die Ladung eines Zeugen,[164]
- die Auferlegung der Kosten gem. § 51 Abs. 1 S. 1 StPO und die Verhängung eines Ordnungsgeldes gem. § 51 Abs. 1 S. 2 StPO,[165]
- die zwangsweise Vorführung eines Zeugen gem. § 51 Abs. 1 S. 3 StPO,[166]
- die Verhängung eines Ordnungsgeldes gem. § 70 Abs. 1 StPO zur Erzwingung eines Zeugnisses,[167]
- die Aufforderung, Beweismittel vorzulegen[168] und
- den Beschluß, bei dem zuständigen Amtsrichter die Anordnung der Beschlagnahme zu beantragen.[169]

In allen diesen Fällen ist der Rechtsweg zu den Verwaltungsgerichten nicht durch Art. 44 Abs. 4 GG oder die entsprechenden Bestimmungen der Landesverfassungen ausgeschlossen, weil diese Normen nur die Ergebnis-, nicht die Anordnungsbeschlüsse der Untersuchungsausschüsse betreffen.[170] Die Verwaltungsgerichte sehen dabei nicht den Untersu-

---

162 BayVerfGH, NJW 1985, S. 426; HessStGH, DÖV 1972, S. 568.
163 LG Bonn, NJW 1987, S. 790 (Beugehaft); LG Frankfurt a.M., NJW 1987, S. 787 (Beschlagnahme); LG Frankfurt a.M., NJW 1987, S. 790 (Beschwerde gegen Beschlagnahme durch Drittbetroffene).
164 BVerwG, DÖV 1980, S. 300; BayVGH, BayVBl. 1981, S. 209, 210.
165 OVG Lüneburg, DÖV 1986, S. 210; OVG Lüneburg, DVBl. 1986, S. 476.
166 Ebenda.
167 OVG Berlin, in: Entscheidungen des OVG Berlin, Band 10 (1970), S. 163; VG Hamburg, NJW 1987, S. 1568.
168 OVG Münster, NVwZ 1987, S. 608; VG Köln, Beschluß vom 26. August 1986 – 4 L 1165/86 – (unveröffentlicht).
169 OVG Münster, a.a.O. (Fn. 168); VG Köln, a.a.O. (Fn. 168).
170 OVG Berlin, a.a.O. (Fn. 167), S. 165; OVG Münster, a.a.O. (Fn. 168), S. 609.

chungsausschuß, sondern entweder den Bund/das Land – vertreten durch den Präsidenten des jeweiligen Parlaments[171] – oder das betreffende Parlament[172] als den richtigen Klage-/Antragsgegner an.

4.3.

Herrscht über diese Ausgangspunkte – jedenfalls in der Rechtsprechung[173] – weitgehende Einigkeit, so ist demgegenüber im Hinblick auf die richtige Klageart (Anfechtungs- oder Leistungs-/Unterlassungsklage) manches noch unklar. So ist die Rechtsprechung zu dem Problem, ob die genannten Ausschußbeschlüsse als Verwaltungsakte zu qualifizieren sind, sowohl im Ergebnis als auch in der Begründung uneinheitlich. Als strittig sind nach wie vor insbesondere die Fragen anzusehen, ob Untersuchungsausschüsse Behörden[174] sind und ob ihre Anordnungsbeschlüsse Regelungen mit Außenwirkungen entfalten oder bloße verfahrensleitende Maßnahmen sind.[175] Die Lösung beider Probleme ist nicht nur von akademischer Bedeutung: Sind die Beschlüsse keine Verwaltungsakte, so kann vorläufiger Rechtsschutz, auf den es im Hinblick auf die zügige parlamentarische Untersuchung auch für den von dem Beschluß Betroffenen in der Praxis entscheidend ankommt, »nur« nach § 123 VwGO gewährt werden; sind die Anordnungsbeschlüsse dagegen als Verwaltungsakte zu qualifizieren, so hat ihre Anfechtung aufschiebende Wirkung. Vor diesem Hintergrund ist erklärlich, daß die Entscheidung für oder gegen die Verwaltungsakt-Qualität nicht nur von den eher formalen Fragen – »Behörde«/»Regelung« –, sondern auch von materiellen, meist aber unausgesprochenen Erwägungen beeinflußt ist, die der Bayerische Verwaltungsgerichtshof wie folgt umschrieben hat: »Was die Arbeit eines Untersuchungsausschusses angeht, könnten Verzögerungen der Beweiserhebung durch gerichtliche Auseinandersetzungen . . . dazu führen, daß der Untersuchungsausschuß im Hinblick auf den für ihn geltenden Diskontinuitätsgrundsatz seinen Untersuchungsauftrag nicht zu Ende führen könnte.

---

171 So: VG Köln, a.a.O. (Fn. 168); wohl auch: OVG Lüneburg, DÖV 1986, S. 210.
172 Vertreten durch den Präsidenten, so: BayVGH, BayVBl. 1981, S. 209; OVG Berlin, a.a.O. (Fn. 167); VG Hamburg, NJW 1987, S. 1568.
173 Kritisch zur Doppelspurigkeit des Rechtsweges bei Beugehaft und Beschlagnahme: *F. Ossenbühl*, Rechtsschutz im parlamentarischen Untersuchungsverfahren, in: *I. v. Münch/Selmer*, Gedächtnisschrift für Wolfgang Martens, 1987, S. 177.
174 Bejaht von: OVG Berlin, a.a.O. (Fn. 167); OVG Münster, a.a.O. (Fn. 168), S. 608; verneint von OVG Lüneburg, a.a.O. (Fn. 165), S. 210; VG Köln, a.a.O. (Fn. 168); zweifelnd: BayVGH, BayVBl. 1981, S. 209.
175 Vgl. i.e. die Nachweise im folgenden.

Das Enquete-Recht könnte auf diese Weise unterlaufen werden. Zwischen dem Rechtsschutz des Zeugen einerseits und einer zügigen Durchführung gerichtlicher Verfahren bzw. parlamentarischer Enqueten andererseits besteht mithin ein Spannungsverhältnis.«[176]
Die Lösung dieses Spannungsverhältnisses hat die Rechtsprechung im Ergebnis so vorgenommen, daß sie die meisten Anordnungsbeschlüsse nicht als Verwaltungsakte ansieht: So bewertet der Bayerische Verwaltungsgerichtshof die Ladung eines Zeugen (oben 1.) als bloße prozeßleitende Maßnahme, nicht als Verwaltungsakt, weil sie keinen Regelungsgehalt habe.[177] In der Verhängung eines Ordnungsgeldes nach § 51 Abs. 1 S. 1 StPO und dem Beschluß, einen Zeugen zwangsweise vorzuführen (oben 2. und 3.) sieht das OVG Lüneburg keine Verwaltungsakte, weil der Untersuchungsausschuß keine Behörde sei.[178] Demgegenüber qualifiziert das OVG Berlin die Verhängung eines Ordnungsgeldes nach § 70 Abs. 1 StPO (oben 4.) als Verwaltungsakt, weil sowohl die Behördeneigenschaft des Untersuchungsausschusses als auch das Merkmal der Regelung zu bejahen sei.[179] Mit gegenteiliger Begründung lehnen das OVG Münster[180] und das VG Köln[181] es ab, in der Aufforderung, Urkunden vorzulegen (oben 5.), Verwaltungsakte zu sehen, das VG Köln u.a. deshalb, weil der Untersuchungsausschuß keine Behörde sei, das OVG Münster mit der Begründung, daß der Untersuchungsausschuß zwar als Behörde anzusehen sei, aber die Anordnung des Ausschusses keine Regelungswirkung habe.[182]
Abgesehen von diesen prozessualen Unklarheiten führt die Doppelspurigkeit des Rechtsweges bei Beschlüssen des Ausschusses, Zwangsmaßnahmen beim zuständigen Strafrichter zu beantragen, in der Praxis zu Problemen.[183] Die Rechtsprechung hat sie wie folgt gelöst: Zum einen ist die Anordnung der Beugehaft (§ 70 Abs. 2 StPO) unabhängig davon zulässig, ob der Betroffene gegen ein vom Ausschuß zugleich verhängtes Ordnungsgeld (§ 70 Abs. 1 StPO) verwaltungsgerichtliche Klage erhoben

---

176 BayVGH, BayVBl. 1981, S. 209, 211.
177 Ebenda, S. 211.
178 OVG Lüneburg, a.a.O. (Fn. 165), S. 211.
179 OVG Berlin, a.a.O. (Fn. 167).
180 OVG Münster, a.a.O. (Fn. 168).
181 VG Köln, a.a.O. (Fn. 168).
182 Der BayVerfGH, NJW 1985, S. 426 sieht in verfahrensleitenden Beschlüssen eines Untersuchungsausschusses keine Hoheitsakte mit unmittelbarer Rechtswirkung gegenüber Dritten.
183 Vgl. hierzu LG Bonn, NJW 1985, S. 426.

hat;[184] zum anderen kann dem Ausschuß nicht im Wege des vorläufigen Rechtsschutzes nach § 123 VwGO untersagt werden, bei dem zuständigen Amtsrichter die Anordnung des Zwangsmittels zu beantragen:[185] Da in diesem Verfahren hinreichender Rechtsschutz gewährt werde, bedürfe es daneben keines einstweiligen Rechtsschutzes durch die Verwaltungsgerichte. Angesichts dieser Begründung hätte es allerdings näher gelegen, in Art. 44 Abs. 2 S. 1 GG – soweit es um richterlich anzuordnende Zwangsmittel geht – eine Sonderzuweisung an die Strafgerichte zu sehen, die den Verwaltungsrechtsweg ausschließt (§ 40 Abs. 1 S. 1 a.E. VwGO).[186]

5. Resümee

Der – notwendig kursorische – Überblick über die Rechtsprechung zeigt, daß die häufig pauschal konstatierte Reformbedürftigkeit des parlamentarischen Untersuchungsrechts differenzierender zu sehen ist.
Die Rechtsprechung ist mit der als vielfach problematisch empfundenen Verweisung auf die sinngemäße Anwendung der Vorschriften über den Strafprozeß erstaunlich gut fertig geworden und hat – auch unter Rückgriff auf die über hundert Jahre alte und deshalb gründlich ausgearbeitete Dogmatik des Strafverfahrensrechts – für die Praxis brauchbare Lösungen entwickelt und dabei sowohl die kompetenz*begründende* als auch die häufig in der Diskussion übersehene kompetenz*begrenzende* Wirkung der Vorschriften über den Strafprozeß herausgearbeitet. Eine Reformbedürftigkeit wird daher insoweit nur dann zu begründen sein, wenn entweder dargetan wird, daß die von der Rechtsprechung gefundenen Lösungen – aus welchen Gründen auch immer – zu weit in die Rechtsstellung von Zeugen und Betroffenen eingreifen, oder wenn gezeigt werden kann, daß – entgegen der Auffassung des Grundgesetzgebers – parlamentarische Untersuchungsverfahren und Regeln des Strafprozesses aus rechtlichen oder sonstigen Gründen nicht harmonieren können. Hierbei sollte allerdings zu denken geben, daß kein auf Landesebene geltendes Untersuchungsausschußgesetz ohne Verweisung auf Vorschriften des Strafprozesses auskommt.[187]

184 LG Bonn, Beschluß vom 27. Oktober 1986 – 31 Qs 203/86 – (unveröffentlicht).
185 OVG Münster, a.a.O. (Fn. 168), S. 610.
186 Zu weiteren Problemen der Doppelspurigkeit des Rechtsweges vgl. *F. Ossenbühl,* a.a.O. (Fn. 173), S. 186 bis 197.
187 Vgl. Art. 11 Abs. 1 S. 2 UAG-Bay; § 13 Abs. 6 UAG-BW; §§ 12, 13 UAG-Berlin; § 11 Abs. 2 und 4 UAG-Bremen; §§ 16 Abs. 3, 21 UAG-NRW.

Regelungs- und klärungsbedürftig sind demgegenüber Einzelfragen der Einsetzung,[188] des Rechtsschutzes[189] und alle Fragen, die mit dem Schutz der Minderheit zusammenhängen.[190] Insbesondere die heute bestehende Kompetenz des Parlaments, Einsetzungsanträge der qualifizierten Minderheit – ohne jede Pflicht zur Begründung – ablehnen zu können,[191] trifft deren Einsetzungsrecht fundamental. Die bestehenden Rechtsschutzmöglichkeiten reichen nicht aus, dem verfassungsrechtlich verankerten Minderheitenrecht Rechnung zu tragen. Das Organstreitverfahren dauert in der Regel viel zu lange, um hierin ein wirksames Instrument zu sehen: »Schon eine bloße Verzögerung« der Einsetzung kann – so das Bundesverfassungsgericht[192] – »die Wirksamkeit der parlamentarischen Kontrolle entscheidend in Frage stellen.« Hier wird über Lösungen, vor allem über den von Hans-Peter Schneider unterbreiteten Vorschlag zu diskutieren sein, de lege ferenda die Kompetenz, die Unzulässigkeit des Einsetzungsantrages festzustellen, alleine dem jeweils zuständigen Verfassungsgericht in einem auf Antrag der Mehrheit einzuleitenden Verfahren vorzubehalten.

188 Oben 2.4.
189 Oben 4.1. und 4.3.
190 Oben 2.3., 3.2. und 4.1.
191 Oben 2.3.
192 BVerfGE 49, S. 86.

IV. Anhang

1. Synopse der geltenden Bestimmungen über parlamentarische Untersuchungsausschüsse in den Verfassungen von Bund und Ländern, den Geschäftsordnungen und Spezialgesetzen der Landesparlamente

Stichworte

Folgende Abkürzungen sind in der Synopse verwendet:

GG   Grundgesetz
V   Verfassung
G   Gesetz über Untersuchungsausschüsse
GO   Geschäftsordnung
S   Satz

Regelungs-gegenstand	Bund	Baden-Württemb.	Bayern	Berlin	Bremen	Hamburg	Hessen	Niedersachsen	Nordrhein-Westfalen	Rheinland-Pfalz	Saarland	Schleswig-Holstein
Aufgabe	–	§ 1 I G	Art 2 I G § 47 GO	§ 1 G	§ 1 I G	–		–	§ 1 G	–	§ 38 G	Art 15 I S 1 V § 10 I S 1 GO
Zulässigkeit	–	§ 1 II G	Art 1 III G	§ 1 G	§ 1 II G	–		–	§ 35 II GO	–	–	–
Zweifel an der Zulässigkeit	–	§ 1 III G	–	–	–	–		–	–	§ 88 IV GO	–	–
Recht auf Einsetzung	Art 44 I S 1 GG	Art 35 I S 1 V	Art 25 I V	Art 33 I V	Art 105 VI S 1 V	Art 25 I S 1 V § 74 I § 1 GO	Art 92 I S 1 V	Art 111 V	Art 41 I S 1 V § 2 G	Art 91 I S 1 V	Art 81 I S 1 V	Art 15 I S 1 V § 10 I S 1 GO
Einzel-einsetzung	–	§ 2 I G	Art 1 II G	§ 2 I S 1 G	–	–	–	–	–	–	§ 39 I G	–
Einsetzung durch Beschluß	–	§ 2 II G § 33 GO	Art 1 I S 1 G	§ 2 I S 1 G	§ 2 I G	–	§ 26 III S 2 GO § 26 I S 2 u 3 GO	–	§ 35 I S 2 GO	§ 88 I S 2 GO	§ 39 II G	–
Quorum, Minder-heitenantrag	Art 44 I S 1 GG	Art 35 I S 1 V § 2 III G	Art 25 IV V Art 1 I S 2 G	Art 33 I V	–	Art 25 I S 1 V § 74 I § 1 GO	Art 92 I S 1 V § 26 III GO	Art 111 IV	Art 41 I S 1 V § 35 I S 1 u 2 GO	Art 91 I S 1 V § 88 II GO	Art 81 I S 1 V § 39 II G	§ 10 I S 4 GO
Tagesordnung, Frist	–	§ 2 IV G § 6a G	Art 1 IV G	§ 42 GO § 59, IV GO	§ 2 II G	–	§ 55 V Nr.2 GO	–	§ 93 Nr. 3 GO § 7 I G	§ 88 III GO	§ 39 III G	§ 10 I S 4 GO
Bestimmtheit des Gegenstandes	–	Art 35 I S 2 V § 3 I G	Art 2 II S 1 G	§ 2 I S 3 G	§ 2 III G	§ 74 I S 2 GO	§ 26 I S 1 GO	–	§ 3 I G	§ 88 I S 1 GO	§ 39 IV S 1 G	§ 10 I S 3 GO
Erweiterung des Gegenstandes	–	§ 3 II G	Art 2 III G	§ 2 II S 1 G	§ 2 III S 2 G	–	§ 26 II GO	–	§ 3 II G	–	§ 39 IV S 2 u 3 G	–
Bindung an den Untersuchungs-auftrag	–	§ 3 III G	Art 2 II S 2 G Art 12 II G	§ 2 II S 2 G § 2 III G	§ 2 IV G	–	–	–	§ 3 III G	–	§ 39 V G	–

Regelungsgegenstand	Bund	Baden-Württemb.	Bayern	Berlin	Bremen	Hamburg	Hessen	Niedersachsen	Nordrhein-Westfalen	Rheinland-Pfalz	Saarland	Schleswig-Holstein
Erteilung mehrerer Untersuchungsaufträge	–	–	–	§ 2 I S 2 G	–	–	–	–	–	–	–	–
Bestellung von Vorsitzendem und Stellvertretern	–	§ 6 I G	Art 3 I S 1 u 2 G	§ 3 I G	§ 3 G	–	§ 28 S 1 GO	–	–	§ 88 VI GO	§ 40 S 1 G	–
Politische Qualifikation von Vorsitzendem und Stellvertretern	–	§ 6 II G	Art 3 I S 3 G	§ 3 I G	–	§ 74 III GO	§ 28 S 2 GO	–	–	§ 88 VI S 3 GO	§ 40 S 2 G	–
Fachliche Qualifikation von Vorsitzendem und Stellvertretern	–	–	Art 3 II G	–	–	–		–	–	§ 88 VI S 2 GO	§ 40 S 2 G	–
Stimmrecht	–	–	–	–	–	–	–	–	–	–	–	–
Aufgaben und Bindungen	–	–	–	–	–	–	–	–	–	–	–	–
Abberufung von Vorsitzendem und Stellvertretern	–	–	–	–	–	–	–	–	–	–	–	–
Ausschußmitglieder, nur Parlamentarier	–	–	Art 4 I S 1 G	§ 3 I G	§ 4 I G	–		§ 18 GO	§ 4 I S 1 G § 4 I S 3 G	§ 88 V S 1 GO	§ 41 I G	–
Mitgliederzahl, Aufteilung auf die Fraktionen	–	§ 4 I u II G	Art 4 I, II u III G	§ 3 II G	§ 4 II G	–	Art 92 I S 4 V § 27 I GO	–	§ 4 I S 2 G § 4 II S 2-5 G	Art 91 I S 2 V § 88 V GO	Art 81 III V § 41 II G	§ 10 I S 2 u 5 GO
Art der Bestellung	–	§ 4 II S 1 G	Art 4 I S 2 G	§ 3 I G	–	–	§ 27 III GO	–	§ 4 I S 4 G § 4 II S 1 G	§ 88 VII S 1 GO	–	–
Rechte und Pflichten	–	–	–	–	–	Art 25 VII V § 79 GO	–	–	–	–	–	–
Stellvertretung	–	§ 4 I G § 5 III G § 19 V GO	Art 4 IV G	§ 3 I u III G	§ 4 III G	§ 74 II GO	§ 27 II u III GO	–	§ 5 G	§ 88 VII S 2-4 GO	§ 41 III G	–

Regelungsgegenstand	Bund	Baden-Württemb.	Bayern	Berlin	Bremen	Hamburg	Hessen	Niedersachsen	Nordrhein-Westfalen	Rheinland-Pfalz	Saarland	Schleswig-Holstein
Ausscheiden von Ausschußmitgliedem, bei Beteiligung	–	§ 5 I G	Art 5 I S 1 G	§ 4 I S 1 G	§ 5 I G	–		–	§ 6 I G	–	§ 42 I S 1 u 2 G	–
Ausscheiden von Ausschußmitgliedem, als Zeuge	–	–	–	§ 4 I S 2 G	§ 5 I S 2 G	–		–	–	–	§ 42 I S 3 G	–
Ausscheiden von Ausschußmitgliedem, kein Ausschluß nach StPO	–	–	Art 5 II G	§ 4 III G	§ 5 III G	–		–	–	–	§ 42 III G	–
Ausscheiden von Ausschußmitgliedem, Verfahren	–	§ 5 II G	Art 5 I S 2 u 3 G	§ 4 II G	§ 5 II G	–		!	–	–	§ 42 II G	–
Ausscheiden von Ausschußmitgliedem, Nachfolge	–	§ 5 III G	Art 5 III G	§ 3 III S 2 G	–			–	–	–	§ 41 III S 4 G	–
Regelung des Verfahrens	–	Art 35 IV S 1 V	§ 47 GO	Art 33 V V § 21 G	–	Art 25 III V	Art 92 I S 4 V	Art 11 II S 3 V § 18 GO	Art 41 I S 4 V	§ 89 IV GO	Art 81 III V	–
Beschlüsse, Beschlußfähigkeit	–	§ 7 I G	Art 6 I G	§ 5 I G	§ 6 I G	§ 75 GO	§ 29 I GO	–	–	–	§ 43 I G	–
Beschlüsse, Beschlußunfähigkeit und Folgen	–	§ 7 II G	Art 6 II G	§ 5 II G	§ 6 II u III G	§ 75 GO		–	§ 7 II u III G	–	§ 43 II u III G	–
Beschlüsse, Beschlußfassung	–	§ 7 III G	–	§ 5 III G	§ 6 IV G	–		–	§ 7 IV u V G	–	§ 43 IV G	–
Vorbereitende Untersuchung, Unterausschuß	–	–	Art 7 I G	§ 6 I G	–	§ 76 GO § 77 III GO		–	§ 8 I G	–	§ 44 I G	–
Vorbereitende Untersuchung, Aufgabe und Befugnisse	–	–	Art 7 II G	§ 6 II G	–	–		–	§ 8 II G	–	§ 44 II G	–

Regelungs-gegenstand	Bund	Baden-Württemb.	Bayern	Berlin	Bremen	Hamburg	Hessen	Nieder-sachsen	Nordrhein-Westfalen	Rheinland-Pfalz	Saarland	Schleswig-Holstein
Vorbereitende Untersuchung, Verfahren	–	–	Art 7 III G	§6 IV G	–	–	–	–	§8 III G	–	§44 III G	–
Vorbereitende Untersuchung, Zusammensetzung der Unterausschüsse	–	–	Art 8 G	§6 III G	–	§76 S 2 GO	–	–	–	–	–	–
Öffentlichkeit der Sitzungen, bei Beweisaufnahme	Art 44 I S 1 GG	Art 35 II S 1 V §8 I G	Art 25 III S 1 V Art 9 I G	§7 I G	Art 105 VI S 2 V §7 I G	Art 25 I S 2 V §77 I S 1 GO	Art 92 I S 2 V §29 II S 1 GO	Art 11 II S 1 V	Art 41 I S 2 V §9 I G	Art 91 II V §89 I GO	Art 81 I S 2 V §45 II G	Art 15 I S 2 V §10 II S 1 GO
Öffentlichkeit der Sitzungen, bei Beratungen	–	§8 IV G	Art 9 III G	§7 IV G	§7 IV G		§29 II S 1 GO	–	§9 III G	–	§45 I G	–
Öffentlichkeit der Sitzungen, Ausschluß der Öffentlichkeit	Art 44 I S 2 GG	Art 35 II S 3 V §8 II u III G	Art 25 III S 1 V Art 9 I S 2, 3, 4 G	§7 II u III G	§7 II u III G	Art 25 I S 2 V §77 I S 2 GO	Art 92 I S 3 V §29 II S 2 u 3 GO	Art 11 II S 2 V	Art 41 I S 3 V §9 II G	Art 91 III S 1 V §89 I GO	Art 81 II IV u IV G §45 III u	–	Art 15 I S 3 V §10 II S 2 GO
Öffentlichkeit der Sitzungen, Anordnung der Geheimhaltung	–	–	Art 9 II G Art 14 IV	§7 V G	§7 V G	–		–	§9 V G	–	§45 V G	–
Öffentlichkeit der Sitzungen, Mitteilungen über Sitzungen und Unterlagen	–	§9 I-V G	–	–	–	–		–	§10 I-III G	–	–	–
Teilnahme von Regierungsmit-gliedern und Abgeordneten	–	Art 34 I u II V §10 I-III	–	Art 33 IV V §8 I-III G	–	–		–	§9 IV G	–	–	–
Ordnungsgewalt, Sitzungspolizei	–	§11 I u II G	Art 20 I-III G	§16 I-III G	§16 I-IV G	–		–	§11 I-IV G	–	§55 I-IV G	–
Protokolle, Protokollierung	–	§12 I u II G	Art 10 G	§9 I G	§8 I u II G	–		–	§12 I u II G	–	§46 I u II G	–

Regelungsgegenstand	Bund	Baden-Württemb.	Bayern	Berlin	Bremen	Hamburg	Hessen	Niedersachsen	Nordrhein-Westfalen	Rheinland-Pfalz	Saarland	Schleswig-Holstein
Protokolle, Einsicht und Weitergabe	-	§ 12 III G	-	§ 9 II G	§ 8 III G	-	-	-	§ 12 III G	-	§ 46 III G	-
Protokolle, Verlesen von Protokollen und Schriftstücken	-	§ 21 I u II G	Art 19 I u II G	§ 11 I u II G	§ 9 I-III G	-	-	-	§ 23 I-III G	-	§ 50 I-III G	-
Protokolle, Verwertungsverbot	-	-	-	-	-	-	-	-	-	-	-	-
Beweiserhebung, Aktenvorlage, Aussagegenehmigung, Zutrittsrechte	Art 44 III GG	Art 35 III V §14 I u II G §15 G	Art 25 II S 3 u 4 V Art 17 G Art 18 I u II G	Art 33 II S 2 V §13 III G §14 G	Art 105 VI S 4 u 5 V §64 S 4 u 5 GO §13 G	Art 25 IV u V V §78 I u II GO	Art 92 II V §20 III GO	-	Art 41 II V §14 I u II G	Art 91 III S 2 u 3 V	Art 81 IV V §49 I-III G	Art 15 II S 3 V §10 III S 3 GO
Beweiserhebung, Allgemeines, Pflicht zur Beweiserhebung	Art 44 II GG	Art 35 II S 1 u 2 V §13 I u VI G	Art 25 II S 1 u 2 V Art 11 G Art 12 I u II G	Art 33 II S 1 V §10 I G	Art 105 VI S 2 u 3 V §10 I G	Art 25 II V §77 II GO	Art 92 III V	Art 11 IV V	Art 41 III V §13 I G	Art 91 IV V	Art 81 V V §47 I G	Art 15 II S 1 u 2 V §10 III S 1 u 2 GO
Beweiserhebung, Minderheitenrechte		Art 35 II S 1 u 2 V §13 II u III G	-	§ 10 II G	§ 10 II G	Art 25 I S 3 V §77 II S 1 GO	Art 92 I S 2 V	Art 11 II S 1 V	Art 41 I S 2 V §13 II G	-	§ 47 II G	-
Beweiserhebung, durch Unterausschuß	-	§ 13 IV G	-	§ 10 III G	-	-	-	-	§ 13 IV G	-	-	-
Beweiserhebung, durch einen Richter	-	§ 13 V G	-	-	-	-	-	-	-	-	-	-
Zeugen und Sachverständige, Pflicht zum Erscheinen	-	§ 16 I G	Art 11 I G	Art 33 II S 1 V §12 I G	§ 11 I G	-	-	-	§ 15 G	-	§ 51 I G	-
Zeugen und Sachverständige, Zwangsmittel	-	§ 16 II-VII G	Art 25 II S 1 u 2 V Art 11 I G	§ 12 IV G	§ 11 II-IV G	-	-	-	§ 16 I-III G	§ 89 II GO	§ 51 II u III G	-

Regelungsgegenstand	Bund	Baden-Württemb.	Bayern	Berlin	Bremen	Hamburg	Hessen	Niedersachsen	Nordrhein-Westfalen	Rheinland-Pfalz	Saarland	Schleswig-Holstein
Zeugen und Sachverständige, Zeugnisverweigerung	–	§ 17 I u II G	Art 11 I S 2 G Art 14 II u III G	§ 12 II S 1, 2, 3 u 5 G	§ 14 I G	–	–	–	§ 17 I-IV G	–	§ 52 III G	–
Zeugen und Sachverständige, Belehrung	–	§ 17 III G	Art 14 I u II G	§ 12 II S 4 G § 15 II G	–	–	–	–	§ 18 I u II G	–	§ 52 II G	–
Zeugen und Sachverständige, Einzelvernehmung	–	–	Art 11 I G	§ 15 I G	–	–	–	–	–	–	§ 52 I G	–
Zeugen und Sachverständige, Gang der Vernehmung, Fragerecht	–	–	Art 15 I-III G	§ 15 III G	§ 15 I u II G	–	–	–	§ 19 I-III G	–	§ 53 I u II G	–
Zeugen und Sachverständige, Vereidigung	–	§ 18 G	Art 16 I-IV G	§ 12 III G	Art 105 VI S 2 u 3 V § 14 II G	–	–	–	§ 20 I-IV G	–	§ 52 IV G	–
Sondervorschriften für den Betroffenen, Personenkreis	–	§ 19 I u II G	Art 13 G	–	–	–	–	–	–	–	§ 54 I u II G	–
Sondervorschriften für den Betroffenen, Rechtsstellung	–	§ 19 III-VIII G	Art 13 I S 2 u II G Art 16 III G	–	–	–	–	–	–	–	§ 54 III u IV G § 47 II G	–
Andere Beweismittel	–	§ 13 II u III G	Art 11 I G	§ 13 I u II G	–	–	–	–	§ 21 I u II G	–	§ 51 IV G	–
Rechts- und Amtshilfe	Art 44 III GG	Art 35 III V G § 13 V G § 20 I-III G	Art 25 II S 3 u 4 V Art 11 II u III G	Art 33 II S 2 V	Art 105 VI S 4 u 5 V § 12 G	Art 25 IV V § 78 I u II GO	Art 92 II V § 29 III GO	Art 11 III V	Art 41 II V § 22 I-III G	Art 91 III S 2 u 3 V	Art 81 IV V § 48 G	Art 15 II S 3 V § 10 III S 3 GO

Regelungs-gegenstand	Bund	Baden-Württemb.	Bayern	Berlin	Bremen	Hamburg	Hessen	Nieder-sachsen	Nordrhein-Westfalen	Rheinland-Pfalz	Saarland	Schleswig-Holstein
Aussetzung und Einstellung des Verfahrens	–	§ 22 I u II G	–	§ 18 I u II G	§ 19 I-III G	–	§ 30 GO	–	§ 35 III GO § 24 I u II G	–	§ 58 I-III G	–
Ergebnis der Untersuchung, Schlußbericht	–	§ 23 I G	Art 21 II u III G	§ 19 I G	§ 20 I u II G	–	§ 31 S 1 u 2 GO	–	§ 25 I u II G	§ 89 III S 1 u 2 GO	§ 38 G § 59 S 1 G	–
Ergebnis der Untersuchung, Abweichender Bericht	–	§ 23 II G	Art 21 IV G	§ 19 II G	§ 20 III G	–	§ 31 S 3 GO	–	§ 25 III G	§ 89 III S 3 GO	§ 59 S 2 G	–
Ergebnis der Untersuchung, Zwischenbericht	–	§ 23 III G	Art 21 G	§ 19 III G	–	–	–	–	§ 25 IV G	§ 89 III S 4 GO	–	–
Kosten und Auslagen	–	§ 24 I u II G	Art 11 I G	§ 20 I u II G	§ 18 G	–	–	–	§ 28 G	–	§ 57 I u II G	–
Zuständigkeit der Gerichte	Art 44 IV GG	Art 35 V V	–	Art 33 III V § 17 I u II G	§ 17 I-III G § 21 G	Art 25 VI V	–	Art 11 V V	§ 27 I u II G § 28 G	–	§ 56 I-III G	Art 15 III V

Die Synopse wurde auf der Grundlage der von der Interparlamentarischen Arbeitsgemeinschaft vorgelegten »Synoptischen Gegenüberstellung« erarbeitet, die Einsetzung und Verfahren von parlamentarischen Untersuchungsausschüssen im geltenden Recht und in Entwürfen dokumentiert und verschiedenen Beratungsgremien der Parlamente in Bund und Ländern hilfreich war.

2. StPO in Auszügen

§ 22 (Ausschließung eines Richters) Ein Richter ist von der Ausübung des Richteramtes kraft Gesetzes ausgeschlossen,
1. wenn er selbst durch die Straftat verletzt ist;
2. wenn er Ehegatte oder Vormund des Beschuldigten oder des Verletzten ist oder gewesen ist;
3. wenn er mit dem Beschuldigten oder mit dem Verletzten in gerader Linie verwandt oder verschwägert, in der Seitenlinie bis zum dritten Grad verwandt oder bis zum zweiten Grad verschwägert ist oder war;
4. wenn er in der Sache als Beamter der Staatsanwaltschaft, als Polizeibeamter, als Anwalt des Verletzten oder als Verteidiger tätig gewesen ist;
5. wenn er in der Sache als Zeuge oder Sachverständiger vernommen ist.

§ 36 (Zustellung und Vollstreckung) (1) Die Zustellung von Entscheidungen ordnet der Vorsitzende an. Die Geschäftsstelle sorgt dafür, daß die Zustellung bewirkt wird.
(2) Entscheidungen, die der Vollstreckung bedürfen, sind der Staatsanwaltschaft zu übergeben, die das Erforderliche veranlaßt. Dies gilt nicht für Entscheidungen, welche die Ordnung in den Sitzungen betreffen.

§ 48 (Ladung der Zeugen) Die Ladung der Zeugen geschieht unter Hinweis auf die gesetzlichen Folgen des Ausbleibens.

§ 49 (Vernehmung des Bundespräsidenten) Der Bundespräsident ist in seiner Wohnung zu vernehmen. Zur Hauptverhandlung wird er nicht geladen. Das Protokoll über seine gerichtliche Vernehmung ist in der Hauptverhandlung zu verlesen.

§ 50 (Vernehmung von Abgeordneten und Ministern) (1) Die Mitglieder des Bundestages, des Bundesrates, eines Landtages oder einer zweiten Kammer sind während ihres Aufenthaltes am Sitz der Versammlung dort zu vernehmen.
(2) Die Mitglieder der Bundesregierung oder einer Landesregierung sind an ihrem Amtssitz oder, wenn sie sich außerhalb ihres Amtssitzes aufhalten, an ihrem Aufenthaltsort zu vernehmen.
(3) Zu einer Abweichung von den vorstehenden Vorschriften bedarf es
für die Mitglieder eines in Absatz 1 genannten Organs der Genehmigung dieses Organs,
für die Mitglieder der Bundesregierung der Genehmigung der Bundesregierung,
für die Mitglieder einer Landesregierung der Genehmigung der Landesregierung.

(4)   Die Mitglieder der in Absatz 1 genannten Organe der Gesetzgebung und die Mitglieder der Bundesregierung oder einer Landesregierung werden, wenn sie außerhalb der Hauptverhandlung vernommen worden sind, zu dieser nicht geladen. Das Protokoll über ihre richterliche Vernehmung ist in der Hauptverhandlung zu verlesen.

§ 51   *(Folgen des Ausbleibens)* (1) Einem ordnungsgemäß geladenen Zeugen, der nicht erscheint, werden die durch das Ausbleiben verursachten Kosten auferlegt. Zugleich wird gegen ihn ein Ordnungsgeld und für den Fall, daß dieses nicht beigetrieben werden kann, Ordnungshaft festgesetzt. Auch ist die zwangsweise Vorführung des Zeugen zulässig; § 135 gilt entsprechend. Im Falle wiederholten Ausbleibens kann das Ordnungsmittel noch einmal festgesetzt werden.
(2)   Die Auferlegung der Kosten und die Festsetzung eines Ordnungsmittels unterbleiben, wenn das Ausbleiben des Zeugen rechtzeitig genügend entschuldigt wird. Erfolgt die Entschuldigung nach Satz 1 nicht rechtzeitig, so unterbleibt die Auferlegung der Kosten und die Festsetzung eines Ordnungsmittels nur dann, wenn glaubhaft gemacht wird, daß den Zeugen an der Verspätung der Entschuldigung kein Verschulden trifft. Wird der Zeuge nachträglich genügend entschuldigt, so werden die getroffenen Anordnungen unter den Voraussetzungen des Satzes 2 aufgehoben.
(3)   Die Befugnis zu diesen Maßregeln steht auch dem Richter im Vorverfahren sowie dem beauftragten und ersuchten Richter zu.

§ 52   *(Zeugnisverweigerungsrecht aus persönlichen Gründen)*
(1)   Zur Verweigerung des Zeugnisses sind berechtigt
1. der Verlobte des Beschuldigten;
2. der Ehegatte des Beschuldigten, auch wenn die Ehe nicht mehr besteht;
3. wer mit dem Beschuldigten in gerader Linie verwandt oder verschwägert, in der Seitenlinie bis zum dritten Grad verwandt oder bis zum zweiten Grad verschwägert ist oder war.
(2)   Haben Minderjährige oder wegen Geisteskrankheit oder Geistesschwäche entmündigte Personen wegen mangelnder Verstandesreife oder wegen Verstandesschwäche von der Bedeutung des Zeugnisverweigerungsrechts keine genügende Vorstellung, so dürfen sie nur vernommen werden, wenn sie zur Aussage bereit sind und auch ihr gesetzlicher Vertreter der Vernehmung zustimmt. Ist der gesetzliche Vertreter selbst Beschuldigter, so kann er über die Ausübung des Zeugnisverweigerungsrechts nicht entscheiden; das gleiche gilt für den nicht beschuldigten Elternteil, wenn die gesetzliche Vertretung beiden Eltern zusteht.
(3)   Die zur Verweigerung des Zeugnisses berechtigten Personen, in den Fällen des Absatzes 2 auch deren zur Entscheidung über die Ausübung des Zeugnisverweigerungsrechts befugte Vertreter, sind vor jeder Vernehmung über ihr Recht zu belehren. Sie können den Verzicht auf dieses Recht auch während der Vernehmung widerrufen.

§ 53 (Zeugnisverweigerungsrecht aus beruflichen Gründen)

(1) Zur Verweigerung des Zeugnisses sind ferner berechtigt
1. Geistliche über das, was ihnen in ihrer Eigenschaft als Seelsorger anvertraut worden oder bekanntgeworden ist;
2. Verteidiger des Beschuldigten über das, was ihnen in dieser Eigenschaft anvertraut worden oder bekanntgeworden ist;
3. Rechtsanwälte, Patentanwälte, Notare, Wirtschaftsprüfer, vereidigte Buchprüfer, Steuerberater und Steuerbevollmächtigte, Ärzte, Zahnärzte, Apotheker und Hebammen über das, was ihnen in dieser Eigenschaft anvertraut worden oder bekanntgeworden ist;
3a. Mitglieder oder Beauftragte einer anerkannten Beratungsstelle nach § 218b Abs. 2 Nr. 1 des Strafgesetzbuches über das, was ihnen in dieser Eigenschaft anvertraut worden oder bekanntgeworden ist;
4. Mitglieder des Bundestages, eines Landtages oder einer zweiten Kammer über Personen, die ihnen in dieser Eigenschaft als Mitglieder dieser Organe oder denen sie in dieser Eigenschaft Tatsachen anvertraut haben sowie über diese Tatsachen selbst;
5. Personen, die bei der Vorbereitung, Herstellung oder Verbreitung von periodischen Druckwerken oder Rundfunksendungen berufsmäßig mitwirken oder mitgewirkt haben, über die Person des Verfassers, Einsenders oder Gewährsmanns von Beiträgen und Unterlagen sowie über die ihnen im Hinblick auf ihre Tätigkeit gemachten Mitteilungen, soweit es sich um Beiträge, Unterlagen und Mitteilungen für den redaktionellen Teil handelt.
(2) Die in Absatz 1 Nr. 2 bis 3a Genannten dürfen das Zeugnis nicht verweigern, wenn sie von der Verpflichtung zur Verschwiegenheit entbunden sind.

§ 53a (Zeugnisverweigerungsrecht der Berufshelfer) (1) Den in § 53 Abs. 1 bis 4 Genannten stehen ihre Gehilfen und die Personen gleich, die zur Vorbereitung auf den Beruf an der berufsmäßigen Tätigkeit teilnehmen. Über die Ausübung des Rechts dieser Hilfspersonen, das Zeugnis zu verweigern, entscheiden die in § 53 Abs. 1 Nr. 1 bis 4 Genannten, es sei denn, daß diese Entscheidung in absehbarer Zeit nicht herbeigeführt werden kann.
(2) Die Entbindung von der Verpflichtung zur Verschwiegenheit (§ 53 Abs. 2) gilt auch für die Hilfspersonen.

§ 54 (Aussagegenehmigung für Richter und Beamte) (1) Für die Vernehmung von Richtern, Beamten und anderen Personen des öffentlichen Dienstes als Zeugen über Umstände, auf die sich ihre Pflicht zur Amtsverschwiegenheit bezieht, und für die Genehmigung zur Aussage gelten die besonderen beamtenrechtlichen Vorschriften.
(2) Für die Mitglieder der Bundes- oder einer Landesregierung gelten die für sie maßgebenden besonderen Vorschriften.

(3) Der Bundespräsident kann das Zeugnis verweigern, wenn die Ablegung des Zeugnisses dem Wohl des Bundes oder eines deutschen Landes Nachteile bereiten würde.

(4) Diese Vorschriften gelten auch, wenn die vorgenannten Personen nicht mehr im öffentlichen Dienst sind, soweit es sich um Tatsachen handelt, die sich während ihrer Dienstzeit ereignet haben oder ihnen während ihrer Dienstzeit zur Kenntnis gelangt sind.

§ 55 *(Auskunftsverweigerungsrecht)* (1) Jeder Zeuge kann die Auskunft auf solche Fragen verweigern, deren Beantwortung ihm selbst oder einem der in § 52 Abs. 1 bezeichneten Angehörigen die Gefahr zuziehen würde, wegen einer Straftat oder einer Ordnungswidrigkeit verfolgt zu werden.

(2) Der Zeuge ist über sein Recht zur Verweigerung der Auskunft zu belehren.

§ 56 *(Glaubhaftmachung des Verweigerungsgrundes)* Die Tatsache, auf die der Zeuge die Verweigerung des Zeugnisses in den Fällen der §§ 52, 53 und 55 stützt, ist auf Verlangen glaubhaft zu machen. Es genügt die eidliche Versicherung des Zeugen.

§ 57 *(Zeugenbelehrung)* Vor der Vernehmung sind die Zeugen zur Wahrheit zu ermahnen und darauf hinzuweisen, daß sie ihre Aussage zu beeidigen haben, wenn keine im Gesetz bestimmte oder zugelassene Ausnahme vorliegt. Hierbei sind sie über die Bedeutung des Eides, die Möglichkeit der Wahl zwischen dem Eid mit religiöser oder ohne religiöse Beteuerung sowie über die strafrechtlichen Folgen einer unrichtigen oder unvollständigen Aussage zu belehren.

§ 58 *(Vernehmung; Gegenüberstellung)* (1) Die Zeugen sind einzeln und in Abwesenheit der später zu hörenden Zeugen zu vernehmen.

(2) Eine Gegenüberstellung mit anderen Zeugen oder mit dem Beschuldigten im Vorverfahren ist zulässig, wenn es für das weitere Verfahren geboten erscheint.

§ 59 *(Vereidigung)* Die Zeugen sind einzeln und nach ihrer Vernehmung zu vereidigen. Die Vereidigung erfolgt, soweit nichts anderes bestimmt ist, in der Hauptverhandlung.

§ 60 *(Verbot der Vereidigung)* Von der Vereidigung ist abzusehen
1. bei Personen, die zur Zeit der Vernehmung das sechzehnte Lebensjahr noch nicht vollendet haben oder die wegen mangelnder Verstandsreife oder wegen Verstandsschwäche vom Wesen und der Bedeutung des Eides keine genügende Vorstellung haben;
2. bei Personen, die der Tat, welche den Gegenstand der Untersuchung bildet, oder der Beteiligung an ihr oder der Begünstigung, Strafvereitelung oder Hehlerei verdächtig oder deswegen bereits verurteilt sind.

§ 61 *(Absehen von Vereidigung)* Von der Vereidigung kann nach dem Ermessen des Gerichts abgesehen werden

1. bei Personen, die zur Zeit der Vernehmung das sechzehnte, aber noch nicht das achtzehnte Lebensjahr vollendet haben;
2. beim Verletzten sowie bei Personen, die im Sinne des § 52 Abs. 1 Angehörige des Verletzten oder des Beschuldigten sind;
3. wenn das Gericht der Aussage keine wesentliche Bedeutung beimißt und nach seiner Überzeugung auch unter Eid keine wesentliche Aussage zu erwarten ist;
4. bei Personen, die wegen Meineids (§§ 154, 155 des Strafgesetzbuches) verurteilt worden sind;
5. wenn die Staatsanwaltschaft, der Verteidiger und der Angeklagte auf die Vereidigung verzichten.

§ 66c *(Eidesformel)* (1) Der Eid mit religiöser Beteuerung wird in der Weise geleistet, daß der Richter an den Zeugen die Worte richtet:

»Sie schwören bei Gott dem Allmächtigen und Allwissenden, daß Sie nach bestem Wissen die reine Wahrheit gesagt und nichts verschwiegen haben«
und der Zeuge hierauf die Worte spricht:
»Ich schwöre es, so wahr mir Gott helfe.«

(2) Der Eid ohne religiöse Beteuerung wird in der Weise geleistet, daß der Richter an den Zeugen die Worte richtet:

»Sie schwören, daß Sie nach bestem Wissen die reine Wahrheit gesagt und nichts verschwiegen haben«
und der Zeuge hierauf die Worte spricht:
»Ich schwöre es.«

(3) Gibt ein Zeuge an, daß er als Mitglied einer Religions- oder Bekenntnisgemeinschaft eine Beteuerungsformel dieser Gemeinschaft verwenden wolle, so kann er diese dem Eid anfügen.

(4) Der Schwörende soll bei der Eidesleistung die rechte Hand erheben.

§ 66d *(Eidesgleiche Bekräftigung)* (1) Gibt ein Zeuge an, daß er aus Glaubens- oder Gewissensgründen keinen Eid leisten wolle, so hat er die Wahrheit der Aussage zu bekräftigen. Die Bekräftigung steht dem Eid gleich; hierauf ist der Zeuge hinzuweisen.

(2) Die Wahrheit der Aussage wird in der Weise bekräftigt, daß der Richter an den Zeugen die Worte richtet:

»Sie bekräftigen im Bewußtsein Ihrer Verantwortung vor Gericht, daß Sie nach bestem Wissen die reine Wahrheit gesagt und nichts verschwiegen haben«

und der Zeuge hierauf spricht:

»Ja«.

(3)   § 66c Abs. 3 gilt entsprechend.

§ 66e   (Eidesleistung Stummer) Stumme leisten den Eid in der Weise, daß sie die Worte:

»Ich schwöre bei Gott dem Allmächtigen und Allwissenden, daß ich nach bestem Wissen die reine Wahrheit bekundet und nichts verschwiegen habe«

niederschreiben und unterschreiben. Stumme, die nicht schreiben können, leisten den Eid mit Hilfe eines Dolmetschers durch Zeichen.

(2)   § 66c Abs. 2, 3 und § 66d gelten entsprechend.

§ 67   (Berufung auf den früheren Eid) Wird der Zeuge, nachdem er eidlich vernommen worden ist, in demselben Vorverfahren oder in demselben Hauptverfahren nochmals vernommen, so kann der Richter statt der nochmaligen Vereidigung den Zeugen die Richtigkeit seine Aussage unter Berufung auf den früher geleisteten Eid versichern lassen.

§ 68   (Vernehmung zur Person) Die Vernehmung beginnt damit, daß der Zeuge über Vornamen und Zunamen, Alter, Stand oder Gewerbe und Wohnort befragt wird. Besteht Anlaß zu der Besorgnis, daß durch die Angabe des Wohnortes in der Hauptverhandlung der Zeuge oder eine andere Person gefährdet wird, so kann der Vorsitzende dem Zeugen gestatten, seinen Wohnort nicht anzugeben. Erforderlichenfalls sind dem Zeugen Fragen über solche Umstände, die seine Glaubwürdigkeit in der vorliegenden Sache betreffen, insbesondere über seine Beziehungen zu dem Beschuldigten oder dem Verletzten, vorzulegen.

§ 69   (Vernehmung zur Sache) (1) Der Zeuge ist zu veranlassen, das, was ihm von dem Gegenstand seiner Vernehmung bekannt ist, im Zusammenhang anzugeben. Vor seiner Vernehmung ist dem Zeugen der Gegenstand der Untersuchung und die Person des Beschuldigten, sofern ein solcher vorhanden ist, zu bezeichnen.

(2)   Zur Aufklärung und zur Vervollständigung der Aussage sowie zur Erforschung des Grundes, auf dem das Wissen des Zeugen beruht, sind nötigenfalls weitere Fragen zu stellen.

(3)   Die Vorschrift des § 136a gilt für die Vernehmung des Zeugen entsprechend.

§ 70   (Grundlose Zeugnis- oder Eidesverweigerung) (1) Wird das Zeugnis oder die Eidesleistung ohne gesetzlichen Grund verweigert, so werden dem Zeugen die

durch die Weigerung verursachten Kosten auferlegt. Zugleich wird gegen ihn ein Ordnungsgeld und für den Fall, daß dieses nicht beigetrieben werden kann, Ordnungshaft festgesetzt.

(2) Auch kann zur Erzwingung des Zeugnisses die Haft angeordnet werden, jedoch nicht über die Zeit der Beendigung des Verfahrens in dem Rechtszug, auch nicht über die Zeit von sechs Monaten hinaus.

(3) Die Befugnis zu diesen Maßregeln steht auch dem Richter im Vorverfahren sowie dem beauftragten und ersuchten Richter zu.

(4) Sind die Maßregeln erschöpft, so können sie in demselben oder in einem anderen Verfahren, das dieselbe Tat zum Gegenstand hat, nicht wiederholt werden.

§ 72 (Anwendung der Vorschriften für Zeugen) Auf Sachverständige ist der sechste Abschnitt über Zeugen entsprechend anzuwenden, soweit nicht in den nachfolgenden Paragraphen abweichende Vorschriften getroffen sind.

§ 73 (Auswahl) (1) Die Auswahl der zuzuziehenden Sachverständigen und die Bestimmung ihrer Anzahl erfolgt durch den Richter. Er soll mit diesen eine Absprache treffen, innerhalb welcher Frist die Gutachten erstattet werden können.

(2) Sind für gewisse Arten von Gutachten Sachverständige öffentlich bestellt, so sollen andere Personen nur dann gewählt werden, wenn besondere Umstände es fordern.

§ 74 (Ablehnung) (1) Ein Sachverständiger kann aus denselben Gründen, die zur Ablehnung eines Richters berechtigen, abgelehnt werden. Ein Ablehnungsgrund kann jedoch nicht daraus entnommen werden, daß der Sachverständige als Zeuge vernommen worden ist.

(2) Das Ablehnungsrecht steht der Staatsanwaltschaft, dem Privatkläger und dem Beschuldigten zu. Die ernannten Sachverständigen sind den zur Ablehnung Berechtigten namhaft zu machen, wenn nicht besondere Umstände entgegenstehen.

(3) Der Ablehnungsgrund ist glaubhaft zu machen; der Eid ist als Mittel der Glaubhaftmachung ausgeschlossen.

§ 75 (Pflicht zur Erstattung des Gutachtens) (1) Der zum Sachverständigen Ernannte hat der Ernennung Folge zu leisten, wenn er zur Erstattung von Gutachten der erforderten Art öffentlich bestellt ist oder wenn er die Wissenschaft, die Kunst oder das Gewerbe, deren Kenntnis Voraussetzung der Begutachtung ist, öffentlich zum Erwerb ausübt oder wenn er zu ihrer Ausübung öffentlich bestellt oder ermächtigt ist.

(2) Zur Erstattung des Gutachtens ist auch der verpflichtet, welche sich hierzu vor Gericht bereiterklärt hat.

§ 76 (Gutachtenverweigerungsrecht) (1) Dieselben Gründe, die einen Zeugen berechtigen, das Zeugnis zu verweigern, berechtigen einen Sachverständigen zur Verweigerung des Gutachtens. Auch aus anderen Gründen kann ein Sachverständiger von der Verpflichtung zur Erstattung des Gutachtens entbunden werden.

(2) Für die Vernehmung von Richtern, Beamten und anderen Personen des öffentlichen Dienstes als Sachverständige gelten die besonderen beamtenrechtlichen Vorschriften. Für die Mitglieder der Bundes- oder einer Landesregierung gelten die für sie maßgebenden besonderen Vorschriften.

§ 77 (Folgen des Ausbleibens oder der Weigerung) (1) Im Falle des Nichterscheinens oder der Weigerung eines zur Erstattung des Gutachtens verpflichteten Sachverständigen wird diesem auferlegt, die dadurch verursachten Kosten zu ersetzen. Zugleich wird gegen ihn ein Ordnungsgeld festgesetzt. Im Falle wiederholten Ungehorsams kann neben der Auferlegung der Kosten das Ordnungsgeld noch einmal festgesetzt werden.

(2) Weigert sich ein zur Erstattung des Gutachtens verpflichteter Sachverständiger, nach § 73 Abs. 1 Satz 2 eine angemessene Frist abzusprechen, oder versäumt er die abgesprochene Frist, so kann gegen ihn ein Ordnungsgeld festgesetzt werden. Der Festsetzung des Ordnungsgeldes muß eine Androhung unter Setzung einer Nachfrist vorausgehen. Im Falle wiederholter Fristversäumnis kann das Ordnungsgeld noch einmal festgesetzt werden.

§ 79 (Sachverständigeneid) (1) Der Sachverständige kann nach dem Ermessen des Gerichts vereidigt werden. Auf Antrag der Staatsanwaltschaft, des Angeklagten oder des Verteidigers ist er zu vereidigen.

(2) Der Eid ist nach Erstattung des Gutachtens zu leisten; er geht dahin, daß der Sachverständige das Gutachten unparteiisch und nach bestem Wissen und Gewissen erstattet habe.

(3) Ist der Sachverständige für die Erstattung von Gutachten der betreffenden Art im allgemeinen vereidigt, so genügt die Berufung auf den geleisteten Eid.

§ 80 (Vorbereitung des Gutachtens) (1) Dem Sachverständigen kann auf sein Verlangen zur Vorbereitung des Gutachtens durch Vernehmung von Zeugen oder des Beschuldigten weitere Aufklärung verschafft werden.

(2) Zu demselben Zweck kann ihm gestattet werden, die Akten einzusehen, der Vernehmung von Zeugen oder des Beschuldigten beizuwohnen und an sie unmittelbar Fragen zu stellen.

§ 83 (Neues Gutachten) (1) Der Richter kann eine neue Begutachtung durch dieselben oder durch andere Sachverständige anordnen, wenn er das Gutachten für ungenügend erachtet.

(2) Der Richter kann die Begutachtung durch einen anderen Sachverständigen anordnen, wenn ein Sachverständiger nach Erstattung des Gutachtens mit Erfolg abgelehnt ist.

(3) In wichtigeren Fällen kann das Gutachten einer Fachbehörde eingeholt werden.

§ 85 *(Sachverständige Zeugen)* Soweit zum Beweis vergangener Tatsachen oder Zustände, zu deren Wahrnehmung eine besondere Sachkunde erforderlich war, sachkundige Personen zu vernehmen sind, gelten die Vorschriften über den Zeugenbeweis.

§ 86 *(Richterlicher Augenschein)* Findet die Einnahme eines richterlichen Augenscheins statt, so ist im Protokoll der vorgefundene Sachbestand festzustellen und darüber Auskunft zu geben, welche Spuren oder Merkmale, deren Vorhandensein nach der besonderen Beschaffenheit des Falles vermutet werden konnte, gefehlt haben.

§ 94 *(Gegenstand der Beschlagnahme)* (1) Gegenstände, die als Beweismittel für die Untersuchung von Bedeutung sein können, sind in Verwahrung zu nehmen oder in anderer Weise sicherzustellen.

(2) Befinden sich die Gegenstände in dem Gewahrsam einer Person und werden sie nicht freiwillig herausgegeben, so bedarf es der Beschlagnahme.

(3) Die Absätze 1 und 2 gelten auch für Führerscheine, die der Einziehung unterliegen.

§ 95 *(Herausgabepflicht)* (1) Wer einen Gegenstand der vorbezeichneten Art in seinem Gewahrsam hat, ist verpflichtet, ihn auf Erfordern vorzulegen und auszuliefern.

(2) Im Falle der Weigerung können gegen ihn die in § 70 bestimmten Ordnungs- und Zwangsmittel festgesetzt werden. Das gilt nicht bei Personen, die zur Verweigerung des Zeugnisses berechtigt sind.

§ 96 *(Amtliche Schriftstücke)* Die Vorlegung oder Auslieferung von Akten oder anderen in amtlicher Verwahrung befindlichen Schriftstücken durch Behörden und öffentliche Beamte darf nicht gefordert werden, wenn deren oberste Dienstbehörde erklärt, daß das Bekanntwerden des Inhalts dieser Akten oder Schriftstücke dem Wohl des Bundes oder eines deutschen Landes Nachteile bereiten würde.

§ 97 *(Beschlagnahmefreie Gegenstände)* (1) Der Beschlagnahme unterliegen nicht

1. schriftliche Mitteilungen zwischen dem Beschuldigten und den Personen, die nach § 52 oder § 53 Abs. 1 Nr. 1 bis 3a das Zeugnis verweigern dürfen;

2. Aufzeichnungen, welche die in § 53 Abs. 1 Nr. 1 bis 3a Genannten über die ihnen vom Beschuldigten anvertrauten Mitteilungen oder über andere Umstände gemacht haben, auf die sich das Zeugnisverweigerungsrecht erstreckt;
3. andere Gegenstände einschließlich der ärztlichen Untersuchungsbefunde, auf die sich das Zeugnisverweigerungsrecht der in § 53 Abs. 1 Nr. 1 bis 3a Genannten erstreckt.

(2) Diese Beschränkungen gelten nur, wenn die Gegenstände im Gewahrsam der zur Verweigerung des Zeugnisses Berechtigten sind. Der Beschlagnahme unterliegen auch nicht Gegenstände, auf die sich das Zeugnisverweigerungsrecht der Ärzte, Zahnärzte, Apotheker und Hebammen erstreckt, wenn sie im Gewahrsam einer Krankenanstalt sind, sowie Gegenstände, auf die sich das Zeugnisverweigerungsrecht der in § 53 Abs. 1 Nr. 3a genannten Personen erstreckt, wenn sie im Gewahrsam der anerkannten Beratungsstelle nach § 218b Abs. 2 Nr. 1 des Strafgesetzbuches sind. Die Beschränkungen der Beschlagnahme gelten nicht, wenn die zur Verweigerung des Zeugnisses Berechtigten einer Teilnahme oder einer Begünstigung, Strafvereitelung oder Hehlerei verdächtig sind oder wenn es sich um Gegenstände handelt, die durch eine Straftat hervorgebracht oder zur Begehung einer Straftat gebraucht oder bestimmt sind oder die aus einer Straftat herrühren.

(3) Soweit das Zeugnisverweigerungsrecht der Mitglieder des Bundestages, eines Landtages oder einer zweiten Kammer reicht (§ 53 Abs. 1 Nr. 4), ist die Beschlagnahme von Schriftstücken unzulässig.

(4) Die Absätze 1 bis 3 sind entsprechend anzuwenden, soweit die in § 53a Genannten das Zeugnis verweigern dürfen.

(5) Soweit das Zeugnisverweigerungsrecht der in § 53 Abs. 1 Nr. 5 genannten Personen reicht, ist die Beschlagnahme von Schriftstücken, Ton-, Bild- und Datenträgern, Abbildungen und anderen Darstellungen, die sich im Gewahrsam dieser Personen oder der Redaktion, des Verlages, der Druckerei oder der Rundfunkanstalt befinden, unzulässig. Absatz 2 Satz 3 gilt entsprechend.

§ 98 *(Anordnung der Beschlagnahme)* (1) Beschlagnahmen dürfen nur durch den Richter, bei Gefahr im Verzug auch durch die Staatsanwaltschaft und ihre Hilfsbeamten (§ 152 des Gerichtsverfassungsgesetzes) angeordnet werden. Die Beschlagnahme nach § 97 Abs. 5 Satz 2 in den Räumen einer Redaktion, eines Verlages, einer Druckerei oder einer Rundfunkanstalt darf nur durch den Richter angeordnet werden.

(2) Der Beamte, der einen Gegenstand ohne richterliche Anordnung beschlagnahmt hat, soll binnen drei Tagen die richterliche Bestätigung beantragen, wenn bei der Beschlagnahme weder der davon Betroffene noch ein erwachsener Angehöriger anwesend war oder wenn der Betroffene und im Falle seiner Abwesenheit ein erwachsener Angehöriger des Betroffenen gegen die Beschlagnahme ausdrücklich Widerspruch erhoben hat. Der Betroffene kann jederzeit die richterliche Entscheidung beantragen. Solange die öffentliche Klage noch nicht erhoben ist, entscheidet das Amtsgericht, in dessen Bezirk die Beschlagnahme stattgefunden

hat. Hat bereits eine Beschlagnahme, Postbeschlagnahme oder Durchsuchung in einem anderen Bezirk stattgefunden, so entscheidet das Amtsgericht, in dessen Bezirk die Staatsanwaltschaft ihren Sitz hat, die das Ermittlungsverfahren führt. Der Betroffene kann den Antrag auch in diesem Fall bei dem Amtsgericht einreichen, in dessen Bezirk die Beschlagnahme stattgefunden hat. Ist dieses Amtsgericht nach Satz 4 unzuständig, so leitet der Richter den Antrag dem zuständigen Amtsgericht zu. Der Betroffene ist über seine Rechte zu belehren.

(3) Ist nach erhobener öffentlicher Klage die Beschlagnahme durch die Staatsanwaltschaft oder einen ihrer Hilfsbeamten erfolgt, so ist binnen drei Tagen dem Richter von der Beschlagnahme Anzeige zu machen; die beschlagnahmten Gegenstände sind ihm zur Verfügung zu stellen.

(4)[1] Wird eine Beschlagnahme in einem Dienstgebäude oder einer nicht allgemein zugänglichen Einrichtung oder Anlage der Bundeswehr erforderlich, so wird die vorgesetzte Dienststelle der Bundeswehr um ihre Durchführung ersucht. Die ersuchende Stelle ist zur Mitwirkung berechtigt. Des Ersuchens bedarf es nicht, wenn die Beschlagnahme in Räumen vorzunehmen ist, die ausschließlich von anderen Personen als Soldaten bewohnt werden.

§ 103 *(Durchsuchung bei anderen Personen)* (1) Bei anderen Personen sind Durchsuchungen nur zur Ergreifung des Beschuldigten oder zur Verfolgung von Spuren einer Straftat oder zur Beschlagnahme bestimmter Gegenstände und nur dann zulässig, wenn Tatsachen vorliegen, aus denen zu schließen ist, daß die gesuchte Person, Spur oder Sache sich in den zu durchsuchenden Räumen befindet. Zum Zwecke der Ergreifung eines Beschuldigten, der dringend verdächtig ist, eine Straftat nach § 129a des Strafgesetzbuches oder eine der in dieser Vorschrift bezeichneten Straftaten begangen zu haben, ist eine Durchsuchung von Wohnungen und anderen Räumen auch zulässig, wenn diese sich in einem Gebäude befinden, von dem auf Grund von Tatsachen anzunehmen ist, daß sich der Beschuldigte in ihm aufhält.

(2) Die Beschränkung des Absatzes 1 Satz 1 gelten nicht für Räume, in denen der Beschuldigte ergriffen worden ist oder die er während der Verfolgung betreten hat.

§ 162 *(Richterliche Untersuchungshandlungen)* (1) Erachtet die Staatsanwaltschaft die Vornahme einer richterlichen Untersuchungshandlung für erforderlich, so stellt sie ihre Anträge bei dem Amtsgericht, in dessen Bezirk diese Handlung vorzunehmen ist. Hält sie richterliche Anordnungen für die Vornahme von Untersuchungshandlungen in mehr als einem Bezirk für erforderlich, so stellt sie ihre Anträge bei dem Amtsgericht, in dessen Bezirk sie ihren Sitz hat. Satz 2 gilt nicht für richterliche Vernehmungen sowie dann, wenn die Staatsanwaltschaft den Untersuchungserfolg durch eine Verzögerung für gefährdet erachtet, die durch einen Antrag bei dem nach Satz 2 zuständigen Amtsgericht eintreten würde.

(2)   Die Zuständigkeit des Amtsgerichts wird durch eine nach der Antragstellung eintretende Veränderung der sie begründenden Umstände nicht berührt.
(3)   Der Richter hat zu prüfen, ob die beantragte Handlung nach den Umständen des Falles gesetzlich zulässig ist.

§ 238   (Verhandlungsleitung) (1) Die Leitung der Verhandlung, die Vernehmung des Angeklagten und die Aufnahme des Beweises erfolgt durch den Vorsitzenden.
(2)   Wird eine auf die Sachleitung bezügliche Anordnung des Vorsitzenden von einer bei der Verhandlung beteiligten Person als unzulässig beanstandet, so entscheidet das Gericht.

§ 239   (Kreuzverhör) (1) Die Vernehmung der von der Staatsanwaltschaft und dem Angeklagten benannten Zeugen und Sachverständigen ist der Staatsanwaltschaft und dem Verteidiger auf deren übereinstimmenden Antrag von dem Vorsitzenden zu überlassen. Bei den von der Staatsanwaltschaft benannten Zeugen und Sachverständigen hat diese, bei den von dem Angeklagten benannten der Verteidiger in erster Reihe das Recht zur Vernehmung.
(2)   Der Vorsitzende hat auch nach dieser Vernehmung die ihm zur weiteren Aufklärung der Sache erforderlich erscheinenden Fragen an die Zeugen und Sachverständigen zu richten.

§ 241   (Zurückweisung von Fragen) (1) Dem, welcher im Falle des § 239 Abs. 1 die Befugnis der Vernehmung mißbraucht, kann sie von dem Vorsitzenden entzogen werden.
(2)   In den Fällen des § 239 Abs. 1 und des § 240 Abs. 2 kann der Vorsitzende ungeeignete oder nicht zur Sache gehörende Fragen zurückweisen.

§ 241a   (Vernehmung von jugendlichen Zeugen) (1) Die Vernehmung von Zeugen unter sechzehn Jahren wird allein von dem Vorsitzenden durchgeführt.
(2)   Die in § 240 Abs. 1 und Abs. 2 Satz 1 bezeichneten Personen können verlangen, daß der Vorsitzende den Zeugen weitere Fragen stellt. Der Vorsitzende kann diesen Personen eine unmittelbare Befragung der Zeugen gestatten, wenn nach pflichtgemäßem Ermessen ein Nachteil für das Wohl der Zeugen nicht zu befürchten ist.
(3)   § 241 Abs. 2 gilt entsprechend.

§ 242   (Zweifel über Zulässigkeit von Fragen) Zweifel über die Zulässigkeit einer Frage entscheidet in allen Fällen das Gericht.

§ 243   (Gang der Hauptverhandlung) (1) Die Hauptverhandlung beginnt mit dem Aufruf der Sache. Der Vorsitzende stellt fest, ob der Angeklagte und der Verteidiger anwesend und die Beweismittel herbeigeschafft, insbesondere die geladenen Zeugen und Sachverständigen erschienen sind.

262

(2) Die Zeugen verlassen den Sitzungssaal. Der Vorsitzende vernimmt den Angeklagten über seine persönlichen Verhältnisse.

(3) Darauf verliest der Staatsanwalt den Anklagesatz. Dabei legt er in den Fällen des § 207 Abs. 3 die neue Anklageschrift zugrunde. In den Fällen des § 207 Abs. 2 Nr. 3 trägt der Staatsanwalt den Anklagesatz mit der dem Eröffnungsbeschluß zugrunde liegenden rechtlichen Würdigung vor; außerdem kann er seine abweichende Rechtsauffassung äußern. In den Fällen des § 207 Abs. 2 Nr. 4 berücksichtigt er die Änderungen, die das Gericht bei der Zulassung der Anklage zur Hauptverhandlung beschlossen hat.

(4) Sodann wird der Angeklagte darauf hingewiesen, daß es ihm freistehe, sich zu der Anklage zu äußern oder nicht zur Sache auszusagen. Ist der Angeklagte zur Äußerung bereit, so wird er nach Maßgabe des § 136 Abs. 2 zur Sache vernommen. Vorstrafen des Angeklagten sollen nur insoweit festgestellt werden, als sie für die Entscheidung von Bedeutung sind. Wann sie festgestellt werden, bestimmt der Vorsitzende.

§ 244 (Beweisaufnahme) (1) Nach der Vernehmung des Angeklagten folgt die Beweisaufnahme.

(2) Das Gericht hat zur Erforschung der Wahrheit die Beweisaufnahme von Amts wegen auf alle Tatsachen und Beweismittel zu erstrecken, die für die Entscheidung von Bedeutung sind.

(3) Ein Beweisantrag ist abzulehnen, wenn die Erhebung des Beweises unzulässig ist. Im übrigen darf ein Beweisantrag nur abgelehnt werden, wenn eine Beweiserhebung wegen Offenkundigkeit überflüssig ist, wenn die Tatsache, die bewiesen werden soll, für die Entscheidung ohne Bedeutung oder schon erwiesen ist, wenn das Beweismittel völlig ungeeignet oder wenn es unerreichbar ist, wenn der Antrag zum Zweck der Prozeßverschleppung gestellt ist oder wenn eine erhebliche Behauptung, die zur Entlastung des Angeklagten bewiesen werden soll, so behandelt werden kann, als wäre die behauptete Tatsache wahr.

(4) Ein Beweisantrag auf Vernehmung eines Sachverständigen kann, soweit nichts anderes bestimmt ist, auch abgelehnt werden, wenn das Gericht selbst die erforderliche Sachkunde besitzt. Die Anhörung eines weiteren Sachverständigen kann auch dann abgelehnt werden, wenn durch das frühere Gutachten das Gegenteil der behaupteten Tatsache bereits erwiesen ist; dies gilt nicht, wenn die Sachkunde des früheren Gutachters zweifelhaft ist, wenn sein Gutachten von unzutreffenden tatsächlichen Voraussetzungen ausgeht, wenn das Gutachten Widersprüche enthält oder wenn der neue Sachverständige über Forschungsmittel verfügt, die denen eines früheren Gutachters überlegen erscheinen.

(5) Ein Beweisantrag auf Einnahme eines Augenscheins kann abgelehnt werden, wenn der Augenschein nach dem pflichtgemäßen Ermessen des Gerichts zur Erforschung der Wahrheit nicht erforderlich ist.

(6) Die Ablehnung eines Beweisantrages bedarf eines Gerichtsbeschlusses.

§ 245 *(Umfang der Beweisaufnahme)* (1) Die Beweisaufnahme ist auf alle vom Gericht vorgeladenen und auch erschienenen Zeugen und Sachverständigen sowie auf die sonstigen nach § 214 Abs. 4 vom Gericht oder der Staatsanwaltschaft herbeigeschafften Beweismittel zu erstrecken, es sei denn, daß die Beweiserhebung unzulässig ist. Von der Erhebung einzelner Beweise kann abgesehen werden, wenn die Staatsanwaltschaft, der Verteidiger und der Angeklagte damit einverstanden sind.

(2) Zu einer Erstreckung der Beweisaufnahme auf die vom Angeklagten oder der Staatsanwaltschaft vorgeladenen und auch erschienenen Zeugen und Sachverständigen sowie auf die sonstigen herbeigeschafften Beweismittel ist das Gericht nur verpflichtet, wenn ein Beweisantrag gestellt wird. Der Antrag ist abzulehnen, wenn die Beweiserhebung unzulässig ist. Im übrigen darf er nur abgelehnt werden, wenn die Tatsache, die bewiesen werden soll, schon erwiesen oder offenkundig ist, wenn zwischen ihr und dem Gegenstand der Urteilsfindung kein Zusammenhang besteht, wenn das Beweismittel völlig ungeeignet ist oder wenn der Antrag zum Zwecke der Prozeßverschleppung gestellt ist.

§ 249 *(Verlesung von Schriftstücken)* (1) Urkunden und andere als Beweismittel dienende Schriftstücke werden in der Hauptverhandlung verlesen. Dies gilt insbesondere von früher ergangenen Strafurteilen, von Straflisten und von Auszügen aus Kirchenbüchern und Personenstandsregistern und findet auch Anwendung auf Protokolle über die Einnahme des richterlichen Augenscheins.

(2) Von der Verlesung kann, außer in den Fällen der §§ 251, 253, 254 und 256, abgesehen werden, wenn die Richter und Schöffen vom Wortlaut der Urkunde oder des Schriftstücks Kenntnis genommen haben und die übrigen Beteiligten hierzu Gelegenheit hatten. Widerspricht der Staatsanwalt, der Angeklagte oder der Verteidiger unverzüglich der Anordnung des Vorsitzenden, nach Satz 1 zu verfahren, so entscheidet das Gericht. Die Anordnung des Vorsitzenden, die Feststellungen über die Kenntnisnahme und die Gelegenheit hierzu und der Widerspruch sind in das Protokoll aufzunehmen.

§ 250 *(Grundsatz der persönlichen Vernehmung)* Beruht der Beweis einer Tatsache auf der Wahrnehmung einer Person, so ist diese in der Hauptverhandlung zu vernehmen. Die Vernehmung darf nicht durch Verlesung des über eine frühere Vernehmung aufgenommenen Protokolls oder einer schriftlichen Erklärung ersetzt werden.

§ 251 *(Verlesung von Protokollen)* (1) Die Vernehmung eines Zeugen, Sachverständigen oder Mitbeschuldigten darf durch Verlesung der Niederschrift über seine frühere richterliche Vernehmung ersetzt werden, wenn

1. der Zeuge, Sachverständige oder Mitbeschuldigte verstorben oder in Geisteskrankheit verfallen ist oder wenn sein Aufenthalt nicht zu ermitteln ist;

2. dem Erscheinen des Zeugen, Sachverständigen oder Mitbeschuldigten in der Hauptverhandlung für eine längere oder ungewisse Zeit Krankheit, Gebrechlichkeit oder andere nicht zu beseitigende Hindernisse entgegenstehen;
3. dem Zeugen oder Sachverständigen das Erscheinen in der Hauptverhandlung wegen großer Entfernung unter Berücksichtigung der Bedeutung seiner Aussage nicht zugemutet werden kann;
4. der Staatsanwalt, der Verteidiger und der Angeklagte mit der Verlesung einverstanden sind.

(2) Hat der Angeklagte einen Verteidiger, so kann die Vernehmung eines Zeugen, Sachverständigen oder Mitbeschuldigten durch die Verlesung einer Niederschrift über eine andere Vernehmung oder einer Urkunde, die eine von ihm stammende schriftliche Erklärung enthält, ersetzt werden, wenn der Staatsanwalt, der Verteidiger und der Angeklagte damit einverstanden sind. Im übrigen ist die Verlesung nur zulässig, wenn der Zeuge, Sachverständige oder Mitbeschuldigte verstorben ist oder aus einem anderen Grunde in absehbarer Zeit gerichtlich nicht vernommen werden kann.

(3) Soll die Verlesung anderen Zwecken als unmittelbar der Urteilsfindung, insbesondere zur Vorbereitung der Entscheidung darüber dienen, ob die Ladung und Vernehmung einer Person erfolgen soll, so dürfen Vernehmungsniederschriften, Urkunden und andere als Beweismittel dienende Schriftstücke auch sonst verlesen werden.

(4) In den Fällen der Absätze 1 und 2 beschließt das Gericht, ob die Verlesung angeordnet wird. Der Grund der Verlesung wird bekanntgegeben. Wird die Niederschrift über eine richterliche Vernehmung verlesen, so wird festgestellt, ob der Vernommene vereidigt worden ist. Die Vereidigung wird nachgeholt, wenn sie dem Gericht notwendig erscheint und noch ausführbar ist.

§ 252 *(Unstatthafte Protokollverlesung)* Die Aussage eines vor der Hauptverhandlung vernommenen Zeugen, der erst in der Hauptverhandlung von seinem Recht, das Zeugnis zu verweigern, Gebrauch macht, darf nicht verlesen werden.

§ 253 *(Protokollverlesung zur Gedächtnisunterstützung)* (1) Erklärt ein Zeuge oder Sachverständiger, daß er sich einer Tatsache nicht mehr erinnere, so kann der hierauf bezügliche Teil des Protokolls über seine frühere Vernehmung zur Unterstützung seines Gedächtnisses verlesen werden.

(2) Dasselbe kann geschehen, wenn ein in der Vernehmung hervortretender Widerspruch mit der früheren Aussage nicht auf andere Weise ohne Unterbrechung der Hauptverhandlung festgestellt oder behoben werden kann.

§ 303 *(Zustimmung des Gegners)* Wenn die Entscheidung über das Rechtsmittel auf Grund mündlicher Verhandlung stattzufinden hat, so kann die Zurücknahme nach Beginn der Hauptverhandlung nur mit Zustimmung des Gegners erfolgen. Die Zurücknahme eines Rechtsmittels des Angeklagten bedarf jedoch nicht der Zustimmung des Nebenklägers.

§ 304 *(Zulässigkeit)* (1) Die Beschwerde ist gegen alle von den Gerichten im ersten Rechtszug oder im Berufungsverfahren erlassenen Beschlüsse und gegen die Verfügungen des Vorsitzenden, des Richters im Vorverfahren und eines beauftragten oder ersuchten Richters zulässig, soweit das Gesetz sie nicht ausdrücklich einer Anfechtung entzieht.

(2) Auch Zeugen, Sachverständige und andere Personen können gegen Beschlüsse und Verfügungen, durch die sie betroffen werden, Beschwerde erheben.

(3) Die Beschwerde gegen Entscheidungen über Kosten und notwendige Auslagen ist nur zulässig, wenn der Wert des Beschwerdegegenstandes einhundert Deutsche Mark übersteigt.

(4) Gegen Beschlüsse und Verfügungen des Bundesgerichtshofes ist keine Beschwerde zulässig. Dasselbe gilt für Beschlüsse und Verfügungen der Oberlandesgerichte; in Sachen, in denen die Oberlandesgerichte im ersten Rechtszug zuständig sind, ist jedoch die Beschwerde zulässig gegen Beschlüsse und Verfügungen, welche

1. die Verhaftung, einstweilige Unterbringung, Unterbringung zur Beobachtung, Beschlagnahme oder Durchsuchung betreffen,
2. die Eröffnung des Hauptverfahrens ablehnen oder das Verfahren wegen eines Verfahrenshindernisses einstellen,
3. die Hauptverhandlung in Abwesenheit des Angeklagten (§ 231a) anordnen oder die Verweisung an ein Gericht niederer Ordnung aussprechen,
4. die Akteneinsicht betreffen oder
5. den Widerruf der Strafaussetzung, den Widerruf des Straferlasses und die Verurteilung zu der vorbehaltenen Strafe (§ 453 Abs. 2 Satz 3), die Anordnung vorläufiger Maßnahmen zur Sicherung des Widerrufs (§ 453c), die Aussetzung des Strafrestes und deren Widerruf (§ 454 Abs. 2, 3), die Wiederaufnahme des Verfahrens (§ 372 Satz 1) oder den Verfall, die Einziehung oder die Unbrauchbarmachung nach den §§ 440, 441 Abs. 2 und § 442 betreffen;
§ 138d Abs. 6 bleibt unberührt.

(5) Gegen Verfügungen des Ermittlungsrichters des Bundesgerichtshofes und des Oberlandesgerichts (§ 169 Abs. 1) ist die Beschwerde nur zulässig, wenn sie die Verhaftung, einstweilige Unterbringung, Beschlagnahme oder Durchsuchung betreffen.

§ 305 *(Ausschluß der Beschwerde)* Entscheidungen der erkennenden Gerichte, die der Urteilsfällung vorausgehen, unterliegen nicht der Beschwerde. Ausgenommen sind Entscheidungen über Verhaftungen, die einstweilige Unterbringung, Beschlagnahmen, die vorläufige Entziehung der Fahrerlaubnis, das vorläufige Berufsverbot oder die Festsetzung von Ordnungs- und Zwangsmitteln sowie alle Entscheidungen, durch die dritte Personen betroffen werden.

§ 310 (Weitere Beschwerde) (1) Beschlüsse, die von dem Landgericht oder von dem nach § 120 Abs. 3 des Gerichtsverfassungsgesetzes zuständigen Oberlandesgericht auf die Beschwerde hin erlassen worden sind, können, sofern sie Verhaftungen oder die einstweilige Unterbringung betreffen, durch weitere Beschwerde angefochten werden.

(2) Im übrigen findet eine weitere Anfechtung der auf eine Beschwerde ergangenen Entscheidungen nicht statt.

3. Geheimschutzordnung des Deutschen Bundestages vom 26. April 1975

(BGBl. I S. 992)

§ 1 Anwendungsbereich
(1) Diese Geheimschutzordnung gilt für Verschlußsachen (VS), die innerhalb des Bundestages entstehen oder dem Bundestag, seinen Ausschüssen oder Mitgliedern des Bundestages zugeleitet wurden. Die für die Ausschüsse geltenden Vorschriften finden Anwendung auf andere Gremien, die vom Bundestag bzw. den Ausschüssen eingesetzt sind oder auf gesetzlicher Grundlage beruhen.
(2) VS sind Angelegenheiten aller Art, die durch besondere Sicherheitsmaßnahmen gegen die Kenntnis durch Unbefugte geschützt werden müssen.
(3) VS können alle Formen der Darstellung von Kenntnissen und Erkenntnissen sein. Zwischenmaterial (z. B. Vorentwürfe, Aufzeichnungen auf Tonträger, Stenogramme, Kohlepapier, Schablonen, Fehldrucke, u. U. auch Löschpapier) ist wie eine VS zu behandeln.

§ 2 Geheimhaltungsgrade
(1) VS werden je nach dem Schutz, dessen sie bedürfen, in folgende Geheimhaltungsgrade eingestuft:
Streng geheim   Abkürzung: str. geh.
Geheim   Abkürzung: geh.
VS-vertraulich   Abkürzung: VS-Vertr.
VS – nur für den
Dienstgebrauch   Abkürzung: VS – NfD
(2) Als *streng geheim* eingestuft werden VS, deren Kenntnis durch Unbefugte den Bestand der Bundesrepublik oder eines ihrer Länder gefährden würde.
(3) Als *geheim* eingestuft werden VS, deren Kenntnis durch Unbefugte die Sicherheit der Bundesrepublik oder eines ihrer Länder gefährden, ihren Interessen oder ihrem Ansehen schweren Schaden zufügen oder für einen fremden Staat von großem Vorteil sein würde.
(4) Als *VS-vertraulich* eingestuft werden VS, deren Kenntnis durch Unbefugte den Interessen oder dem Ansehen der Bundesrepublik oder eines ihrer Länder abträglich oder für einen fremden Staat von Vorteil sein könnte.
(5) VS, die nicht unter die Geheimhaltungsgrade *streng geheim, geheim* oder *VS-vertraulich* fallen, aber nicht für die Öffentlichkeit bestimmt sind, erhalten den Geheimhaltungsgrad *VS – nur für den Dienstgebrauch*. Protokolle über nichtöffentliche Sitzungen der Ausschüsse (§ 73 Abs. 2 Satz 1 GO-BT) sind grundsätzlich keine Verschlußsachen im Sinne der Geheimschutzordnung des Bundestages (§ 73 a GO-BT).

(6) Die Kennzeichnung von VS erfolgt unter entsprechender Anwendung der Verschlußsachenanweisung für die Bundesbehörden.

§ 3 Wahl und Änderung der Geheimhaltungsgrade

(1) Von Geheimeinstufungen ist nur der unbedingt notwendige Gebrauch zu machen. VS sind nicht höher einzustufen, als es ihr Inhalt erfordert.

(2) Den Geheimhaltungsgrad der VS bestimmt die herausgebende Stelle. Sie teilt die Änderung oder Aufhebung des Geheimhaltungsgrades einer VS dem Empfänger schriftlich mit.

(3) Herausgebende Stelle im Sinne des Absatzes 2 sind bei VS, die innerhalb des Bundestages entstehen,

a) der Präsident,

b) die Vorsitzenden der Ausschüsse,

c) weitere vom Präsidenten ermächtigte Stellen.

§ 4 Kenntnis und Weitergabe einer VS

(1) Über den Inhalt einer VS des Geheimhaltungsgrades VS – *vertraulich* und höher darf nicht umfassender und früher unterrichtet werden, als dies aus Gründen der parlamentarischen Arbeit unerläßlich ist.

(2) Im Rahmen des Absatzes 1 darf ein Mitglied des Bundestages, dem eine VS des Geheimhaltungsgrades VS – *vertraulich* und höher zugänglich gemacht worden ist, andere Mitglieder des Bundestages davon in Kenntnis setzen.

(3) Fraktionsangestellten und Mitarbeitern von Mitgliedern des Bundestages dürfen VS des Geheimhaltungsgrades VS – *vertraulich* und höher in diesem Rahmen nur zugänglich gemacht werden, wenn sie vom Präsidenten zum Umgang mit VS ermächtigt und zur Geheimhaltung förmlich verpflichtet sind.

(4) Anderen Personen dürfen VS des Geheimhaltungsgrades VS – *vertraulich* und höher nur mit Zustimmung der herausgebenden Stelle zugänglich gemacht werden, wenn sie zum Umgang mit VS ermächtigt und zur Geheimhaltung förmlich verpflichtet sind.

§ 5 Ferngespräche über VS

Über Angelegenheiten des Geheimhaltungsgrades VS – *vertraulich* oder höher dürfen Ferngespräche nur in außergewöhnlichen und dringenden Fällen geführt werden. In diesen Fällen sind die Gespräche so vorsichtig zu führen, daß der Sachverhalt Dritten nicht verständlich wird. Ist der Gesprächspartner nicht mit Sicherheit festzustellen, so ist ein Kontrollanruf erforderlich.

§ 6 Herstellung von Duplikaten

Der Empfänger von VS der Geheimhaltungsgrade VS – *vertraulich* und höher darf weitere Exemplare (Abschriften, Abdrucke, Ablichtungen und dergleichen) sowie Auszüge nur von der Geheimregistratur herstellen lassen; für VS des Geheimhaltungsgrades *streng geheim* ist außerdem die Zustimmung der herausgebenden Stelle erforderlich. Sie sind wie die Original-VS zu behandeln.

§ 7 Behandlung von VS in Ausschüssen

(1) Die Ausschüsse können für einen Beratungsgegenstand oder für Teile desselben einen Geheimhaltungsgrad beschließen (§ 73 Abs. 9 GO-BT). Wird über VS der Geheimhaltungsgrade VS – *vertraulich* und höher beraten, führt der Vorsitzende die entsprechende Beschlußfassung unverzüglich in derselben Sitzung herbei und stellt vor Beginn der Beratungen fest, daß sich keine unbefugten Personen im Sitzungssaal aufhalten.

(2) Bei Beratungen über *streng geheim*- oder *geheim*-Angelegenheiten dürfen nur die Beschlüsse protokolliert werden. Der Ausschuß kann beschließen, daß die Beratungen dem Inhalt nach festgehalten werden; in diesem Fall hat er über Auflage und Verteilung der Protokolle zu beschließen.

(3) Bei Beratungen über VS – *vertraulich*-Angelegenheiten kann ein Protokoll angefertigt werden; Absatz 2 Satz 2 zweiter Halbsatz gilt entsprechend. Der Ausschuß kann jedoch beschließen, daß nur die Beschlüsse festgehalten werden.

(4) Werden VS des Geheimhaltungsgrades VS – *vertraulich* oder höher einem Ausschuß zugeleitet, dürfen sie nur in der Sitzung und längstens für deren Dauer ausgegeben werden. Bei Unterbrechung der Sitzung kann die Rückgabe unterbleiben, wenn die Überwachung des Sitzungsraumes durch die Hausinspektion sichergestellt ist. Der Ausschußvorsitzende kann bestimmen, daß VS der Geheimhaltung *geheim* und VS – *vertraulich* an die Berichterstatter des Ausschusses und in besonderen Fällen anderen Mitgliedern des Ausschusses bis zum Abschluß der Ausschußberatungen über den Beratungsgegenstand, auf den sich die VS bezieht, ausgegeben und in den dafür zulässigen VS-Behältnissen aufbewahrt werden.

(5) Für VS des Geheimhaltungsgrades VS – *vertraulich* kann der Ausschuß in Fällen des Absatzes 4 anders beschließen.

(6) VS des Geheimhaltungsgrades VS – *vertraulich* und *geheim* können, sofern sie im Ausschuß entstanden sind, mit Genehmigung des Ausschußvorsitzenden nach Registrierung in der Geheimregistratur in den dafür vorgesehenen VS-Behältnissen des Ausschusses zeitweilig aufbewahrt werden. Sie sind an die Geheimregistratur zurückzugeben, sobald sie im Ausschuß nicht mehr benötigt werden.

(7) Stellt sich erst im Laufe oder am Schluß der Beratungen heraus, daß die Beratungen als VS – *vertraulich* oder höher zu bewerten sind, kann der Ausschuß die erforderlichen Sicherheitsmaßnahmen nachträglich beschließen.

§ 8 Registrierung und Verwaltung von VS

(1) Werden VS der Geheimhaltungsgrade VS – *vertraulich* oder höher dem Bundestag, seinen Ausschüssen oder Mitgliedern des Bundestages zugeleitet, sind sie, soweit sie nicht über die Geheimregistratur geleitet worden sind, grundsätzlich dieser zur Registrierung und Verwaltung zuzuleiten.

(2) Im Bundestag entstehende VS der Geheimhaltungsgrade VS – *vertraulich* und höher sind grundsätzlich ebenfalls der Geheimregistratur zur Registrierung und Verwaltung zuzuleiten.

270

(3) Der Empfang von VS des Geheimhaltungsgrades VS – *vertraulich* oder höher ist schriftlich zu bestätigen.

(4) VS der Geheimhaltungsgrade VS – *vertraulich* und höher sind in der Geheimregistratur oder den hierfür vom Präsidenten bestimmten Räumen aufzubewahren.

(5) VS des Geheimhaltungsgrades VS – *nur für den Dienstgebrauch* sind unter Verschluß aufzubewahren; dieses ist nicht notwendig, wenn sie in Räumen aufbewahrt werden, zu denen Außenstehende keinen Zugang haben.

§ 9 Vernichtung von VS
VS einschließlich des im Bundestag entstehenden Zwischenmaterials sind, wenn sie nicht mehr benötigt werden, der Geheimregistratur zuzuleiten. Soweit die VS nicht aufzubewahren sind, werden sie durch die Geheimregistratur vernichtet.

§ 10 Weiterleitung von VS
(1) VS der Geheimhaltungsgrade *streng geheim* und *geheim* sind bei Beförderung innerhalb des Hauses grundsätzlich über die Geheimregistratur zu leiten. Sie dürfen nur durch entsprechend ermächtigte Personen weitergeleitet werden. Ist aus dringendem Grund eine Von-Hand-zu-Hand-Übergabe erfolgt, ist die Geheimregistratur nachträglich in Kenntnis zu setzen.

(2) VS des Geheimhaltungsgrades VS – *vertraulich* können unter Benachrichtigung der Geheimregistratur von Hand zu Hand an zum Empfang berechtigte Personen weitergegeben werden.

(3) Die Versendung von VS der Geheimhaltungsgrade VS – *vertraulich* und höher wird von der Geheimregistratur nach den Bestimmungen der Verschlußsachenanweisung für die Bundesbehörden vorgenommen.

§ 11 Mitnahme von VS
(1) Die Mitnahme von VS der Geheimhaltungsgrade *streng geheim* und *geheim* aus den der Verwaltung des Bundestages unterstehenden Räumen ist unzulässig. Der Präsident kann die Mitnahme zulassen, wenn unabweisbare Gründe dies erfordern. Er legt gleichzeitig fest, wie die VS zu befördern sind.

(2) Bei der Mitnahme von VS der Geheimhaltungsgrade VS – *vertraulich* oder höher ist für die ununterbrochene sichere Aufbewahrung zu sorgen. Steht für VS der Geheimhaltungsgrade *streng geheim* und *geheim* kein Stahlschrank mit Kombinations- und Sicherheitsschloß zur Verfügung, muß der Inhaber die VS ständig bei sich führen. Die Zurücklassung in Kraftwagen, die Verwahrung in Hotelsafes oder auf Bahnhöfen und dergleichen ist unzulässig. Bei Aufenthalten im Ausland ist die VS nach Möglichkeit bei den deutschen Vertretungen aufzubewahren.

(3) In der Öffentlichkeit dürfen VS der Geheimhaltungsgrade VS – *vertraulich* oder höher nicht gelesen und erörtert werden.

§ 12 Mitteilungspflicht

Jeder Verdacht, jede Wahrnehmung oder jeder Vorfall, der auf Anbahnungsversuche fremder Nachrichtendienste oder darauf schließen läßt, daß Unbefugte Kenntnis vom Inhalt der VS erhalten haben, sowie der Verlust von VS der Geheimhaltungsgrade VS – *vertraulich* oder höher oder der Verlust von Sicherheitsschlüsseln ist unverzüglich dem Präsidenten oder dem Geheimschutzbeauftragten der Verwaltung des Deutschen Bundestages mitzuteilen.

§ 13 Ausführungsbestimmungen

Der Präsident ist ermächtigt, Ausführungsbestimmungen zu erlassen.

4. Richtlinien für die Behandlung geheimhaltungsbedürftiger Angelegenheiten im Bereich des Landtags von Baden-Württemberg vom 23. Januar 1981

Aufgrund von § 32 Abs. 5 der Geschäftsordnung des Landtags von Baden-Württemberg werden mit Zustimmung des Ständigen Ausschusses die folgenden Vorschriften zum Schutz der Geheimhaltung erlassen:

1. Abschnitt: Verschlußsachen

§ 1 Anwendungsbereich
(1) Die Vorschriften dieses Abschnittes gelten für Verschlußsachen, die innerhalb des Landtags entstehen oder dem Landtag, seinen Ausschüssen oder Mitgliedern des Landtags zugeleitet wurden.
(2) Verschlußsachen sind Angelegenheiten, die durch besondere Sicherheitsmaßnahmen gegen die Kenntnis durch Unbefugte geschützt werden müssen.
(3) Verschlußsachen können das gesprochene Wort und alle anderen Formen der Darstellung sein. Zwischenmaterial (z. B. Vorentwürfe, Aufzeichnungen auf Tonträger, Stenogramme, Kohlepapier, Schablonen, Fehldrucke) ist wie eine Verschlußsache zu behandeln.
(4) Für den Bereich der Verwaltung des Landtags, auch für den Zugang der Bediensteten der Landtagsverwaltung zu Verschlußsachen, gilt die Verschlußsachenanweisung für die Landesbehörden, soweit sich aus den folgenden Vorschriften nichts anderes ergibt.

§ 2 Grundsätze
(1) Über Verschlußsachen ist Verschwiegenheit zu wahren. Verschlußsachen dürfen nicht an Unbefugte weitergegeben werden.
(2) Jeder, dem eine Verschlußsache zugänglich gemacht worden ist, trägt die Verantwortung für die vorschriftsmäßige Behandlung und Aufbewahrung.
(3) In Gegenwart Unbefugter darf über den Inhalt von Verschlußsachen nicht gesprochen werden.
(4) Die Pflicht zur Geheimhaltung gilt auch für die Zeit nach dem Ausscheiden aus dem Landtag.

§ 3 Geheimhaltungsgrade
(1) Verschlußsachen werden je nach dem Schutz, dessen sie bedürfen, in folgende Geheimhaltungsgrade eingestuft:

Streng geheim	Abkürzung: str. geh.
geheim	Abkürzung: geh.
VS-vertraulich	Abkürzung: VS-Vertr.

VS-nur für den   Abkürzung: VS-NfD
Dienstgebrauch

(2) Als *streng geheim* werden eingestuft Verschlußsachen, deren Kenntnis durch Unbefugte den Bestand der Bundesrepublik Deutschland oder eines ihrer Länder gefährden würde.

(3) Als *geheim* werden eingestuft Verschlußsachen, deren Kenntnis durch Unbefugte die Sicherheit der Bundesrepublik Deutschland oder eines ihrer Länder gefährden, ihren Interessen oder ihrem Ansehen schweren Schaden zufügen oder für einen fremden Staat von großem Vorteil sein würde.

(4) Als *VS-vertraulich* werden eingestuft Verschlußsachen, deren Kenntnis durch Unbefugte den Interessen oder dem Ansehen der Bundesrepublik Deutschland oder eines ihrer Länder abträglich oder für einen fremden Staat von Vorteil sein könnte.

(5) Verschlußsachen, die nicht unter die Geheimhaltungsgrade *streng geheim, geheim* oder *VS-vertraulich* fallen, erhalten den Geheimhaltungsgrad *VS-Nur für den Dienstgebrauch*. Protokolle über Ausschußsitzungen sind nicht allein deshalb als Verschlußsachen einzustufen, weil die Beratung nicht-öffentlich stattfand.

(6) Die Kennzeichnung von Verschlußsachen erfolgt unter entsprechender Anwendung der Verschlußsachenanweisung für die Landesbehörden.

§ 4   *Wahl und Änderung der Geheimhaltungsgrade*

(1) Von Geheimeinstufungen ist nur der unbedingt notwendige Gebrauch zu machen. Verschlußsachen sind nicht höher einzustufen, als es ihr Inhalt erfordert.

(2) Den Geheimhaltungsgrad der Verschlußsache bestimmt die herausgebende Stelle.

(3) Die herausgebende Stelle kann bestimmen, daß Verschlußsachen von einem bestimmten Zeitpunkt an oder mit dem Eintritt eines bestimmten Ereignisses niedriger einzustufen oder offen zu behandeln sind. Sie teilt die Änderung oder Aufhebung des Geheimhaltungsgrades einer Verschlußsache den Empfängern mit.

(4) Herausgebende Stellen sind bei Verschlußsachen, die innerhalb des Landtags entstehen, der Präsident, die Vorsitzenden der Ausschüsse und weitere vom Präsidenten ermächtigte Stellen.

§ 5   *Kenntnis und Weitergabe einer Verschlußsache*

(1) Mitglieder des Landtags können von Verschlußsachen Kenntnis erhalten, soweit es zur Erfüllung ihrer parlamentarischen Aufgaben erforderlich ist.

(2) Über den Inhalt einer Verschlußsache des Geheimhaltungsgrades *VS-vertraulich* und höher darf nicht umfassender und früher unterrichtet werden, als dies aus Gründen der parlamentarischen Arbeit unerläßlich ist.

(3) Ein Mitglied des Landtags, dem eine Verschlußsache des Geheimhaltungsgrades *VS-vertraulich* oder höher zugänglich gemacht worden ist, darf andere

Mitglieder des Landtags im Rahmen des Absatzes 2 von dieser Verschlußsache in Kenntnis setzen; dabei ist das Mitglied, an welches die Mitteilung ergeht, auf die Pflicht zur Geheimhaltung hinzuweisen.

(4) Den Bediensteten der Fraktionen dürfen Verschlußsachen des Geheimhaltungsgrades *VS-vertraulich* und höher im Rahmen des Absatzes 2 nur zugänglich gemacht werden, wenn sie vom Präsidenten zum Umgang mit Verschlußsachen schriftlich ermächtigt und unter Hinweis auf die Strafbarkeit der Geheimnisverletzung zur Geheimhaltung förmlich verpflichtet sind. Für Beamte des Parlamentarischen Beratungsdienstes genügt die schriftliche Ermächtigung.

(5) Anderen Personen dürfen Verschlußsachen des Geheimhaltungsgrades *VS-vertraulich* und höher nur mit Zustimmung der herausgebenden Stelle zugänglich gemacht werden, wenn sie zum Umgang mit Verschlußsachen schriftlich ermächtigt und unter Hinweis auf die Strafbarkeit der Geheimnisverletzung zur Geheimhaltung förmlich verpflichtet sind.

(6) Der Präsident kann die Befugnis, Ermächtigungen zu erteilen und Verpflichtungen vorzunehmen, übertragen.

(7) Die für Angehörige des öffentlichen Dienstes geltenden Bestimmungen über die Voraussetzungen einer Ermächtigung (insbesondere Vorschriften über die Überprüfung), über die sich aus einer Ermächtigung ergebenden Verpflichtungen (insbesondere Reisebeschränkungen) und über die Belehrung gelten bei Ermächtigungen nach den Absätzen 4 und 5 entsprechend.

§ 6   Fernmündliche Gespräche über Verschlußsachen

(1) Über Angelegenheiten des Geheimhaltungsgrades *VS-vertraulich* und höher sollen fernmündliche Gespräche nur in dringenden Fällen geführt werden. Die Gespräche sind so vorsichtig zu führen, daß der Sachverhalt Dritten nicht verständlich wird. Ist der Gesprächspartner nicht mit Sicherheit festzustellen, so ist ein Kontrollanruf erforderlich.

(2) Besondere Vorsicht ist bei fernmündlichen Gesprächen auf dem Funkwege (z. B. Autotelefon) und bei fernmündlichen Gesprächen mit Teilnehmern außerhalb der Bundesrepublik Deutschland oder in Berlin (West) geboten.

§ 7   Behandlung von Verschlußsachen in Ausschüssen

(1) Die Ausschüsse können für einen Beratungsgegenstand oder für Teile desselben im Interesse des öffentlichen Wohls einen Geheimhaltungsgrad nach § 3 beschließen. Wird über Verschlußsachen oder Geheimhaltungsgrade *VS-vertraulich* und höher beraten, so führt der Vorsitzende die Beschlußfassung unverzüglich herbei und stellt vor Beginn der Beratungen fest, daß sich keine unbefugten Personen im Sitzungssaal aufhalten. Der Beschluß über die Geheimhaltung verpflichtet auch Sitzungsteilnehmer, die nicht dem Ausschuß angehören.

(2) Bei Beratungen von Ausschüssen, die aus Gründen der Sicherheit des Staates vom Ausschuß für geheimhaltungsbedürftig erklärt werden, ist das Zutrittsrecht der dem Ausschuß nicht angehörenden Abgeordneten ausgeschlossen (§ 19 Abs. 4 der Geschäftsordnung).

(3) Beratungen über Verschlußsachen der Geheimhaltungsgrade *VS-vertraulich* und höher werden unbeschadet des § 25 Abs. 2 der Geschäftsordnung nur protokolliert, wenn der Ausschuß dies beschließt. Für Untersuchungsausschüsse gilt § 12 Abs. 2 des Gesetzes über Einsetzung und Verfahren von Untersuchungsausschüssen des Landtags vom 3. März 1976 (GBl. S. 194).

(4) Das Protokoll über die Beratung von Verschlußsachen wird vom Vorsitzenden entsprechend seinem Inhalt in einen Geheimhaltungsgrad nach § 3 eingestuft. Der Vorsitzende legt die Zahl der Exemplare und die Verteilung fest.

(5) Werden Verschlußsachen des Geheimhaltungsgrades *VS-vertraulich* oder höher einem Ausschuß zugeleitet, so dürfen sie nur in der Sitzung und längstens für deren Dauer ausgegeben werden. Bei Unterbrechung der Sitzung kann die Rückgabe unterbleiben, wenn die Überwachung des Sitzungsraumes sichergestellt ist.

(6) Stellt sich erst im Laufe oder nach Abschluß der Beratungen heraus, daß die Beratungen als *VS-vertraulich* und höher zu bewerten sind, so kann der Ausschuß die erforderlichen Sicherheitsmaßnahmen nachträglich beschließen.

(7) Sitzungsnotizen über Verschlußsachen der Geheimhaltungsgrade *streng geheim* und *geheim* sind am Ende der Sitzung zu vernichten oder an die Verschlußsachenstelle abzugeben.

§ 8 *Herstellung von Duplikaten*

Der Empfänger von Verschlußsachen der Geheimhaltungsgrade *VS-vertraulich* und höher darf weitere Exemplare (Abschriften, Abdrucke, Ablichtungen und dergleichen) sowie Auszüge nur von der Verschlußsachenstelle herstellen lassen; für Verschlußsachen des Geheimhaltungsgrades *streng geheim* ist außerdem die Zustimmung der herausgebenden Stelle erforderlich. Weitere Exemplare sind wie die Original-Verschlußsachen zu behandeln.

§ 9 *Registrierung und Verwaltung von Verschlußsachen*

(1) Alle dem Landtag zugehenden oder im Landtag entstehenden Verschlußsachen der Geheimhaltungsgrade *VS-vertraulich* oder höher sind der Verschlußsachenstelle zur Registrierung und Aufbewahrung zuzuleiten.

(2) Verschlußsachen der Geheimhaltungsgrade *streng geheim* und *geheim* dürfen vorbehaltlich des § 7 Abs. 5 nur mit Genehmigung des Präsidenten und nur in einem vom Präsidenten bestimmten Raum eingesehen oder bearbeitet werden. Notizen sind der Verschlußsachenstelle zu übergeben; sie sind nach Abschluß der Beratungen von ihr zu vernichten.

(3) Der Empfang von Verschlußsachen der Geheimhaltungsgrade *VS-vertraulich* und höher sowie ihre Einsichtnahme ist aktenkundig zu machen.

(4) Verschlußsachen des Geheimhaltungsgrades *VS-Nur für den Dienstgebrauch* sind unter Verschluß aufzubewahren; dies ist nicht notwendig, wenn sie in Räumen aufbewahrt werden, zu denen Außenstehende keinen Zugang haben.

(5) Tonträger sind nach bestimmungsgemäßer Auswertung sofort zu löschen.
Anmerkung zu § 8 und 9:
Die Verschlußsachenstelle befindet sich in Zimmer 209/210.

§ 10   Mitnahme von Verschlußsachen
Die Mitnahme von Verschlußsachen der Geheimhaltungsgrade *streng geheim* und *geheim* aus den der Verwaltung des Landtags unterstehenden Räumen ist unzulässig. Der Präsident kann die Mitnahme zulassen, wenn unabweisbare Gründe dies erfordern.

§ 11   Mitteilungspflicht
Jeder Verdacht, jede Wahrnehmung oder jeder Vorfall, der auf Anbahnungsversuche fremder Nachrichtendienste oder darauf schließen läßt, daß Unbefugte Kenntnis vom Inhalt von Verschlußsachen erhalten haben, sowie der Verlust von Verschlußsachen der Geheimhaltungsgrade *VS-vertraulich* oder höher und der Verlust von Sicherheitsschlüsseln ist unverzüglich dem Präsidenten oder dem Geheimschutzbeauftragten der Verwaltung des Landtags mitzuteilen.

2. Abschnitt: Sonstige geheimhaltungsbedürftige Angelegenheiten

§ 12   Schutz von Privatgeheimnissen, Finanzhilfesachen
(1)   Soweit es der Schutz von Privat- oder Geschäftsgeheimnissen erfordert, sind die Akten und die Beratungen der Ausschüsse geheimzuhalten. Dies gilt insbesondere bei Unterlagen zu Finanzhilfen an Unternehmen sowie bei Beratungen des zuständigen Ausschusses hierüber.
(2)   Die Einsicht in Unterlagen zu Finanzhilfen an Unternehmen ist auf die Mitglieder und stellvertretenden Mitglieder des zuständigen Ausschusses beschränkt. Gleiches gilt für die Einsicht in Niederschriften der Ausschußberatungen hierüber. Der Ausschuß entscheidet über die Verteilung der Niederschriften.

§ 13   Persönliche Akten von Abgeordneten
(1)   Die Einsichtnahme in persönliche Akten einschließlich der Abrechnungsunterlagen, die beim Landtag über die Abgeordneten geführt werden, ist nur dem betreffenden Abgeordneten möglich. Über die Einsichtnahme durch andere Abgeordnete, insbesondere im Rahmen der Zuständigkeit von Gremien des Landtags, und durch andere Stellen entscheidet der Präsident.
(2)   Die Einsicht in die beim Landtag befindlichen Akten über Immunitätsangelegenheiten ist auf die Mitglieder und stellvertretenden Mitglieder des Ständigen Ausschusses beschränkt.

§ 14 *Abstimmungsunterlagen*

Stimmzettel und Umschläge von geheimen Abstimmungen des Landtags können nach Ablauf des Sitzungstags vernichtet werden, wenn das Abstimmungsergebnis nicht angefochten ist. Besteht eine Anfechtungsfrist, so kann die Vernichtung frühestens nach Ablauf dieser Frist erfolgen. Die Vernichtung ist aktenkundig zu machen. Bis zur Vernichtung werden die Stimmzettel und Umschläge in verschlossenem Umschlag unter Verschluß aufbewahrt.

Stuttgart, den 23. Januar 1981   Dr. Gaa
                                                 Landtagspräsident

5. Parlamentarische Untersuchungsausschüsse und Enquête-Kommissionen in Bund und Ländern 1946–1987

	Baden-Württemberg[1]	Bayern	Berlin[2]	Bremen	Hamburg	Hessen	Niedersachsen	Nordrhein-Westfalen	Rheinland-Pfalz	Saarland[3]	Schleswig-Holstein	Bund[4]	Anzahl
1946						29.10. LErnährungsA					24.06. VolksbildungsA (Ständiger PUA) 20.12. Dr. Ryba[5]		5
1947	15.01. Ermächtig.-G (W.-B.) 25.07. Reifenverteil. (W.-B.) 18.09. Entnazifizier. (B.)	31.01. Wirtschaftsmin. Sondermin. 29.05. Höllerer/ Strasser 30.05. Innenmin. (Ges.) 18.07. Verkehrsfragen		28.03. Brückenkatzstr. Flüchtlingslager 08.05. Senator Wolters			07.11. Milchwirtschaftsv.	03.03. Zementschiebungen[6] 04.03. LTPräs Lehr 10.06. ErnährungsA Unna[8] 02.10. Dr. Watz	28.08. LTPräs Diel 04.12. Großrazzien		08.05. (Ständiger PUA)[7] 27.11. Kreisbaurat Brase		21
1948	13.08. LPdDir Krente (W.-B.)	05.03. Landpolizei 10.06. Landwirtschaftsm. 28.07. Frau Buballa			01.12. Todesfall Kleinow			07.02. Hochwasser Köln[9]	29.07. Explosion BASF				7
1949	13.10. LWirtsch Verne (W.-B.)	26.08. Hofbräuhaus 13.10. StS Flüchtlingsw. 30.11. Dr. Burgard				09.02. Präs.L ErnA Dietz 06.04. Univers. Frankfurt					21.05. Möwenhaus 04.07. 12.12. Abg. Dr. Müller Kieler Nachrichten		9
1950	01.08. Kiehn (W.-H.) 14.11. Wutöschingen (B)	08.09. Häuser Gerselgasteig			29.03. Personalpolitik 06.09. Operettenhaus		05.04. Domänen	14.04. Schwarz I	15.11. Intendanturwein			02.02. Überprüfung v. Einführen 10.02. Kraftstoffvertrieb 02.03. Auftragsvergabe Bonn 22.06. Grubenkatastrophe 05.10. Hauptstadtfrage	13
1951	10.01. Bürkle (W.-B.)	25.04. LEntschädigA 09.08. Residenztheater	19.04. BIAG	01.02. Schulspeisung			10.03. Abg. Arndt/ Druck	24.01. Schwarz II			08.05. LTPräs Ratz	11.10. Dokumentendiebstahl im BKA Mißstände Bundesverwaltung 24.10. Personalpolitik Ausw. Dienst	11
1952	12.02. V.-Harlan-Film (B.) 23.07. Haushaltsf. Baden				17.09. Abg. Plautz				07.10. Landeshaus Bonn			10.09. Einstellung v. Schwerbeschädigten i. d. Bundesdienst	5

	Baden-Württemberg[1]	Bayern	Berlin[2]	Bremen	Hamburg	Hessen	Niedersachsen	Nordrhein-Westfalen	Rheinland-Pfalz	Saarland[3]	Schleswig-Holstein	Bund[4]	Anzahl
1953		08.05. **Filmkredite**					24.03. Personalpolitik		16.07. Konfessionssch.	07.07. I.V. Bergbau			4
1954		08.10. **Kreditfälle**	30.09. Dora Menzel				15.11. Nds. Treuhand (NTG)					17.09. Fall John	4
1955		27.10. **Spielbanken**				06.07. Wiemann	11.06. Abg. Schlüter	04.05. Grubensicherh. I [10]		27.01. Amt f. Preisbildung		28.01. Bereinigung von Reichs- u. Bundesrecht	6
1956			04.10. Abg. Fischer		29.03. KrimDir. Breuer					17.01. Rundfunk		23.02. Einfuhr- u. Vorratsstelle für Fette	4
1957	29.05. Dr. Ballweg		.		19.06. Waffenh. Schlüter								2
1958								30.07. Grubensicherh. II [10]	08.07. FinMin. Dr. Nowack				2
1959						04.02. StS. Dr. Preißler			24.02. Hausk. Altmeier		08.06. LTPräs Böttcher Heyde/Sawade I 15.12. Heyde/Sawade II		5
1960			01.12. Staatsanwaltsch.			09.11. Sportwetten							2
1961					11.10. HHA I 13.12. HHA II	28.06. Architektenwettb.		04.10. LG Bonn		10.10. Grubenunglück			5
1962						17.01. LVersorgungsA		26.07. Grubensicherh. III [10]		05.12. Finanzgericht		21.03. FIBAG	4
1963											16.09. Polizeiwesen	23.10. Telefon-Abhöraffäre	2
1964						16.09. (Inv. u. Handelsb.)[11]							0
1965	18.03. ENI-Ölleitung								26.01. Drach/ Wienecke				2
1966					09.02. Haase 27.04. Vollzugswesen [12]			08.11. Klingelpütz					3

	Baden-Württemberg[1]	Bayern	Berlin[2]	Bremen	Hamburg	Hessen	Niedersachsen	Nordrhein-Westfalen	Rheinland-Pfalz	Saarland[3]	Schleswig-Holstein	Bund[4]	Anzahl
1967			19.01. Klassenlotterie 08.06. Iran.Kaiserpaar		08.12. Krankenhausneub.							16.03. HS-30	4
1968		12.03. Grdst. Ingolstadt		22.01. Straßenbahnunr.						28.10. Straßenbauverw.		13.11. Nachrichtendienste	5
1969				09.07. Grundstücksgesch.		17.07. Dörnberg 24.10. NPD-Ordnungsd.		23.04. Wiedergutmach.			21.10. Schloß Plön		5
1970		28.04. Stachushauwerk Finck/Winterstein									25.02. Sprachgestörte	18.03. E.-K. Auswärtige Kulturpolitik 08.10. E.-K. Verfassungsreform	3 + 2
1971			08.07. Präsident der FW		17.03. Abg. Dethlefs Haus- u. Ind.-Müll 12.05. E.-K. Neugliederung 01.07. E.-K. Hochschule 25.08. Todesfälle UKE	29.10. Bund f. Volksbild. 16.12. Universitäten		18.10. Kun				01.10. Pan International	8 + 2
1972			24.02. E.-K. Bevölkerung I		24.02. Geldbußen 29.11. Strahlenschäden		27.01. Vorschaltgesetz		14.09. Mandatskauf		05.07. Fehmarn 05.10. Helgoland		6 + 1
1973			25.10. Steglitzer Kreisel		07.03. E.-K. Wirtschaftsstr. I						21.06. Univ.-Frauenkl.	22.02. E.-K. Auswärtige Kulturpol. E.-K. Verfassungsreform 15.06. Steiner/Wienand 08.11. E.-K. Frau und Gesellschaft	3 + 4
1974	28.11. Universitäten				08.05. E.-K. Wirtschaftsstr. II				17.01. Grdst.-Affäre 12.12. Baader-Meinhof			06.06. Guillaume	4 + 1
1975			09.10. E.-K. Bevölkerung II	21.08. Große Anfrage		23.04. Flughafen Frankf.	26.11. Unterrichtswes.[13]			31.01. Saar-Bau-Union 1	10.12. Hofapotheke		5 + 1

	Baden-Württemberg[1]	Bayern	Berlin[2]	Bremen	Hamburg	Hessen	Nieder-sachsen	Nordrhein-Westfalen	Rheinland-Pfalz	Saarland[3]	Schleswig-Holstein	Bund[4]	Anzahl
1976	15.06. Sondermülldeponie	29.01. Nebentätigkeit Härtefälle I 26.10. StMin Dr. Heubl	11.03. KPM	24.06. MBA Bremerhaven		20.10. Osswald/Helaba				18.02. Saar-Bau-Union II E.-K. Verfassungsf. Landeskrankenhaus 24.11. Grubenungl.[14]	28.10. Verfassungsschutz		11 +1
1977	20.10. Stutg.-Stammheim	27.01. Firma Glöggler			07.12. Hallo Hamburg			11.05. HFG	27.05. IPEKS		05.05. BIG/Gerisch	05.05. E.-K. Frau und Gesellschaft	6 +1
1978		25.01. Steuerfälle	01.06. Till Meyer		13.04. Blohm I 27.09. Blohm II			22.02. WestLB			08.03. Matthiesen	26.01. Abhörfall Strauß	7
1979	13.06. Schulleiter	22.02. Härtefälle II			19.09. Stoltzenberg	11.10. Abendgymn. Frankfurt			21.06. L.Wahlrecht[15] 15.11. JVA Mainz			29.03. E.-K. Zukünftige Kernenergiepolitik	6 +1
1980		27.02. Asylfragen 30.10. Marienplatz	25.09. GeSoBau	21.05. Rekrutengelöbnis						16.09. Grubenungl.[14]			5
1981			22.01. Garski		03.06. HStG							09.04. E.-K. Neue Informations- und Kommunikationstechniken 26.05. E.-K. Jugendprotest im demokratischen Staat E.-K. Zukünftige Kernenergiepol. 09.10. Fall Rauschenbach	3 +3
1982		01.04. Dr. Langemann I	28.01. E.-K. Energiepolitik 11.02. E.-K. Verwaltungsrecht 14.10. E.-K. Strafvollzug 10.12. Ausländerbeh.		15.09. (E.-K. Unterelber.)[16]			15.12. Aktenveröffentl.	25.02. Orientierungsst.[16] 25.03. Wein				5 +3
1983	20.04. Parteienfinanz. I	09.02. Dr. Langemann II Wiersemann/Plass 23.03. Neu-Perlach 20.07. Baupreisabspr.			23.02. Neue Heimat 10.03. E.-K. Unterelber.	14.12. Blockade Hausen	08.06. Sonderabfallbes.					19.05. Flick-Spenden-Affäre 16.06. Europa-Kommission	9 +2

	Baden-Württemberg[1]	Bayern	Berlin[2]	Bremen	Hamburg	Hessen	Niedersachsen	Nordrhein-Westfalen	Rheinland-Pfalz	Saarland[3]	Schleswig-Holstein	Bund[4]	Anzahl
1984	03.10. Sondermüll		23.02. Polizeig. Steglitz 08.03. E.-K. Energ.- u. KWP. 07.12. Schlangenb. Str.		01.02. Georgswerder 31.10. Vertr. Unterlagen	13.04. Uni.Klinik Marburg	14.05. Claude/Maus	15.05. Klinikum Aachen	20.01. E.-K. Informationsb. 13.09. Parteispenden	07.02. Sonderabfall		29.06. E.-K. Chancen und Risiken der Gentechnologie	10 + 3
1985	24.04. Parteienfinanz. II	11.12. WAA Wackersdorf	27.06. E.-K. Bodenverschm.		28.03. Bernbeck 11.07. Stadtreinigung 02.10. Strafvollzug	14.03. Sozialgerichtsb.		18.09. Parteienfinanz.	01.03. Strafsache Kanter	26.06. Abwasserv. Saar 09.10. E.-K. Großmärkte		14.03. E.-K. Einschätzung und Bewertung von Technikfolgen 03.10. Spionageabwehr	10 + 3
1986		23.01. Mega-Petrol	13.02. E.-K. Sport und Freizeit 27.02. Berl. Baubereich 13.11. Geldzahlungen				12.11. Celler Loch	07.03. WFA/Neue Heimat		08.08. Fischsterben 29.10. Merzig	18.02. Schönberg	05.06. Neue Heimat 10.12. U-Boot-Pläne	10 + 1
1987	04.06. Landeskrankenhaus		22.01. E.-K. VerfGK		11.11. Hafenstraße				15.06. E.-K. Arbeit		02.10. Pfeiffer/Barschel	02.04. U-Boot-Pläne 08.05. E.-K. Gefahren von Aids und Wege zu ihrer Eindämmung 04.06. E.-K. Strukturreform der gesetzl. Krankenversicherung	4 + 4
Anzahl	9 PU Vorgänger 11 PUA B.-W.	35 PUA	17 PUA 9 E.-K.	9 PUA	32 PUA 5 E.-K.	18 PUA	11 PUA	20 PUA	20 PUA 2 E.-K.	15 PUA 2 E.-K.	22 PUA	26 PUA 15 E.-K.	245 + 33

1   Bis 1952 Baden (B.), Württemberg-Baden (W.-B.), und Württemberg-Hohenzollern (W.-H.).
2   Berlin erhielt erst zum 1. 9. 1950 eine stadtstaatliche Verfassung. Zuvor galt die städtische Vorläufige Verfassung von Groß-Berlin vom 13. 8. 1946. Die unter der Vorläufigen Verfassung eingesetzten Ausschüsse zur Untersuchung von Vorgängen sind nicht aufgeführt.
3   Das Saarland wurde zum 1. 1. 1957 in die Bundesrepublik eingegliedert.
4   Ohne jene Fälle, in denen der Verteidigungsausschuß sich als Untersuchungsausschuß konstituierte.
5   Der Untersuchungsausschuß wurde für die Dauer der Sitzungsperiode des zweiten ernannten Landtages zunächst ohne Untersuchungsauftrag eingesetzt. Noch in der gleichen Sitzung betraute ihn der Landtag mit der Untersuchung der Angelegenheit des Dr. *Ryba* (PlPr 2/2, S. 17 f., 50).
6   Der Untersuchungsausschuß wurde vom Hauptausschuß des Landtages eingesetzt (Archiv des Landtages, Ausschußprotokoll 49/47).
7   Der Untersuchungsausschuß wurde für die Dauer der ersten Wahlperiode (3. Landtag) zunächst ohne konkreten Auftrag eingesetzt. Ihm wurde später der Fall des Kreisbaurates *Brase* überwiesen. Zur Untersuchung des Umbaus des Möwenhauses ist dagegen ein neuer Ausschuß eingesetzt worden, vgl. *Karl-Josef Partsch:* Empfiehlt es sich, Funktion, Struktur und Verfahren der parlamentarischen Untersuchungsausschüsse grundlegend zu ändern?, Gutachten für den 45. Deutschen Juristentag, München/Berlin 1964, S. 26 f.
8   Der Untersuchungsausschuß wurde vom Ausschuß für Ernährung, Landwirtschaft und Forsten eingesetzt (PlPr 1/27 vom 10. 12. 1947, S. 99).
9   Der Ernährungsausschuß war vom Plenum mit der Einrichtung einer Untersuchungskommission beauftragt worden, hielt aber deren Einrichtung nicht für erforderlich. Nach Zurückweisung der Angelegenheit an den Ausschuß durch das Plenum wurde der Auftrag zurückgezogen (Drs. 1/II-316 vom 5. 3. 1948, PlPr 1/44 vom 30. 4. 1948, Drs. 1/II-748 vom 15. 11. 1948).
10   Der parlamentarische Untersuchungsausschuß für Grubensicherheit war für den Rest bzw. für die gesamte Dauer der 3., 4. und 5. Wahlperiode eingesetzt worden. Danach hat ihn der Landtag aufgrund verfassungsrechtlicher Bedenken als parlamentarischen Ausschuß für Grubensicherheit fortgeführt (Drs. 6/6 vom 25. 7. 1966, PlPr 6/2 vom 26. 7. 1966, Drs. 6/115 vom 8. 11. 1966, PlPr 6/5 vom 8. 11. 1966).
11   Der Einsetzungsbeschluß ist vom Staatsgerichtshof für rechtswidrig erklärt worden, Hess. StGH ESVGH 17, 1 ff.
12   Es handelt sich um die Fortsetzung der durch den Tod des Untersuchungshäftlings *Haase* in der 5. Wahlperiode begonnenen Untersuchung, PlPr 6/2 vom 27. 4. 1966.
13   Der Untersuchungsausschuß hat sich nicht konstituiert (Drs. 8/3837 vom 20. 6. 1978, B. 6).
14   Selbsteinsetzung des Ausschusses für Grubensicherheit als parlamentarischer Untersuchungsausschuß gem. Art. 81a (a. F.) bzw. 80 (n. F.) saarl. LVerf iVm. § 60 Abs. 2 Satz 2 Gesetz über den Landtag.
15   Selbstbezeichnung als Enquête-Kommission. Da die Einsetzung gem. Art. 91 rh.-pf. LVerf iVm. § 83 GO des Landtages erfolgte, ist der Ausschuß hier als Untersuchungsausschuß gezählt worden.
16   Der von der Hamburger Bürgerschaft angenommene Antrag zielte auf die Einsetzung einer gemeinsamen Enquête-Kommission mit den Landtagen von Niedersachsen und Schleswig-Holstein (Drs. 10/181 vom 18. 8. 1982, PlPr 10/4 vom 15. 9. 1982). Da deren Geschäftsordnungen jedoch keine Enquête-Kommissionen vorsahen und die Bürgerschaft sich vorzeitig selbst auflöste, konnte kein dem – rechtlich mangelhaften – Einsetzungsbeschluß entsprechendes Gremium gebildet werden (vgl. die Darstellung der Vorgeschichte der Enquête-Kommission Unterelbe der 11. Wahlperiode in Drs. 11/6765 vom 23. 9. 1986, S. 5).

Jürgen Plöhn

6. Zusammenstellung der Urteile und Beschlüsse deutscher Gerichte zum Recht parlamentarischer Untersuchungsausschüsse

Beschluß vom 2. August 1978
– 2 BvK 1/77 –, in: Entscheidungen des Bundesverfassungsgerichts (BVerfGE), Band 49, S. 70 (zum Recht der Minderheit bei der Einsetzung eines parlamentarischen Untersuchungsausschusses).

Beschluß vom 22. November 1983
– 2 BvR 1730/83 –, in: NJW 1984, S. 1345 (Neue Heimat; zur Verfassungsmäßigkeit einer gerichtlich angeordneten Beschlagnahme von Akten eines Prüfungsverbandes im Rahmen der Beweiserhebung durch einen parlamentarischen Untersuchungsausschuß).

Beschluß vom 5. Juni 1984
– 2 BvR 611/84 –, in: NJW 1984, S. 2276 (Boehringer; zur verfassungsrechtlichen Zulässigkeit eines gerichtlichen Durchsuchungs- und Beschlagnahmebeschlusses auf Antrag eines parlamentarischen Untersuchungsausschusses).

Urteil vom 17. Juli 1984
– 2 BvE 11, 15/83 –, in: BVerfGE 67, S. 100 (Flick-Urteil).

Beschluß vom 17. Dezember 1985
– 2 BvE 1/85 – unveröffentlicht (zur Antragsfrist im Organstreitverfahren, das zum Gegenstand die Frage hat, ob ein Untersuchungsausschuß des Bundestages dadurch gegen Art. 44 GG verstoßen hat, daß er sich weigert, gegen einen Beschluß eines Landgerichtes, mit dem die Herausgabe weiterer Akten abgelehnt worden ist, Beschwerde einzulegen).

Beschluß vom 27. Januar 1986
– 2 BvR 1315/85 – unveröffentlicht (Unzulässigkeit einer Verfassungsbeschwerde einer Fraktion des Deutschen Bundestages gegen eine Entscheidung eines Oberlandesgerichtes, durch die die Herausgabe von Akten an einen parlamentarischen Untersuchungsausschuß verweigert wird).

Urteil vom 5. November 1986
– 2 BvR 1178/86; 2 BvR 1179/86; 2 BvR 1191/86 –, in: BVerfGE 74, S. 7 (BGAG-Urteil).

Beschluß vom 1. Oktober 1987
– 2 BvR 1165/86 –, in: NJW 1988, S. 897 (Lappas-Entscheidung, zu Fragen des Zeugniszwangs).

Beschluß vom 1. Oktober 1987
– 2 BvR 1178/86 u. a. –, in: DVBl. 1988, S. 200; NJW 1988, S. 890; DÖV 1988, S. 261 (BGAG-Beschluß, Besetzung eines Untersuchungsausschusses;

Zulässigkeit parlamentarischer Untersuchungen in privaten nicht genuin staatlichen Bereichen; Beschlagnahme).

2. Bundesgerichtshof

Urteil vom 19. Februar 1960
  – 1 StR 609/59 –, in: BGHSt 17, S. 128 (zur Zeugenvernehmung und Vereidigung eines Zeugen vor einem parlamentarischen Untersuchungsausschuß).
Urteil vom 3. Oktober 1978
  – VI ZR 191/76 –, in: MDR 1979, S. 217 (zum Umfang der Aussagepflicht eines Zeugen vor einem parlamentarischen Untersuchungsausschuß).

3. Bundesverwaltungsgericht

Urteil vom 25. März 1980
  – ID 14/79 –, in: Das Recht im Amt 1980, S. 213 (zur Falschaussage eines Beamten vor einem parlamentarischen Untersuchungsausschuß).
Urteil vom 21. November 1980
  – 7C 85.78 –, in: DÖV 1981, S. 300 (zum Rechtsweg für Streitigkeiten wegen Vorladung zur Vernehmung als Zeuge vor einem parlamentarischen Untersuchungsausschuß).

4. Staats-/Verfassungsgerichtshöfe der Bundesländer

Staatsgerichtshof für das Land Baden-Württemberg, Urteil vom 16. April 1977
  – 2/76 –, in: Entscheidungssammlung des Hessischen und des Württembergisch-badischen Verwaltungsgerichtshofes, Band 27, S. 1 (zu den Anforderungen an die Bestimmtheit eines Minderheitsantrages; zum Begriff des »schutzwürdigen Interesses« an der Weiterverfolgung eines Organstreitverfahrens nach Ablauf der Wahlperiode).
Staatsgerichtshof für das Land Baden-Württemberg, Entscheidung vom 15. März 1985
  – GR 1/83 –, in: VBlBW 1985, S. 213 (zur Erledigung eines Organstreits).
Bayerischer Verfassungsgerichtshof, Entscheidung vom 30. November 1955
  – Vf II – 7 – 55, in: Sammlung von Entscheidungen des Bayerischen Verwaltungsgerichtshofes mit Entscheidungen des Bayerischen Verfassungsgerichtshofs, Band 8, S. 91 (zur Einsetzung und zu den Aufgaben eines parlamentarischen Untersuchungsausschusses).

Bayerischer Verfassungsgerichtshof, Entscheidung vom 27. Juni 1977
– Vf 31 – IV – 77, in: BayVBl. 1977, S. 597 (zum Minderheitenrecht auf Einsetzung eines Untersuchungsausschusses).
Bayerischer Verfassungsgerichtshof, Urteil vom 29. Juli 1981
– Vf 92 – IV – 80, in: BayVBl. 1981, S. 593, mit abweichender Ansicht von zwei Mitgliedern des Bayerischen Verfassungsgerichtshofs zu dieser Entscheidung, in: BayVBl. 1981, S. 753 (zum Recht der qualifizierten Minderheit, die Einsetzung eines Untersuchungsausschusses zu erzwingen).
Bayerischer Verfassungsgerichtshof, Urteil vom 19. Juli 1982
– Vf 84 – IV – 82, in: BayVBl. 1982, S. 559 (zu den Voraussetzungen für den Erlaß einer einstweiligen Anordnung mit dem Ziel, den bayerischen Landtag zur Fortsetzung der Arbeit eines Untersuchungsausschusses zu verpflichten).
Bayerischer Verfassungsgerichtshof, Entscheidung vom 12. August 1982
– Vf 104 – IV – 82, in: BayVBl. 1983, S. 78 (zur Stellung des Zwischenausschusses (Art. 26 BV) nach bayerischem Verfassungsrecht; zur Tätigkeit des Zwischenausschusses als Untersuchungsausschuß).
Bayerischer Verfassungsgerichtshof, Entscheidung vom 16. Dezember 1983
– Vf 56 – VI – 83, in: NJW 1985, S. 426 (Verfassungsbeschwerde gegen Tätigkeit eines Untersuchungsausschusses).
Bayerischer Verfassungsgerichtshof, Entscheidung vom 27. November 1985
– Vf 67 – IV – 85, in: DVBl. 1986, S. 233 = NVwZ 1986, S. 822 (zur Zulässigkeit eines Antrages auf Einsetzung eines parlamentarischen Untersuchungsausschusses).
Staatsgerichtshof der Freien Hansestadt Bremen, Entscheidung vom 17. April 1970
– St 1/69 –, in: DÖV 1970, S. 386 (zur Befugnis eines parlamentarischen Untersuchungsausschusses, beim zuständigen Richter Beschlagnahmen und Durchsuchungen zu beantragen).
Staatsgerichtshof der Freien Hansestadt Bremen, Entscheidung vom 13. März 1978
– St 3/76 –, in: Entscheidungen des Staatsgerichtshofes der Freien Hansestadt Bremen, 1980, S. 75.
Staatsgerichtshof des Landes Hessen, Urteil vom 24 November 1966
– P.St. 414 –, in: DÖV 1967, S. 51 (zur Einsetzung und zum Untersuchungsthema von parlamentarischen Untersuchungsausschüssen).
Staatsgerichtshof des Landes Hessen, Beschluß vom 9. Februar 1972
– P.St. 665 –, in: DÖV 1972, S. 568 (Unzulässigkeit einer Klage gegen Einsetzung eines parlamentarischen Untersuchungsausschusses).
Niedersächsischer Staatsgerichtshof, Urteil vom 19. Dezember 1957
– StGH 1/25 –, in: AöR 83 (1958), S. 421, mit Anlagen, u. a. Stellungnahmen der Wissenschaftlichen Dienste des Deutschen Bundestages, einer Auskunft des Präsidenten des Hanseatischen Oberlandesgerichtes in Hamburg und einer

Anmerkung von *Karl Josef Partsch* (zur Frage des Zutritts der Regierungsvertreter und ihrer Beauftragten zu Ausschußsitzungen).

Niedersächsischer Staatsgerichtshof, Urteil vom 16. Januar 1986
– StGH 1/85 –, in: DVBl. 1986, S. 237 (zum Beweiserhebungs- und Erzwingungsrecht der Einsetzungsminderheit).

Niedersächsischer Staatsgerichtshof, Urteil vom 16. Januar 1986
– StGH 2/85 –, in: DVBl. 1986, S. 238 = NVwZ 1986, S. 827 (zum Beweiserhebungs- und Erzwingungsrecht der Minderheit).

5. *Verwaltungsgerichte der Länder*

Bayerischer Verwaltungsgerichtshof, Urteil vom 19. Mai 1978
– Nr. 276 III 77 –, in: BayVBl. 1981, S. 209 (zur Frage des Rechtswegs für Streitigkeiten, die sich aus der Ladung eines Zeugen vor einem parlamentarischen Untersuchungsausschuß ergeben).

Oberverwaltungsgericht Berlin, Urteil vom 30. Oktober 1969
– OVG V B 22.69 –, in: Entscheidungen des Oberverwaltungsgerichts Berlin, Band 10 (1970), S. 163 (zur Verhängung einer Ordnungsstrafe gegenüber einem Zeugen durch einen parlamentarischen Untersuchungsausschuß).

Oberverwaltungsgericht Lüneburg, Urteil vom 26. April 1954
– II OVG C 1/53 –, in: DVBl. 1954, S. 574 (zum Minderheitenrecht bei der Einsetzung eines Untersuchungsausschusses).

Oberverwaltungsgericht Lüneburg, Beschluß vom 27. November 1985
– OVG B 99/85 – (zu Maßnahmen des Zeugniszwangs).

Oberverwaltungsgericht Lüneburg, Urteil vom 28. Januar 1986
– 5 A 200/85 –, in: DVBl. 1986, S. 476 (zu Fragen des Rechtsweges und der Klageart bei Maßnahmen des Zeugniszwangs durch einen parlamentarischen Untersuchungsausschuß; zu der Frage, daß Zeugenpflichten gegenüber Untersuchungsausschüssen des niedersächsischen Landtages nur für Personen bestehen, die der niedersächsischen Landesstaatsgewalt, dem räumlichen Machtbereich des Landes Niedersachsen, unterworfen sind).

Oberverwaltungsgericht Hamburg, Beschluß vom 27. Mai 1986
– Bs IV 318/86 –, in: NVwZ 1987, S. 610 (zur Anfechtbarkeit des Abschlußberichtes).

Oberverwaltungsgericht Münster, Beschluß vom 2. September 1986
– 15 B 1849/86 –, in: DÖV 1987, S. 113 (zur Frage der Rechtsnatur der sog. IPA-Regeln).

Oberverwaltungsgericht Münster, Beschluß vom 23. September 1986
– 15 B 2039/86 –, in: DÖV 1987, S. 115 (zur Frage des einstweiligen Rechtsschutzes bei Zwangsmaßnahmen durch einen parlamentarischen Untersuchungsausschuß).

Oberverwaltungsgericht Rheinland-Pfalz, Beschluß vom 7. Januar 1986
– 7 B 73/85 –, in: DVBl. 1986, S. 480 (zum Anspruch eines Industrieunternehmens auf Unterlassung der Herausgabe von seine steuerlichen Verhältnisse betreffenden Ermittlungsakten der Staatsanwaltschaft an einen Untersuchungsausschuß des Landtages).

Oberverwaltungsgericht Saarlouis, Beschluß vom 3. April 1987
– 2 W 129/87 –, in: NVwZ 1987, S. 612 (Untersuchungsrecht und kommunale Selbstbestimmung).

Verwaltungsgericht Köln, Beschluß vom 5. August 1986
– 4 L 858/86 – unveröffentlicht (zu Fragen des Betroffenen-Status).

Verwaltungsgericht Köln, Beschluß vom 26. August 1986
– 4 L 1185/86 – unveröffentlicht (zu Fragen des einstweiligen Rechtsschutzes gegenüber Aufforderung, Urkunden vorzulegen).

Verwaltungsgericht Hamburg, Urteil vom 11. November 1986
– 11 VG 1000/85 –, in: NJW 1987, S. 1568 (Ordnungsgeld – Rechtsweg; Rechtsbeistand; faires Verfahren).

Verwaltungsgericht Hamburg, Beschluß vom 22. Mai 1986
– 5 VG 1391/86 –, in: DVBl. 1986, S. 1017 (richterliche Überprüfung von Abschlußberichten).

Verwaltungsgericht Mainz, Beschluß vom 19. September 1985
– 1 L 48/85, 1 L 49/85 –, in: NVwZ 1986, S. 589 (Aktenvorlage an parlamentarischen Untersuchungsausschuß und Steuergeheimnis).

6. *Ordentliche Gerichte*

Oberlandesgericht Hamm, Beschluß vom 13. Juni 1984
– 1 VAS 45/84 – (zur Frage der Aktenherausgabe an einen parlamentarischen Untersuchungsausschuß).

Oberlandesgericht Koblenz, Urteil vom 23. Juni 1987
– 2 Ss 138/87 – (zur Frage der falschen Aussage vor einem parlamentarischen Untersuchungsausschuß).

Oberlandesgericht Köln, Beschluß vom 14. September 1984
– 2 Ws 368/84 –, in: NJW 1985, S. 336 (zum Aktenvorlagerecht eines parlamentarischen Untersuchungsausschusses).

Oberlandesgericht Köln, Beschluß vom 13. September 1985
– 2 Ws 309/85 –, in: NStZ 1986, S. 90 (zur Akteneinsicht durch »Fraktion« im Untersuchungsausschuß: Das Recht eines Untersuchungsausschusses auf Einsicht in Strafakten steht nur dem Ausschuß, nicht aber den »Fraktionen« im Ausschuß oder einzelnen Ausschußmitgliedern zu).

Oberlandesgericht Köln, Beschluß vom 13. September 1985
– 2 Ws 322/85

Oberlandesgericht Köln, Beschluß vom 13. September 1985
– 2 Ws 323/85 –
Oberlandesgericht Köln, Beschluß vom 13. September 1985
– 2 Ws 360/85 –, in: NStZ 1986, S. 88 (Akteneinsicht durch Fraktion des Deutschen Bundestages).
Landgericht Bonn, Beschluß vom 21. Oktober 1986
– 31 Qs 203/86 –, in: NJW 1987, S. 790 (zu Maßnahmen des Zeugniszwangs gegenüber einem Zeugen, hier: Verhängung der Erzwingungshaft).
Landgericht Bonn, Beschluß vom 23. Oktober 1986
– 31 Qs 203/86 – unveröffentlicht (zu Fragen der Konkurrenz von § 70 Abs. 1 und 2 StPO).
Landgericht Frankfurt am Main, Beschluß vom 22. Oktober 1986
– 5/28 Qs 16/86 –, in: NJW 1987, S. 787 (zur Beschlagnahme von Aufsichtsratsprotokollen eines Privatunternehmens im Rahmen des Beweiserhebungsverfahrens vor einem parlamentarischen Untersuchungsausschuß).
Landgericht Frankfurt am Main, Beschluß vom 31. Oktober 1986
– 5/28 Qs 19/86 –, in: NJW 1987, S. 790 (zum Rechtsschutz Drittbetroffener bei der Beschlagnahme von Aufsichtsratsprotokollen zugunsten eines parlamentarischen Untersuchungsausschusses).
Landgericht Hamburg, Beschluß vom 25. März 1982
– 97 Qs 14/82 –, in: MDR 1982, S. 604 (zur Beschlagnahme im parlamentarischen Untersuchungsverfahren).
Landgericht Hamburg, Beschluß vom 3. November 1983
– 93 Qs 79/83 –, in: Zeitschrift für Wirtschafts- und Insolvenzpraxis (ZIP) 1984, S. 114 (zur Zulässigkeit der Beschlagnahme von Akten bei einem zuständigen Prüfungsverband zugunsten eines parlamentarischen Untersuchungsausschusses).
Landgericht Kiel, Urteil vom 17. Februar 1988
– 2 O 60/88 – (zum Rechtsschutz Drittbetroffener bei Veröffentlichung des Abschlußberichtes).

7. *Finanzgerichte*

Finanzgericht Hamburg, Urteil vom 11. Juli 1985
– III 127/85 –, in: NVwZ 1986, S. 598 (zur Vorlage von persönlichen Steuerakten an parlamentarischen Untersuchungsausschuß).
Finanzgericht Hamburg, Entscheidung vom 4. Februar 1985
– III 22/85 –, in: DStZ-Eilausgabe 1985, S. 167 (zur Beiladung eines parlamentarischen Untersuchungsausschusses im Verfahren auf Vorlage von persönlichen Steuerakten an einen parlamentarischen Untersuchungsausschuß).

Finanzgericht Hamburg, Entscheidung vom 5. Februar 1985
– III 17/85 –, in: DStZ-Eilausgabe 1985, S. 117 (zur Vorlage persönlicher
Steuerakten an einen parlamentarischen Untersuchungsausschuß; Fragen des
Rechtsweges).

Dieter Engels

7. Entwürfe zu gesetzlichen Regelungen und zur Reform der parlamentarischen Untersuchungsausschüsse

- IPA-Gesetzentwurf, BT-Drucksache 5/4209

- Mustergesetzentwurf der Präsidenten der deutschen Länderparlamente (1972)

- Empfehlungen der Enquête-Kommission Verfassungsreform des Deutschen Bundestages

- Entwurf eines Gesetzes über das Untersuchungsverfahren des Deutschen Bundestages, BT-Drucksache 8/1181

- Entwurf eines Gesetzes über Einsetzung und Verfahren von Untersuchungsausschüssen des Deutschen Bundestages, BT-Drucksache 11/1896 (identisch mit dem Entwurf aus der 10. Wahlperiode, BT-Drucksache 10/6587)

- Entwurf eines Gesetzes zur Regelung des Rechts der parlamentarischen Untersuchungsausschüsse, BT-Drucksache 11/2025

IPA-Gesetzentwurf

Antrag der Abgeordneten Dr. Schmidt (Wuppertal), Bading, Mertes, Hirsch und Genossen

Der Bundestag wolle beschließen:
Entwurf eines Gesetzes über Einsetzung und Verfahren von Untersuchungsausschüssen des Bundestages
Der Bundestag hat das folgende Gesetz beschlossen:
§ 1 Aufgabe und Zulässigkeit
(1) Ein Untersuchungsausschuß des Bundestages hat die Aufgabe, Sachverhalte, deren Aufklärung im öffentlichen Interesse liegt, zu untersuchen und dem Bundestag darüber Bericht zu erstatten.
(2) Die Untersuchung ist nur zulässig, wenn sie geeignet ist, dem Bundestag Grundlagen für eine Beratung im Rahmen seiner verfassungsmäßigen Zuständigkeit zu vermitteln.
(3) Bei Zweifeln über die Zulässigkeit einer Untersuchung überweist der Bundestag den Einsetzungsantrag zur gutachtlichen Äußerung an den für Rechtsfragen zuständigen Ausschuß. Der Ausschuß hat diese unverzüglich zu erstellen.

§ 2 Einsetzung und Gegenstand
(1) Ein Untersuchungsausschuß wird jeweils für einen bestimmten Untersuchungsauftrag eingesetzt.
(2) Die Einsetzung erfolgt auf Beschluß des Bundestages, der auf Antrag eines Viertels seiner Mitglieder gefaßt werden muß.
(3) Der Antrag muß auf die Tagesordnung gesetzt und vom Bundestag bis zum Ablauf der übernächsten Sitzungswoche behandelt werden.
(4) Der Untersuchungsgegenstand muß in dem Einsetzungsantrag hinreichend umschrieben sein. Der in einem Einsetzungsantrag benannte Untersuchungsgegenstand kann gegen den Willen der Antragsteller durch Beschluß des Bundestages nur konkretisiert oder erweitert werden, wenn

a) der Kern des Untersuchungsgegenstandes dabei unberührt bleibt und
b) dadurch keine wesentliche Verzögerung des Untersuchungsverfahrens zu erwarten ist.

Ein Antrag auf Konkretisierung oder Erweiterung, der den Erfordernissen der Buchstaben a und b nicht genügt, gilt nicht als Antrag auf Einsetzung eines weiteren Untersuchungsausschusses, es sei denn, daß er ausdrücklich als solcher bezeichnet ist.
(5) Der Untersuchungsausschuß ist an den ihm erteilten Auftrag gebunden. Kommt der Untersuchungsausschuß bei seinen Untersuchungen zu der Überzeugung, daß eine Erweiterung des Untersuchungsgegenstandes wegen des Sachzusammenhangs angebracht ist, so kann er einen entsprechenden Antrag an den Bundestag richten.

293

§ 3 Vorsitzender

Der Bundestag bestimmt den Vorsitzenden des Untersuchungsausschusses sowie dessen Stellvertreter. Sie müssen verschiedenen Fraktionen angehören und sollen, soweit es der Untersuchungsgegenstand erfordert, die Befähigung zum Richteramt haben.

§ 4 Ausschußmitglieder

(1) Dem Untersuchungsausschuß können nur Mitglieder des Bundestages angehören.

(2) Der Untersuchungsausschuß besteht höchstens aus sieben ordentlichen Mitgliedern, den Stellvertretern und je einem ständigen beratenden Mitglied der Fraktionen, die nicht durch ein ordentliches Mitglied vertreten sind.

(3) Die ordentlichen Mitglieder des Ausschusses haben ständige Stellvertreter, und zwar mindestens einen je Fraktion, höchstens einen je ordentliches Mitglied. Die Stellvertreter können an allen Sitzungen teilnehmen. Bei Verhinderung eines ordentlichen Mitglieds nimmt ein Stellvertreter seine Aufgaben wahr. Bei Ausscheiden eines ordentlichen Mitglieds tritt ein Stellvertreter an seine Stelle; für diesen wird ein neuer Stellvertreter bestimmt.

§ 5 Ausscheiden von Ausschußmitgliedern

(1) Ein Mitglied des Bundestages, das an den zu untersuchenden Vorgängen beteiligt ist oder war, darf dem Untersuchungsausschuß nicht angehören. Wird dies erst nach Einsetzen des Ausschusses bekannt, hat es auszuscheiden. Das gleiche gilt, wenn ein Ausschußmitglied vor dem Untersuchungsausschuß als Zeuge vernommen wird und seine Aussage für die Untersuchung von wesentlicher Bedeutung ist.

(2) Hält das Mitglied die Voraussetzung des Absatzes 1 für nicht gegeben, entscheidet der Untersuchungsausschuß darüber mit der Mehrheit von zwei Dritteln seiner Mitglieder. Bei dieser Entscheidung wird das betreffende Ausschußmitglied gemäß § 4 Abs. 3 vertreten.

(3) Die Vorschriften der Strafprozeßordnung über die Ablehnung und Ausschließung von Richtern finden auf Ausschußmitglieder keine Anwendung.

§ 6 Beschlußfassung

(1) Der Untersuchungsausschuß ist beschlußfähig, wenn die Mehrheit seiner Mitglieder anwesend ist.

(2) Bei Beschlußunfähigkeit darf der Untersuchungsausschuß keine Untersuchungshandlungen durchführen.

(3) Bei Beschlußunfähigkeit hat der Vorsitzende unverzüglich eine neue Sitzung anzuberaumen. Auf diese Sitzung findet Absatz 1 keine Anwendung; darauf ist in der Einladung hinzuweisen.

(4) Soweit in diesem Gesetz nichts anderes bestimmt ist, beschließt der Untersuchungsausschuß mit Stimmenmehrheit; bei Stimmengleichheit ist ein Antrag ab-

gelehnt. Ein abgelehnter Antrag darf nicht erneut behandelt werden, wenn zwei Mitglieder widersprechen.

§ 7 Vorbereitende Untersuchung

(1) Der Untersuchungsausschuß kann jederzeit eine vorbereitende Untersuchung durch einen Unterausschuß beschließen.

(2) Der Unterausschuß sammelt und gliedert den Untersuchungsstoff und beschafft das erforderliche Beweismaterial, insbesondere die einschlägigen Akten und Unterlagen. Er kann Personen informatorisch hören.

(3) Die Sitzungen des Unterausschusses und informatorische Anhörungen sind zu protokollieren.

§ 8 Öffentlichkeit der Sitzungen

(1) Die Beweisaufnahme erfolgt in öffentlicher Verhandlung. Über die Zulässigkeit von Ton- und Filmaufnahmen sowie Ton- und Bildübertragungen entscheidet der Vorsitzende, auf Antrag eines Mitgliedes der Untersuchungsausschuß. Schriftliche Aufzeichnungen dürfen nur untersagt werden, wenn der Verdacht besteht, daß sie zum Zwecke der Zeugenbeeinflussung verwendet werden sollen.

(2) Die Öffentlichkeit kann ausgeschlossen werden. Sie ist auszuschließen, wenn überragende Interessen der Allgemeinheit oder überwiegende Interessen eines einzelnen dies gebieten oder wenn es zur Erlangung einer wahrheitsgemäßen Aussage erforderlich erscheint. Aus denselben Gründen können auch einzelne Personen ausgeschlossen werden.

(3) Über den Ausschluß der Öffentlichkeit entscheidet der Untersuchungsausschuß mit Zweidrittelmehrheit in nichtöffentlicher Sitzung.

(4) Die Beratungen des Untersuchungsausschusses sind nichtöffentlich.

(5) Sitzungen, insbesondere Beweiserhebungen sowie Vorgänge und Dokumente können durch Beschluß des Untersuchungsausschusses für geheim oder vertraulich erklärt werden.

§ 9 Teilnahme von Mitgliedern des Bundesrates, der Bundesregierung und des Bundestages

(1) Die Mitglieder des Bundesrates und der Bundesregierung sowie deren Beauftragte und Mitglieder des Bundestages, die nicht dem Untersuchungsausschuß angehören, können aus den nichtöffentlichen Sitzungen ausgeschlossen werden, wenn überwiegende Interessen des Zeugen dies gebieten oder wenn es zur Erlangung einer wahrheitsgemäßen Aussage erforderlich erscheint. Der Ausschuß kann auch einzelne ausschließen.

(2) Die in Absatz 1 genannten Personen dürfen an den Beratungen nicht teilnehmen. Der Ausschuß kann Ausnahmen beschließen.

(3) Der Ausschuß beschließt über den Ausschluß nach Absatz 1 und die Zulassung nach Absatz 2 mit Zweidrittelmehrheit.

§ 10 Protokollierung

(1) Über die Beweisaufnahme des Untersuchungsausschusses wird ein Protokoll angefertigt, das mindestens den wesentlichen Inhalt der Aussagen wiedergibt. In dem Protokoll sind Ort und Zeit der Verhandlungen sowie die Namen der anwesenden Ausschußmitglieder und Vertreter anzugeben. Aus dem Protokoll muß hervorgehen, ob öffentlich oder nichtöffentlich verhandelt worden ist.

(2) Über die Art der Protokollierung der Beratungen entscheidet der Ausschuß.

(3) Über die Weitergabe der Protokolle entscheidet der Ausschuß unter Berücksichtigung der geltenden Geheimschutzbestimmungen. Nach Erledigung des Untersuchungsauftrages entscheidet der Bundestag, ob und inwieweit der Öffentlichkeit die Protokolle zugänglich gemacht werden.

§ 11 Verlesung von Protokollen und Schriftstücken

(1) Die Protokolle über Untersuchungshandlungen ersuchter Gerichte und Verwaltungsbehörden sowie Schriftstücke, die als Beweismittel dienen, sind vor dem Ausschuß zu verlesen.

(2) Von der Verlesung kann Abstand genommen werden, wenn die Schriftstücke allen Ausschußmitgliedern sowie dem Betroffenen (§ 18) zugänglich gemacht worden sind und die Mehrheit der anwesenden Ausschußmitglieder auf die Verlesung verzichtet.

(3) Die Verlesung hat in nichtöffentlicher Sitzung zu erfolgen, wenn die Voraussetzung des § 8 Abs. 2 gegeben ist.

§ 12 Beweisaufnahme

(1) Der Untersuchungsausschuß erhebt die durch den Untersuchungsauftrag gebotenen Beweise auf Grund von Beweisbeschlüssen.

(2) Beweise sind zu erheben, wenn sie von den Antragstellern, einem Viertel der Ausschußmitglieder oder den Betroffenen beantragt werden, es sei denn, daß sie offensichtlich nicht im Rahmen des Untersuchungsauftrags liegen.

§ 13 Beweis- und Zwangsmittel

(1) Zeugen und Sachverständige sind verpflichtet, auf Ladung des Ausschusses zu erscheinen. Sie sind in der Ladung auf die gesetzlichen Folgen des Ausbleibens hinzuweisen.

(2) Gegen einen ordnungsgemäß geladenen Zeugen, der ohne genügende Entschuldigung nicht erscheint oder ohne gesetzlichen Grund das Zeugnis oder die Eidesleistung verweigert, oder gegen einen zur Erstattung des Gutachtens verpflichteten Sachverständigen, der ohne genügende Entschuldigung nicht erscheint oder ohne gesetzlichen Grund die Erstattung des Gutachtens oder die Eidesleistung verweigert, wird auf Antrag des Untersuchungsausschusses Ordnungsstrafe gemäß §§ 51, 70 und 77 der Strafprozeßordnung verhängt; die entstandenen Kosten werden ihm auferlegt.

(3)   Auf Antrag des Ausschusses ordnet das zuständige Gericht Vorführung an.
(4)   Verhaftung, Beschlagnahme, Durchsuchung, Leichenschau, Leichenöffnung, körperliche und geistige Untersuchung sowie die Untersuchung anderer Personen kann der Untersuchungsausschuß beim zuständigen Gericht beantragen. Bei Gefahr im Verzuge ist ein Ersuchen an die zuständige Staatsanwaltschaft zu richten. Das Brief-, Post- und Fernmeldegeheimnis bleibt unberührt.

§ 14   Ersuchen um Rechts- und Amtshilfe
Beim Ersuchen um Rechts- und Amtshilfe zur Vernehmung von Zeugen oder Sachverständigen sind die an den Zeugen oder Sachverständigen zu richtenden Fragen zu verdeutlichen. Dem Ersuchen ist eine schriftliche Fassung des Untersuchungsauftrags sowie ein kurzer Bericht über den bisherigen Verlauf der Untersuchung beizufügen.

§ 15   Aussagegenehmigung und Aktenvorlage
Das Verfahren regelt sich nach Art. 44 Abs. 3 des Grundgesetzes.

§ 16   Zeugen und Sachverständige
(1)   Zeugen sollen einzeln und in Abwesenheit der später zu hörenden Zeugen vernommen werden.
(2)   Zeugen und Sachverständige sind vor ihrer Vernehmung zur Wahrheit zu ermahnen und darauf hinzuweisen, daß der Untersuchungsausschuß zu ihrer Verteidigung berechtigt ist. Hierbei sind sie über die strafrechtlichen Folgen einer unrichtigen oder unvollständigen Aussage und die Bedeutung des Eides zu belehren.
(3)   Die Vorschriften der Strafprozeßordnung über das Recht des Zeugen zur Verweigerung der Aussage und das Recht des Sachverständigen zur Verweigerung des Gutachtens finden Anwendung.
(4)   Zeugen und Sachverständige sollen nur vereidigt werden, wenn der Untersuchungsausschuß es wegen der Bedeutung der Aussage oder zur Herbeiführung einer wahrheitsgemäßen Aussage für erforderlich hält; § 60 der Strafprozeßordnung findet Anwendung.

§ 17   Fragerecht
(1)   Zeugen und Sachverständige werden zunächst durch den Vorsitzenden vernommen. Anschließend können der Berichterstatter, dann die übrigen Ausschußmitglieder und der Betroffene Fragen stellen. Sie können auch jeweils mehrere Fragen stellen, wenn diese in Sachzusammenhang stehen. Der Vorsitzende kann ungeeignete und nicht zur Sache gehörende Fragen zurückweisen.
(2)   Über die Zulässigkeit von Fragen des Vorsitzenden sowie die Zurückweisung von Fragen durch den Vorsitzenden entscheidet auf Antrag eines Mitgliedes oder des Betroffenen der Untersuchungsausschuß in einer Beratungssitzung.

§ 18   Rechtsstellung des Betroffenen

(1) Betroffene sind

1. der Bundespräsident im Falle eines Untersuchungsausschusses zur Vorbereitung einer Präsidentenanklage,

2. Abgeordnete und Regierungsmitglieder im Untersuchungsverfahren, die ihre Belastung oder Entlastung zum Ziele haben,

3. Richter im Falle eines Untersuchungsausschusses zur Vorbereitung einer Richteranklage,

4. Personen, bei denen sich aus dem Untersuchungsauftrag oder aus dem Verlauf der Untersuchung ergibt, daß die Untersuchung sich ausschließlich oder ganz überwiegend gegen sie richtet.

(2) Der Untersuchungsausschuß stellt fest, wer Betroffener ist.

(3) Dem Betroffenen soll Gelegenheit gegeben werden, zeitlich vor den Zeugen eine zusammenhängende Sachdarstellung zu geben. Seine Aussagepflicht und sein Aussageverweigerungsrecht entsprechen denen des Zeugen im Strafverfahren. Er hat ein Beweisantrags- und Fragerecht und das Recht der Anwesenheit bei der Beweisaufnahme. Er wird nicht vereidigt. Er hat kein Beistandsrecht; auf seinen Antrag kann ihm der Ausschuß für das gesamte Verfahren oder für einzelne Sitzungen die Beiziehung eines Beistandes gestatten, wenn die Beiziehung zum Schutze berechtigter Interessen des Betroffenen erforderlich erscheint. Der Beistand hat kein Rederecht. Der Betroffene und der Beistand können von der nichtöffentlichen Beweisaufnahme ausgeschlossen werden, wenn Gründe der Staatssicherheit ihrer Anwesenheit entgegenstehen oder wenn dies zur Erlangung einer wahrheitsgemäßen Aussage erforderlich erscheint. Der Vorsitzende hat den Betroffenen jedoch, sobald er wieder vorgelassen ist, von dem wesentlichen Inhalt dessen zu unterrichten, was während seiner Abwesenheit ausgesagt oder sonst verhandelt worden ist, soweit nicht Gründe der Staatssicherheit dem entgegenstehen.

(4) Ergibt sich erst im Verlauf der Untersuchung, daß jemand Betroffener ist, so sind vor der Beschlußfassung liegende Untersuchungshandlungen, die in Abwesenheit des Betroffenen durchgeführt worden sind, sowie die Vernehmung des Betroffenen als Zeugen nicht deshalb unwirksam. Der Betroffene ist jedoch über alle zurückliegenden Untersuchungshandlungen und deren Ergebnisse in gedrängter Form zu unterrichten, soweit sie sich auf ihn beziehen und Gründe der Staatssicherheit dem nicht entgegenstehen. Ihm ist Gelegenheit zur Stellungnahme zu geben.

§ 19   Sitzungspolizei

(1) Die Aufrechterhaltung der Ordnung in der Sitzung obliegt dem Vorsitzenden.

(2) Zeugen, Sachverständige, Betroffene, Beistände und Zuhörer, die den zur Aufrechterhaltung der Ordnung ergangenen Anordnungen nicht Folge leisten, können auf Beschluß des Untersuchungsausschusses aus dem Sitzungssaal entfernt werden. Für Betroffene gilt § 18 Abs. 3 letzter Satz.

(3) Der Untersuchungsausschuß kann außerdem gegen Betroffene, Beistände, Zeugen, Sachverständige und Zuhörer, die sich in der Sitzung einer Ungebühr schuldig machen, unbeschadet einer strafgerichtlichen Verfolgung, bei dem zuständigen Gericht eine Ordnungsstrafe in Geld oder Haft beantragen.

(4) Die Ordnungsstrafe wird auf Veranlassung des Vorsitzenden des Untersuchungsausschusses durch die Staatsanwaltschaft vollstreckt.

§ 20 Gerichtliche Zuständigkeiten

(1) Über Anträge des Untersuchungsausschusses entscheidet das Amtsgericht Bonn.

(2) Die Vorschriften der Strafprozeßordnung über die Beschwerde (§§ 305, 310) sind entsprechend anzuwenden; die Beschwerde gegen eine Anordnung auf Grund von § 19 Abs. 4 ist binnen der Frist von einer Woche nach ihrer Bekanntmachung einzulegen.

(3) In diesem Verfahren hat der Untersuchungsausschuß die Rechte der Staatsanwaltschaft.

§ 21 Kosten und Auslagen

(1) Die Kosten des Untersuchungsverfahrens beim Bundestag trägt der Bund. Zeugen und Sachverständige werden nach dem Gesetz über die Entschädigung von Zeugen und Sachverständigen in der Fassung vom 26. September 1963 (Bundesgesetzbl. I S. 758) entschädigt. Dem Betroffenen sind die durch die Wahrnehmung der ihm nach diesem Gesetz zustehenden Rechte entstandenen notwendigen Auslagen zu erstatten.

(2) Über die Entschädigung von Zeugen und Sachverständigen sowie über die Erstattung der notwendigen Auslagen des Betroffenen entscheidet der Untersuchungsausschuß auf Antrag des nach Absatz 1 Berechtigten. Der Beschluß des Untersuchungsausschusses kann vor dem zuständigen Gericht angefochten werden.

§ 22 Aussetzung und Einstellung des Untersuchungsverfahrens

(1) Das Untersuchungsverfahren kann ausgesetzt werden, wenn eine alsbaldige Aufklärung auf andere Weise zu erwarten ist oder die Gefahr besteht, daß gerichtliche Verfahren oder Ermittlungsverfahren beeinträchtigt werden. Der Untersuchungsausschuß beschließt die Aussetzung, es sei denn, daß die Antragsteller, ihre Vertreter im Ausschuß oder ein Viertel der Ausschußmitglieder widersprechen.

(2) Ein ausgesetztes Verfahren kann jederzeit auch durch Beschluß des Plenums wiederaufgenommen werden. § 2 Abs. 2 und 3 gilt entsprechend.

(3) Das Plenum kann einen Untersuchungsausschuß vor Abschluß der Ermittlungen auflösen, es sei denn, daß ein Viertel der Mitglieder des Bundestages widerspricht.

§ 23 Ergebnis der Untersuchung

Über den Verlauf des Verfahrens, die ermittelten Tatsachen, das mit einer Begründung versehene Ergebnis der Untersuchung und eine abweichende Auffassung der Minderheit legt der Untersuchungsausschuß dem Bundestag einen Schriftlichen Bericht vor, dessen Fassung vom Untersuchungsausschuß festgestellt wird. Jedes Ausschußmitglied hat das Recht, dem Plenum einen abweichenden Bericht vorzulegen.

§ 24 Geltung in Berlin

Dieses Gesetz gilt nach Maßgabe des § 13 Abs. 1 des Dritten Überleitungsgesetzes vom 4. Januar 1952 (Bundesgesetzbl. I S. 1) auch im Land Berlin.

§ 25 Inkrafttreten

Dieses Gesetz tritt am . . . in Kraft.
Bonn, den 14. Mai 1969

Mustergesetzentwurf der Präsidenten der deutschen Länderparlamente (1972)

§ 1 Aufgabe und Zulässigkeit

(1) Ein Untersuchungsausschuß des Landtags hat die Aufgabe, Sachverhalte, deren Aufklärung im öffentlichen Interesse liegt, zu untersuchen und dem Landtag darüber Bericht zu erstatten.

(2) Die Untersuchung muß geeignet sein, dem Landtag Grundlagen für eine Beschlußfassung im Rahmen seiner verfassungsmäßigen Zuständigkeit zu vermitteln.

§ 2 Einsetzung

(1) Ein Untersuchungsausschuß wird jeweils für einen bestimmten Untersuchungsauftrag eingesetzt.

(2) Die Einsetzung erfolgt auf Beschluß des Landtages.

(3) Anträge auf Einsetzung eines Untersuchungsausschusses, mit denen das verfassungsmäßige Recht auf Einsetzung eines Untersuchungsausschusses geltend gemacht wird (Minderheitsantrag), müssen bei ihrer Einreichung die dem verfassungsmäßigen Quorum entsprechende Anzahl von Unterschriften tragen. Im übrigen gelten für Anträge auf Einsetzung eines Untersuchungsausschusses die allgemeinen Bestimmungen der Geschäftsordnung.

300

§ 3   *Gegenstand der Untersuchung*

(1)   Der Gegenstand der Untersuchung muß bei Erteilung des Untersuchungsauftrages hinreichend bestimmt sein.

(2)   Der in einem Minderheitenantrag bezeichnete Untersuchungsgegenstand kann gegen den Willen der Antragsteller nur dann erweitert oder ergänzt werden, wenn der Kern des ursprünglichen Untersuchungsgegenstandes gewahrt bleibt und dadurch keine wesentliche Verzögerung des Untersuchungsverfahrens zu erwarten ist.

(3)   Der Untersuchungsausschuß ist an den ihm erteilten Auftrag gebunden und zu einer Ausdehnung der Untersuchung nicht berechtigt.

§ 4   *Vorsitzender*

Der Landtag wählt den Vorsitzenden des Untersuchungsausschusses sowie dessen Stellvertreter. Sie müssen verschiedenen Fraktionen angehören und sollen, soweit es der Untersuchungsgegenstand erfordert, die Befähigung zum Richteramt haben.

§ 5   *Ausschußmitglieder*

(1)   Ein Untersuchungsausschuß besteht in der Regel aus sieben Mitgliedern des Landtags. Die Sitze verteilen sich auf die Fraktionen nach dem d'Hondtschen Höchstzahlverfahren. Die Mitglieder werden von den Fraktionen benannt.

(2)   Jedes Mitglied hat einen ständigen Stellvertreter. Der Stellvertreter kann an allen Sitzungen teilnehmen.

§ 6   *Ausscheiden von Ausschußmitgliedern*

(1)   Ein Mitglied des Landtags, das an den zu untersuchenden Vorgängen beteiligt ist oder war, darf dem Untersuchungsausschuß nicht angehören; liegen diese Voraussetzungen bei einem Mitglied des Untersuchungsausschusses vor und wird dies erst nach der Einsetzung des Ausschusses bekannt, so hat das Mitglied aus dem Untersuchungsausschuß auszuscheiden.

(2)   Hält das betreffende Ausschußmitglied die Voraussetzung des Absatzes 1 für nicht gegeben, entscheidet der Untersuchungsausschuß mit der Mehrheit von zwei Dritteln seiner Mitglieder; bei dieser Entscheidung wird das Mitglied gemäß § 5 Abs. 2 vertreten.

(3)   Bei Ausscheiden eines Mitgliedes tritt sein Stellvertreter an seine Stelle; für diesen wird ein neuer Stellvertreter bestimmt.

§ 7   *Beschlußfähigkeit, Beschlußfassung*

(1)   Der Untersuchungsausschuß ist beschlußfähig, wenn die Mehrheit der Mitglieder anwesend ist.

(2)   Ist der Untersuchungsausschuß nicht beschlußfähig, so unterbricht der Vorsitzende sofort die Sitzung auf bestimmte Zeit. Ist nach dieser Zeit die Beschlußfähigkeit noch nicht eingetreten, so hat der Vorsitzende unverzüglich eine neue

Sitzung anzuberaumen. In dieser Sitzung ist der Untersuchungsausschuß beschlußfähig, auch wenn nicht die Mehrheit der gesetzlichen Mitgliederzahl anwesend ist; darauf ist in der Einladung hinzuweisen.

§ 8 Vorbereitende Untersuchung

(1) Der Untersuchungsausschuß kann jederzeit eine vorbereitende Untersuchung beschließen (vorbereitender Unterausschuß).

(2) Der Unterausschuß sammelt und gliedert den Untersuchungsstoff und beschafft das erforderliche Beweismaterial, insbesondere die einschlägigen Akten und Unterlagen. Er kann Personen informatorisch hören.

(3) Die Sitzungen des Unterausschusses sind nichtöffentlich. Die Sitzungen und informatorischen Anhörungen sind zu protokollieren.

(4) Dem Unterausschuß gehören mindestens der Vorsitzende des Untersuchungsausschusses und ein Mitglied des Untersuchungsausschusses an, das unter den Antragstellern war.

§ 9 Öffentlichkeit

(1) Die Beweisaufnahme erfolgt in öffentlicher Sitzung. Über die Zulässigkeit von Ton- und Filmaufnahmen entscheidet der Vorsitzende, auf Antrag eines Mitgliedes der Untersuchungsausschuß.

(2) Der Untersuchungsausschuß kann die Öffentlichkeit oder einzelne Personen ausschließen, wenn das öffentliche Interesse oder berechtigte Interessen eines einzelnen dies gebieten oder wenn es zur Erlangung einer wahrheitsgemäßen Aussage erforderlich erscheint.

(3) Über den Ausschluß entscheidet der Untersuchungsausschuß mit Zweidrittelmehrheit in nichtöffentlicher Sitzung.

(4) Die Beratungen des Untersuchungsausschusses sind nichtöffentlich.

(5) Sitzungen, insbesondere Beweiserhebungen sowie Vorgänge und Dokumente können durch Beschluß des Untersuchungsausschusses für geheim oder vertraulich erklärt werden.

§ 10 Teilnahme von Regierungsmitgliedern und Abgeordneten

(1) Die Mitglieder der Landesregierung sowie deren Beauftragte und Mitglieder des Landtags, die nicht dem Untersuchungsausschuß angehören, können an den öffentlichen und nichtöffentlichen Beweiserhebungen teilnehmen. Sie können von den nichtöffentlichen Beweiserhebungen ausgeschlossen werden, soweit berechtigte Interessen des Zeugen dies gebieten oder wenn es zur Erlangung einer wahrheitsgemäßen Aussage erforderlich ist. Das Recht des Untersuchungsausschusses gemäß § 9 Abs. 2 bleibt unberührt.

(2) Der Untersuchungsausschuß kann die in Absatz 1 genannten Personen in besonderen Fällen zu den Beratungen zulassen.

(3) Über den Ausschluß (Absatz 1 Satz 2) oder die Zulassung (Absatz 2) beschließt der Untersuchungsausschuß mit Zweidrittelmehrheit.

§ 11 Ordnungsgewalt, Sitzungspolizei
(1) Die Aufrechterhaltung der Ordnung in der Sitzung obliegt dem Vorsitzenden.

(2) Zeugen, Sachverständige und andere Sitzungsteilnehmer, die den zur Aufrechterhaltung der Ordnung ergangenen Anordnungen nicht Folge leisten, können auf Beschluß des Untersuchungsausschusses aus dem Sitzungssaal entfernt werden.

(3) Der Untersuchungsausschuß kann außerdem gegen die in Absatz 2 genannten Personen, die sich in der Sitzung einer Ungebühr schuldig machen, unbeschadet einer strafgerichtlichen Verfolgung, eine Ordnungsstrafe in Geld bis zur Höhe von 1000,— verhängen. Über Beschwerden entscheidet das zuständige Oberlandesgericht; § 181 GVG findet entsprechende Anwendung.

(4) Die Ordnungsstrafe wird auf Veranlassung des Vorsitzenden durch die Staatsanwaltschaft nach den für die Vollstreckung einer Ordnungsstrafe im Strafprozeß geltenden Vorschriften vollstreckt.

§ 12 Protokollierung
(1) Über die Sitzungen des Untersuchungsausschusses ist ein Protokoll aufzunehmen und von dem Vorsitzenden und dem Protokollführer zu unterschreiben.

(2) Das Protokoll enthält
1. Den Ort und Tag der Sitzung,
2. die Namen der anwesenden Ausschußmitglieder und ihrer Vertreter sowie der sonstigen Sitzungsteilnehmer,
3. die Angabe, ob öffentlich oder nichtöffentlich verhandelt worden ist.

(3) Beweisaufnahmen sind wörtlich zu protokollieren; über die Art der Protokollierung der Beratungen entscheidet der Ausschuß.

§ 13 Zutritt, Aussagegenehmigung, Aktenvorlage
(1) Die Landesregierung und alle Behörden des Landes sowie die Körperschaften, Anstalten und Stiftungen des öffentlichen Rechts, die der Aufsicht des Landes unterstehen, sind verpflichtet, dem Untersuchungsausschuß jederzeit Zutritt zu den von ihnen verwalteten öffentlichen Einrichtungen zu gestatten, die erforderlichen Aussagegenehmigungen zu erteilen und die Akten vorzulegen.

(2) Ersuchen um Zutritt, Aussagegenehmigung und Aktenvorlage sind an die zuständige oberste Dienstbehörde oder oberste Aufsichtsbehörde zu richten.

(3) Zutritt, Aussagegenehmigung und Aktenvorlage dürfen nur verweigert werden, wenn Gründe der Sicherheit des Bundes oder eines Landes entgegenstehen; über die Verweigerung beschließt die Landesregierung. Auf Antrag des Untersuchungsausschusses entscheidet eine Kommission, bestehend aus dem Vorsitzenden des Gremiums nach G 10, einem von der Regierung zu benennenden Beauftragten und dem Präsidenten des Verfassungsgerichtshofes, ob die Voraussetzungen des Satzes 1 für die Verweigerung gegeben sind. Die Entscheidung ist endgültig.

§ 14 Beweiserhebung

(1) Der Untersuchungsausschuß erhebt die durch den Untersuchungsauftrag gebotenen Beweise auf Grund von Beweisbeschlüssen.

(2) Jedes Ausschußmitglied hat das Recht, Beweisanträge zu stellen. Ein Beweisantrag darf nur aus den Gründen des § 244 StPO abgelehnt werden.

(3) Der Untersuchungsausschuß kann einen Unterausschuß mit der Erhebung einzelner Beweise beauftragen (Unterausschuß zur Beweisaufnahme). Für die Zusammensetzung des Unterausschusses gilt § 8 Abs. 4 entsprechend.

§ 15 Zeugen und Sachverständige

(1) Zeugen und Sachverständige sind verpflichtet, auf Ladung des Ausschusses zu erscheinen. Sie sind in der Ladung auf die gesetzlichen Folgen des Ausbleibens hinzuweisen.

(2) Gegen einen ordnungsgemäß geladenen Zeugen, der ohne genügende Entschuldigung nicht erscheint oder ohne gesetzlichen Grund das Zeugnis oder die Eidesleistung verweigert, oder gegen einen zur Erstattung des Gutachtens verpflichteten Sachverständigen, der ohne genügende Entschuldigung nicht erscheint oder ohne gesetzlichen Grund die Erstattung des Gutachtens oder die Eidesleistung verweigert, wird auf Antrag des Untersuchungsausschusses vom zuständigen Gericht eine Ordnungsstrafe verhängt; die entstandenen Kosten werden ihm auferlegt. Die §§ 51, 70 und 77 der Strafprozeßordnung finden entsprechende Anwendung.

(3) Auf Antrag des Ausschusses ordnet das zuständige Gericht die Vorführung an (§ 51 StPO).

(4) Die Vollstreckung der Ordnungsstrafe und der Vorführungsanordnung erfolgt nach den für den Strafprozeß geltenden Vorschriften (§ 36 StPO).

§ 16 Zeugnisverweigerung

(1) Ein Zeuge kann die Auskunft auf solche Fragen verweigern, deren Beantwortung ihm selbst oder einem der im § 52 Abs. 1 StPO bezeichneten Angehörigen die Gefahr zuziehen würde, wegen einer Straftat verfolgt zu werden. Die Vorschriften der Strafprozeßordnung (§§ 53, 53 a und 76 Abs. 1) finden Anwendung. Die Vorschriften des Landespressegesetzes über das Recht, das Zeugnis zu verweigern, bleiben unberührt.

(2) Ein Zeuge kann ferner die Auskunft auf solche Fragen verweigern, bei deren wahrheitsgemäßer Beantwortung er sich der Gefahr einer Abgeordnetenanklage oder einer Ministeranklage aussetzen würde.

(3) § 56 der Strafprozeßordnung findet entsprechende Anwendung.

§ 17 Zeugenbelehrung

(1) Zeugen und Sachverständige sind über ihr Recht zur Verweigerung des Zeugnisses zu belehren.

(2) Zeugen und Sachverständige sind vor ihrer Vernehmung zur Wahrheit zu ermahnen und darauf hinzuweisen, daß der Untersuchungsausschuß nach Maßgabe dieses Gesetzes zu ihrer Vereidigung berechtigt ist. Hierbei sind sie über die Bedeutung des Eides und die strafrechtlichen Folgen einer unrichtigen oder unvollständigen Aussage zu belehren.

§ 18 Vernehmung der Zeugen

(1) Zeugen sollen einzeln und in Abwesenheit der später zu hörenden Zeugen vernommen werden.

(2) Zeugen und Sachverständige werden zunächst durch den Vorsitzenden vernommen. Anschließend können die übrigen Ausschußmitglieder Fragen stellen. Der Vorsitzende kann ungeeignete oder nicht zur Sache gehörende Fragen zurückweisen.

(3) Bei Zweifeln über die Zulässigkeit von Fragen des Vorsitzenden sowie über die Rechtmäßigkeit der Zurückweisung von Fragen der übrigen Ausschußmitglieder entscheidet auf Antrag eines Ausschußmitgliedes der Untersuchungsausschuß.

§ 19 Vereidigung

(1) Der Untersuchungsausschuß entscheidet über die Vereidigung von Zeugen und Sachverständigen.

(2) Zeugen und Sachverständige sollen nur vereidigt werden, wenn der Untersuchungsausschuß es wegen der Bedeutung der Aussage oder zur Herbeiführung einer wahrheitsgemäßen Aussage für geboten erachtet.

(3) Die Vereidigung ist auf ein genau zu bezeichnendes Beweisthema zu beschränken. Dem Zeugen oder Sachverständigen ist vor der Vereidigung Gelegenheit zu geben, sich noch einmal zu diesem Beweisthema zu äußern. Die §§ 66 c bis 67 und 79 Abs. 2 und 3 der Strafprozeßordnung finden Anwendung.

(4) Von der Vereidigung ist abzusehen,

1. wenn der Verdacht besteht, der Zeuge könne an einer strafbaren Handlung beteiligt sein, deren Aufklärung nach dem Sinn des Untersuchungsauftrages zum Gegenstand der Untersuchung gehört,
2. wenn der Verdacht besteht, der Zeuge könne sich eines Verhaltens schuldig gemacht haben, das die Erhebung einer Abgeordneten- oder Ministeranklage rechtfertigen könnte,
3. in den Fällen des § 60 Nr. 1 StPO,
4. bei dem Betroffenen (§ 20).

§ 20 Rechtsstellung des Betroffenen

(1) Betroffene sind Personen, bei denen sich aus dem Sinn des Untersuchungsauftrages oder aus dem Verlauf der Untersuchung ergibt, daß die Untersuchung sich ausschließlich oder ganz überwiegend gegen sie richtet. Der Untersuchungsausschuß entscheidet im Einzelfall, ob diese Voraussetzungen vorliegen.

(2) Dem Betroffenen ist Gelegenheit zu geben, zeitlich vor den Zeugen eine zusammenhängende Sachdarstellung zu geben.

(3) Hält der Untersuchungsausschuß zur Aufklärung des Sachverhalts die Vernehmung des Betroffenen als Zeugen für unerläßlich, so stehen dem Betroffenen die Zeugnisverweigerungsrechte nach § 16 zu.

(4) Der Betroffene kann das Zeugnis ferner verweigern über Fragen, deren Beantwortung ihm oder einem seiner in § 52 Abs. 1 StPO bezeichneten Angehörigen zur Unehre gereichen oder schwerwiegende Nachteile bringen würde. Die Pflicht der Mitglieder der Landesregierung sowie ihrer Beauftragten, im Untersuchungsausschuß Rede und Antwort zu stehen, bleibt unberührt. Angehörige des öffentlichen Dienstes dürfen sich auf das Zeugnisverweigerungsrecht nach Satz 1 insoweit nicht berufen, als von ihnen Auskunft über amtliche und dienstliche Vorgänge einschließlich ihrer eigenen Amtsführung verlangt wird.

(5) Der Betroffene hat ein Beweisantrags- und Fragerecht sowie das Recht der Anwesenheit bei der Beweisaufnahme. Auf Antrag des Betroffenen kann ihm der Ausschuß für das gesamte Verfahren oder für einzelne Sitzungen die Beiziehung eines Beistandes gestatten, wenn die Beiziehung zum Schutze berechtigter Interessen des Betroffenen erforderlich erscheint. Der Vorsitzende kann dem Beistand gestatten, Fragen an die Zeugen und Sachverständigen zu richten und Beweisanträge zu stellen.

(6) Der Betroffene und der Beistand können von der nichtöffentlichen Beweisaufnahme ausgeschlossen werden, wenn Gründe der Staatssicherheit ihrer Anwesenheit entgegenstehen oder wenn dies zur Erlangung einer wahrheitsgemäßen Aussage erforderlich erscheint. Der Vorsitzende hat den Betroffenen jedoch, sobald er wieder vorgelassen ist, von dem wesentlichen Inhalt dessen zu unterrichten, was während seiner Abwesenheit ausgesagt oder sonst verhandelt worden ist, soweit nicht Gründe der Staatssicherheit dem entgegenstehen.

(7) Ergibt sich erst im Verlauf der Untersuchung, daß jemand Betroffener ist, so sind vor der Beschlußfassung (Absatz 1 Satz 2) liegende Untersuchungshandlungen nicht deshalb unwirksam. Er ist über alle zurückliegenden Untersuchungshandlungen und deren Ergebnisse in gedrängter Form zu unterrichten, soweit sie sich auf ihn beziehen und Gründe der Staatssicherheit nicht entgegenstehen. Dem Betroffenen ist Gelegenheit zur Stellungnahme zu geben.

§ 21 Andere Beweismittel

Der Untersuchungsausschuß kann bei dem zuständigen Gericht die Anordnung der Beschlagnahme, der Durchsuchung oder der körperlichen Untersuchung von Personen beantragen; die Vorschriften des 7. und 8. Abschnittes des ersten Buches der Strafprozeßordnung finden sinngemäß Anwendung.

§ 22 Rechts- und Amtshilfe

(1) Beim Ersuchen um Rechts- und Amtshilfe zur Vernehmung von Zeugen oder Sachverständigen sind die an den Zeugen oder Sachverständigen zu richten-

den Fragen im einzelnen festzulegen. Dem Ersuchen ist eine schriftliche Fassung des Untersuchungsauftrages beizufügen.

(2) Über die Untersuchungshandlung durch die ersuchte Behörde ist ein Protokoll aufzunehmen.

§ 23 *Verlesung von Protokollen und Schriftstücken*

(1) Die Protokolle über Untersuchungshandlungen ersuchter Gerichte und Verwaltungsbehörden sowie Schriftstücke, die als Beweismittel dienen, sind vor dem Ausschuß zu verlesen.

(2) Von der Verlesung kann Abstand genommen werden, wenn die Protokolle oder Schriftstücke allen Ausschußmitgliedern sowie den Betroffenen zugänglich gemacht worden sind und die Mehrheit der anwesenden Ausschußmitglieder auf die Verlesung verzichtet.

(3) Die Verlesung hat in nichtöffentlicher Sitzung zu erfolgen, wenn die Voraussetzungen des § 9 Abs. 2 gegeben sind.

§ 24 *Aussetzung und Einstellung des Verfahrens*

(1) Das Untersuchungsverfahren kann ausgesetzt werden, wenn eine alsbaldige Aufklärung auf andere Weise zu erwarten ist oder die Gefahr besteht, daß gerichtliche Verfahren oder Ermittlungsverfahren beeinträchtigt werden. Über die Aussetzung entscheidet der Landtag; ist der Ausschuß auf Grund eines Minderheitsantrages eingesetzt worden, bedarf die Aussetzung der Zustimmung der Antragsteller. Ein ausgesetztes Verfahren kann jederzeit durch Beschluß des Plenums wiederaufgenommen werden.

(2) Der Landtag kann einen Untersuchungsausschuß vor Abschluß der Ermittlungen auflösen; Absatz 1 Satz 2 gilt entsprechend.

§ 25 *Bericht*

(1) Nach Abschluß der Untersuchung erstattet der Untersuchungsausschuß dem Landtag einen schriftlichen Bericht.

(2) Die Anfertigung des Berichtsentwurfs obliegt dem Vorsitzenden. Über die endgültige Abfassung entscheidet der Untersuchungsausschuß mit Mehrheit der anwesenden Mitglieder.

(3) Jedes Mitglied des Untersuchungsausschusses hat das Recht, seine in der Beratung vertretene abweichende Meinung in gedrängter Form darzulegen; dieser Bericht ist dem Bericht des Ausschusses anzuschließen.

(4) Der Landtag kann während der Untersuchung jederzeit vom Untersuchungsausschuß einen Bericht über den Stand des Verfahrens verlangen.

§ 26 *Gerichtliche Zuständigkeit*

(1) Zuständiges Gericht im Sinne dieses Gesetzes ist das Amtsgericht am Sitz des Landtages.

(2)   Die Vorschriften der Strafprozeßordnung über die Beschwerde sind mit der Maßgabe anzuwenden, daß an Stelle der Staatsanwaltschaft der Vorsitzende des Untersuchungsausschusses tritt.

§ 27 Kosten und Auslagen

(1)   Die Kosten des Untersuchungsverfahrens trägt das Land. Zeugen und Sachverständige werden nach dem Gesetz über die Entschädigung von Zeugen und Sachverständigen entschädigt. Die Entschädigung wird durch die Verwaltung des Landtags festgesetzt. Der Zeuge oder Sachverständige kann bei dem zuständigen Gericht (§ 26) die gerichtliche Festsetzung der Entschädigung beantragen; § 16 des Gesetzes über die Entschädigung von Zeugen und Sachverständigen gilt entsprechend.

(2)   Dem Betroffenen können die durch die Wahrnehmung der ihm nach diesem Gesetz zustehenden Rechte entstandenen notwendigen Auslagen ganz oder teilweise erstattet werden. Hierüber entscheidet der Untersuchungsausschuß nach pflichtgemäßem Ermessen. Die Höhe der erstattungsfähigen Auslagen wird von der Verwaltung des Landtags festgesetzt; die Entschädigung nach Absatz 1 ist anzurechnen. Absatz 1 Satz 4 gilt entsprechend.

Empfehlungen der Enquête-Kommission Verfassungsreform des Deutschen Bundestages

1   Untersuchungsausschüsse

1.1   Problemstellung

Im Rahmen der Parlamentsreform kommt der Frage der Untersuchungsmöglichkeiten des Bundestages erhebliche Bedeutung zu. Die Institution des Untersuchungsausschusses nach Artikel 44 GG hat im Regierungssystem der Bundesrepublik Deutschland – aber nicht nur hier – eine Tradition als Organ zur Untersuchung von Mißständen im Bereich alles dessen, was in die Verantwortung der Bundesregierung oder eines Bundesministers (Artikel 65 GG) sowie des Bundestages selbst fällt. Ein Untersuchungsausschuß pflegt ad hoc eingesetzt zu werden, wenn Behörden oder Einzelpersonen in den Verdacht nachlässiger, unredlicher oder sonst unzulässiger Wahrnehmung der ihnen übertragenen Aufgaben und Befugnisse geraten. Solche »Mißstands-Enquêten« haben das Bild des Untersuchungsausschusses, auch in der Öffentlichkeit, geprägt, wiewohl die Möglichkeiten des Artikels 44 GG auch einen wesentlich breiteren Einsatzbereich für diese

Institution zuließen. Die Kommission hält es jedoch für zweckmäßig, wenn in Zukunft immer deutlicher zwischen Mißstands-Untersuchungen und Enquêten unterschieden würde, die der Vorbereitung umfangreicherer Gesetzgebungsvorhaben dienen – obwohl jedenfalls nach geltendem Verfassungsrecht beide auf denselben Grundgesetzartikel gestützt werden. Der Untersuchungsausschuß wurde insbesondere auch zu einem Instrument der politischen Auseinandersetzung zwischen Parlamentsmehrheit und Opposition; es hat sich verschiedentlich gezeigt, daß das Interesse der Parlamentsmehrheit an einer Untersuchung von zweifelhaften Vorgängen innerhalb der von ihr getragenen Regierung oder in den Reihen ihrer eigenen Abgeordneten geringer ist als das der Opposition. Es hat sich allerdings herausgestellt – nicht zuletzt auf Grund der Erfahrungen im 7. Deutschen Bundestag –, daß das Untersuchungsverfahren noch in wesentlichen Punkten befriedigenderer Regelungen bedarf.
Die Kommission neigt in Übereinstimmung mit den Beschlüssen einer Kommission der Konferenz der Präsidenten der deutschen Länderparlamente vom 12./ 13. März und 27. Juni 1972 dazu, das Schwergewicht der Funktion des Untersuchungsausschusses auf den Aspekt der politischen Auseinandersetzung zu legen, wenngleich dadurch die notwendige Sachaufklärung bei der Untersuchung von Mißständen nicht leiden soll. Mitbestimmend für diese Entscheidung war das gegenüber den Anfängen des Parlamentarismus gewandelte Parlamentsverständnis. Ohne die Eigenständigkeit des Bundestages als unabhängiges und von der Regierung getrenntes Verfassungsorgan aufzugeben, muß doch berücksichtigt werden, daß sich politisch die Bundesregierung und die sie tragende (absolute oder Koalitions-)Mehrheit im Bundestag einerseits und die Opposition andererseits als mehr oder weniger homogene Gegenspieler gegenüberstehen. Dies bedeutet naturgemäß eine nicht unerhebliche Gewichtsverlagerung bei der Kontrolle der Exekutive auf die parlamentarische Opposition. Diese muß daher auch durch institutionelle Hilfen in den Stand gesetzt werden, aus ihrer Minderheitsposition die Kontrollaufgaben wahrzunehmen, zu deren Ausübung das Gesamtparlament politisch, wenn auch nicht weniger geeignet, so doch infolge der politischen Zusammengehörigkeit von Regierung und Regierungsmehrheit praktisch weniger geneigt sein dürfte. Aus dieser Grunderkenntnis ergeben sich dann die Lösungsvorschläge, für die die Kommission sich entschieden hat.

1.2   Empfehlungen der Kommission

Die Kommission hat die folgenden Empfehlungen beschlossen, die teils das geltende Recht bestätigen, teils Modifizierungen des bisher geübten Verfahrens vorsehen und teils die Änderung des Artikels 44 GG notwendig machen:
1. Der Bundestag muß auf Antrag eines Viertels seiner Mitglieder ein Untersuchungsverfahren einleiten. Der Antrag muß den Gegenstand der Untersuchung näher bezeichnen.

2. Zur Durchführung des Untersuchungsverfahrens bestellt der Bundestag einen Untersuchungsausschuß, bestehend aus
   a) einem nicht stimmberechtigten Vorsitzenden
      und
   b) bis zu neun stimmberechtigten Mitgliedern nach der Stärke der Fraktionen; mindestens zwei Mitglieder müssen zu den Antragstellern gehören.
3. Dem Untersuchungsausschuß soll ein Parlamentarier und nicht ein Richter vorsitzen. Der Vorsitzende braucht die Befähigung zum Richteramt nicht zu besitzen.
4. Der Vorsitzende wird vom Bundestag in der Reihenfolge der Stärke der Fraktionen gewählt; die Mitglieder werden von den Fraktionen benannt.
5. Von diesem Vorsitzenden ist die faire und unparteiische Handhabung der Verfahrensordnung zu fordern. Deswegen kann er nicht Wortführer einer Seite und nicht stimmberechtigt sein.
6. Der Vorsitzende leitet das Untersuchungsverfahren. Er ist dabei gebunden an
   a) den Untersuchungsbeschluß des Bundestages,
   b) das Verfahrensgesetz,
   c) die allgemeinen Gesetze,
   d) einen Beschluß, dem die Mehrheit jeder der im Untersuchungsausschuß vertretenen Fraktionen zugestimmt hat,
   e) einen Beschluß, der mit der Mehrheit von mindestens zwei Dritteln der anwesenden stimmberechtigten Mitglieder des Untersuchungsausschusses gefaßt worden ist.
7. Jedes Miglied des Untersuchungsausschusses hat das Recht,
   a) zusammen mit einem weiteren Mitglied Beweisanträge zu stellen,
   b) sonstige Anträge zu stellen,
   c) Fragen an Auskunftspersonen zu richten
      und
   d) seine Auffassung über Ablauf und Ergebnis des Untersuchungsverfahrens im Schlußbericht an den Bundestag niederzulegen.
8. Der Vorsitzende kann auf Antrag des Präsidiums vom Bundestag abberufen werden, wenn er seine ihm nach Nummer 6 obliegenden Pflichten gröblich verletzt hat oder wenn ein sonstiger wichtiger Grund vorliegt.
9. Der Untersuchungsausschuß legt dem Bundestag einen schriftlichen Bericht über Ablauf und Ergebnis des Untersuchungsverfahrens vor.
10. Der Bundesregierung soll nicht generell ein Zutrittsrecht zum Untersuchungsausschuß verweigert werden; es soll aber die Möglichkeit zur Einschränkung des Anwesenheitsrechts und Rederechts der Bundesregierung für den Einzelfall zugelassen werden. Dazu soll das Verfahrensgesetz festlegen:
   a) die Einschränkbarkeit des Anwesenheitsrechts der Bundesregierung für die Beratungsphase des Untersuchungsverfahrens,

b) die Ausschließbarkeit einzelner Mitglieder oder Beauftragter der Bundesregierung bei der Beweisaufnahme und bei den Beratungen des Untersuchungsausschusses.

Für die Mitglieder des Bundesrates und ihre Beauftragten soll gleiches gelten.

11. Die Bundesregierung darf die Vorlage der Akten nur dann verweigern, wenn davon zu erwartende erhebliche Nachteile für die Beziehungen der Bundesrepublik Deutschland zu anderen Staaten oder für die (äußere und innere, einschließlich wirtschaftliche) Sicherheit der Bundesrepublik Deutschland glaubhaft gemacht werden.

12. Bei Weigerung eines Bundesministers, Akten vorzulegen oder Aussagegenehmigungen zu erteilen, kann der Untersuchungsausschuß die Entscheidung der Bundesregierung herbeiführen. Die Durchführung dieses Verfahrens muß verfassungsrechtlich gesichert sein.

13. Zur Verwirklichung dieser Grundsätze ist – nach entsprechender Änderung des Grundgesetzes – ein eigenes Verfahrensgesetz für Untersuchungsausschüsse (Verfahrensregelung) zu erlassen. Die sinngemäße Anwendung der Strafprozeßordnung soll entfallen.

14. Das Verfahrensgesetz soll insbesondere enthalten:
   a) das Recht eines Viertels der stimmberechtigten Mitglieder, einer Änderung eines Beweisbeschlusses zu widersprechen,
   b) eine Regelung der Beschlußfähigkeit des Untersuchungsausschusses, wobei diese fortgelten soll, bis sie angezweifelt wird,
   c) ein Verwertungsverbot für Akten und andere Urkunden, die nicht verlesen wurden und von den Mitgliedern nicht gelesen werden konnten,
   d) die Verantwortung des Vorsitzenden für die Vorlage des Berichts an das Plenum ohne die Verpflichtung, diesen Bericht zu entwerfen und zu unterschreiben,
   e) eine Vorschrift über die Aussetzung und Einstellung des Untersuchungsverfahrens, wobei ein Viertel der Mitglieder des Ausschusses der Aussetzung, ein Viertel der Mitglieder des Bundestages der Einstellung widersprechen können soll.

15. Das Verfahrensgesetz soll Abstand nehmen von:
   a) einer Voruntersuchung durch einen Vertreter des öffentlichen Interesses beim Bundestag oder einen dafür eingesetzten Unterausschuß,
   b) einer Unterscheidung zwischen Zeugen und Betroffenen,
   c) der Verpflichtung des Vorsitzenden, das Protokoll zu unterschreiben,
   d) dem Zwang, alle Akten zu verlesen,
   e) dem Recht zur Vereidigung,
   f) der Zulässigkeit eines Untersuchungsausschusses zur Vorbereitung der Präsidentenanklage gemäß Artikel 61 GG (oder einer Abgeordnetenanklage, wie nach Landesverfassungsrecht zulässig).

Zur Realisierung der vorstehenden Empfehlungen schlägt die Kommission folgende Grundgesetzänderung vor:

»Artikel 44 (neu)

(1) Der Bundestag hat das Recht und auf Antrag eines Viertels seiner Mitglieder die Pflicht, einen Untersuchungsausschuß einzusetzen, der in öffentlicher Verhandlung die erforderlichen Beweise erhebt. Die Öffentlichkeit kann ausgeschlossen werden. Beweise, die von mindestens zwei stimmberechtigten Mitgliedern des Untersuchungsausschusses beantragt werden, müssen erhoben werden, es sei denn, daß sie offensichtlich außerhalb des Untersuchungsauftrages liegen.

(2) Den Vorsitz im Untersuchungsausschuß führt ein vom Bundestag gewähltes, im Untersuchungsausschuß nicht stimmberechtigtes Mitglied des Bundestages.

(3) Gerichte und Verwaltungsbehörden sind zur Rechts- und Amtshilfe verpflichtet. Die Bundesregierung und ihre Mitglieder sind zur Vorlage aller vom Untersuchungsausschuß angeforderten Akten und Unterlagen verpflichtet, es sei denn, sie machen glaubhaft, daß durch die Vorlage erhebliche Nachteile für die äußere, innere oder wirtschaftliche Sicherheit der Bundesrepublik Deutschland oder ihre Beziehungen zu anderen Staaten eintreten. Weigert sich ein Mitglied der Bundesregierung, Akten oder Unterlagen vorzulegen oder Aussagegenehmigungen zu erteilen, so kann der Untersuchungsausschuß eine Entscheidung der Bundesregierung verlangen. Das Brief-, Post- und Fernmeldegeheimnis bleibt unberührt.

(4) Die Beschlüsse der Untersuchungsausschüsse sind der richterlichen Erörterung entzogen. In der Würdigung und Beurteilung des der Untersuchung zugrunde liegenden Sachverhaltes sind die Gerichte frei.

(5) Der Zutritt von Mitgliedern des Bundesrates und der Bundesregierung sowie ihren Beauftragten zu den Sitzungen von Untersuchungsausschüssen des Bundestages kann für den Einzelfall auf Grund eines Gesetzes beschränkt werden.

(6) Das Nähere regelt ein Bundesgesetz, das insbesondere die Rechte der Ausschußminderheit sicherzustellen hat.«

1.3 Grundfragen und Einzelprobleme des parlamentarischen Untersuchungsrechts

1.3.1 *Grundverständnis des parlamentarischen Untersuchungsrechts*

Das Parlament bedarf eines geeigneten Untersuchungsverfahrens zur Aufklärung von Sachverhalten. Ein solches parlamentarisches Untersuchungsverfahren ist kein gerichtsähnliches Verfahren. Es dient vielmehr der Aufklärung tatsächlicher Sachverhalte mit parlamentarischen Mitteln zum Zweck einer politischen Bewertung. Daher erscheint es nicht zweckmäßig, die auf das gerichtliche Strafverfahren zugeschnittene Strafprozeßordnung auch künftig als Verfahrensgrundlage zu wählen – und zwar selbst dann nicht, wenn dieses Gesetz nicht unmittelbar, sondern nur sinngemäß angewendet werden soll. Im parlamentarischen Untersuchungsverfahren stehen nämlich in der Regel auf der einen Seite diejenigen, die sich von der Aufklärung der gestellten Fragen einen politischen Vorteil versprechen, und auf der anderen Seite diejenigen, die einen politischen Nachteil befürchten. Diese Positionen wechseln allerdings im Laufe des Untersuchungsverfahrens wegen einzelner Untersuchungsthemen möglicherweise mehrfach.

In dem Untersuchungsverfahren muß grundsätzlich für alle Seiten – unbeschadet der Besetzung des Untersuchungsausschusses nach Fraktionen – Waffengleichheit bestehen.

Der Untersuchungsausschuß ist der Ort, an dem alle Beteiligten in einem geordneten Verfahren Beweismittel zu den Fragen vortragen können, mit deren Untersuchung der Ausschuß beauftragt ist. Ungeachtet von Recht und Pflicht des Untersuchungsausschusses, die ihm unterbreiteten Beweise zu würdigen und dem Plenum einen bestimmten Antrag vorzulegen, bewertet das Ergebnis der Untersuchung letztendlich nicht das Parlament allein, sondern die öffentliche Meinung sowie das Volk. Das Volk kann allerdings in der Regel nicht das gesamte Untersuchungsverfahren in eigener Anschauung verfolgen. Es wird unterrichtet durch die Medien. Deshalb kommt der unparteiischen Berichterstattung über Untersuchungsverfahren eine entscheidende Bedeutung zu.

Geht man davon aus, daß es sich beim Untersuchungsverfahren um ein parlamentarisches und nicht um ein gerichtliches Verfahren handelt, so ergeben sich für die Gestaltung des Untersuchungsverfahrens folgende Konsequenzen:

1.3.2   *Die Besetzung des Untersuchungsausschusses*

Die Kommission spricht sich dafür aus, Untersuchungsausschüsse nur mit Mitgliedern des Parlaments zu besetzen. Da der Untersuchungsausschuß einem parlamentarischen Verfahren zur Kontrolle der Regierung einschließlich der Verwaltung oder zur Prüfung innerer Angelegenheiten des Parlaments dient, erfordert die Mitwirkung im Untersuchungsausschuß Kenntnisse des parlamentarischen Lebens. Außenstehende könnten sich schwerlich in die Bedingungen eines Untersuchungsverfahrens finden, das die Fortsetzung von Politik mit den spezifischen Mitteln einer parlamentarischen Untersuchung bedeutet. Die Mitglieder eines Untersuchungsausschusses können demnach nicht gesetzlich zur Unparteilichkeit verpflichtet sein. Man muß vielmehr davon ausgehen, daß die an einem derartigen Verfahren mitwirkenden Parlamentarier Persönlichkeiten sind, die es von ihrer sonstigen Tätigkeit her gewohnt sind, politisch zu handeln und hierbei in besonderem Maße auch das Mittel der kritischen und bisweilen selbst polemischen Auseinandersetzung zu benutzen. Dennoch wird man auch von einem Parlamentarier, der Mitglied eines Untersuchungsausschusses ist, erwarten müssen, daß er sein persönliches Verhalten der besonderen Aufgabe dieses Gremiums anpaßt und sich in dieser Eigenschaft bemüht, der Wahrheit zu dienen. Wenn die Kommission trotzdem dem Vorschlag nicht gefolgt ist, die Mitgliedschaft in einem parlamentarischen Untersuchungsausschuß an die vorherige Ausübung herausgehobener Funktionen im Parlament (wie z. B. Vizepräsident, Fraktionsvorsitzender u. ä.) zu knüpfen, so einmal, weil dies bei länger dauernden Untersuchungsverfahren aus Gründen der persönlichen Arbeitskapazität häufig nicht mit der Ausübung derartiger Positionen vereinbar erscheint und zum anderen, weil die Kommission der Auffassung war, daß der Bundestag – wie der Geheimdienst-Untersuchungsausschuß in der 5. Wahlperiode bewiesen hat – auch ohne ausdrückliche Regelung zu einer entsprechenden Besetzung in Fällen von besonderer Bedeutung kommen wird. Die Tatsachenfeststellung im Untersuchungsverfahren ist weitgehend in die politische Auseinandersetzung hineingezogen, so daß legitimerweise auch taktisches Verhalten die Handlungen der Mitglieder bestimmt.

Verworfen wurde der Gedanke, daß das Verfahren des Untersuchungsausschusses objektiviert und insbesondere der Minderheit im Ausschuß eine bessere Chance eingeräumt werden könnte, wenn der Ausschuß nicht nur mit Parlamentariern, sondern auch mit Richtern – etwa der obersten Gerichtshöfe des Bundes – besetzt würde. Nach diesen Vorschlägen sollten neben den Abgeordneten etwa drei Richter in den Untersuchungsausschuß berufen werden, die an kein Parteiinteresse gebunden wären und deshalb von der einen oder anderen Seite überzeugt und hinzugewonnen werden könnten; dadurch sollte die Möglichkeit eröffnet werden, daß die Minderheit im Ausschuß zur Mehrheit werden könnte, sofern es ihr gelänge, die Richter von ihrer Auffassung zu überzeugen. Ziel einer solchen Besetzung war nicht nur ein besonders starker Minderheitenschutz, sondern auch der Zwang zur rationalen und sachlichen Argumentation in den Ausschußberatungen. Die Kommission war jedoch der Auffassung, daß in einem Untersuchungsausschuß immer politische Interessen zur Geltung kommen und auch ausgetragen werden sollen, zu deren Beurteilung und Einschätzung die nicht parlamentserfahrenen Richter weniger imstande wären; gerade weil es dem Untersuchungsausschuß nicht nur um die Sachaufklärung, sondern auch um die politischen Folgen seiner Arbeit und seiner Ergebnisse geht, sollte er ausschließlich Sache des Parlaments bleiben.

In diesem Zusammenhang wurde auch die Frage geprüft, ob die Mitglieder des Untersuchungsausschusses besondere Qualifikationen besitzen sollten. Insbesondere wurde erwogen, ob für den Vorsitz im Untersuchungsausschuß die Befähigung zum Richteramt von dem betreffenden Abgeordneten zu verlangen sei. Es wurde erörtert, ob eine solche Qualifikation des Vorsitzenden besonders geeignet sein könnte, den Ausschuß in Verfahrensfragen ohne Unsicherheit und unter Beachtung aller rechtsstaatlichen Grundsätze zu führen. Jedoch ist die Befähigung zum Richteramt nicht der einzige denkbare Nachweis für jene Qualifikation; vor allem aber würde durch die Schaffung einer solchen Voraussetzung der Kreis der für einen Ausschußvorsitz in Betracht kommenden Abgeordneten eingeengt und eine Ungleichbehandlung der Abgeordneten in dieser Frage eintreten. Außerdem ist jeder erfahrene Abgeordnete in der Lage, Verhandlungen unter Beachtung parlamentarischer Regeln unvoreingenommen zu leiten.

Die Kommission fordert von dem Vorsitzenden, der Parlamentarier sein muß und die Befähigung zum Richteramt nicht zu besitzen braucht, eine faire und unparteiische Verhandlungsleitung und Handhabung der Verfahrensordnung. Sie will verhindern, daß er Wortführer der Antragsteller oder Antragsgegner wird, und will daher seine Tätigkeit allein auf die formelle Verhandlungsleitung beschränkt wissen. Deshalb billigt sie ihm kein Stimmrecht im Untersuchungsausschuß zu. Sein Sitz soll aber auch nicht der Fraktion, der er angehört, auf die ihr zukommenden Sitze angerechnet werden. Die Vorsitzenden der Untersuchungsausschüsse sollen vielmehr vom Bundestag in der Reihenfolge der Stärke der Fraktionen gewählt werden. Ihre Abberufung durch den Bundestag soll auf Antrag des Präsidiums möglich sein, wenn sie ihre Pflichten gröblichst verletzen oder wenn ein sonstiger wichtiger Grund vorliegt.

Die Mitglieder des Untersuchungsausschusses sollen hingegen von den Fraktionen in der für die Besetzung von Ausschüssen üblichen Weise benannt werden. Die Verteilung der Sitze soll nach der Stärke der Fraktionen erfolgen. Abgelehnt wurde damit eine paritätische Besetzung des Untersuchungsausschusses mit einer gleichen Anzahl von Mitgliedern des Parlaments, die zu den Antragstellern gehören, und solchen, die sich dem Antrag auf Einsetzung des Untersuchungsausschusses nicht angeschlossen haben. Die Verwirklichung einer solchen Regel würde nämlich in der Praxis auf unüberwindliche Schwierigkeiten stoßen. Ließe sich zwar der Kreis der Antragsteller noch eingrenzen, so wäre doch kaum definierbar, wer denn die übrigen Mitglieder des Parlaments zu repräsentieren berufen sein könnte. Wenn – was in der Praxis aus naheliegenden politisch-psychologischen Gründen häufig der Fall ist – ein Untersuchungsausschuß einstimmig beantragt wird, liefe eine derartige Regelung leer. Sie muß immer auch dann versagen, wenn ein solcher Antrag nicht von geschlossenen Fraktionen, sondern von einer Gruppe von Abgeordneten ausgeht, die entweder nur einen Teil einer Fraktion darstellen oder sich aus mehreren Fraktionen rekrutieren, ohne daß diese sich alle oder zum Teil mit dem Antrag identifizieren.

Ein Untersuchungsausschuß soll aus höchstens neun stimmberechtigten Mitgliedern bestehen. Darunter sollen sich mindestens zwei Abgeordnete aus den Reihen der Antragsteller dieses Untersuchungsausschusses befinden. Wegen der Abberufung von stimmberechtigten Mitgliedern des Untersuchungsausschusses läßt die Kommission offen, ob sie nach den für ständige Ausschüsse geltenden Regeln oder nach besonderen Vorschriften erfolgen können soll.

Die Kommission hat keine Empfehlung zur Stellvertretung für den nicht stimmberechtigten Vorsitzenden und für die stimmberechtigten Mitglieder des Untersuchungsausschusses beschlossen. Sie überläßt es dem Verfahrensgesetz für Untersuchungsausschüsse, ob und mit welchen Rechten eine Stellvertretung zugelassen werden soll.

1.3.3 Das Untersuchungsverfahren

Durch die Anknüpfung an die Strafprozeßordnung sind im Verfahren des Untersuchungsausschusses eine Reihe von Problemen aufgetreten. Artikel 44 Abs. 2 GG bestimmt die sinngemäße Anwendung der Strafprozeßordnung für die Beweiserhebung des Ausschusses. Gerade in diesem Bereich paßt jedoch der Rückgriff auf strafprozessuale Bestimmungen häufig nicht. Oft sind es gerade die durch § 96 der Strafprozeßordnung richterlicher Aufklärung entzogenen Unterlagen, die der Ausschuß für eine erfolgreiche Tätigkeit benötigt. Ferner genießt im Strafverfahren ein zu vereidigender Zeuge besonderen Schutz durch ein Zeugnisverweigerungsrecht für bestimmte Fälle; ein Zeugnisverweigerungsrecht dieses Umfangs ist jedoch für das Verfahren des Untersuchungsausschusses häufig zu weit. Die Kommission befürwortet deshalb ein selbständiges Verfahrensgesetz.

Für das Verfahrensgesetz (Gesetz über das Untersuchungsverfahren) hat die Kommission sowohl Empfehlungen beschlossen, die vom Bundestag berücksichtigt werden sollen, als auch solche, von denen er Abstand nehmen soll.

Der Untersuchungsauftrag darf gegen den Willen der Antragsteller nicht verändert werden. Außerdem geht die Kommission davon aus, daß die Einsetzung eines zweiten, parallel arbeitenden Untersuchungsausschusses insoweit unzulässig ist, als der Untersuchungsgegenstand des ersten konsumiert würde.

Die Kommission empfiehlt insbesondere, für Beweisanträge den Antrag von zwei der höchstens neun stimmberechtigten Ausschußmitglieder genügen zu lassen. Der Beweisbeschluß selbst soll von der Mehrheit gefaßt werden. Abgelehnt wurde der Vorschlag, daß ein Viertel der stimmberechtigten Mitglieder einem Beweisantrag widersprechen können soll, weil Beweise, die zum Untersuchungsthema gehören, nach den Vorstellungen der Kommission erhoben werden müssen und die Zurückweisung von Beweisanträgen, die rechtswidrig sind, Sache des Vorsitzenden sein soll. Ein Viertel der stimmberechtigten Migleder soll allerdings eine Änderung eines Beweisbeschlusses verhindern können, weil diese Minderheit selbst antragsfähig ist, so daß eine derartige Regelung der Vereinfachung und Rationalisierung des Verfahrens dient.

Wenn es auch zum Sinn des parlamentarischen Regierungssystems gehört, daß die gewählte Mehrheit sich auch in den Gliederungen des Parlaments durchsetzen kann, so müssen doch im Bereich der Sachaufklärung ausreichende Befugnisse der Minderheit vorhanden sein. Das Recht der Ausschußminderheit, die Beweiserhebung des Ausschusses maßgeblich mitbestimmen zu können, findet seine Grenze allerdings im Untersuchungsauftrag; wird dieser Rahmen offensichtlich verlassen, so braucht der Ausschuß die beantragte Beweiserhebung nicht durchzuführen.

Die Kommission spricht sich dafür aus, in der Verfahrensordnung eine Regelung der Beschlußfähigkeit des Untersuchungsausschusses zu treffen. Die konkrete Regelung stellt die Kommission dem Parlament anheim. Sie regt jedoch an, daß die Beschlußfähigkeit des Untersuchungsausschusses so lange fortgelten soll, bis sie angezweifelt wird. In verfahrensmäßiger Hinsicht empfiehlt die Kommission außerdem auf Grund der Erfahrungen der letzten Untersuchungsausschüsse, die Verlesung aller Akten und Urkunden nicht mehr zu verlangen, statt dessen lediglich ein Verwertungsverbot für Akten und andere Urkunden, die nicht verlesen wurden und von den Mitgliedern nicht gelesen werden konnten, vorzusehen. Schließlich soll der Vorsitzende nicht verpflichtet werden, die Protokolle über die Sitzungen des Untersuchungsausschusses zu unterzeichnen; ihm soll lediglich die Verpflichtung auferlegt sein, für die Erstellung des Protokolls Sorge zu tragen. Desgleichen soll der Vorsitzende nicht verpflichtet sein, den Bericht über die Arbeit des Untersuchungsausschusses an das Plenum zu entwerfen und zu unterzeichnen; ihm soll allerdings die Verantwortung für die Vorlage des Berichts an das Plenum treffen.

Die Kommission wendet sich gegen eine Voruntersuchung durch einen Vertreter des öffentlichen Interesses beim Bundestag oder durch einen dafür eingesetzten Unterausschuß. Eine Voruntersuchung würde die Verantwortung des Untersuchungsausschusses schmälern. Von einem Unterausschuß ließe sich die Konzentration auf die wesentlichen Tatsachenfeststellungen ebensowenig wie vom Untersuchungsausschuß selbst erwarten. Bei der Beweiserhebung im Untersuchungsverfahren können kaum Tatsachenfeststellung und Beweiswürdigung voneinander getrennt werden. Die Würdigung der Untersuchungsfeststellungen unterliegt zudem politischer Beurteilung und Verantwortung. Eine Voruntersuchung könnte außerdem in der Praxis nicht vertraulich durchgeführt werden, so daß sie praktisch das ganze Untersuchungsverfahren antizipierte und das eigentliche Verfahren zu einer reinen Formsache ohne Interesse degradierte.

Eine Unterscheidung von Zeugen und Betroffenen soll nicht eingeführt werden. Obwohl eine Minderheit der Kommission die Auffassung vertrat, bei Untersuchungsausschüssen einiger Landtage habe sich eine solche Unterscheidung im Rahmen der Beweiserhebung als durchaus zweckmäßig bewährt, bildete sich die Meinung heraus, daß diese aus dem Strafprozeß stammende Differenzierung nicht in das System des parlamentarischen Untersuchungsverfahrens passe. Während im Strafverfahren die Verwirklichung eines bestimmten festumrissenen Tatbestandes im Hinblick auf die persönliche Schuld eines Menschen erforscht wird, geht es im Untersuchungsausschuß um die Aufklärung eines objektiven Sachverhalts unter politischen Gesichtspunkten. Sofern der Begriff der Schuld überhaupt in den Bereich der Politik übertragbar ist, wird es immer eine Frage des jeweiligen Standpunktes bleiben, was vorwerfbar in diesem Sinne ist. In der Politik kommt es darauf an, ob jemand Verantwortung für ein Tun oder Unterlassen trägt, wobei dies durchaus nicht nur sein eigenes zu sein braucht. Der politisch Verantwortliche muß nicht einmal von dem Geschehen gewußt haben, für das er dennoch ohne eigenes Verschulden einzustehen hat.

Die Kommission hat bei ihrer Entscheidung nicht verkannt, daß der Vorschlag, zwischen Zeugen und Betroffenen zu unterscheiden, auch von der Überlegung bestimmt war, dem Betroffenen einen gewissen Schutz zu gewähren, der etwa analog dem Schweigerecht des Angeklagten im Strafverfahren besondere Aussageverweigerungsrechte hätte vertretbar erscheinen lassen. Die Kommission hat jedoch auch in diesem Punkte eine Parallele zwischen dem Strafprozeß und dem parlamentarischen Untersuchungsverfahren verneint. Ist dort dem Angeklagten die Schuld nachzuweisen, so daß er nicht gezwungen werden darf, sich durch wahrheitsgemäße Aussagen selbst zu belasten, so kommt es vor einem parlamentarischen Untersuchungsausschuß in erster Linie darauf an, objektive Mißstände im staatlichen Bereich aufzuspüren und die Voraussetzung für ihre Beseitigung zu schaffen. Ziel des Untersuchungsverfahrens ist, eine ordnungsgemäße, saubere und zweckmäßige Regelung der öffentlichen Verwaltung zu gewährleisten, nicht aber persönliche Vorwürfe gegen einzelne Personen zu erheben.

Darüber hinaus würde in der Praxis die Unterscheidung zwischen (bloßer) Zeugenschaft und Betroffensein sehr schwer zu ziehen sein und damit zu in der Sache unfruchtbaren Auseinandersetzungen und Bewertungsdifferenzen im Untersuchungsausschuß führen, die Sachaufklärung also nur behindern.

Die Kommission spricht sich außerdem gegen eine Vereidigung durch den Untersuchungsausschuß aus. Der Eid hat nur wegen der analogen Anwendung der Strafprozeßordnung Eingang in das Verfahren der Untersuchungsausschüsse gefunden. Im Untersuchungsausschuß hat aber der Betroffene eine völlig andere Stellung als ein Zeuge im Gerichtsverfahren; einmal ist die Möglichkeit der Aussageverweigerung im Untersuchungsverfahren enger zu fassen, zum anderen besitzt der Untersuchungsausschuß nicht die Unbefangenheit des Gerichts, sondern ist immer als »befangen« im Sinne der parteipolitischen Interessenbindung anzusehen.

Sollte die Vereidigung nicht überhaupt abgeschafft werden, so empfiehlt die Kommission ein besonderes Verfahren für die Eidesabnahme, um zu gewährleisten, daß der Betroffene nicht in der besonderen Atmosphäre der Ausschußverhandlung mit ihrer Turbulenz und ihren vielfältigen politischen Spannungen zur Eidesleistung gezwungen wird. Der Eid soll vielmehr außerhalb der Sitzung nachträglich auf die schriftliche Aussage des zu Vereidigenden von einem Richter abgenommen werden. Eine Mindermeinung in der Kommission sprach sich für die Abnahme der Eidesleistung durch den Ausschußvorsitzenden mit der Begründung aus, wer vom Parlament zum Vorsitzenden eines Untersuchungsausschusses bestimmt werde, habe sicherlich die gleiche Qualifikation zur Objektivität, wie sie ein Richter am Amtsgericht besitze. Die Kommission meinte jedoch, der Richter gewährleiste besser als der Ausschußvorsitzende, der zudem nicht unbedingt die Befähigung zum Richteramt zu besitzen braucht, die zur Objektivität der Eidesabnahme notwendige Distanz zum Ausschußverfahren.

Die Kommission geht ferner davon aus, daß bei Wegfall der Vereidigung ein gewisser Druck zur Erlangung wahrheitsgemäßer Aussagen noch erforderlich bleibt; deshalb soll in ein Verfahrensgesetz für den Untersuchungsausschuß eine Pflicht zur wahrheitsgemäßen Aussage einschließlich entsprechender Sanktionsmöglichkeiten aufgenommen werden. Dementsprechend soll auch ein persönliches Zeug-

318

nisverweigerungsrecht vorgesehen werden, das allerdings enger als in der Strafprozeßordnung gefaßt werden müßte. Damit ist jedoch nicht der Fall der beamtenrechtlichen Aussagegenehmigung berührt, sondern nur der persönliche Schutz der Auskunftspersonen (Zeugen).

Schließlich spricht sich die Kommission gegen die Zulässigkeit eines Untersuchungsausschusses zur Vorbereitung der Präsidentenanklage nach Artikel 61 GG aus. Desgleichen empfiehlt sie nicht, Untersuchungsausschüsse zur Vorbereitung von Abgeordnetenanklagen, wie sie nach einigen Landesverfassungen zugelassen sind, zu gestatten. Die Kommission ist nämlich der Meinung, daß ein aktuelles Bedürfnis für solche Anklagen nicht erkennbar ist und daher Regelungen, die über das geltende Recht hinausgehen, nicht zweckmäßig sind.

1.3.4 *Das Verhältnis zur Bundesregierung*

Nach Artikel 43 Abs. 2 GG hat die Bundesregierung – ebenso der Bundesrat – auch zu allen Sitzungen von Untersuchungsausschüssen Zutritt. Daraus kann sich ein Problem ergeben, falls sich die Ermittlungen des Ausschusses gerade auf den Bereich der Bundesregierung beziehen; eine Anwesenheit von Vertretern der Bundesregierung kann sich hemmend auf die Arbeit des Ausschusses auswirken, insbesondere auch ihre Transparenz beeinträchtigen, wenn die unerwünschte Anwesenheit von Regierungsvertretern des Bundes oder der Länder dann dazu führt, daß bestimmte Fragen außerhalb der öffentlichen Sitzungen im Wege informeller Besprechungen behandelt werden. Andererseits betreffen die Aufträge von Untersuchungsausschüssen nicht regelmäßig den Bereich der Bundesregierung und noch seltener den des Bundesrates oder einzelner seiner Mitglieder. Daher wäre es falsch, ihre Anwesenheit generell auszuschließen. Die Kommission hält es deshalb lediglich für erforderlich, die Möglichkeit zur Einschränkung des Anwesenheitsrechts und Rederechts der Bundesregierung, des Bundesrates, ihrer Mitglieder sowie ihrer Beauftragten zuzulassen. Der Ausschluß dieser sonst Zutritts- und Redeberechtigten soll jedoch nur jeweils für den Einzelfall – d. h. für ganz bestimmte Sitzungen – gelten und durch einen konkreten Beschluß des Untersuchungsausschusses angeordnet werden. Dabei befürwortet die Kommission, daß nur für die internen Beratungen des Ausschusses das Anwesenheits- und Rederecht generell für alle aus Artikel 43 Abs. 2 GG Berechtigten eingeschränkt werden darf, während für die Beweisaufnahme und andere Sitzungen (einschließlich der nichtöffentlichen und geheimen) nur der Ausschluß einzelner Personen zulässig sein soll. Die Kommission hat in diesem Zusammenhang z. B. an im öffentlichen Dienst Tätige gedacht, die sich bei gleichzeitiger Anwesenheit von Vorgesetzten bei ihrer Aussage unfrei oder befangen fühlen könnten, sowie an Personen, die später noch als Zeugen gehört werden sollen, und deren Mitarbeiter.

Die Arbeit des Untersuchungsausschusses wird erschwert, wenn die Bundesregierung die vom Ausschuß verlangten Informationen verweigert, indem sie die Aussagegenehmigung für ihre Bediensteten nicht erteilt oder angeforderte Akten und

Unterlagen nicht vorlegt. Hier stellte sich eine sachliche und eine verfahrensmäßige Frage. Sachlich ging es darum, ob die Erklärung der obersten Bundesbehörden, daß das Bekanntwerden dem Wohle des Bundes Nachteile bereiten würde, zur Verweigerung der Aktenvorlage und der Aussagegenehmigung.genügt. Verfahrensmäßig ging es darum, welche Regelung im Konfliktfall zwischen Untersuchungsausschuß und Bundesregierung zu treffen ist.

In sachlicher Hinsicht war die Kommission der Auffassung, daß der Begriff »Wohl des Bundes« zu allgemein ist und der Konkretisierung bedarf, daß nicht jeder, sondern nur ein erheblicher Nachteil, den die Bundesrepublik Deutschland zu erwarten habe, das Aufklärungsinteresse des Parlaments überwiegen dürfe, und daß schließlich der erhebliche Nachteil nicht nur behauptet, sondern auch glaubhaft gemacht wird, daß also Tatsachen angeführt werden müssen, aus denen sich ein hoher Wahrscheinlichkeitsgrad für die erhebliche Benachteiligung ergibt.

Die Konkretisierung brachte die Kommission in Artikel 44 Abs. 3 (neu) in vierfacher Hinsicht zum Ausdruck, und zwar im Hinblick auf die Beziehungen zu anderen Staaten sowie auf die äußere, auf die innere und auf die wirtschaftliche Sicherheit der Bundesrepublik. Diese Begriffe überschneiden sich teilweise, haben aber jeder für sich einen festen Kern. Dies gilt auch für die wirtschaftliche Sicherheit, auf deren ausdrückliche Erwähnung die Kommission wegen der zunehmenden Bedeutung dieses Faktors für die weitere Entwicklung der Bundesrepublik Wert legte. Mit dieser Aufzählung wollte die Kommission zum Ausdruck bringen, daß nur sachliche Kriterien zählen, nicht aber formale. Aus diesem Grunde hat sie einen besonderen Schutz des Beratungsergebnisses der Bundesregierung als solches ohne Rücksicht auf seinen sachlichen Inhalt abgelehnt. Die Kommission hat damit nicht den Artikel 32 der Hamburgischen Verfassung übernehmen wollen.

Die Kommission wollte andererseits mit dieser Aufzählung nicht zum Ausdruck bringen, daß nicht auch schutzwürdige Rechte und Interessen von Privatpersonen und juristischen Personen aus dem Gesichtspunkt des Grundrechtsschutzes zu berücksichtigen sind. Die Kommission hielt dies in extrem gelagerten Fällen, in denen eine schwerwiegende Rufschädigung oder die fühlbare Beeinträchtigung der Existenzgrundlage mit hinreichender Wahrscheinlichkeit zu befürchten ist, nicht für ausgeschlossen. Die Kommission erkannte diesen Punkt als bedeutsam und regelungsbedürftig an, wobei sie offenließ, ob bereits der einfache Gesetzgeber aus der unmittelbaren Geltung der Grundrechte hierzu ermächtigt oder unter Umständen sogar verpflichtet ist oder ob es einer Konkretisierung der Befugnisse unter dem Gesichtspunkt der Abwägung mit dem Aufklärungsinteresse des Parlaments bedarf.

Die Notwendigkeit der Glaubhaftmachung trägt der Tatsache Rechnung, daß in einem demokratisch regierten Staat die Weigerung der Regierung, an der parlamentarischen Aufklärung von Mißstandsfällen mitzuwirken, in die die Exekutive verwickelt ist, sich einer kritischen Öffentlichkeit gegenüber nur mit wirklich überzeugenden Begründungen durchsetzen läßt. Im übrigen sind die Fälle, in denen die Bundesregierung ihre Mitwirkung an der parlamentarischen Aufklärung aus Sicherheitsgründen verweigert hat, äußerst selten gewesen.

Während die Kommission sich über die Notwendigkeit der Konkretisierung und der Glaubhaftmachung im wesentlichen einig war, wurden jedoch Bedenken gegen das Geltenlassen eines nur durch das Merkmal der Erheblichkeit qualifizierten Nachteils geltend gemacht. Sie stützte sich darauf, daß es eine unangemessene Beschränkung der der Bundesregierung auferlegten Verantwortlichkeit bedeute, wenn sie gehindert werde, Schaden von der aufgezeigten Art zu verhüten, dessen Erheblichkeit sich unter Umständen erst nach einer im Augenblick nur schwer überschaubaren Entwicklung in der Zukunft herausstellen könne. Die Pflicht, die Art der Schäden und Tatsachen anzugeben, die den Eintritt wahrscheinlich machen, gewährleiste im übrigen, daß dieser Sicherheitsschutz nicht mißbraucht werden könne. Die Kommission war dagegen der Meinung, daß mit dem Merkmal der Erheblichkeit im Grunde genommen nur eine bisher im Gang befindliche Entwicklung folgerichtig zu Ende geführt wird. Denn das Aufklärungsinteresse des Parlaments habe verfassungsrechtlich einen hohen Wert, der es rechtfertige, unbedeutende Nachteile im außenpolitischen oder sicherheitsmäßigen Bereich hinzunehmen, wenn dadurch die Voraussetzungen für die praktische Gewährleistung des Grundrechts auf freie Meinungsäußerung geschaffen werden.

In verfassungsmäßiger Hinsicht ist die Kommission der Auffassung, daß es der Einführung einer Konfliktregelungsinstanz nicht bedarf. Die Notwendigkeit der Glaubhaftmachung einer qualifizierten und konkretisierten Gefahrenlage einerseits und die bereits bestehenden verfassungsgerichtlichen Befugnisse andererseits erschienen ihr ausreichend.

Die Kommission hat daher ebenso Anträge abgelehnt, einen Ausschuß für die Angelegenheiten der Nachrichtendienste, das Bundesverfassungsgericht unmittelbar oder den Untersuchungsausschuß selbst mit der Entscheidung über die Zulässigkeit der Verweigerung der Aktenvorlage und der Aussagegenehmigungen zu betrauen, sowie Anträge, eine uneingeschränkte Aktenvorlagepflicht der Bundesregierung einzuführen. Es soll vielmehr über ein entsprechendes Ersuchen des Untersuchungsausschusses zunächst der zuständige Minister entscheiden; verweigert dieser die Bereitstellung der gewünschten Informationen, so soll der Ausschuß die Entscheidung der Bundesregierung herbeiführen können. Die Kommission vertritt die Ansicht, daß die Durchführung dieses Entscheidungsverfahrens verfassungsrechtlich abgesichert sein muß. Gegen die Entscheidung der Bundesregierung hält die Kommission die Anrufung des Bundesverfassungsgerichts nach Artikel 93 Abs. 1 Nr. 1 GG für zulässig, weil es sich um einen Organstreit handelt.

Quelle: Beratungen und Empfehlungen zur Verfassungsreform (I), Parlament und Regierung. Zur Sache 3/76, Bonn.

Gesetzentwurf

**der Abgeordneten Dr. Lenz (Bergstraße), Dr. Klein (Göttingen),
Erhard (Bad Schwalbach), Dr. Eyrich, Dr. Langner, Vogel (Ennepetal)
und der Fraktion der CDU/CSU**

**Entwurf eines Gesetzes über das Untersuchungsverfahren des
Deutschen Bundestages**

A. Problem

Das Parlament bedarf eines geeigneten Untersuchungsverfahrens zur Aufklärung von umstrittenen Sachverhalten. Ob ein solches parlamentarisches Untersuchungsverfahren mehr einem gerichtlichen Verfahren angenähert werden oder mehr die parlamentarische Auseinandersetzung um die Aufklärung beanstandeter Sachverhalte verdeutlichen soll, ist bisher unentschieden. Die durchgeführten Untersuchungsverfahren litten nicht zuletzt daran, daß ein klares Verfahrensgesetz für die Untersuchungsausschüsse des Bundestages fehlte.

B. Lösung

Der Untersuchungsausschuß wird aus einem neutralen, nicht stimmberechtigten Vorsitzenden und bis zu neun stimmberechtigten Mitgliedern zusammengesetzt. Vorsitzender und Mitglieder des Untersuchungsausschusses sind Parlamentarier. Dem Vorsitzenden obliegt die faire und unparteiische Handhabung der Verfahrensordnung. Den stimmberechtigten Mitgliedern ist die inhaltliche Gestaltung des Untersuchungsverfahrens anvertraut. Dieses Verfahren entspricht den Empfehlungen der Enquete-Kommission Verfassungsreform (Drucksache 7/5924).

C. Alternativen

Der Mustergesetzentwurf einer Kommission der deutschen Landtagspräsidenten vom 19. Oktober 1972 oder der IPA-Ent-

322

wurf eines Gesetzes über Einsetzung und Verfahren von Untersuchungsausschüssen des Bundestages (Drucksache V/4209) versuchen die bisherigen Erfahrungen aus den Untersuchungsausschüssen des Deutschen Bundestages in eine Verfahrensordnung
einzufangen. Daneben stehen die Vorschläge in den beiden
ersten Sondervoten des Berichts der Enquete-Kommission Verfassungsreform zum Kapitel 4 „Parlamentarische Kontrollrechte"
(Drucksache 7/5924).

D. Kosten

keine

Entwurf eines Gesetzes über das Untersuchungsverfahren des Deutschen Bundestages

Der Bundestag hat das folgende Gesetz beschlossen:

§ 1
Aufgabe und Zulässigkeit

(1) Ein Untersuchungsausschuß des Bundestages hat die Aufgabe, Sachverhalte, deren Aufklärung im öffentlichen Interesse liegt, zu untersuchen und dem Bundestag darüber Bericht zu erstatten.

(2) Die Untersuchung muß geeignet sein, dem Bundestag Grundlagen für eine Beschlußfassung im Rahmen seiner verfassungsmäßigen Zuständigkeit zu vermitteln.

§ 2
Einsetzung

(1) Ein Untersuchungsausschuß wird jeweils für einen bestimmten Untersuchungsauftrag eingesetzt.

(2) Die Einsetzung erfolgt auf Beschluß des Bundestages, der auf Antrag eines Viertels seiner Mitglieder gefaßt werden muß. Im übrigen gelten für Anträge auf Einsetzung eines Untersuchungsausschusses die nachfolgenden Vorschriften und die allgemeinen Bestimmungen der Geschäftsordnung.

§ 3
Gegenstand der Untersuchung

(1) Der Gegenstand der Untersuchung muß in dem Beschluß über die Einsetzung des Untersuchungsausschusses hinreichend bestimmt sein.

(2) Der in einem Minderheitenantrag bezeichnete Untersuchungsgegenstand kann gegen den Willen der Antragsteller weder erweitert noch ergänzt werden.

(3) Der Untersuchungsausschuß ist an den ihm erteilten Auftrag gebunden und zu einer Ausdehnung der Untersuchung nicht berechtigt.

§ 4
Vorsitzender

(1) Der Bundestag wählt den Vorsitzenden des Untersuchungsausschusses und seinen Stellvertreter aus der Mitte des Bundestages nach der Reihenfolge der Stärke der Fraktionen.

(2) Der Vorsitzende ist im Untersuchungsausschuß nicht stimmberechtigt. Er leitet das Untersuchungsverfahren. Er ist dabei gebunden an

a) den Untersuchungsbeschluß des Bundestages,

b) einstimmige Beschlüsse des Untersuchungsausschusses,

c) einen Beschluß, dem die Mehrheit jeder der im Untersuchungsausschuß vertretenen Fraktionen zugestimmt hat,

d) einen Beschluß, der mit der Mehrheit von zwei Dritteln der anwesenden Ausschußmitglieder gefaßt worden ist.

(3) Der Vorsitzende und sein Stellvertreter können auf Antrag des Präsidiums vom Bundestag abberufen werden, wenn er seine Pflichten gröblich verletzt hat.

§ 5
Ausschußmitglieder

(1) Der Untersuchungsausschuß besteht aus dem Vorsitzenden und höchstens neun Mitgliedern des Deutschen Bundestages. Die Zusammensetzung ist ohne Anrechnung des Vorsitzenden und seines Stellvertreters im Verhältnis der Stärke der einzelnen Fraktionen vorzunehmen. Die Ausschußmitglieder werden von den Fraktionen benannt.

(2) Jedes Ausschußmitglied hat das Recht

a) zusammen mit einem weiteren Mitglied Beweisanträge zu stellen,

b) sonstige Anträge zu stellen,

c) Fragen an Auskunftspersonen zu richten und

d) seine Auffassung über Ablauf und Ergebnis des Untersuchungsverfahrens im Schlußbericht an den Bundestag niederzulegen.

(3) Jedes Ausschußmitglied hat einen ständigen Stellvertreter. Der Stellvertreter kann an allen Sitzungen teilnehmen. Die Rechte nach Absatz 2 stehen ihm nur bei Abwesenheit des von ihm vertretenen Ausschußmitgliedes zu.

(4) Ein Mitglied des Bundestages, das an den zu untersuchenden Vorgängen beteiligt ist oder war, darf dem Untersuchungsausschuß nicht angehören; liegen diese Voraussetzungen bei einem Mitglied des Untersuchungsausschusses vor und wird dies erst nach der Einsetzung des Ausschusses bekannt, so scheidet das Mitglied aus dem Untersuchungsausschuß aus.

(5) Hält das betreffende Ausschußmitglied die Voraussetzungen des Absatzes 4 für nicht gegeben, entscheidet der Untersuchungsausschuß mit der Mehrheit von zwei Dritteln seiner Mitglieder; bei

324

dieser Entscheidung wird das Mitglied gemäß Absatz 6 vertreten.

(6) Bei Ausscheiden eines Mitglieds tritt sein Stellvertreter an seine Stelle; für diesen wird ein neuer Stellvertreter bestimmt.

§ 6
Beschlußfähigkeit, Beschlußfassung

(1) Der Untersuchungsausschuß ist beschlußfähig, wenn der Vorsitzende oder sein Stellvertreter und die Mehrheit der Ausschußmitglieder anwesend sind. Die Beschlußfähigkeit bleibt bestehen, bis sie angezweifelt wird.

(2) Ist der Untersuchungsausschuß nicht beschlußfähig, so unterbricht der Vorsitzende sofort die Sitzung auf bestimmte Zeit. Ist nach dieser Zeit die Beschlußfähigkeit noch nicht eingetreten, so hat der Vorsitzende unverzüglich eine neue Sitzung anzuberaumen. In dieser Sitzung ist der Untersuchungsausschuß beschlußfähig, auch wenn nicht die Mehrheit seiner Mitglieder anwesend ist; darauf ist in der Einladung hinzuweisen.

§ 7
Öffentlichkeit der Sitzungen

(1) Die Beweisaufnahme erfolgt in öffentlicher Sitzung. Über die Zulässigkeit von Ton- und Filmaufnahmen entscheidet der Vorsitzende auf Antrag eines Ausschußmitglieds.

(2) Der Untersuchungsausschuß kann die Öffentlichkeit oder einzelne Personen ausschließen, wenn das öffentliche Interesse oder berechtigte Interessen eines einzelnen dies gebieten oder wenn es zur Erlangung einer wahrheitsgemäßen Aussage erforderlich erscheint.

(3) Über den Ausschluß der Öffentlichkeit entscheidet der Untersuchungsausschuß mit Zweidrittelmehrheit in nichtöffentlicher Sitzung. Ist der Ausschluß einzelner Personen von einem Ausschußmitglied beantragt worden, so kann der Ausschluß nur mit Zweidrittelmehrheit abgelehnt werden.

(4) Die Beratungen des Untersuchungsausschusses sind nichtöffentlich.

(5) Sitzungen, insbesondere Beweiserhebungen sowie Vorgänge und Dokumente können durch Beschluß des Untersuchungsausschusses für geheim oder vertraulich erklärt werden.

§ 8
Teilnahme von Mitgliedern des Bundestages, des Bundesrates und der Bundesregierung

(1) Die Mitglieder des Bundestages, die nicht dem Untersuchungsausschuß angehören, und die Mitglieder des Bundesrates und der Bundesregierung sowie deren Beauftragte können an den öffentlichen und nichtöffentlichen Beweiserhebungen teilnehmen. Sie können von den Beweiserhebungen ausgeschlossen werden, wenn berechtigte Interessen eines Beteiligten dies gebieten oder wenn es zur Erlangung einer wahrheitsgemäßen Aussage erforderlich ist. Der Ausschluß von öffentlichen Beweiserhebungen ist dann gerechtfertigt, wenn die Anwesenheit der Auszuschließenden voraussichtlich Auswirkungen auf die Bereitschaft eines Beteiligten zur vollständigen oder wahrheitsgemäßen Aussage befürchten läßt.

(2) Einzelne Mitglieder des Bundestages, die nicht dem Untersuchungsausschuß angehören, und einzelne Mitglieder des Bundesrates und der Bundesregierung sowie ihrer Beauftragten können von den Beratungen des Untersuchungsausschusses ausgeschlossen werden, wenn berechtigte Interessen eines Beteiligten dies gebieten oder wenn es für eine sachgerechte Beweiswürdigung erforderlich ist.

(3) Der Untersuchungsausschuß beschließt über den Ausschluß mit einer Mehrheit von Zwei Dritteln der Ausschußmitglieder in nichtöffentlicher Sitzung.

§ 9
Ordnungsgewalt, Sitzungspolizei

(1) Die Aufrechterhaltung der Ordnung in der Sitzung obliegt dem Vorsitzenden.

(2) Beteiligte, Sachverständige und andere Sitzungsteilnehmer, die den zur Aufrechterhaltung der Ordnung ergangenen Anordnungen nicht Folge leisten, können auf Anordnung des Vorsitzenden aus dem Sitzungssaal entfernt werden.

(3) Der Untersuchungsausschuß kann außerdem gegen Personen, die sich in der Sitzung einer Ungebühr schuldig machen, unbeschadet einer strafgerichtlichen Verfolgung, eine Ordnungsstrafe in Geld bis zur Höhe von 1 000 Deutsche Mark verhängen. Über Beschwerden entscheidet das zuständige Oberlandesgericht; § 181 GVG findet entsprechende Anwendung.

(4) Die Ordnungsstrafen werden auf Veranlassung des Vorsitzenden nach Maßgabe der Justizbeitreibungsordnung wie Ansprüche beigetrieben, die von den Justizbehörden des Bundes einzuziehen sind. Vollstreckungsbehörde ist die Justizbeitreibungsstelle des Bundesgerichtshofes.

§ 10
Protokollierung

(1) Über die Sitzungen des Untersuchungsausschusses ist ein Protokoll aufzunehmen und von dem Protokollführer zu unterschreiben.

(2) Das Protokoll enthält

a) den Ort und Tag der Sitzung,

b) die Namen des Vorsitzenden und der anwesenden Ausschußmitglieder und ihrer Stellvertreter, die Zeit ihrer Anwesenheit sowie die Namen der sonstigen Sitzungsteilnehmer,

c) die Angabe, ob öffentlich oder nichtöffentlich verhandelt worden ist.

(3) Beweisaufnahmen sind wörtlich zu protokollieren; über die Art der Protokollierung der Beratungen entscheidet der Ausschuß.

§ 11

Verlesung von Protokollen und Schriftstücken

(1) Die Protokolle über Untersuchungshandlungen ersuchter Gerichte und Verwaltungsbehörden sowie Schriftstücke, die als Beweismittel dienen, sind vor dem Untersuchungsausschuß zu verlesen.

(2) Von der Verlesung kann Abstand genommen werden, wenn die Protokolle oder Schriftstücke allen Ausschußmitgliedern zugänglich gemacht worden sind und die Mehrheit der anwesenden Ausschußmitglieder auf die Verlesung verzichtet.

(3) Die Verlesung hat in nichtöffentlicher Sitzung zu erfolgen, wenn die Voraussetzungen des § 7 Abs. 2 gegeben sind.

§ 12

Zutritt, Aussagegenehmigung, Aktenvorlage

(1) Die Bundesregierung und die Behörden des Bundes sowie die sonstigen Verwaltungseinrichtungen des Bundes sind verpflichtet, dem Untersuchungsausschuß jederzeit Zutritt zu den von ihnen verwalteten öffentlichen Einrichtungen zu gestatten, die erforderlichen Aussagegenehmigungen zu erteilen und die Akten vorzulegen.

(2) Ersuchen um Zutritt, Aussagegenehmigung und Aktenvorlage sind an die zuständige oberste Dienstbehörde oder oberste Aufsichtsbehörde zu richten.

(3) Die Bundesregierung darf den Zutritt, die Aussagegenehmigung und die Aktenvorlage nur verweigern, wenn sie davon zu erwartende Nachteile für die Beziehungen der Bundesrepublik Deutschland zu anderen Staaten oder für die Sicherheit der Bundesrepublik Deutschland glaubhaft gemacht werden. Über die Verweigerung entscheidet der zuständige Bundesminister. Gegen seine Entscheidung kann der Untersuchungsausschuß die Entscheidung der Bundesregierung herbeiführen.

§ 13

Beweiserhebung

(1) Der Untersuchungsausschuß erhebt die durch den Untersuchungsauftrag gebotenen Beweise aufgrund von Beweisbeschlüssen.

(2) Beweise sind zu erheben, wenn sie von mindestens zwei Ausschußmitgliedern beantragt werden, es sei denn, daß sie offensichtlich nicht im Rahmen des Untersuchungsauftrages liegen.

(3) Ein Beweisantrag kann geändert werden, sofern nicht ein Viertel der Ausschußmitglieder widerspricht.

§ 14

Zeugen und Sachverständige

(1) Zeugen und Sachverständige sind verpflichtet, auf Ladung des Ausschusses zu erscheinen. Sie sind in der Ladung auf die gesetzlichen Folgen des Ausbleibens hinzuweisen.

(2) Gegen einen ordnungsgemäß geladenen Zeugen, der ohne genügende Entschuldigung nicht erscheint, oder gegen einen zur Erstattung des Gutachtens verpflichteten Sachverständigen, der ohne genügende Entschuldigung nicht erscheint oder ohne gesetzlichen Grund die Erstattung des Gutachtens verweigert, wird auf Antrag des Untersuchungsausschusses vom zuständigen Gericht eine Ordnungsstrafe verhängt; die entstandenen Kosten werden ihm auferlegt. Die §§ 380, 381, 390 und 409 der Zivilprozeßordnung finden entsprechende Anwendung.

(3) Auf Antrag des Ausschusses ordnet das zuständige Gericht die Vorführung an (§ 380 Abs. 2 der Zivilprozeßordnung).

§ 15

Aussageverweigerung

(1) Ein Zeuge kann die Aussage zu solchen Fragen verweigern, deren Beantwortung ihm selbst oder einem der in § 383 Abs. 1 der Zivilprozeßordnung bezeichneten Angehörigen die Gefahr zuziehen würde, wegen einer Straftat verfolgt zu werden. Die §§ 383, 384 und 408 der Zivilprozeßordnung finden Anwendung. Die Vorschriften über das Zeugnisverweigerungsrecht der Presse finden auf die Aussage vor dem Untersuchungsausschuß entsprechende Anwendung.

(2) Ein Zeuge kann ferner die Aussage zu solchen Fragen verweigern, bei deren wahrheitsgemäßer Beantwortung er sich der Gefahr einer Abgeordnetenanklage oder einer Ministeranklage aussetzen würde.

(3) § 386 der Zivilprozeßordnung findet entsprechende Anwendung.

§ 16

Belehrung der Zeugen und Sachverständigen, Wahrheitspflicht

(1) Zeugen und Sachverständige sind über ihr Recht zur Verweigerung der Aussage zu belehren.

326

(2) Zeugen und Sachverständige sind vor ihrer Vernehmung zur Wahrheit zu ermahnen. Sie sind auf die strafrechtlichen Folgen einer unrichtigen oder unvollständigen Aussage hinzuweisen.

(3) Wer vor dem Untersuchungsausschuß vorsätzlich falsch aussagt, wird mit Freiheitsstrafe von drei Monaten bis fünf Jahren, in schweren Fällen nicht unter einem Jahr bestraft.

§ 17

Vernehmung der Zeugen und Sachverständigen

(1) Die Zeugen sollen einzeln und in Abwesenheit des später zu hörenden Zeugen vernommen werden.

(2) Die Zeugen und Sachverständigen werden durch die Ausschußmitglieder vernommen. Der Vorsitzende kann ungeeignete oder nicht zur Sache gehörende Fragen im Rahmen von § 4 Abs. 2 Satz 2 zurückweisen.

(3) Der Vorsitzende kann auf Antrag von zwei Ausschußmitgliedern den Zeugen gestatten, Beweisanträge und Fragen zu stellen und einen Beistand zuzuziehen.

§ 18

Andere Beweismittel

Der Untersuchungsausschuß kann bei dem zuständigen Gericht die Anordnung der Beschlagnahme und der Durchsuchung beantragen. Die Vorschriften des 8. Abschnittes des ersten Buches der Strafprozeßordnung finden sinngemäß Anwendung.

§ 19

Rechts- und Amtshilfe

(1) Beim Ersuchen um Rechts- und Amtshilfe zur Vernehmung von Zeugen oder Sachverständigen sind die an den Zeugen oder Sachverständigen zu richtenden Fragen im einzelnen festzulegen. Dem Ersuchen ist eine schriftliche Fassung des Untersuchungsauftrages beizufügen.

(2) Über die Untersuchungshandlung durch die ersuchte Behörde ist ein Protokoll aufzunehmen.

§ 20

Aussetzung und Einstellung des Untersuchungsverfahrens

(1) Das Untersuchungsverfahren kann ausgesetzt werden, wenn eine alsbaldige Aufklärung auf andere Weise zu erwarten ist oder die Gefahr besteht, daß gerichtliche Verfahren oder Ermittlungsverfahren beeinträchtigt werden. Der Untersuchungsaus-

schuß beschließt die Aussetzung, es sei denn, daß ein Viertel der Ausschußmitglieder widerspricht. Ein ausgesetztes Verfahren muß wieder aufgenommen werden, wenn ein Viertel der Mitglieder des Bundestages es verlangt.

(2) Der Bundestag kann einen Untersuchungsausschuß vor Abschluß der Ermittlungen auflösen, es sei denn, daß ein Viertel der Mitglieder des Bundestages widerspricht.

§ 21

Bericht

(1) Nach Abschluß der Untersuchung erstattet der Untersuchungsausschuß im Bundestag einen schriftlichen Bericht über Ablauf und Ergebnis des Untersuchungsverfahrens.

(2) Der Bericht wird vom Untersuchungsausschuß mit Mehrheit der anwesenden Ausschußmitglieder beschlossen. Der Vorsitzende ist verpflichtet, für die Vorlage des Berichts an den Bundestag zu sorgen.

(3) Jedes Ausschußmitglied hat das Recht, seine abweichende Meinung in einem schriftlichen Zusatzbericht darzulegen; dieser Zusatzbericht ist dem Bericht des Ausschusses beizufügen.

(4) Der Bundestag kann während der Untersuchung jederzeit vom Vorsitzenden einen Bericht über den Stand des Verfahrens verlangen.

§ 22

Gerichtliche Zuständigkeit, Verweisung auf GVG und ZPO

(1) Zuständiges Gericht im Sinne dieses Gesetzes ist das erstinstanzliche Gericht der ordentlichen Gerichtsbarkeit am Sitz des Deutschen Bundestages.

(2) Soweit dieses Gesetz keine Bestimmungen über das Verfahren enthält, sind das Gerichtsverfassungsgesetz und die Zivilprozeßordnung entsprechend anzuwenden.

§ 23

Kosten und Auslagen

(1) Die Kosten des Untersuchungsverfahrens beim Bundestag trägt der Bund. Zeugen und Sachverständige werden entsprechend dem Gesetz über die Entschädigung von Zeugen und Sachverständigen entschädigt.

(2) Über die Entschädigung von Zeugen und Sachverständigen sowie über die Erstattung der Auslagen von Beiständen entscheidet der Untersuchungsausschuß auf Antrag der nach Absatz 1 Berechtigten. Der Beschluß des Untersuchungsausschusses kann vor dem zuständigen Gericht angefochten werden.

§ 24
Geltung in Berlin

Dieses Gesetz gilt nach Maßgabe des § 13 Abs. 1 des Dritten Überleitungsgesetzes auch im Land Berlin.

§ 25
Inkrafttreten

Dieses Gesetz tritt am . . . in Kraft.

Bonn, den 14. November 1977

Dr. Lenz (Bergstraße)

Dr. Klein (Göttingen)

Erhard (Bad Schwalbach)

Dr. Eyrich

Dr. Langner

Vogel (Ennepetal)

Dr. Kohl, Dr. Zimmermann und Fraktion

Begründung

Mit der angestrebten Reform des Untersuchungsverfahrens wird dem Parlament ein Untersuchungsinstrumentarium an die Hand gegeben,

— das dem Charakter eines parlamentarischen Untersuchungsverfahrens als eines Ortes legitimer politischer Auseinandersetzung Rechnung trägt,

— das der parlamentarischen Minderheit effektive Gestaltungs- und Durchsetzungsmöglichkeiten zur Verfügung stellt,

— und das die hinreichende und zweckdienliche Sachaufklärung sichert.

Gesetzentwurf

der Abgeordneten Dr. Lammert, Porzner, Beckmann, Bernrath, Biehle, Buschbom, Cronenberg (Arnsberg), Esters, Eylmann, Dr. Göhner, Grunenberg, Günther, Dr. Haussmann, Dr. Hoffacker, Dr. Jenninger, Kleinert (Hannover), Lamers, Lennartz, Louven, Marschewski, Dr. Mertens (Bottrop), Neuhausen, Niggemeier, Reddemann, Frau Renger, Repnik, Reuschenbach, Dr. Scheer, Schmidbauer, Schreiber, Stücklen, Tillmann, Frau Dr. Timm, Frau Traupe, Dr. Unland, Wolfgramm (Göttingen)

Entwurf eines Gesetzes über Einsetzung und Verfahren von Untersuchungsausschüssen des Deutschen Bundestages

A. Problem

Die Rechtsgrundlage für die Tätigkeit von Untersuchungsausschüssen des Deutschen Bundestages stellt Artikel 44 GG dar. Ein Ausführungsgesetz zu dieser Verfassungsvorschrift ist bisher nicht verabschiedet worden. Gesetzentwürfe wurden aber bereits in das parlamentarische Verfahren eingebracht, zuletzt der Entwurf eines Gesetzes über Einsetzung und Verfahren von Untersuchungsausschüssen des Deutschen Bundestages auf Drucksache 10/6587. Die Untersuchungsausschüsse wurden in den letzten Wahlperioden regelmäßig vom Deutschen Bundestag verpflichtet, ergänzend zu Artikel 44 GG mit seinem Verweis auf die Strafprozeßordnung die „IPA-Regeln" (Entwurf eines Gesetzes über Einsetzung und Verfahren von Untersuchungsausschüssen des Deutschen Bundestages gemäß Drucksache V/4209) als besonderes Geschäftsordnungsrecht anzuwenden. In der Praxis treten bei dieser Ausgangslage vielfach Rechtsunsicherheiten auf.

B. Lösung

Verabschiedung eines Gesetzes über Einsetzung und Verfahren von Untersuchungsausschüssen des Deutschen Bundestages auf der Grundlage des Gesetzentwurfs auf Drucksache 10/6587.

C. Alternative

Beibehaltung der gegenwärtigen Rechtslage.

D. Kosten

keine

329

Entwurf eines Gesetzes über Einsetzung und Verfahren von Untersuchungsausschüssen des Deutschen Bundestages

Der Bundestag hat das folgende Gesetz beschlossen:

§ 1
Aufgabe und Zulässigkeit

(1) Ein Untersuchungsausschuß des Bundestages hat die Aufgabe, Sachverhalte, deren Aufklärung im öffentlichen Interesse liegt, zu untersuchen und dem Bundestag darüber Bericht zu erstatten.

(2) Die Untersuchung muß geeignet sein, dem Bundestag Grundlagen für eine Beratung im Rahmen seiner verfassungsmäßigen Zuständigkeit zu vermitteln.

(3) Ein Untersuchungsausschuß wird jeweils für einen bestimmten Untersuchungsauftrag eingesetzt.

§ 2
Einsetzung

(1) Ein Untersuchungsausschuß kann auf Antrag einer Fraktion oder von fünf vom Hundert der Mitglieder des Bundestages durch Beschluß des Bundestages eingesetzt werden; der Bundestag ist auf Antrag von einem Viertel seiner Mitglieder (Verlangen) zur Einsetzung eines Untersuchungsausschusses verpflichtet.

(2) Für die Form und Behandlung des Antrages gelten die Vorschriften der §§ 76, 77 Abs. 1 und § 78 Abs. 5 der Geschäftsordnung des Deutschen Bundestages.

(3) Anträge auf Einsetzung eines Untersuchungsausschusses sind unverzüglich auf die Tagesordnung des Bundestages zu setzen. Gegen den Willen der Antragsteller kann der Antrag nur einmal von der Tagesordnung abgesetzt werden.

(4) Bei Zweifeln über die Zulässigkeit einer Untersuchung überweist der Bundestag den Einsetzungsantrag zur gutachtlichen Äußerung an den für Rechtsfragen zuständigen Ausschuß. Der Ausschuß hat diese unverzüglich abzugeben.

§ 3
Gegenstand der Untersuchung

(1) Der Gegenstand der Untersuchung muß in dem Beschluß über die Einsetzung des Untersuchungsausschusses hinreichend bestimmt sein.

(2) Der im Einsetzungsantrag bezeichnete Untersuchungsgegenstand kann durch Beschluß des Bundestages nur dann erweitert oder ergänzt werden, wenn der Kern des beantragten Untersuchungsgegenstandes erhalten bleibt.

(3) Der Untersuchungsausschuß ist an den ihm erteilten Auftrag gebunden. Eine Ausdehnung der Untersuchung bedarf eines Beschlusses des Bundestages.

§ 4
Zusammensetzung

(1) Der Untersuchungsausschuß besteht aus dem Vorsitzenden sowie aus den ordentlichen Mitgliedern und aus einer gleichen Zahl stellvertretender Mitglieder; sie müssen Mitglieder des Bundestages sein.

(2) Der Bundestag bestimmt bei der Einsetzung die Zahl der Mitglieder. Jede Fraktion muß vertreten sein.

(3) Die Verteilung der Sitze erfolgt ohne Anrechnung des Vorsitzenden im Verhältnis der Stärke der Fraktionen nach dem vom Bundestag für die Berechnung der Stellenanteile der Fraktionen in den Ausschüssen des Bundestages angewandten Berechnungsverfahren.

§ 5
Vorsitzender

(1) Der Vorsitzende wird nach den Vereinbarungen im Ältestenrat gemäß § 12 der Geschäftsordnung des Deutschen Bundestages vom Bundestag aus seiner Mitte gewählt.

(2) Der Vorsitzende ist im Untersuchungsausschuß nicht stimmberechtigt. Er leitet das Untersuchungsverfahren. Ihm obliegt insbesondere,

— die verhandlungsleitenden Verfügungen zu erlassen,

— Ort und Termin von Beweiserhebungen festzulegen,

— Vorschläge für die Feststellung der Eigenschaft einer Person als Betroffener vorzulegen,

— die Reihenfolge der Vernehmung der Betroffenen, Zeugen und Sachverständigen zu bestimmen,

— die Vernehmung der Betroffenen, Zeugen und Sachverständigen zu eröffnen,

— die Sorge für die Vorlage des Berichts an den Bundestag.

330

Der Vorsitzende ist dabei gebunden an

a) den Einsetzungsbeschluß des Bundestages gemäß § 3 Abs. 1,

b) einstimmige Beschlüsse der anwesenden stimmberechtigten Mitglieder,

c) Beschlüsse, die mit der Mehrheit von zwei Dritteln der stimmberechtigten Mitglieder gefaßt worden sind.

(3) Der Vorsitzende kann die Entscheidung über die Zulassung eines Beweisantrages bis zur nächsten Sitzung aussetzen, wenn die Zulässigkeit des Beweisantrages bestritten wird. Dem Beweisantrag ist stattzugeben, wenn nicht zwei Drittel der stimmberechtigten Mitglieder widersprechen.

(4) Die Aufrechterhaltung der Ordnung in der Sitzung obliegt dem Vorsitzenden. Betroffene, Zeugen, Sachverständige und andere Sitzungsteilnehmer, die den zur Aufrechterhaltung der Ordnung ergangenen Anordnungen nicht Folge leisten, können aus dem Sitzungssaal verwiesen werden.

§ 6
Stellvertretender Vorsitzender

(1) Der Untersuchungsausschuß bestimmt ein ordentliches Mitglied nach den Vereinbarungen im Ältestenrat gemäß § 12 der Geschäftsordnung des Deutschen Bundestages zum stellvertretenden Vorsitzenden.

(2) Der stellvertretende Vorsitzende besitzt bei Abwesenheit des Vorsitzenden dessen Rechte und Pflichten. Übt er die Aufgaben des Vorsitzenden aus, ist er im Untersuchungsausschuß nicht stimmberechtigt; seine Rechte und Pflichten als ordentliches Mitglied werden so lange von einem stellvertretenden Mitglied aus seiner Fraktion wahrgenommen.

§ 7
Mitglieder

(1) Die ordentlichen und stellvertretenden Mitglieder werden von den Fraktionen benannt und abberufen.

(2) Die ordentlichen Mitglieder sind im Untersuchungsausschuß stimmberechtigt. Sie besitzen das Recht,

a) Beweisanträge zu stellen,

b) sonstige Anträge zu stellen,

c) Fragen an Betroffene, Zeugen oder Sachverständige zu richten und

d) ihre Auffassung über Ablauf und Ergebnis des Untersuchungsverfahrens im Bericht an den Bundestag niederzulegen.

(3) Die stellvertretenden Mitglieder können an allen Sitzungen des Untersuchungsausschusses teilnehmen. Sie sind im Untersuchungsausschuß stimmberechtigt und können die anderen Rechte der ordentlichen Mitglieder ausüben, wenn sie ein abwesendes ordentliches Mitglied vertreten.

§ 8
Beschlußfähigkeit, Beschlußfassung

(1) Der Untersuchungsausschuß ist beschlußfähig, wenn der Vorsitzende oder sein Stellvertreter und die Mehrheit der stimmberechtigten Mitglieder anwesend sind. Die Beschlußfähigkeit bleibt bestehen, bis sie angezweifelt wird.

(2) Ist der Untersuchungsausschuß nicht beschlußfähig, so unterbricht der Vorsitzende sofort die Sitzung auf bestimmte Zeit. Ist nach dieser Zeit die Beschlußfähigkeit noch nicht eingetreten, so hat der Vorsitzende unverzüglich eine neue Sitzung anzuberaumen. In dieser Sitzung ist der Untersuchungsausschuß beschlußfähig, auch wenn nicht die Mehrheit seiner stimmberechtigten Mitglieder anwesend ist; darauf ist in der Einladung hinzuweisen.

(3) Bei Beschlußunfähigkeit darf der Untersuchungsausschuß keine Untersuchungshandlungen durchführen.

(4) Soweit in diesem Gesetz nichts anderes bestimmt ist, beschließt der Untersuchungsausschuß mit der Mehrheit seiner stimmberechtigten Mitglieder.

§ 9
Beweiserhebung

(1) Der Untersuchungsausschuß erhebt die durch den Untersuchungsauftrag gebotenen Beweise aufgrund von Beweisbeschlüssen.

(2) Ein Beweisantrag kann geändert werden, sofern nicht der Antragsteller widerspricht.

§ 10
Vorbereitende Untersuchung

(1) Der Untersuchungsausschuß kann jederzeit eine vorbereitende Untersuchung durch einen Unterausschuß oder Beauftragte beschließen.

(2) In einer vorbereitenden Untersuchung werden der Untersuchungsstoff gesammelt und gegliedert sowie das erforderliche Beweismaterial, insbesondere die einschlägigen Akten und Unterlagen, beschafft. Es können Personen informatorisch gehört werden.

(3) Vorbereitende Untersuchungshandlungen sind nicht öffentlich. Über den Termin vorbereitender Untersuchungshandlungen sind der Vorsitzende sowie die ordentlichen und stellvertretenden Mitglieder des Untersuchungsausschusses zu unterrichten; sie besitzen das Recht, bei den vorbereitenden Untersuchungshandlungen anwesend zu sein.

331

(4) Vorbereitende Untersuchungshandlungen sind zu protokollieren. Auf das Verfahren finden die Vorschriften dieses Gesetzes entsprechende Anwendung.

(5) Über das Ergebnis der vorbereitenden Untersuchung ist dem Untersuchungsausschuß unverzüglich nach Erledigung des Auftrags zu berichten.

(6) Der Untersuchungsausschuß ist an die Feststellungen und Wertungen vorbereitender Untersuchungen nicht gebunden. Mit einer Mehrheit von zwei Dritteln der stimmberechtigten Mitglieder kann er die Ergänzung der vorbereitenden Untersuchung verlangen oder selbst die Beweisaufnahme vornehmen.

(7) Wird die vorbereitende Untersuchung einem Unterausschuß übertragen, gilt § 55 der Geschäftsordnung des Deutschen Bundestages entsprechend.

§ 11
Sitzungen zur Beweisaufnahme

(1) Die Beweisaufnahme erfolgt in öffentlicher Sitzung. Über die Zulässigkeit von Ton- und Filmaufnahmen entscheidet der Vorsitzende.

(2) Der Untersuchungsausschuß kann die Öffentlichkeit oder einzelne Personen ausschließen, wenn das öffentliche Interesse oder berechtigte Interessen eines einzelnen dies gebieten oder wenn es zur Erlangung einer wahrheitsgemäßen Aussage erforderlich erscheint. Er kann nichtöffentliche Beweiserhebungen sowie Vorgänge und Dokumente mit einem Geheimhaltungsgrad versehen.

(3) Zur Stellung eines Antrags auf Ausschluß oder Beschränkung der Öffentlichkeit sind berechtigt:

a) jedes anwesende stimmberechtigte Mitglied des Untersuchungsausschusses,

b) ein Mitglied des Bundesrates oder der Bundesregierung oder einer ihrer Beauftragten,

c) Betroffene, Zeugen und Sachverständige.

(4) Über den Ausschluß der Öffentlichkeit entscheidet der Untersuchungsausschuß mit Zweidrittelmehrheit der stimmberechtigten Mitglieder in nichtöffentlicher Sitzung.

(5) Wird der Beschluß, die Öffentlichkeit ganz oder teilweise auszuschließen, in nichtöffentlicher Sitzung gefaßt, ist er in einer öffentlichen Sitzung bekanntzumachen. Der Vorsitzende kann auf Beschluß des Ausschusses die Entscheidung begründen.

(6) Zeugen haben vor Beginn der Beweisaufnahme auf Aufforderung des Vorsitzenden den Sitzungssaal zu verlassen. Mit einer Mehrheit von zwei Dritteln der stimmberechtigten Mitglieder können weitere Personen verpflichtet werden, den Sitzungssaal zu verlassen, wenn deren Vernehmung vorgesehen, aber vom Ausschuß noch nicht beschlossen wurde.

§ 12
Sitzungen zur Beratung

Die Beratungen des Untersuchungsausschusses sind nichtöffentlich.

§ 13
Protokollierung, Geheimhaltung

(1) Über die Sitzungen des Untersuchungsausschusses ist ein Protokoll aufzunehmen und von dem Protokollführer zu unterschreiben.

(2) Das Protokoll enthält

a) den Ort und Tag der Sitzung,

b) die Namen des Vorsitzenden und der anwesenden ordentlichen und stellvertretenden Mitglieder des Untersuchungsausschusses sowie die Namen der sonstigen Sitzungsteilnehmer,

c) die Angabe, ob öffentlich oder nichtöffentlich verhandelt worden ist.

(3) Beweisaufnahmen sind wörtlich zu protokollieren; über die Art der Protokollierung der Beratungen entscheidet der Ausschuß.

(4) Für die Behandlung von Beweismitteln, die als Verschlußsache gekennzeichnet sind, und deren Protokollierung gilt die Geheimschutzordnung des Deutschen Bundestages.

(5) Bis zur Beendigung des Untersuchungsauftrages dürfen Protokolle nichtöffentlicher Sitzungen nur auf Antrag im Wege der Rechts- und Amtshilfe (Artikel 35 Abs. 1 GG) abgegeben werden. Werden Protokolle öffentlicher Sitzungen im Wege der Rechts- und Amtshilfe angefordert, sind diese unter den Voraussetzungen des § 5 des Verwaltungsverfahrensgesetzes (VwVfG) abzugeben. Protokolle öffentlicher Sitzungen kann außerdem in den Räumen des Bundestages einsehen, wer ein berechtigtes Interesse nachweist; die Genehmigung erteilt der Vorsitzende.

(6) Vor Beendigung des Untersuchungsauftrages hat der Untersuchungsausschuß über die spätere Behandlung seiner Protokolle und sonstigen Akten zu beschließen, soweit sie nicht der Geheimschutzordnung des Deutschen Bundestages unterliegen. Über Abweichungen entscheidet nach Auflösung des Untersuchungsausschusses im Einzelfall der Präsident des Deutschen Bundestages.

§ 14
Verlesung von Protokollen und Schriftstücken

(1) Die Protokolle über Untersuchungshandlungen ersuchter Gerichte und Verwaltungsbehörden sowie Schriftstücke, die in der vorbereitenden Untersuchung erstellt wurden oder als Beweismittel dienen, sind vor dem Untersuchungsausschuß zu verlesen.

(2) Der Ausschuß kann beschließen, von einer Verlesung Abstand zu nehmen, wenn die Protokolle oder Schriftstücke allen Mitgliedern des Untersuchungsausschusses sowie den Betroffenen zugänglich gemacht worden sind. Der wesentliche Inhalt der Protokolle und Schriftstücke ist jedoch in öffentlicher Sitzung bekanntzugeben.

(3) Eine Verlesung der Protokolle und Schriftstücke oder die Bekanntgabe ihres wesentlichen Inhalts in öffentlicher Sitzung findet nicht statt, wenn die Voraussetzungen für den Ausschluß der Öffentlichkeit gegeben sind.

§ 15
Rechtsstellung der Betroffenen

(1) Betroffene sind:

a) Der Bundespräsident im Falle eines Untersuchungsausschusses zur Vorbereitung einer Präsidentenklage,

b) Abgeordnete und Mitglieder der Bundesregierung im Untersuchungsverfahren, das ihre Belastung oder Entlastung zum Ziele hat,

c) Richter im Falle eines Untersuchungsausschusses zur Vorbereitung einer Richteranklage,

d) ferner Personen, gegen die sich aufgrund des Untersuchungsauftrages die Untersuchung ganz oder teilweise richtet.

(2) Ergibt sich nicht bereits aus dem Untersuchungsauftrag, wer Betroffener ist, kann der Untersuchungsausschuß jederzeit auf Vorschlag des Vorsitzenden mit einer Mehrheit von zwei Dritteln seiner stimmberechtigten Mitglieder feststellen, wer Betroffener ist. Personen, die Betroffene sein können, zeigen dies dem Vorsitzenden an.

(3) Betroffene dürfen, soweit sich die Untersuchung gegen sie richtet, nicht als Zeuge vernommen werden; sie können die Aussage zur Sache verweigern. Dies gilt nicht für Mitglieder der Bundesregierung oder andere Amtsträger, soweit sich die Untersuchung auf ihre augenblickliche oder frühere Amtsführung bezieht. Soweit die Betroffenen von ihrem Aussageverweigerungsrecht keinen Gebrauch machen, sind sie vor ihrer Anhörung durch den Vorsitzenden auf ihre Rechte hinzuweisen.

(4) Betroffene haben das Recht, an der Beweisaufnahme teilzunehmen, es sei denn, daß der Untersuchungsausschuß gemäß § 11 etwas anderes beschließt. In diesem Falle sind ihnen nach ihrer Wiederzulassung der wesentliche Inhalt der in ihrer Abwesenheit erfolgten Beweisaufnahme und eventuell sie betreffende Beschlüsse des Untersuchungsausschusses bekanntzugeben.

(5) Betroffene können sich zur Wahrnehmung ihrer Rechte eines Rechtsbeistandes bedienen und Zeugen und Sachverständige zu ihrer Entlastung benennen; sie haben das Recht, bestimmte Fragen an die Zeugen und Sachverständigen zu richten.

(6) Auf ihr Verlangen ist den Betroffenen die Möglichkeit einzuräumen, vor Beendigung der Beweisaufnahme zusammenhängend zu den gegen sie gerichteten Vorwürfen Stellung zu nehmen. Diese Stellungnahme kann auch schriftlich erfolgen; in diesem Falle ist sie zu verlesen.

§ 16
Ladung von Zeugen und Sachverständigen, Zwangsmaßnahmen und andere Beweismittel

(1) Zeugen und Sachverständige sind verpflichtet, auf Ladung des Ausschusses zu erscheinen. Sie sind in der Ladung auf die gesetzlichen Folgen des Ausbleibens hinzuweisen.

(2) Gegen einen ordnungsgemäß geladenen Zeugen, der ohne genügende Entschuldigung nicht erscheint oder ohne gesetzlichen Grund das Zeugnis verweigert, oder gegen einen zur Erstattung des Gutachtens verpflichteten Sachverständigen, der ohne genügende Entschuldigung nicht erscheint oder ohne gesetzlichen Grund die Erstattung des Gutachtens verweigert, wird auf Antrag des Untersuchungsausschusses Ordnungsstrafe gemäß §§ 51, 70 und 77 der Strafprozeßordnung verhängt; die entstandenen Kosten werden ihm auferlegt.

(3) Auf Antrag des Ausschusses ordnet das zuständige Gericht Vorführung an.

(4) Verhaftung, Beschlagnahme, Durchsuchung, Leichenschau, Leichenöffnung, körperliche und geistige Untersuchung sowie die Untersuchung anderer Personen kann der Untersuchungsausschuß beim zuständigen Gericht beantragen. Bei Gefahr im Verzuge ist ein Ersuchen an die zuständige Staatsanwaltschaft zu richten. Das Brief-, Post- und Fernmeldegeheimnis bleibt unberührt.

§ 17
Aussageverweigerung

Die Vorschriften der §§ 52, 53, 53a, 55 und 76 Abs. 1 der Strafprozeßordnung über das Recht des Zeugen zur Verweigerung der Aussage und das Recht des Sachverständigen zur Verweigerung des Gutachtens finden Anwendung. Ein Zeuge hat ferner das Recht, die Aussage zu verweigern, wenn die Beantwortung der Frage einem seiner Angehörigen schwerwiegende Nachteile bringen würde. Die Vorschriften über das Zeugnisverweigerungsrecht der Presse finden auf die Aussage vor dem Untersuchungsausschuß entsprechende Anwendung. In den Fällen, in denen nach diesem Gesetz ein Zeugnisverweigerungsrecht besteht, findet § 56 der Strafprozeßordnung entsprechende Anwendung.

§ 18
Belehrung der Zeugen und Sachverständigen, Wahrheitspflicht

(1) Zeugen und Sachverständige sind über ihr Recht zur Verweigerung der Aussage zu belehren.

333

(2) Zeugen und Sachverständige sind vor ihrer Vernehmung zur Wahrheit zu ermahnen. Sie sind auf die strafrechtlichen Folgen einer unrichtigen oder unvollständigen Aussage hinzuweisen. Eine Vereidigung findet nicht statt.

(3) Wer vor dem Untersuchungsausschuß vorsätzlich falsch aussagt, wird mit Freiheitsstrafe von drei Monaten bis fünf Jahren, in schweren Fällen nicht unter einem Jahr, bestraft.

§ 19
Vernehmung der Zeugen

(1) Die Zeugen sollen einzeln und in Abwesenheit der später zu hörenden Zeugen vernommen werden.

(2) Eine Gegenüberstellung mit anderen Zeugen oder mit dem Betroffenen ist zulässig, wenn es für die Wahrheitsfindung geboten erscheint.

(3) Zeugen und Sachverständige werden zunächst durch den Vorsitzenden vernommen. Anschließend erteilt der Vorsitzende den stimmberechtigten Mitgliedern das Wort zu Fragen; § 28 Abs. 1 der Geschäftsordnung des Deutschen Bundestages ist entsprechend anzuwenden.

(4) Der Vorsitzende kann ungeeignete und nicht zur Sache gehörende Fragen zurückweisen. Über die Zulässigkeit von Fragen sowie die Zurückweisung von Fragen durch den Vorsitzenden entscheidet auf Antrag eines stimmberechtigten Mitgliedes oder des Betroffenen der Untersuchungsausschuß in einer Beratungssitzung mit einer Mehrheit von zwei Dritteln seiner stimmberechtigten Mitglieder.

(5) Beschließt der Ausschuß die Unzulässigkeit einer Frage, auf die bereits eine Antwort gegeben wurde, darf im Bericht des Ausschusses auf die Frage und Antwort nicht Bezug genommen werden.

§ 20
Rechts- und Amtshilfe

(1) Der Ausschuß kann beschließen, Zeugen oder Sachverständige im Wege der Rechts- und Amtshilfe vernehmen zu lassen. Das Ersuchen ist an das Amtsgericht zu richten, in dessen Bereich die Untersuchungshandlung vorgenommen werden soll. Vernehmungen im Ausland sind nur durch die deutschen Vertretungen zulässig.

(2) Dem Ersuchen ist der Untersuchungsauftrag und der Beweisbeschluß beizufügen. Die an den Zeugen oder Sachverständigen zu stellenden Fragen sind, soweit erforderlich, näher zu bezeichnen und zu erläutern.

§ 21
Zutritt, Aussagegenehmigung, Aktenvorlage

(1) Die Bundesregierung und die Behörden des Bundes sowie die sonstigen Verwaltungseinrichtungen des Bundes sind verpflichtet, dem Untersuchungsausschuß oder seinem Beauftragten jederzeit Zutritt zu den von ihnen verwalteten öffentlichen Einrichtungen zu gestatten, die erforderlichen Aussagegenehmigungen zu erteilen und die Akten vorzulegen.

(2) Alle Gerichte sind verpflichtet, dem Untersuchungsausschuß die Akten vorzulegen.

(3) Ersuchen um Zutritt, Aussagegenehmigung und Aktenvorlage sind an die zuständige oberste Dienstbehörde oder oberste Aufsichtsbehörde oder an das zuständige Gericht zu richten.

(4) Wendet die zuständige oberste Dienstbehörde oder oberste Aufsichtsbehörde oder das zuständige Gericht ein, Nachteile für die Beziehungen der Bundesrepublik Deutschland zu anderen Staaten oder für die Sicherheit der Bundesrepublik Deutschland oder Gründe der Wahrheitsfindung in einem anhängigen Strafverfahren stünden einer Zutrittsgewährung, einer Aussagegenehmigung oder einer Aktenvorlage entgegen, ist eine Entscheidung der Bundesregierung herbeizuführen. Bestätigt die Bundesregierung die Weigerung, hat sie ihre Entscheidung dem Vorsitzenden des Untersuchungsausschusses und den Obleuten der Fraktionen im Untersuchungsausschuß glaubhaft zu machen. Hält der Untersuchungsausschuß an seinem Ersuchen fest und bleibt die Bundesregierung bei ihrer Weigerung, ist die Bundesregierung verpflichtet, dem Vorsitzenden und seinem Stellvertreter den ersuchten Zutritt zu gestatten, die erforderlichen Auskünfte durch Genehmigung der verlangten Aussagen zu erteilen und die angeforderten Akten in ihren Räumen vorzulegen.

§ 22
Amtsverschwiegenheit

(1) Der Vorsitzende sowie die Mitglieder des Untersuchungsausschusses sind auch nach Auflösung des Ausschusses verpflichtet, über die ihnen bekanntgewordenen geheimhaltungsbedürftigen Tatsachen Verschwiegenheit zu bewahren. Ohne Genehmigung des Präsidenten des Deutschen Bundestages dürfen sie weder vor Gericht noch außergerichtlich aussagen.

(2) Wird einem Vorsitzenden oder einem Mitglied des Ausschusses ein fremdes Geheimnis, namentlich ein zum persönlichen Lebensbereich gehörendes Geheimnis oder ein Betriebs- oder Geschäftsgeheimnis, im Rahmen der Untersuchungshandlungen bekannt, darf es dieses Geheimnis nur offenbaren, wenn es dazu von der betroffenen Person ermächtigt worden ist. Dies gilt nicht, wenn die Offenlegung des Geheimnisses gesetzlich geboten ist.

§ 23
Mitteilungen an die Öffentlichkeit

(1) Mitteilungen an die Öffentlichkeit über nichtöffentliche Sitzungen sind vor Abschluß der Bera-

tungen nur auf Beschluß des Ausschusses zulässig. Dabei kann der Ausschuß Einschränkungen oder Auflagen beschließen.

(2) Vor Abschluß der Beratungen über ein Beweisthema sind öffentliche Beweiswürdigungen unzulässig.

§ 24
Aussetzung und Einstellung des Untersuchungsverfahrens

(1) Das Untersuchungsverfahren kann ausgesetzt werden, wenn eine alsbaldige Aufklärung auf andere Weise zu erwarten ist oder die Gefahr besteht, daß gerichtliche Verfahren oder Ermittlungsverfahren beeinträchtigt werden. Der Untersuchungsausschuß beschließt die Aussetzung, es sei denn, daß die Antragsteller des Einsetzungsverlangens, ihre Vertreter im Ausschuß oder ein Viertel der stimmberechtigten Mitglieder widersprechen.

(2) Ein ausgesetztes Verfahren kann jederzeit auch durch Beschluß des Plenums wiederaufgenommen werden. Der Antrag muß unverzüglich auf die Tagesordnung gesetzt und vom Bundestag behandelt werden.

(3) Der Bundestag kann einen Untersuchungsausschuß vor Abschluß der Ermittlungen auflösen, es sei denn, daß ein Viertel der Mitglieder des Bundestages widerspricht.

§ 25
Berichterstattung, Beratung im Bundestag

(1) Nach Abschluß der Untersuchung erstattet der Untersuchungsausschuß dem Bundestag einen schriftlichen Bericht. Der Bericht hat den Gang des Verfahrens, das wesentliche Ergebnis der Untersuchungen und die Beweismittel wiederzugeben.

(2) Kommt der Untersuchungsausschuß nicht zu einem einstimmigen Untersuchungsergebnis, hat der Bericht auch die abweichenden Auffassungen der ordentlichen Mitglieder zu enthalten.

(3) Ist abzusehen, daß der Untersuchungsausschuß seinen Untersuchungsauftrag nicht vor Ende der Wahlperiode erledigen kann, hat er dem Bundestag rechtzeitig einen Sachstandsbericht vorzulegen.

(4) Auf Beschluß des Bundestages oder auf Verlangen der Antragsteller des Einsetzungsverlangens hat der Untersuchungsausschuß dem Bundestag einen Zwischenbericht vorzulegen.

§ 26
Rechte des Verteidigungsausschusses als Untersuchungsausschuß

(1) Beschließt der Verteidigungsausschuß, eine Angelegenheit zum Gegenstand seiner Untersuchung zu machen oder wird ein entsprechendes Verlangen von einem Viertel seiner Mitglieder vorgebracht, hat der Verteidigungsausschuß bei seinen Untersuchungen die Rechte eines Untersuchungsausschusses.

(2) Den Vorsitz führt der Vorsitzende des Verteidigungsausschusses; er ist stimmberechtigt.

(3) Macht der Verteidigungsausschuß eine Angelegenheit zum Gegenstand seiner Untersuchung, kann er zur Durchführung der Untersuchung einen Unterausschuß einsetzen, in den auch stellvertretende Mitglieder des Verteidigungsausschusses entsandt werden können.

(4) Überträgt der Verteidigungsausschuß die Untersuchungen nicht einem Unterausschuß, steht das Recht, Beweisanträge zu stellen und abweichende Auffassungen im Schlußbericht niederzulegen, jedem ordentlichen Mitglied des Verteidigungsausschusses zusammen mit einem weiteren zu.

(5) Der Verteidigungsausschuß kann über das Ergebnis seiner Untersuchungen dem Plenum einen Bericht erstatten. Auf Beschluß des Bundestages ist er hierzu verpflichtet. Eine Aussprache darf sich nur auf den veröffentlichten Bericht beziehen.

§ 27
Kosten und Auslagen

(1) Die Kosten des Untersuchungsverfahrens beim Bundestag trägt der Bund. Zeugen und Sachverständige werden entsprechend dem Gesetz über die Entschädigung von Zeugen und Sachverständigen entschädigt. Dem Betroffenen sind die durch die Wahrnehmung der ihm nach diesem Gesetz zustehenden Rechte entstandenen notwendigen Auslagen zu erstatten.

(2) Über die Entschädigung von Zeugen und Sachverständigen sowie über die Erstattung der Auslagen von Betroffenen und Beiständen entscheidet der Untersuchungsausschuß auf Antrag der nach Absatz 1 Berechtigten. Der Beschluß des Untersuchungsausschusses kann vor dem zuständigen Gericht angefochten werden.

§ 28
Anwendung der Geschäftsordnung

(1) Der Untersuchungsausschuß kann von dem für den Bundestag festgelegten Zeitplan (§ 60 Abs. 1 GO-BT) abweichen, soweit dies zur sachgerechten Erledigung des Untersuchungsauftrages erforderlich ist. Er hat den Präsidenten hiervon vor der Sitzung zu unterrichten.

(2) Hat der Ausschuß beschlossen, Untersuchungshandlungen außerhalb des ständigen Sitzungsortes des Bundestages durchzuführen, ist der Vorsitzende verpflichtet, unverzüglich den Präsidenten davon zu unterrichten.

(3) Im übrigen gelten für das Verfahren bei der Einsetzung des Untersuchungsausschusses, das Un-

335

tersuchungsverfahren und den Bericht an den Bundestag die Bestimmungen der Geschäftsordnung des Deutschen Bundestages.

§ 29
Gerichtliche Zuständigkeiten, anzuwendende Gesetze

(1) Zuständiges Gericht im Sinne dieses Gesetzes ist das erstinstanzliche Gericht der ordentlichen Gerichtsbarkeit am Sitz des Deutschen Bundestages.

(2) Soweit dieses Gesetz nichts anderes bestimmt, sind das Gerichtsverfassungsgesetz und die Strafprozeßordnung entsprechend anzuwenden.

§ 30
Geltung in Berlin

Dieses Gesetz gilt nach Maßgabe des § 13 Abs. 1 des Dritten Überleitungsgesetzes auch im Land Berlin.

§ 31
Inkrafttreten

Dieses Gesetz tritt am . . . in Kraft.

Bonn, den 26. Februar 1988

Dr. Lammert
Porzner
Beckmann
Bernrath
Biehle
Buschbom
Cronenberg (Arnsberg)
Esters
Eylmann
Dr. Göhner
Grunenberg
Günther

Dr. Haussmann
Dr. Hoffacker
Dr. Jenninger
Kleinert (Hannover)
Lamers
Lennartz
Louven
Marschewski
Dr. Mertens (Bottrop)
Neuhausen
Niggemeier
Reddemann

Frau Renger
Repnik
Reuschenbach
Dr. Scheer
Schmidbauer
Schreiber
Stücklen
Tillmann
Frau Dr. Timm
Frau Traupe
Dr. Unland
Wolfgramm (Göttingen)

336

Begründung

1. Regelungsbedarf

Die Rechtsgrundlage für die Tätigkeit von Untersuchungsausschüssen des Deutschen Bundestages stellt Artikel 44 GG dar. Ein Ausführungsgesetz zu dieser Verfassungsvorschrift ist bisher nicht verabschiedet worden. Die Untersuchungsausschüsse wurden in den letzten Wahlperioden regelmäßig vom Deutschen Bundestag verpflichtet, ergänzend zu Artikel 44 GG mit seinem Verweis auf die Strafprozeßordnung die „IPA-Regeln" (Entwurf eines Gesetzes über Einsetzung und Verfahren von Untersuchungsausschüssen des Deutschen Bundestages gemäß Drucksache V/4209) als besonderes Geschäftsordnungsrecht anzuwenden. In der Praxis treten bei dieser Ausgangslage vielfach Rechtsunsicherheiten auf.

Der Ausschuß für Wahlprüfung, Immunität und Geschäftsordnung hat deshalb im Rahmen seines Selbstbefassungsrechts einen Vorschlag für einen Entwurf eines Gesetzes über die Einsetzung und das Verfahren von Untersuchungsausschüssen des Deutschen Bundestages erarbeitet. Dabei hat er die in der Vergangenheit geführte Diskussion um das Recht der Untersuchungsausschüsse auf Bundesebene — also die „IPA-Regeln" auf Drucksache V/4209 sowie den Gesetzentwurf der Fraktion der CDU/CSU auf Drucksache 8/1181, der auf den Bericht der Enquete-Kommission „Verfassungsreform" (Drucksache 7/5924) zurückgeht — und auch auf Landesebene — also den Mustergesetzentwurf der Präsidenten der deutschen Länderparlamente von 1972 sowie die Landesgesetze über Untersuchungsausschüsse von Baden-Württemberg, Bayern, Berlin, Bremen, Nordrhein-Westfalen und des Saarlandes — berücksichtigt.

Auf der Grundlage des Regelungsvorschlages des Ausschusses für Wahlprüfung, Immunität und Geschäftsordnung war in der 10. Wahlperiode „aus der Mitte des Bundestages" (Artikel 76 Abs. 1 GG) der Entwurf eines Gesetzes über Einsetzung und Verfahren von Untersuchungsausschüssen des Deutschen Bundestages auf Drucksache 10/6587 eingebracht worden. Die Antragsteller greifen diesen Gesetzentwurf unverändert auf. Sie sind sich aber darüber im klaren, daß der Gesetzentwurf während der Ausschußberatungen ergänzt werden muß. Anlaß dafür bieten insbesondere die Erfahrungen und Erkenntnisse, die im letzten Jahr der 10. Wahlperiode von Untersuchungsausschüssen gewonnen wurden oder sich aus neuesten Gerichtsentscheidungen ergeben.

2. Aufgabe von Untersuchungsausschüssen

Dem Gesetzentwurf liegt der Gedanke zugrunde, daß parlamentarische Untersuchungsausschüsse sowohl der Sachaufklärung als auch einer politischen Bewertung der aufklärungsbedürftigen Sachverhalte dienen.

Daraus werden Folgerungen in zweifacher Hinsicht abgeleitet. Einerseits werden Regelungen vorgeschlagen, die auf die Absicherung einer umfassenden und unbehinderten Sachverhaltsaufklärung abzielen. Andererseits ist berücksichtigt, daß im parlamentarischen Untersuchungsverfahren die Abgeordneten und Fraktionen die aufgedeckten Sachverhalte unterschiedlich bewerten und ihre Problemsicht sowohl bei der Sachverhaltsermittlung als auch bei der Darstellung des Untersuchungsergebnisses zur Geltung bringen wollen.

Nicht zuletzt deshalb werden die erforderlichen Minderheitenrechte im einzelnen im Gesetzesvorschlag verankert. Außerdem wird an der gleichfalls unverzichtbaren Verantwortlichkeit der parlamentarischen Mehrheit für das Untersuchungsverfahren festgehalten.

3. Vorsitz im Untersuchungsausschuß

Der Vorsitz im Untersuchungsausschuß soll einem Mitglied des Bundestages übertragen werden, das aus der Mitte des Bundestages für diese Aufgabe gewählt wird und bei der Abwicklung des Untersuchungsverfahrens im Ausschuß nicht abstimmen darf, um eine umfassende und unvoreingenommene Sachverhaltsaufklärung zu fördern.

Mit dieser Regelung wird an einer zentralen Weiche für die Abwicklung eines Untersuchungsverfahrens die Grundlage des Gesetzentwurfs konkretisiert, daß ein Untersuchungsausschuß sowohl parlamentarische als auch judikative Elemente enthält. Der Vorsitzende soll durch seine Verantwortung für eine faire Verhandlungsführung in einem gerichtsähnlich geordneten Verfahren sicherstellen, daß die im Untersuchungsausschuß vertretenen Fraktionen in einer parlamentarischen Auseinandersetzung und im Wettbewerb zwischen Mehrheit und Minderheiten ihre Aufgabe erfüllen können, die Wahrheit zu dem Untersuchungsthema vor den Augen der Öffentlichkeit zu erforschen.

Dieser Vorschlag auf Einsetzen eines Vorsitzenden ohne Stimmrecht ist nach Ansicht des Ausschusses für Wahlprüfung, Immunität und Geschäftsordnung verfassungsrechtlich zulässig. Es wird dem Abgeordneten, der zum Vorsitzenden eines Untersuchungsausschusses gewählt wird, nämlich das Stimmrecht nicht gänzlich, sondern nur vorübergehend für die Zeit der Untersuchungshandlungen aus Gründen einer zweckmäßigen Gestaltung eines besonderen parlamentarischen Verfahrens entzogen; bei der Beschlußfassung des Bundestages über den Bericht des Untersuchungsausschusses besitzt dieser Abgeordnete sein volles Stimmrecht.

337

Die Antragsteller halten es auch ohne gesetzliche Verankerung für selbstverständlich, daß der stellvertretende Vorsitzende regelmäßig aus einer anderen Fraktion als der des Vorsitzenden bestimmt wird.

4. Mitglieder des Untersuchungsausschusses

Ein Untersuchungsverfahren soll allein von Mitgliedern des Bundestages durchgeführt werden. Deshalb sollen die ordentlichen und stellvertretenden Mitglieder des Bundestages wie bei den Fachausschüssen von den Fraktionen benannt und abberufen werden können. Stimmberechtigt sollen die stellvertretenden Mitglieder eines Untersuchungsausschusses dann sein, wenn sie ein abwesendes ordentliches Mitglied vertreten.

Auf Regeln über ein Verbot der Mitgliedschaft für ausgewählte Gruppen von Mitgliedern des Bundestages wurde verzichtet. Ein solches Verbot würde dem Grundsatz widersprechen, daß wegen des repräsentativen und freien Mandats Abgeordnete in allen dem gesamten Bundestag zur Entscheidung zugewiesenen Angelegenheiten nicht wegen Befangenheit von der Mitwirkung ausgeschlossen sein können. In der Praxis wird das Problem kaum auftreten, weil die Fraktionen in den Untersuchungsausschuß nicht Abgeordnete entsenden werden, die für dieses Untersuchungsverfahren als Betroffene oder Zeugen in Betracht kommen können.

5. Beweiserhebung

Der Ausschuß für Wahlprüfung, Immunität und Geschäftsordnung hat sich nach Abwägung der Vor- und Nachteile einer solchen Regelung für die Unterscheidung von Betroffenen und Zeugen entschieden. Damit wird dem Bedürfnis der Personen Rechnung getragen, die wegen ihrer besonderen Verwicklung in den Untersuchungsgegenstand eines besonderen Schutzes bedürfen und nicht ohne Gefahr für unvertretbar nachteilige Folgen auf die üblichen Zeugnisverweigerungsrechte verwiesen werden können. Eine Vereidigung von Zeugen und Sachverständigen erscheint in einem parlamentarischen Untersuchungsverfahren nicht angebracht. Die Eidesabnahme ist ein Wesensmerkmal eines Gerichtsverfahrens. Gleichwohl bleibt eine uneidliche Falschaussage vor einem Untersuchungsausschuß nicht folgenlos. Der Gesetzentwurf enthält den Vorschlag eines Straftatbestandes in Anlehnung an die Strafvorschriften über uneidliche Falschaussage und Meineid.

Nachdem das Bundesverfassungsgericht eine Entscheidung über die grundsätzliche Pflicht der Bundesregierung zur Vorlage angeforderter Akten und damit allgemein zur Auskunftspflicht der Bundesregierung gegenüber Untersuchungsausschüssen getroffen hat, wird in Anlehnung an den Wortlaut dieser Entscheidung eine Regelung vorgesehen, die sowohl das Informationsbedürfnis des Untersuchungsausschusses befriedigt als auch die notwendige Geheimhaltung sicherstellt.

338

Deutscher Bundestag
11. Wahlperiode

Drucksache 11/2025

18. 03. 88

Sachgebiet 1101

Gesetzentwurf

der Fraktion der SPD

Entwurf eines Gesetzes zur Regelung des Rechts der parlamentarischen Untersuchungsausschüsse (Untersuchungsausschußgesetz)

A. Problem

Die Rechtsgrundlage für die Tätigkeit von Untersuchungsausschüssen des Deutschen Bundestages stellt Artikel 44 GG dar. Ein Ausführungsgesetz zu dieser Verfassungsvorschrift ist bisher nicht verabschiedet worden. Dem Verfahren der Untersuchungsausschüsse wurden zuletzt ergänzend zu Artikel 44 GG mit seinem Verweis auf die Strafprozeßordnung regelmäßig die sogenannten IPA-Regeln (Entwurf eines Gesetzes über Einsetzung und Verfahren von Untersuchungsausschüssen des Deutschen Bundestages gemäß Drucksache V/4209) zugrunde gelegt. In der Praxis treten bei dieser Ausgangslage vielfach Rechtsunsicherheiten auf.

B. Lösung

Verabschiedung eines Gesetzes zur Regelung des Rechts der parlamentarischen Untersuchungsausschüsse.

C. Alternativen

Beibehaltung der gegenwärtigen Praxis.

D. Kosten

keine

Entwurf eines Gesetzes zur Regelung des Rechts der parlamentarischen Untersuchungsausschüsse (Untersuchungsausschußgesetz)

Der Bundestag hat das folgende Gesetz beschlossen:

§ 1
Aufgabe und Zulässigkeit

(1) Ein Untersuchungsausschuß des Bundestages hat die Aufgabe, Sachverhalte zu untersuchen und dem Parlament darüber Bericht zu erstatten.

(2) Ein Untersuchungsverfahren ist zulässig im Rahmen der verfassungsmäßigen Zuständigkeit des Bundes.

§ 2
Einsetzung

(1) Ein Untersuchungsausschuß wird auf Antrag für einen Untersuchungsauftrag durch Beschluß des Bundestages eingesetzt.

(2) Der Bundestag hat auf Antrag von einem Viertel seiner Mitglieder einen Untersuchungsausschuß einzusetzen.

(3) Über den Antrag nach Absatz 2 muß der Bundestag auf Verlangen der Antragsteller innerhalb von zwei Wochen nach der Einreichung entscheiden.

(4) Im übrigen gelten für die Form und Behandlung des Antrags die Vorschriften der §§ 76, 77 Abs. 1 und § 78 Abs. 5 der Geschäftsordnung des Deutschen Bundestages.

§ 3
Gegenstand

Der in einem Minderheitenantrag bezeichnete Untersuchungsgegenstand kann gegen den Willen der Antragsteller nicht geändert und ergänzt werden.

§ 4
Zusammensetzung

(1) Der Untersuchungsausschuß besteht in der Regel aus sieben und höchstens aus elf Mitgliedern des Bundestages und der gleichen Anzahl von Stellvertretern.

(2) Die Zahl der Mitglieder wird von den Antragstellern festgelegt. Dabei ist das Stärkeverhältnis der Fraktionen im Parlament zu berücksichtigen und sicherzustellen, daß jede Fraktion durch ein Mitglied vertreten ist. Die Zusammensetzung des Untersuchungsausschusses muß die Mehrheitsverhältnisse im Bundestag widerspiegeln.

(3) Die Erhöhung der in Absatz 1 bestimmten Mitgliederzahl ist nur zulässig, soweit sie zur Beteiligung aller Fraktionen notwendig ist.

(4) Die Mitglieder und Stellvertreter werden vom Bundestag nach den Vorschlägen der Fraktionen benannt.

§ 5
Stellvertretende Mitglieder

Die stellvertretenden Mitglieder können an allen Sitzungen teilnehmen. Bei Abwesenheit eines ordentlichen Mitglieds nimmt ein Stellvertreter der Fraktion, der das abwesende Mitglied angehört, dessen Aufgaben wahr.

§ 6
Vorsitz

(1) Der Untersuchungsausschuß wählt den/die Vorsitzende(n) und den/die stellvertretende(n) Vorsitzende(n) aus seiner Mitte.

(2) Bei der Einsetzung jedes neuen Untersuchungsausschusses ist der Vorsitz unter den Fraktionen zu wechseln. Die Fraktionen sind im Verhältnis ihrer Stärke in entsprechender Anwendung des § 12 der Geschäftsordnung des Deutschen Bundestages zu berücksichtigen.

(3) Der/die Vorsitzende und seine/ihre Stellvertreter(in) müssen verschiedenen Fraktionen angehören, unter denen sich eine Regierungsfraktion und eine Oppositionsfraktion befindet.

§ 7
Einberufung, Beschlußfähigkeit und Beschlußfassung

(1) Der/die Vorsitzende beruft den Untersuchungsausschuß unter Angabe der Tagesordnung im Einvernehmen mit den Antragstellern ein. Er/sie ist zur Einberufung einer Sitzung binnen zwei Wochen verpflichtet, wenn dies von mindestens einem Viertel der ordentlichen Untersuchungsausschußmitgliedern oder von den Antragstellern verlangt wird.

(2) Der Untersuchungsausschuß ist beschlußfähig, wenn die Mehrheit seiner Mitglieder anwesend ist.

Die Beschlußfähigkeit bleibt bestehen, bis die Beschlußunfähigkeit auf Antrag festgestellt wird.

(3) Ist der Untersuchungsausschuß nicht beschlußfähig, unterbricht der/die Vorsitzende sofort die Sitzung für eine bestimmte Zeit desselben Tages. Ist nach dieser Zeit die Beschlußfähigkeit noch nicht eingetreten, vertagt er/sie die Sitzung für höchstens vier Tage. In der nächstfolgenden Sitzung zur gleichen Tagesordnung ist der Untersuchungsausschuß beschlußfähig, auch wenn nicht die Mehrheit der Mitglieder anwesend ist. Darauf ist in der Einladung hinzuweisen.

(4) Soweit in diesem Gesetz nichts anderes bestimmt ist, beschließt der Untersuchungsausschuß mit der Mehrheit der abgegebenen Stimmen. Bei Stimmengleichheit ist der Antrag abgelehnt.

§ 8
Unterausschuß

(1) Der Untersuchungsausschuß kann durch einstimmigen Beschluß eine vorbereitende Untersuchung durch einen Unterausschuß beschließen (vorbereitender Unterausschuß).

§ 9
Öffentlichkeit der Sitzungen

(1) Die Beweiserhebung erfolgt in öffentlicher Sitzung. Ton- und Filmaufnahmen sowie Ton- und Bildübertragungen sind nicht zulässig. Der Untersuchungsausschuß kann auf Antrag der Antragsteller oder mit den Stimmen eines Viertels seiner Mitglieder Ausnahmen von Satz 2 zulassen.

(2) Die Öffentlichkeit kann ausgeschlossen werden, wenn überragende Interessen der Allgemeinheit oder überwiegende Interessen eines einzelnen dies gebieten oder wenn es zur Erlangung einer wahrheitsgemäßen Aussage erforderlich erscheint. Aus denselben Gründen können auch einzelne Personen ausgeschlossen werden. Sitzungen, insbesondere Beweiserhebungen, sowie Vorgänge und Dokumente, können für geheim oder für vertraulich erklärt werden. In den in diesem Absatz genannten Fällen entscheidet der Untersuchungsausschuß mit der Mehrheit von zwei Dritteln der anwesenden Mitglieder, jedoch nicht gegen den Willen der Antragsteller.

(3) Beratungen und Beschlußfassung sind nicht öffentlich.

(4) Für Aussagen, Vorgänge und ihm zugängliche Dokumente hat der Untersuchungsausschuß den notwendigen Geheimschutz zu gewähren. Die Entscheidung über die Geheimhaltungseinstufung richtet sich nach der Geheimschutzordnung des Bundestages bzw. nach den entsprechenden Regelungen für die Exekutive. Dies gilt auch für private Unterlagen, die im Wege der freiwilligen Herausgabe oder Beschlagnahme an den Ausschuß gelangen.

§ 10
Mitteilungen über Sitzungen und Unterlagen

Über Art und Umfang von Mitteilungen an die Öffentlichkeit aus nichtöffentlichen Sitzungen entscheidet der Untersuchungsausschuß. Der/die Vorsitzende und sein/ihre Stellvertreter(in) teilen sie gemeinsam mit.

§ 11
Ordnungsgewalt

Die Aufrechterhaltung der Ordnung richtet sich nach §§ 176 bis 179 des Gerichtsverfassungsgesetzes.

§ 12
Protokollierung

(1) Über die Sitzungen des Untersuchungsausschusses ist ein Protokoll aufzunehmen und von dem/der Vorsitzenden zu unterschreiben.

(2) Beweiserhebungen sind wörtlich zu protokollieren. Über die Art der Protokollierung der Beratungen entscheidet der Untersuchungsausschuß im Einvernehmen mit den Antragstellern.

(3) Bezüglich der Einsicht und der Weitergabe der Protokolle gilt die Archivordnung des Bundestages, soweit der Untersuchungsausschuß nicht eine andere Regelung beschließt.

§ 13
Beweiserhebung

(1) Jedes Mitglied des Untersuchungsausschusses hat das Recht, Beweisanträge zu stellen. Wird ein Beweisantrag von weniger als einem Viertel seiner Mitglieder gestellt, entscheidet der Untersuchungsausschuß unverzüglich durch Beschluß, spätestens aber in der nächsten Sitzung.

(2) Beweise sind zu erheben, wenn dies von den Mitgliedern des Untersuchungsausschusses, die zu den Antragstellern gehören, oder von einem Viertel seiner Mitglieder beantragt wird.

(3) Auf Verlangen der antragstellenden Minderheit (§ 3) sind die von ihr beantragten Beweise mit Vorrang zu erheben.

§ 14
Zutrittsrecht, Aussagegenehmigung, Aktenvorlage

(1) Die Bundesregierung und alle Behörden des Bundes sowie die Körperschaften, Anstalten und Stiftungen des öffentlichen Rechts, die der Aufsicht des Bundes unterstehen, sind verpflichtet, dem Untersuchungsausschuß jederzeit Zutritt zu den von ihnen verwalteten öffentlichen Einrichtungen zu gestatten,

die begehrten Aussagegenehmigungen zu erteilen und verlangte Akten sofort vorzulegen. Auch Gerichte haben auf Verlangen Akten vorzulegen und ihren Dienstkräften die begehrten Aussagegenehmigungen zu erteilen.

(2) Ersuchen um Zutritt, Aussagegenehmigungen und Aktenvorlage sind an die zuständige oberste Dienstbehörde oder oberste Aufsichtsbehörde zu richten.

§ 15

Auskunftspersonen

(1) Auskunftspersonen sind verpflichtet, auf Ladung des Untersuchungsausschusses zu erscheinen. Sie sind in der Ladung auf die gesetzlichen Folgen des Ausbleibens hinzuweisen.

(2) Auskunftspersonen können die Auskunft auf solche Fragen verweigern, deren Beantwortung ihnen selbst oder einen der in § 52 Abs. 1 der Strafprozeßordnung bezeichneten Angehörigen der Gefahr aussetzen würde, wegen einer Straftat oder einer Ordnungswidrigkeit verfolgt zu werden. Die Vorschriften der Strafprozeßordnung (§§ 52, 53, 53 a) finden Anwendung.

(3) Auskunftspersonen sind über ihre Rechte zu belehren. Für die Glaubhaftmachung von Verweigerungsgründen gilt § 56 der Strafprozeßordnung entsprechend.

(4) Auskunftspersonen sind vor ihrer Vernehmung zur Wahrheit zu ermahnen und darauf hinzuweisen, daß der Untersuchungsausschuß nach Maßgabe dieses Gesetzes zu ihrer Vereidigung berechtigt ist. Hierbei sind sie über die Bedeutung des Eides und die strafrechtlichen Folgen einer unrichtigen oder unvollständigen Aussage zu belehren.

§ 16

Maßnahmen zur Sicherung der Beweiserhebung

(1) Gegen eine gemäß § 15 geladene Auskunftsperson, die ohne genügende Entschuldigung nicht erscheint oder ohne gesetzlichen Grund das Zeugnis, das Gutachten oder die Eidesleistung verweigert, setzt auf Antrag des/der Vorsitzenden des Untersuchungsausschusses das zuständige Gericht Ordnungsgeld oder Ordnungshaft (Ordnungsmittel) fest; die entstandenen Kosten werden der Auskunftsperson auferlegt. Im Antrag ist ein der Art nach bestimmtes Ordnungsmittel zu bezeichnen; das zuständige Gericht ist hieran gebunden. Im übrigen finden Artikel 6 bis 9 des Einführungsgesetzes zum Strafgesetzbuch Anwendung.

(2) Unter den Voraussetzungen des Absatzes 1 Satz 1 ordnet das zuständige Gericht auf Antrag des/der Vorsitzenden die Vorführung, Beschlagnahme und Durchsuchung an.

(3) Der/die Vorsitzende stellt den Antrag nach Absätzen 1 und 2 auf Beschluß des Untersuchungsaus-

schusses auf Verlangen der Untersuchungsausschußmitglieder, die zu den Antragstellern gehören, oder auf Verlangen eines Viertels seiner Mitglieder.

§ 17

Vernehmung und Fragerecht

(1) Die Auskunftspersonen werden zunächst durch den/die Vorsitzenden, sodann durch den/die stellvertretende(n) Vorsitzende(n) vernommen. Anschließend können die übrigen Mitglieder des Untersuchungsausschusses Fragen stellen. Sie können auch jeweils mehrere Fragen stellen, wenn diese im Sachzusammenhang stehen. Das Erstfragerecht richtet sich nach der Stärke der Fraktionen und wechselt in dieser Reihenfolge bei jeder Auskunftsperson. § 12 der Geschäftsordnung des Deutschen Bundestages gilt entsprechend.

(2) Der/die Vorsitzende kann nicht zum Beweisthema gehörende Fragen zurückweisen.

(3) Bei Zweifeln über die Zulässigkeit von Fragen sowie über die Rechtmäßigkeit der Zurückweisung von Fragen entscheidet auf Antrag eines Untersuchungsausschußmitgliedes der Untersuchungsausschuß mit der Mehrheit von zwei Dritteln der anwesenden Mitglieder, jedoch nicht gegen den Willen der Antragsteller.

§ 18

Vereidigung

(1) Der Untersuchungsausschuß entscheidet über die Vereidigung von Auskunftspersonen. Auf Antrag eines Viertels seiner Mitglieder oder der Antragsteller wird auf die Vereidigung verzichtet.

(2) Auskunftspersonen ist vor der Vereidigung Gelegenheit zu geben, sich noch einmal zu diesem Beweisthema zu äußern. §§ 66 c bis 67 und 79 Abs. 2 und 3 der Strafprozeßordnung finden Anwendung.

(3) Von der Vereidigung ist abzusehen,

1. wenn der Verdacht besteht, die Auskunftsperson könne an einer strafbaren Handlung beteiligt sein, deren Aufklärung nach dem Sinn des Untersuchungsauftrages zum Gegenstand der Untersuchung gehört,

2. bei Personen, die zur Zeit der Vernehmung das 16. Lebensjahr noch nicht vollendet haben oder die wegen mangelnder Verstandesreife oder wegen Verstandesschwäche vom Wesen und der Bedeutung des Eides keine genügende Vorstellung haben.

§ 19

Rechts- und Amtshilfe

(1) Bei Ersuchen um Rechts- oder Amtshilfe zur Vernehmung von Auskunftspersonen sind die an die Auskunftsperson zu richtenden Fragen im einzelnen fest-

zulegen. Dem Ersuchen ist eine schriftliche Fassung des Untersuchungsauftrages beizufügen. Der Untersuchungsausschuß gibt an, ob die Auskunftsperson vereidigt werden soll.

(2) Über die Untersuchungshandlung ist ein Protokoll aufzunehmen.

(3) Ersuchen um Rechts- oder Amtshilfe sind an die obersten Bundes- oder Landesbehörden zu richten. Die Befugnisse des Untersuchungsausschusses nach § 16 bleiben unberührt. Das Ersuchen um Rechtshilfe zur Erhebung von Beweisen ist an das Verwaltungsgericht zu richten, in dessen Bereich die Untersuchungshandlung vorgenommen werden soll.

§ 20

Verlesen von Protokollen und Schriftstücken

(1) Die Protokolle über Untersuchungshandlungen von Gerichten, Verwaltungsbehörden und Untersuchungsausschüssen sowie Schriftstücke, die als Beweismittel dienen, sind vor dem Untersuchungsausschuß zu verlesen.

(2) Von der Verlesung kann nur Abstand genommen werden, wenn die Protokolle oder Schriftstücke allen ordentlichen Mitgliedern des Untersuchungsausschusses zugegangen sind und die Mehrheit der anwesenden Mitglieder im Einvernehmen mit den Antragstellern auf die Verlesung verzichtet.

§ 21

Schlußbericht

(1) Der Untersuchungsausschuß soll im Einvernehmen mit den Antragstellern dem Bundestag einen schriftlichen Bericht über den Verlauf des Verfahrens, die ermittelten Tatsachen und das Ergebnis der Untersuchung vorlegen. Jedes Ausschußmitglied hat das Recht, dem Bundestag einen schriftlichen Bericht vorzulegen.

(2) Der Bundestag kann während der Untersuchung vom Untersuchungsausschuß einen Zwischenbericht über den Stand des Verfahrens verlangen.

§ 22

Rechte des Verteidigungsausschusses als Untersuchungsausschuß

(1) Beschließt der Verteidigungsausschuß, eine Angelegenheit zum Gegenstand einer Untersuchung zu machen oder wird ein entsprechendes Verlangen von einem Viertel seiner Mitglieder vorgebracht, hat der Verteidigungsausschuß bei seinen Untersuchungen die Rechte eines Untersuchungsausschusses.

(2) Den Vorsitz führt der/die Vorsitzende des Verteidigungsausschusses.

(3) Macht der Verteidigungsausschuß oder ein Viertel seiner Mitglieder eine Angelegenheit zum Gegenstand einer Untersuchung, kann er zur Durchführung der Untersuchung einen Unterausschuß einsetzen, in den auch stellvertretende Mitglieder des Verteidigungsausschusses entsandt werden können.

(4) Der Verteidigungsausschuß hat über das Ergebnis seiner Untersuchung dem Plenum einen Bericht zu erstatten. Eine Aussprache darf sich nur auf den veröffentlichten Bericht beziehen.

§ 23

Kosten und Auslagen

(1) Die Kosten des Untersuchungsverfahrens trägt der Bund.

(2) Auskunftspersonen werden nach dem Gesetz über die Entschädigung von Zeugen und Sachverständigen entschädigt. Die Entschädigung wird durch die Bundestagsverwaltung festgesetzt. Die Auskunftsperson kann beim Amtsgericht Bonn die gerichtliche Festsetzung der Entschädigung beantragen. § 16 des Gesetzes über die Entschädigung von Zeugen und Sachverständigen gilt entsprechend.

§ 24

Gerichtliches Verfahren

Zuständiges Gericht im Sinne des Gesetzes ist das Bundesverfassungsgericht. Die Entscheidungen trifft der Zweite Senat.

§ 25

Inkrafttreten

Das Gesetz tritt am Tage nach der Verkündung in Kraft.

Bonn, den 18. März 1988

Dr. Vogel und Fraktion

343

Begründung

Nach Artikel 44 Abs. 1 GG hat der Bundestag das Recht und auf Antrag eines Viertels seiner Mitglieder die Pflicht, einen Untersuchungsausschuß einzusetzen. Das Untersuchungsrecht gemäß Artikel 44 GG ist ein Recht des Bundestages als Verfassungsorgan und — aufgrund des Einsetzungsanspruchs der Minderheit von einem Viertel seiner Mitglieder — ein Mittel der Opposition zur parlamentarischen Kontrolle.

Der Schwerpunkt der Untersuchungen liegt in der parlamentarischen Kontrolle. Sie ist nur gewährleistet, wenn zwischen Parlament und Regierung — in den Worten des Bundesverfassungsgerichts — ein „politisches Spannungsverhältnis" besteht (BVerfGE 49, 70, 85). Ein Untersuchungsverfahren, das nicht von dieser Spannung ausgelöst und in Gang gehalten wird, kann seinem Zweck nicht gerecht werden. In der Sicherstellung dieser Kontrolle liegt die verfassungsrechtliche Bedeutung des Minderheitsrechts (BVerfGE a. a. O.). Das ursprüngliche Spannungsverhältnis zwischen Parlament und Regierung, wie es in der konstitutionellen Monarchie bestand, hat sich in der parlamentarischen Demokratie, deren Parlamentsmehrheit regelmäßig die Regierung trägt, gewandelt. Es wird nun vornehmlich geprägt durch das politische Spannungsverhältnis zwischen der Regierung und den sie tragenden Parlamentsfraktionen einerseits und der Opposition andererseits. „Im parlamentarischen Regierungssystem überwacht daher in erster Linie nicht die Mehrheit die Regierung, sondern diese Aufgabe wird vorwiegend von der Opposition — und damit nur von einer Minderheit — wahrgenommen. Das durch die Verfassung garantierte Recht der Minderheit auf Einsetzung eines Untersuchungsausschusses darf, soll vor diesem Hintergrund die parlamentarische Kontrolle ihren Sinn noch erfüllen können, nicht angetastet werden. Mit dem Recht auf Einsetzung eines Untersuchungsausschusses allein ist jedoch das Kontrollrecht der Minderheit noch nicht gewährleistet. Eine ungehinderte Ausübung setzt weitere Sicherungen voraus" (BVerfGE 49, 70, 86).

Der Entwurf trägt dieser besonderen Kontrollfunktion der Untersuchungsausschüsse Rechnung.

In Anlehnung an BVerfGE 49, 70, 86 ff., wird in § 3 des Entwurfs geregelt, daß der in einem Minderheitenantrag bezeichnete Untersuchungsgegenstand gegen den Willen der Antragsteller nicht geändert oder ergänzt werden kann.

Das Beweiserhebungsrecht wird unter Berücksichtigung der Minderheitenrechte besonders geregelt. An der in Artikel 44 Abs. 2 GG vorgeschriebenen sinngemäßen Anwendung der Vorschriften über den Strafprozeß wird festgehalten. Der Entwurf enthält konkretisierende Vorschriften insbesondere zum Recht der Beweiserhebung in §§ 13 ff.

Der Entwurf regelt, daß der Untersuchungsausschuß den notwendigen Geheimschutz zu gewährleisten hat. Da sich die Entscheidungen über die Geheimhaltungseinstufungen nach § 9 Abs. 4 Satz 2 des Entwurfes nach der Geheimschutzordnung des Bundestages bzw. nach den entsprechenden Regelungen für die Exekutive richten, sind diese durch besondere Vorschriften für Auskunftsbegehren eines parlamentarischen Untersuchungsausschusses des Bundestages zu ergänzen.

Für Streitigkeiten anläßlich des Untersuchungsausschußverfahrens ist grundsätzlich das Bundesverfassungsgericht zuständig (§ 24 des Entwurfs). Die Entscheidungen über die Festsetzung von Ordnungsmitteln und über die Anordnung der Vorführung, der Beschlagnahme und der Durchsuchung (§ 16 Abs. 2 und 3 des Entwurfs) trifft der Zweite Senat.

Für die Festsetzung der Entschädigung einer Auskunftsperson kann das Amtsgericht Bonn angerufen werden (§ 23 Abs. 2 Satz 3 des Entwurfs).

Ersuchen um Rechtshilfe zur Erhebung von Beweisen sind an das Verwaltungsgericht zu richten (§ 19 Abs. 3 Satz 3 des Entwurfs).

8. Bibliographie

Achterberg, Norbert: Parlamentsreform – Themen und Thesen, in: DÖV 1975, S. 833 ff.

ders.: Parlamentarische Kontrollrechte, in: DÖV 1977, S. 548 ff.

ders.: Parlamentsrecht, Tübingen 1984.

Arloth, Frank: Grundlagen und Grenzen des Untersuchungsrechts parlamentarischer Untersuchungsausschüsse, in: NJW 1987, S. 808 ff.

Arndt, Adolf: Reform der parlamentarischen Untersuchungsausschüsse?, in: Deutsche Richterzeitung 1964, S. 290 ff.

Bachmayr, Karl E.: Die Untersuchungsausschüsse des Bundestages, Diss. München 1960.

Badura, Peter: Anmerkung zum Urteil des Bundesverfassungsgerichts vom 17. 7. 1984 – 2 BvE 11/15/84 (sog. Flick-Urteil) –, in: DÖV 1984, S. 760 ff.

ders.: Staatsrecht, München 1986, Kap. 46 E (zu den Grundlagen des Verfahrens der Untersuchungsausschüsse des Deutschen Bundestages).

Bäumler, Helmut: Anwendbarkeit des Verwaltungsverfahrensgesetzes auf Verwaltung ausübende Parlamentsausschüsse, in: DVBl. 1978, S. 291 ff.

Baum, Karl Berthold: Reform der parlamentarischen Untersuchungsausschüsse durch Einschaltung parlamentsfremder Personen, in: ZParl 5. Jg. (1974), S. 530 ff.

Becker, Walter: Ein Beitrag zum Recht der parlamentarischen Untersuchungsausschüsse unter besonderer Berücksichtigung der Empfehlungen der Konferenz der Präsidenten der Deutschen Länderparlamente, in: DÖV 1964, S. 505 ff.

ders.: Gutachtliche Stellungnahme zur Verfassungsmäßigkeit des am 16. September 1964 in der 30. Sitzung des Hessischen Landtages eingesetzten Untersuchungsausschusses, Frankfurt/M. 1965.

Becker, Walter P.: Das Recht parlamentarischer Untersuchungsausschüsse, in: ZParl 3. Jg. (1972), S. 425 ff.

Behrend, Otto: Zeugnispflicht vor Untersuchungsausschüssen der Länderparlamente, in: DÖV 1977, S. 92 ff.

Benda, Ernst: Steuergeheimnis: Kann der Bürger noch darauf vertrauen?, in: DStR 1984, S. 351 ff.

Benke, Volker: 25 Jahre Hornberger Schießen. Geschichte der parlamentarischen Untersuchungsausschüsse, in: Die Entscheidung 1973, Nr. 8, S. 20 ff.

Berg, Hans-Joachim: Der Verteidigungsausschuß des Deutschen Bundestages als Untersuchungsausschuß, in: Aus Politik und Zeitgeschichte 1984, S. 26 ff.

Binder, Reinhart: Die »Öffentlichkeit« nach Art. 42 Abs. 1 Satz 1, 44 Abs. 1 Satz 1 GG und das Recht der Massenmedien zur Berichterstattung, in: DVBl. 1985, S. 1112 ff.

Blümel, Willi/Ronellenfitsch, Michael: Parlamentarische Untersuchungsausschüsse und kommunale Selbstverwaltung, Speyer 1978.

Bodenheim, Dieter G.: Kollision parlamentarischer Kontrollrechte. Zum verfassungsrechtlichen Verhältnis von parlamentarischem Frage- und Untersuchungsrecht, Hamburg 1979.

ders.: Das parlamentarische Fragerecht unter dem Grundgesetz, in: ZParl 11. Jg. (1980), S. 38 ff.

Böckenförde, Ernst-Wolfgang: Parlamentarische Untersuchungsausschüsse und kommunale Selbstverwaltung, in: AöR 103 (1978), S. 1 ff.

Bötsch, Wolfgang: Das Recht parlamentarischer Untersuchungsausschüsse. Überlegungen zu der Diskussion um eine Reform, in: Parlamentarische Demokratie und Bewährung, 1984, S. 9 ff.

Bogs, Harald: Steueraktenvorlage für parlamentarische Untersuchung (Art. 44 GG, § 30 AO). Zur Entscheidung des Bundesverfassungsgerichts vom 17. 7. 1984 – 2 BvE 11/83 – = BVerfGE 67, 100, in: JZ 1985, S. 112 ff.

Bücker, Joseph: Kontrollmittel ohne Bedeutung? Zur Reform der Untersuchungsausschüsse, in: Der Bundestag von innen gesehen, München 1969, S. 168 ff.

Busch, Eckart: Parlamentarische Kontrolle – Ausgestaltung und Wirkung, 2. Aufl., Heidelberg 1985, S. 88–108.

Bussler, Peter: Untersuchungsausschuß und Verfassungsgerichtsbarkeit, in: Bayerische Staatszeitung und Bayerischer Staatsanzeiger 1952, Nr. 17 vom 26. 4. 1952, S. 2 ff.

Carstens, Karl: Untersuchungsausschüsse als Mittel parlamentarischer Kontrolle, in: 450 Jahre Altes Gymnasium zu Bremen, 1528–1978, Bremen 1978, S. 255 ff.

Cordes, Bernhard: Das Recht der Untersuchungsausschüsse des Bundestages (Art. 44 BGG), Diss. Münster 1958.

Damkowski, Wulf (Hrsg.): Der parlamentarische Untersuchungsausschuß, Frankfurt 1987.

Dichgans, Hans: Die Zusammenarbeit parlamentarischer Untersuchungsausschüsse, in: NJW 1964, S. 957 ff.

Dickersbach, Alfred: Kommentierung zu Art. 41, in: *Geller, Georg/Kleinrahm, Kurt:* Die Verfassung des Landes Nordrhein-Westfalen, 3. Aufl., Göttingen 1977.

Doemming, Klaus-Berto v./Füßlein, Rudolf Werner/Matz, Werner: Die Entstehungsgeschichte der Artikel des Grundgesetzes, Anm. zu Art. 44, in: JdöR, Bd. 1 (1951), S. 366 ff.

Drexelius, Wilhelm/Weber, Renatus: Die Hamburger Verfassung, 2. Aufl., Berlin 1972, Kommentierung zu Art. 25.

Ehlers, Hans: Die neue Problematik des Steuergeheimnisses, in: Die Steuerliche Betriebsprüfung 1986, S. 265 ff.

Ehmke, Horst: Parlamentarische Untersuchungsausschüsse und Verfassungsschutzämter, in: DÖV 1956, S. 417 ff.

ders.: Empfiehlt es sich, Struktur und Verfahren der parlamentarischen Untersuchungsausschüsse zu reformieren?, in: *Ehmke, Horst:* Beiträge zur Verfassungstheorie und Verfassungspolitik, Königstein 1981, S. 424 ff.

Empfehlungen der Konferenz der Präsidenten der deutschen Länderparlamente zur Regelung des Verfahrens von parlamentarischen Untersuchungsausschüssen, in: ZParl 3. Jg. (1972), H. 4, S. 433 ff.

Empfiehlt es sich, Funktionen, Struktur und Verfahren der parlamentarischen Untersuchungsausschüsse grundlegend zu ändern?, in: Verhandlungen des 45. Deutschen Juristentages, Karlsruhe 1964, Bd. 2 (Sitzungsberichte), München 1964, S. E 3 ff.

Enquête-Kommission Verfassungsreform, Empfehlungen, in: Zur Sache 3/76, insbesondere Kap. 4, S. 126 ff.

Eschenburg, Theodor: Staat und Gesellschaft in Deutschland, München 1965, insbesondere S. 551 ff.

Fenk, Helmut: Müssen Beamte vor parlamentarischen Untersuchungsausschüssen aussagen?, in: ZBR 1971, S. 44 ff.

Feuchte, Paul: Die verfassungsrechtliche Entwicklung im Land Baden-Württemberg, in: JöR 27 (1978), S. 167 ff., insbesondere S. 183–186.

ders.: Der Untersuchungsausschuß, in: Baden-Württembergische Verwaltungspraxis 1985, S. 170 ff.

Forsthoff, Ernst: Rechtsgutachten. Die Verfassungs- und Rechtswidrigkeit des parlamentarischen Untersuchungsbegehrens der CDU-Fraktion des Hessischen Landtages betr. die Verhandlungen der Hessischen Landesregierung über eine kapitalmäßige Beteiligung des Landes Hessen an der Investitions- und Handelsbank, Frankfurt/M., Heidelberg 1965.

Fraenkel, Ernst: Diktatur des Parlaments? Parlamentarische Untersuchungsausschüsse, in: Zeitschrift für Politik 1954, S. 99 ff.

Freihöfer, Eva: Der parlamentarische Geschäftsgang bei Einsetzung von Untersuchungsausschüssen, Diss. Göttingen 1956.

Friesenhahn, Ernst: Regierung und Parlament im modernen Staat, in: VVDStRl. Bd. 16 (1958), S. 73, These 17.

Frost, Herbert: Die Parlamentsausschüsse, ihre Rechtsgestalt und ihre Funktionen, dargestellt an den Ausschüssen des Deutschen Bundestages, in: AöR Bd. 95 (1970), S. 38 ff., insbesondere S. 66–72.

Der 45. Deutsche Juristentag, in: JZ 1964, S. 688–692 und S. 726–730.

Gärtner, Karl-Heinz: Die parlamentarischen Untersuchungsausschüsse, Diss. Würzburg 1954.

Gascard, Johannes Rainer: Das parlamentarische Untersuchungsrecht in rechtsvergleichender Sicht (England, USA, Deutschland), Diss. Kiel 1966.

Giesing, Hans-Horst: »Kleine Reform« im Deutschen Bundestag, in: DÖV 1970, S. 124 ff.

Gollwitzer, Walter: Die sinngemäße Anwendung der Strafprozeßordnung bei der Beweiserhebung parlamentarischer Untersuchungsausschüsse, in: Festschrift für Dünnebier, Berlin 1982, S. 327 ff.

ders.: Der Betroffene im Verfahren der Untersuchungsausschüsse des Bayerischen Landtags, in: Bayerische Verwaltungsblätter 1982, S1 417 ff.

Grau, Karl Friedrich: Demontage der Demokratie, Frankfurt/M. 1968.

Grawert, Rolf: Zur Verfassungsreform, in: Der Staat 18 (1979), S. 229 ff.

Gremer, Reinhard: Anmerkung zu den Entscheidungen des Bayerischen Verwaltungsgerichtshofes vom 19. 5. 1978 Nr. 276 III 77 und vom 10. 10. 1979 Nr. 849 XII 77, in: Bayerische Verwaltungsblätter 1981, S. 212 ff.

Gross, Philipp / Gross, Rolf: Zum Zutrittsrecht zu Verhandlungen der Untersuchungsausschüsse nach Art. 43 Abs. 2 GG, in: JR 1963, S. 335 ff.

dies.: Empfiehlt es sich, Funktion, Struktur und Verfahren der parlamentarischen Untersuchungsausschüsse grundlegend zu ändern?, in: JR 1964, S. 327 ff.

Gross, Rolf: Reform des Verfahrens parlamentarischer Untersuchungsausschüsse?, in: Gewerkschaftliche Monatshefte 1964, S. 721 ff.

ders.: Zum Amtsgeheimnis, in: Das Recht im Amt 1966, S. 81 ff. (u.a. zum Amtsgeheimnis und zur Ermittlungsbefugnis der Untersuchungsausschüsse).

ders.: Ist die rechtliche Ausgestaltung des Verfahrens der parlamentarischen Untersuchungsausschüsse noch zeitgemäß?, in: Gesellschaft, Staat, Erziehung 1966, S. 98 ff.

ders.: Zur Zeugenvernehmung von Beamten vor parlamentarischen Untersuchungsausschüssen, in: Das Recht im Amt 1970, S. 2 ff.

ders.: Zur Rechts- und Amtshilfe gegenüber parlamentarischen Untersuchungsausschüssen, in: Das Recht im Amt 1970, S. 65 ff.

ders.: Zum Verfahren parlamentarischer Untersuchungsausschüsse, in: DVBl. 1971, S. 638 ff.

Gross, Werner: Betrachtungen, in: DVBl. 1956, S. 260 ff.

Härth, Wolfgang: Erste Erfahrungen mit dem Gesetz über die Untersuchungsausschüsse im Abgeordnetenhaus in Berlin, in: ZParl 3. Jg. (1972), S. 463 ff.

ders.: Kommentar zum Gesetz über die Untersuchungsausschüsse des Abgeordnetenhauses von Berlin, 2. Aufl., Berlin 1985.

ders.: Gesetz über die Untersuchungsausschüsse des Abgeordnetenhauses von Berlin vom 22. Juli 1970, Text mit Erläuterungen und Literaturhinweisen, Berlin 1981.

Halbach, Günter: Die Untersuchungsausschüsse des Bundestages, Diss. Köln 1957.

Halstenberg, Friedrich: Das Verfahren der parlamentarischen Untersuchung nach Art. 44 des Grundgesetzes unter besonderer Berücksichtigung des Verhältnisses zur Gerichtsbarkeit, Diss. Köln 1957.

Hassemer, Winfried: Rechtsgutachten zu der Frage nach den Voraussetzungen und Grenzen strafprozessualer Zwangsmaßnahmen, insbesondere von Durchsuchung und Beschlagnahme, aufgrund Art. 44 II GG, erstattet im Auftrag der Beteiligungsgesellschaft für Gemeinwirtschaft AG, Frankfurt a.M. 1986.

Hempfer, Walter: Zur Änderungsbefugnis der Parlamentsmehrheit bei Minderheitsanträgen auf Einsetzung von Untersuchungsausschüssen, in: ZParl 10. Jg. (1979), S. 295 ff.

Hering: 45. Deutscher Juristentag in Karlsruhe vom 22. bis 25. September 1964, in: DÖV 1964, S. 694 ff.

Hilf, Meinhard: Untersuchungsausschüsse vor den Gerichten, in: NVwZ 1987, S. 537 ff.

Holzapfl, Walter: Die verfassungsrechtliche Stellung der parlamentarischen Untersuchungsausschüsse nach der Verfassung des Freistaates Bayern, Diss. München 1954.

Hucko, Elmar: Der parlamentarische Untersuchungsausschuß auf dem Gebiet der Verteidigung, in: ZParl 10. Jg. (1979), S. 304 ff.

Hunger, Franz: Die Rechtsstellung der parlamentarischen Untersuchungsausschüsse nach der Verfassung des Freistaates Bayern, Diss. München 1954.

ders.: Die Untersuchungsausschüsse, in: Bayerische Staatszeitung und Bayerischer Staatsanzeiger vom 11. 2. 1956, S. 6 ff.

Institut »Finanzen und Steuern«: Die Wahrung des Steuergeheimnisses gegenüber parlamentarischen Untersuchungsausschüssen, 1984.

Jekewitz, Jürgen: Parlamentarische Akteneinsicht mit Hilfe des Bundesverfassungsgerichts?, in: DÖV 1984, S. 187 ff.

ders.: Anmerkung zum Urteil des Bundesverfassungsgerichts vom 17. 7. 1984 (Flick-Urteil), in: NStZ 1984, S. 5 ff.

ders.: Die Einsicht in Strafakten durch parlamentarische Untersuchungsausschüsse – Erwiderung auf Schäfer, NStZ 1985, S. 198 –, in: NStZ 1985, S. 395 ff.

ders.: Bundesverfassungsgericht und Staatsorganisationsrecht des Grundgesetzes, in: Festschrift für Rudolf Wassermann, Darmstadt 1985, S. 381 ff.

ders.: Anmerkung zum Beschluß des OLG Köln vom 13. 9. 1985 – 1 Ws 309/85 –, in: NStZ 1986, S. 90 ff.

ders.: Neuere Erfahrungen mit dem Recht parlamentarischer Untersuchungsausschüsse, Vortrag, gehalten im Rahmen des Walther-Schücking-Kollegs – Institut für Internationales Recht – an der Universität Kiel am 7. März 1986.

ders.: Vom Nutzen von Dokumentationen über Verfassungsgerichtsentscheidungen, in: ZRP 1986, S. 151 ff.

ders.: Besprechung der Schriften von Rüdiger Kipke und Albrecht Schleich, in: Der Staat 25 (1986), S. 300 ff.

ders.: Parlamentsausschüsse und Ausschußberichterstattung, in: Der Staat 25 (1986), S. 399 ff.

ders.: Parlamentarische Untersuchungsausschüsse und Minderheitenrechte, in: RuP 1987, S. 23 ff.

Jonas, Bernd/Pauly, Eberhard: Sensible Amtshilfe durch Datenaustausch, in: DStR 1985, S. 560 ff.

Jordan, Klaus Eckart: Das parlamentarische Untersuchungsverfahren in den ersten drei Legislaturperioden des Deutschen Bundestages. Eine Studie zum parlamentarischen Verhalten und zur Reform des Untersuchungsverfahrens, Diss. Tübingen 1964.

Junker, Heinrich: Zur Reform der Landtags-Untersuchungsausschüsse, in: Bayerische Staatszeitung und Bayerischer Staatsanzeiger vom 16. Oktober 1959, S. 1 ff.

Kaufmann, Erich: Untersuchungsausschuß und Staatsgerichtshof, Berlin 1920.

Kessler, Uwe: Zur Reform des parlamentarischen Untersuchungsrechts, in: Die Neue Gesellschaft, 1963, S. 3 ff.

ders.: Die Aktenvorlage und Beamtenaussage im parlamentarischen Untersuchungsverfahren. Zum Verhältnis zwischen Parlament und Verwaltung, in: AöR Bd. 88 (1963), S. 313 ff.

Kintzi, Heinrich: Die Rechtsstellung der parlamentarischen Untersuchungsausschüsse in der Bundesrepublik Deutschland, Diss. Kiel 1956.

Kipke, Rüdiger: Die Untersuchungsausschüsse des Deutschen Bundestages. Praxis und Reform der parlamentarischen Enquête, Berlin 1985.

Klein, Hans Hugo: Zur Frage einer Neuregelung des Rechts der Untersuchungsausschüsse. Enquête-Kommission Verfassungsreform, Bonn, Deutscher Bundestag 1974, Kommissionsdrucksache Nr. 106 vom 23. Juli 1974.

Klatt, Hartmut: Untersuchungsausschuß – Reformthema mit Tradition, in: Das Parlament 1980, S. 7 ff.

ders.: Schärfste politische Waffe des Parlaments. Untersuchungsausschüsse. Was haben sie erbracht?, in: Das Parlament 1984, S. 6 ff.

ders.: Schwert des Parlaments, in: Evangelische Kommentare 1986, S. 627 ff.

Kleinrahm, Kurt: Das Recht der parlamentarischen Untersuchungsausschüsse im Lande Nordrhein-Westfalen, in: Der Deutsche Rechtspfleger Bd. 70 (1962), S. 6 ff.

Knebel-Pfuhl, Christine: Mitwirkungsverbot wegen Befangenheit für Parlamentarier?, Diss. Berlin 1979.

Kölble, Josef: Parlamentarisches Untersuchungsrecht und Bundesstaatsprinzip, in: DVBl. 1964, S. 701 ff.

Kohlmann, Günter: Zur Rechtsstellung der Aussageperson vor parlamentarischen Untersuchungsausschüssen, in: Juristische Arbeitsblätter 1984, S. 670 ff.

Krebs, Walter: Kontrolle in staatlichen Entscheidungsprozessen, Heidelberg 1984.

Kretschmer, Gerald: Repräsentative parlamentarische Demokratie und Föderalismus – Leitbilder der Enquête-Kommission Verfassungsreform des Deutschen Bundestages –, in: Konrad-Adenauer-Stiftung (Hrsg.), Freiheitliche Verfassungspolitik, S. 93 ff.

ders.: Zum Recht und Verfahren von Enquête-Kommissionen des Deutschen Bundestages, in: DVBl. 1986, S. 923 ff.

Krieg, Volker/Giesen, Werner: Das Gesetz über die Einsetzung und das Verfahren von Untersuchungsausschüssen des Landtages in Nordrhein-Westfalen, in: ZParl 16. Jg. (1985), S. 509 ff.

Kuby, Erich: Im Fibag-Wahn. Oder sein Freund der Herr Minister, Reinbek bei Hamburg 1962.

Lässig, Curt: Beschränkung des Beweiserhebungsrechts parlamentarischer Untersuchungsausschüsse – insbesondere aufgrund des Bundesstaatsprinzips, in: DÖV 1976, S. 727 ff.

ders.: Antwort auf Behrend, s.o., in: DÖV 1977, S. 92 ff.

Laforet, Wilhelm: Gutachterliche Äußerung des Vorsitzenden des Rechtsausschusses über Untersuchungsausschüsse nach Art. 44 GG an den Präsidenten des Bundestages vom 31. Januar 1950, in: *Ritzel, Heinrich Georg/Koch, Helmut:* Geschäftsordnung des Deutschen Bundestages, Frankfurt 1952, S. 122–124.

Lammers, H.H.: Parlamentarische Untersuchungsausschüsse, in: *Anschütz, G./Thomas, R.:* Handbuch des deutschen Staatsrechts, Tübingen 1932, Bd. 2, S. 454 ff.

Lenz, Carl Otto: Reform des Untersuchungsverfahrens. Beratungsstand der Enquête-Kommission Verfassungsreform, in: ZParl 6. Jg. (1975), S. 288 ff.

Linck, Joachim: Ausbau der Minderheitenposition im Recht der Untersuchungsausschüsse. Eine Initiative der CDU-Fraktion des Berliner Abgeordnetenhauses, in: ZParl 3. Jg. (1972, S. 470 ff.

ders.: Zur Informationspflicht der Regierung gegenüber dem Parlament, in: DÖV 1983, S. 957 ff.

ders.: Untersuchungsausschüsse und Privatsphäre, in: ZRP 1987, S. 11 ff.

Löwer, Wolfgang: Untersuchungsausschuß und Steuergeheimnis, in: DVBl. 1984, S. 757 ff.

ders.: Der Aktenvorlageanspruch des parlamentarischen Untersuchungsausschusses vor dem Bundesverfassungsgericht, in: Jura 1985, S. 358 ff.

von Mangoldt, Hermann: Das Bonner Grundgesetz, Band 2, 2. Auflage, Berlin 1966, Erläuterungen zu Art. 44 GG.

Maunz, Theodor: Erläuterungen zu Art. 44 GG, in: *Maunz/Dürig/Herzog/ Scholz,* Grundgesetz. Kommentar, 6. Aufl., München 1983.

Meder, Theodor: Die Verfassung des Freistaates Bayern, 3. Aufl., Stuttgart und München 1985, Kommentierung zu Art. 25.

Memminger, Gerhard: Parlamentarische Kontrolle der Regierung durch Unter-suchungsausschüsse, in: DÖV 1986, S. 15 ff.

Mengel, Hans-Joachim: Die Auskunftsverweigerung der Exekutive gegenüber parlamentarischen Untersuchungsausschüssen, in: EuGRZ 1984, S. 97 ff.

Mensching, Hans: Parlamentarische Untersuchungsausschüsse gemäß Art. 44 GG, Diss. Hamburg 1955.

Meyer, Ferdinand: Die Untersuchungskompetenz des amerikanischen Kongres-ses, Bern 1968.

Minderheitsbericht zum Fall Langemann, in: Bayerische Staatszeitung und Baye-rischer Staatsanzeiger vom 17. September 1982, S. 2 ff.

Möller, Franz: Parlamentarische Kontroll- und Untersuchungsrechte des Bundes-tages, in: Das Recht im Amt 1965, S. 81 ff.

Müller-Boysen, Ulrike: Die Rechtsstellung des Betroffenen vor dem parlamenta-rischen Untersuchungsausschuß. Ein Beitrag zu dem Mitwirkungsrecht und zum Schweigerecht des Betroffenen, Diss. Kiel 1980.

von Münch, Ingo: Grundgesetz, Kommentar, 2. Auflage, München 1983, Band 2, Kommentierung zu Art. 44 GG.

Neumann, Heinzgeorg: Zur Zeugeneinvernahme durch einen Untersuchungsaus-schuß des Niedersächsischen Landtages, in: ZParl 16. Jg. (1985) S. 513 ff.

Ossenbühl, Fritz: Rechtsschutz im parlamentarischen Untersuchungsverfahren, in: Gedächtnisschrift für Wolfgang Martens, herausgegeben von *I. von Münch* und *P. Selmer,* 1987, S. 177 ff.

Palme, Ulf: Die »BGAG-Entscheidung« des Bundesverfassungsgerichts vom 5. November 1986 aus verfassungsprozeßrechtlicher Sicht, in: MDR 1987, S. 705 ff.

Parlamentarische Untersuchungsausschüsse (III): Überforderte Richter in eige-ner Sache? in: ZParl 5. Jg. (1974), S. 509 ff.

Partsch, Karl Josef: Anmerkung zum Urteil des Niedersächsischen Staatsge-richtshofes, in: AöR Bd. 83 (1958), S. 459 ff.

ders.: Empfiehlt es sich, Funktion, Struktur und Verfahren der parlamentarischen Untersuchungsausschüsse grundlegend zu ändern?, Gutachten für den 45. Deutschen Juristentag, in: Verhandlungen des 45. Deutschen Juristentages, München, Berlin, Band 1 (Gutachten) T. 3, 1964.

ders.: Von den Grenzen parlamentarischer Untersuchungsausschüsse zur Regierungskontrolle. Rechtsgutachten über die Einsetzung eines Untersuchungsausschusses des Hessischen Landtages zur Untersuchung der Vorgänge betreffend den Erwerb einer Beteiligung an der Investitions- und Handelsbank und ihre Vereinbarkeit mit der Hessischen Verfassung, Mainz 1965.

Paul, Hansjürgen: Parlamentarischer Minderheitenschutz. Eine rechtsvergleichende Betrachtung in Deutschland, Frankreich und Italien, Diss. Göttingen 1952.

Pfander, Nicolaus: Beschlagnahme von Anwaltsakten im Rahmen eines Enquêteverfahrens?, in: NJW 1970, S. 314 ff.

Pietzner, Rainer: Das Zutrittsrecht der Bundesregierung im parlamentarischen Untersuchungsverfahren (Art. 43 II 1 GG), in: JR 1969, S. 43 ff.

ders.: Untersuchungsausschüsse, parlamentarische, in: Evangelisches Staatslexikon, 3. Aufl., Berlin 1987, Sp. 3673.

Plagemann, Hermann: Mehr parlamentarische Kontrolle durch Untersuchungsausschüsse. Zu den Empfehlungen der Enquête-Kommission Verfassungsreform, in: ZParl 8. Jg. (1977), S. 242 ff.

ders.: Das Recht der Minderheit bei der Einsetzung eines parlamentarischen Untersuchungsausschusses, in: Juristische Arbeitsblätter 1979, S. 216 ff.

Plöhn, Jürgen: Enquête-Kommission: Grenzen und Leistungsvermögen am Beispiel der Kommission zum Jugendprotest, in: ZParl 16. Jg. (1985), S. 7 ff.

Rechenberg: Kommentierung zu Art. 44 GG, in: Bonner Kommentar, Hamburg 1950 ff.

Rinck, Hans-Justus: Verfassungsrechtliche Grenzen der Vereidigungsbefugnis parlamentarischer Untersuchungsausschüsse, in: DVBl. 1964, S. 706 ff.

Ridder, Helmut: Artikel »Untersuchungsausschuß«, in: Staatslexikon, 6. Auflage, Bd. 7, Freiburg 1962, S. 1170 ff.

Ritzel, Heinrich Georg/Bücker, Josef: Handbuch für die parlamentarische Praxis mit Kommentar zur Geschäftsordnung des Deutschen Bundestages, insbesondere: Abschnitt Rechtsvorschriften 6 g: Entwurf eines Gesetzes über Einsetzung und Verfahren von Untersuchungsausschüssen des Bundestages; Kommentierung zu § 54 Abs. 2 GO.

Röper, Erich: Ausschüsse zwischen Parlaments- und Gesetzesrecht, in: ZParl 15. Jg. (1984), S. 529 ff.

Roll, Hans-Joachim: Geschäftsordnungspraxis im 10. Deutschen Bundestag, in: ZParl 17. Jg. (1986), S. 313 ff.

Rotter, Frank: Parlamentarische Untersuchungsausschüsse und Öffentlichkeit. Eine verfahrenstheoretische Interpretation und ihre Konsequenz für die Reformdiskussion, in: PVS 1979, S. 111 ff.

ders.: Norm, Konflikt, Verfahren, in: Rechtstheorie 10 (1979), S. 291 ff.

Rupp-von Brünneck, Wiltraut/Konow, Gerhard: Kommentierung zu Art. 92, in: *Zinn/Stein,* Die Verfassung des Landes Hessen, Bad Homburg/Berlin 1963.

Seibert, Gerhard: Parlamentarischer Untersuchungsausschuß und Steuergeheimnis, in: NJW 1984, S. 1001 ff.

Seifert, Karl-Heinz/Hömig, Dieter: Grundgesetz für die Bundesrepublik Deutschland, 2. Auflage, Baden-Baden 1985, Kommentierung zu Art. 44 GG.

Spanner, Hans: Anmerkung zum Urteil des Bundesverfassungsgerichts vom 17. 7. 1984 – 2 BvE 11, 15/83 – in: DVBl. 1984, S. 1002 ff.

Sprenger, Gerhard: Kann der Vorsitzende eines Untersuchungsausschusses des Bundestages eine Ordnungsstrafe wegen Ungebühr verhängen?, in: DÖV 1955, S. 461 ff.

Stadler, Peter: Die parlamentarische Kontrolle der Bundesregierung, Opladen 1984.

Steffani, Winfried: Die Untersuchungsausschüsse des Preußischen Landtages zur Zeit der Weimarer Republik, Düsseldorf 1960.

ders.: Funktion und Kompetenz der parlamentarischen Untersuchungsausschüsse, in: PVS 1960, S. 153 ff.

ders.: Parlamentarische Untersuchungsausschüsse, in: Der Monat 14. Jg. (1962), S. 74 ff.

ders.: Der erste Untersuchungsausschuß des 7. Deutschen Bundestages. Zum Erfahrungsbericht des »Steiner-Ausschusses«, in: ZParl 5. Jg. (1974), S. 470 ff.

Stern, Klaus: Das Staatsrecht der Bundesrepublik Deutschland, Band 2, München 1980, insbesondere § 26 II 3 c und § 26 IV 2 n.

ders.: Die Kompetenz der Untersuchungsausschüsse nach Art. 44 GG im Verhältnis zur Exekutive unter besonderer Berücksichtigung des Steuergeheimnisses, in: AöR 109 (1984), S. 199 ff.

Süsterhenn, Adolf/Schäfer, Hans: Kommentar der Verfassung für Rheinland-Pfalz, Koblenz 1950, Kommentierung zu Art. 91.

Schäfer, Friedrich: Der Untersuchungsausschuß (I). Kampfstätte oder Gericht?, in: ZParl 5. Jg. (1974), S. 496 ff.

ders.: Der Bundestag, 4. Aufl., Opladen 1982, insbesondere Kapitel 19.

Schäfer, Helmut: Die Einsicht in Strafakten durch Verfahrensbeteiligte und Dritte, in: NStZ 1985, S. 198 ff.

Scheuner, Ulrich: Die Lage des parlamentarischen Regierungssystems in der Bundesrepublik Deutschland, in: DÖV 1974, S. 433 ff.

Schindler, Peter: Datenhandbuch zur Geschichte des Deutschen Bundestages 1949–1982, Bonn 1983, insbesondere S. 617–640, 838–843, 858, 863, 970–973.

ders.: Datenhandbuch zur Geschichte des Deutschen Bundestages 1980–1984, Bonn 1986, insbesondere S. 594–600.

Schleich, Albrecht: Das parlamentarische Untersuchungsrecht des Bundestages, Berlin 1985.

Schlenker, Heinz: Die Änderung der Verfassung des Landes Baden-Württemberg, in: VBlBW 1983, S. 399 ff.

Schmittner, Konrad: Bundestag und Verfassungsreform – die Zwischenergebnisse der Enquête-Kommission für Fragen der Verfassungsreform –, in: BayVBl. 1973, S. 625 ff.

Schnabel, Eginhard: Der parlamentarische Untersuchungsausschuß – ein wirksames Kontroll- und Informationsorgan des Parlaments?, Diss. Tübingen 1968.

Schneider, Hans-Peter: Opposition und Information. Der Aktenvorlageanspruch als parlamentarisches Minderheitsrecht, in: AöR Bd. 99 (1974), S. 628 ff.

ders.: Zur Bestimmtheit von Anträgen auf Einsetzung eines Untersuchungsausschusses, in: Juristische Arbeitsblätter 1977, S. 407 ff.

ders.: Kommentierung zu Art. 44 GG, in: Kommentar zum Grundgesetz für die Bundesrepublik Deutschland (Reihe Alternativ-Kommentare), Bd. 2, Neuwied und Darmstadt 1984.

ders.: Die Minderheit müßte das Sagen haben, Spiegel-Interview mit dem Staatsrechtler Hans-Peter Schneider über Untersuchungsausschüsse, in: Der Spiegel 43/1985, S. 37.

Schneider, Rolf: Probleme aus der Praxis eines parlamentarischen Untersuchungsausschusses, in: Der öffentliche Dienst 1954, S. 226 ff.

Scholz, Rupert: Parlamentarischer Untersuchungsausschuß und Steuergeheimnis, in: AöR Bd. 105 (1980), S. 564 ff.

Schröder, Meinhard: Aktuelle Frage des Geheimschutzes bei der Heranziehung von Akten im parlamentarischen Untersuchungsverfahren, in: Freiheit und Verantwortung im Verfassungsstaat, Festgabe zum 10jährigen Jubiläum der Gesellschaft für Rechtspolitik, München 1984, S. 401 ff.

ders.: Das Aktenvorlagerecht parlamentarischer Untersuchungsausschüsse in der Sicht des Bundesverfassungsgerichts (Urteil vom 17. 7. 1984, II BvE 13/83), in: ZParl 15. Jg. (1984), S. 473 ff.

ders.: Minderheitenschutz im parlamentarischen Untersuchungsverfahren: Neue Gerichtsentscheidungen, in: ZParl 17. Jg (1986), S. 367 ff.

Schröer, Hans H.: Die Akteneinsicht durch Parlamentsausschüsse, in: DÖV 1986, S. 85 ff.

Schweiger, Karl: Kommentierung zu Art. 25, in: *Nawiasky/Leusser/Schweiger/ Zacher:* Die Verfassung des Freistaates Bayern, München und Berlin 1964.

Schweitzer, G. B.: Aktuelle Probleme des parlamentarischen Geschäftsordnungsrechts, in: NJW 1956, S. 84 ff.

Thiele, Willi: Parlamentarische Untersuchungsausschüsse und Personalakten der Beamten, in: Zeitschrift für Beamtenrecht 1955, S. 76 ff.

Thieme, Hinrich: Das Verhältnis der parlamentarischen Untersuchungsausschüsse zur Exekutive, Diss. Göttingen 1983.

Thürmer, Monika: Zeugniszwang durch einen Landesuntersuchungsausschuß gegenüber einem außerhalb der Landesgrenzen – in einem anderen Bundesland – lebenden Zeugen, in: DÖV 1987, S. 99 ff.

Trossmann, Hans; Der Bundestag: Verfassungsrecht und Verfassungswirklichkeit, in: JöR 28 (1979), S. 1 ff., insbesondere S. 46–50.

ders.: Das Aktenanforderungsrecht der Untersuchungsausschüsse des Deutschen Bundestages, in: Parlamentarische Demokratie – Bewährung und Verteidigung, Festschrift für Schellknecht, Heidelberg 1984, S. 21 ff.

Untersuchungsausschuß des Landtages, in: Bayerischer Staatsanzeiger für Baden-Württemberg 1960, Nr. 76, S. 2 ff.

Abschnitt »Untersuchungsausschüsse«, in: Recht und Organisation der Parlamente, herausgegeben im Auftrag der Interparlamentarischen Arbeitsgemeinschaft; enthält u.a.:
- Regelung des Verfahrens von parlamentarischen Untersuchungsausschüssen, Empfehlungen der Konferenz der Präsidenten der Deutschen Länderparlamente vom 4. Mai 1961;
- Mustergesetzentwurf der Präsidenten der Deutschen Länderparlamente (1972);
- Länderparlamente (1972);
- die Ländergesetze betreffend die Einsetzung und das Verfahren von Untersuchungsausschüssen in Baden-Württemberg (Gesetz vom 3. März 1986 – GBL S. 194 – i.f.F. des Änderungsgesetzes vom 12. Dezember 1983 – GBl S. 834 –), Bayern (Gesetz vom 23. März 1970 – GVBl S. 95 –, geändert durch Gesetz vom 23. Juli 1985 – GVBl S. 246 –), Berlin (Gesetz vom 22. Juni 1970 – GVBl S. 925 –, geändert durch Gesetz vom 3. Dezember 1974 – GVBl S. 2747 –), Bremen (Gesetz vom 15. November 1982 – GBl S. 329 –), Nordrhein-Westfalen (Gesetz vom 18. Dezember 1984 – GV.N.W. 1985 S. 26 –).

Valentin, Fritz: Die Arbeit des parlamentarischen Untersuchungsausschusses der Hamburger Bürgerschaft über das Vollzugswesen, in: Zeitschrift für Strafvollzug 1968, S. 5 ff.

Verletzt der Sozialminister seine Aufsichtspflicht – Untersuchungsausschuß des Hessischen Landtages vor dem Abschluß –, in: Deutsche Richterzeitung 1986, S. 70 ff.

Vetter, Joachim: Die Parlamentsausschüsse im Verfassungssystem der Bundesrepublik Deutschland, Bern u.a. 1986.

ders.: Zur Frage der Aktenvorlagepflicht der Exekutive gegenüber Parlamentsausschüssen, in: DÖV 1986, S. 590 ff.

ders.: Verfassungsrechtliche Grenzen der Beweiserhebung parlamentarischer Untersuchungsausschüsse, in: DÖV 1987, S. 410 ff.

Vogel, Friedrich: Der Untersuchungsausschuß (II): Fehlende Befugnisse und Fehleinschätzung?, in: ZParl 5. Jg. (1974), S. 503 ff.

Vogt, Franz: Beitrag zum Problem der Kollision des parlamentarischen und richterlichen Handelns. Die Untersuchungsausschüsse nach Art. 44 GG und die Strafgerichte, Diss. Würzburg 1960.

Wagner, H.: Uneidliche Falschaussage vor parlamentarischen Untersuchungsausschüssen, in: Goltdammer's Archiv 1976, S. 257 ff.

Wagner, W.: Vernehmungs- und Vereidigungsrecht parlamentarischer Untersuchungsausschüsse. Betrachtungen zum Urteil des BGH im bayerischen Spielbankprozeß, in: NJW 1960, S. 1936 ff.

Wallmann, Walter: Wir suchen die Schuldigen, in: Deutschlandmagazin 1974, Nr. 4, S. 23.

Was darf der Untersuchungsausschuß?, in: Der Landtag 1986, Nr. 1.

Wenn Richter sich über Richter beschweren. Abgeordnete untersuchen Vorgänge in der Hessischen Sozialgerichtsbarkeit, in: Deutsche Richterzeitung 1986, S. 145 ff.

Willms, Gerd: Parlamentarische Kontrolle und Wehrverfassung, Diss. Göttingen 1961.

Zeidler, Wolfgang: Der Unternehmer im Wandel der Rechts- und Sozialordnung, Vortrag gehalten vor der IHK Mittlerer Oberrhein am 12. 1. 1987, insbesondere S. 17 ff.

Zwangsmittel bei Beweiserhebung durch parlamentarische Untersuchungsausschüsse, in: DÖV 1984, S. 759 ff.

Dieter Engels

9. Referenten und Diskussionsteilnehmer

Dr. *Uwe Bernzen*, Leitender Regierungsdirektor, Justitiar der Hamburgischen Bürgerschaft

Dr. jur. *Edzard Blanke*, Rechtsanwalt und Notar, Präsident des Niedersächsischen Landtages

Dr. *Erich Bülow*, Ministerialdirektor, Leiter der öffentlich-rechtlichen Abteilung des Bundesministeriums der Justiz

Prof. Dr. *Wulf Damkowski*, Professor für Öffentliches Recht und Verwaltungswissenschaften an der Hochschule für Wirtschaft und Politik Hamburg

Dr. jur. *Dieter Engels*, Regierungsdirektor in den Wissenschaftlichen Diensten des Deutschen Bundestages, Fachbereich X – Recht der Untersuchungsausschüsse, Enquête-Kommissionen und Anhörungen –

Horst Eylmann, MdB, Rechtsanwalt und Notar

Gerald Häfner, MdB, Lehrer

Heiner Herbst, MdL, Rechtsanwalt und Notar, Vorsitzender des Ausschusses des Niedersächsischen Landtages für Rechts- und Verfassungsfragen; Vorsitzender des 11. Parlamentarischen Untersuchungsausschusses des Niedersächsischen Landtages (Explosion an der Mauer der Celler Justizvollzugsanstalt)

Dr. *Heinz Günther Hüsch*, Rechtsanwalt, MdB, vormals Vorsitzender des Untersuchungsausschusses des Deutschen Bundestages »Neue Heimat«, jetzt Vorsitzender des Vermittlungsausschusses des Deutschen Bundestages

Dr. *Jürgen Jekewitz*, Ministerialrat im Bundesministerium der Justiz, 1976 bis 1978 und 1983 bis 1987 beurlaubt zur Mitarbeit bei der SPD-Bundestagsfraktion in insgesamt vier Untersuchungsausschüssen

Dr. *Gerd Kastendieck*, Parlamentsrat und Mitglied des Gesetzgebungs- und Beratungsdienstes beim Niedersächsischen Landtag

Detlef Kleinert, Rechtsanwalt und Notar, MdB, Vorsitzender des Arbeitskreises Innen-, Rechts- und Umweltpolitik der FDP-Bundestagsfraktion

Dr. *Manfred Langner*, MdB, Justitiar der CDU/CSU-Bundestagsfraktion, Vorsitzender des Flick-Untersuchungsausschusses und Obmann der CDU/CSU-Bundestagsfraktion im Transnuklear-Untersuchungsausschuß

Prof. Dr. *Hans Meyer*, Institut für öffentliches Recht, Johann-Wolfgang-Goethe-Universität Frankfurt

Prof. Dr. jur. *Karl Michaelis*, emeritierter ordentlicher Professor für Zivilrecht, Zivilprozeßrecht und Deutsche Rechtsgeschichte an der Universität Göttingen

Jürgen Plöhn, Dipl.-Pol., Wissenschaftlicher Mitarbeiter an der Universität Kaiserslautern

Prof. Dr. *Konrad Redeker*, Rechtsanwalt

Prof. Dr. *Hans-Peter Schneider*, Lehrgebiet für Staats- und Verwaltungsrecht an der Universität Hannover

Prof. Dr. *Meinhard Schröder*, Professor für in- und ausländisches öffentliches Recht, Direktor der Forschungsstelle für Umwelt- und Technikrecht an der Universität Trier; nebenamtlicher Richter am OVG Rheinland-Pfalz

Manfred Schulte, MdB von 1965 bis 1987, Vorsitzender des 1. Ausschusses des Deutschen Bundestages (Wahlprüfung, Immunität, Geschäftsordnung), Geschäftsführer der Deutschen Vereinigung ehemaliger Abgeordneter des Deutschen Bundestages und des Europäischen Parlaments

Dr. *Peter Struck*, MdB, Rechtsanwalt

Dr. *Joachim Vetter*, Regierungsdirektor beim Abgeordnetenhaus von Berlin, Mitglied des Wissenschaftlichen Parlamentsdienstes

Ulrich Bachmann/Hans-Peter Schneider (Hrsg.)

Zwischen Aufklärung und politischem Kampf

Aktuelle Probleme des parlamentarischen Untersuchungsrechts

Das Recht der parlamentarischen Untersuchungsausschüsse ist in Bewegung geraten und in den Vordergrund politischer Auseinandersetzungen ebenso wie des öffentlichen Interesses gerückt. Dabei wird es zunehmend als reformbedürftig angesehen. Der Sammelband will für die Reformdiskussion Denkanstöße vermitteln. Er enthält Beiträge zu folgenden besonders aktuellen Problemen des Untersuchungsverfahrens:

– Das Untersuchungsrecht als Minderheitsrecht
– Nachträgliche Änderung des Untersuchungsgegenstandes
– Verweigerung der Aktenherausgabe aus Gründen des Staatswohls
– Beamten und Regierungsmitglieder vor Untersuchungsausschüssen
– Reform des Untersuchungsrechts
– Anmerkungen zu einer anhaltenden Debatte, u.a.

Das parlamentarische Untersuchungsrecht ist nicht nur ein Kriterium für die Bestimmung der Gewichte zwischen Exekutive und Parlament. Es ist vor allem ein (Kampf-) Instrument der parlamentarischen Opposition und damit Ausdruck der politischen Geltendmachung von Minderheitenpositionen. Zunehmend gerät auch die Privatsphäre von Bürgern und Unternehmen in den Blickpunkt von Untersuchungsausschüssen und damit letztlich auch in die staatliche Observanz. Die seit längerem anhaltende Reformdebatte über das Recht der parlamentarischen Untersuchungsausschüsse scheint jedoch nicht recht aus den Startlöchern zu kommen. Immerhin liegen dem Deutschen Bundestag zwei Gesetzentwürfe zur Beratung vor. Der Sammelband will Denkanstöße in Richtung einer Neuordnung des parlamentarischen Untersuchungsrechts vermitteln. Dabei wird die Möglichkeit einer Verfassungsänderung nicht von vornherein ausgeschlossen. Einige Beiträge plädieren für eine konsequente Ausgestaltung als Minderheitsrecht. Andere Beiträge versuchen, Eckpunkte für eine gesetzliche Regelung von bestimmten Einzelproblemen zu formulieren. Der Anhang enthält die beiden dem Bundestag vorliegenden Gesetzentwürfe sowie eine Rechtsprechungsübersicht. Dadurch kann der Leser unmittelbar nachvollziehen, ob und auf welche Weise Vorschläge in den beiden Entwürfen realisiert werden.

1988, 147 S., brosch., ISBN 3-7890-1663-2

 NOMOS VERLAGSGESELLSCHAFT
Postfach 610 · 7570 Baden-Baden